dtv

»Es gibt nichts Gutes / außer: man tut es.« lautete Erich Kästners berühmter kategorischer Imperativ. Dieses Lesebuch tut es: Mit vielen Texten von und über Kästner stellt es den unklassischen Klassiker und sarkastischen Moralisten in seiner ungeheuren Vielfalt vor. Es zeigt ihn als den Autor von Kinderbüchern, die er nur schrieb, weil ihm die Erwachsenen dafür nicht reif genug erschienen, als Verfasser von manchmal melancholischen, manchmal ätzend-satirischen Zeitgedichten, als Kabarettexter und als Privatmann, der als einer der »verbrannten Dichter« die Zeit der Barbarei im Lande überlebte.
Viele Fotos und Zeichnungen runden das Porträt Erich Kästners ab, den sein Freund Hermann Kesten im Geleitwort so charakterisiert: »Dieser eigentümliche Individualist gehörte zum Volk und gehörte dem Volk. Er lebte in dieser merkwürdigen Einsamkeit mancher berühmter Autoren, einer Einsamkeit, die von den Schatten ihrer Millionen Leser bevölkert ist.«

Die Herausgeberin *Sylvia List* ist Slavistin, war lange Jahre Lektorin und arbeitet jetzt als freie Übersetzerin in München.

Das große Erich Kästner Lesebuch

Herausgegeben von
Sylvia List

Mit einem Geleitwort von
Hermann Kesten

Mit 137 Abbildungen und Faksimiles

Deutscher Taschenbuch Verlag

Die vorliegende Ausgabe basiert auf dem 1975
erstmals im Piper Verlag, München, erschienenen
Band ›Das große Erich Kästner Buch‹.

Ausführliche Informationen über
unsere Autoren und Bücher
finden Sie auf unserer Website
www.dtv.de

9. Auflage 2010
1999 Deutscher Taschenbuch Verlag GmbH & Co. KG,
München
© für diese Ausgabe: Deutscher Taschenbuch Verlag,
München
© für alle Werke Erich Kästners: Atrium Verlag AG, Zürich
Umschlagkonzept: Balk & Brumshagen
Umschlagbild: Erich-Kästner-Archiv c/o RA Peter Beisler, München
Foto: Gerhard Ritter
Gesamtherstellung: Druckerei C. H. Beck, Nördlingen
Gedruckt auf säurefreiem, chlorfrei gebleichtem Papier
Printed in Germany · ISBN 978-3-423-12618-2

Inhalt

Hermann Kesten: Erich Kästner – ein Sohn des Volkes   11

1 Wir hatten uns das viel schöner gedacht
  Dresden und Leipzig 1899–1927

  Aus »Als ich ein kleiner Junge war«   18
  Jahrgang 1899   52
  Kennst Du das Land, wo die Kanonen blühn?   54
  Abschied in der Vorstadt   56
  Luiselotte Enderle-Kästner: Damals in Leipzig..:   58
  Sebastian ohne Pointe   61
  Verkehrt hier ein Herr Stobrawa?   66

2 Die Welt ist rund, denn dazu ist sie da
  Berlin 1927–1933

  Die Welt ist rund   70
  Die Tretmühle   72
  Monolog in der Badewanne   74
  Apropos, Einsamkeit!   76
  Duell bei Dresden   77
  Jardin du Luxembourg   84
  Mit Erich Ohser in Paris   86
  Einiges über Kinderbücher   90
  Herr Grundeis wird verfolgt. Aus »Emil und die Detektive«   95
  Sachliche Romanze   115
  Mayer IX. im Schnee   117
  Prosaische Zwischenbemerkung   119
  Plädoyer einer Frau   122

Möblierte Melancholie   124
Schmutzsonderklasse   126
Kurt Schmidt, statt einer Ballade   131
Ein Mann gibt Auskunft   134
Maskenball im Hochgebirge   136
Goldne Jugendzeit   138
Und wo bleibt das Positive, Herr Kästner?   140
Hans Fallada: Auskunft über den Mann Kästner   142
Der Herr ohne Blinddarm   154
Fabian und die Sittenrichter   158
Robert Neumann: Ein Sohn, etwas frühreif, schreibt an Frau Großhennig   161
Eine unliterarische Antwort   162
Sächsische Sonette   163
Der kürzeste Weg nach der Südsee. Aus »Der 35. Mai«   165
Ursula hängt in der Luft   175
Ein Herr fällt vom Stuhl   178
Begegnung mit Tucho   180
Saldo mortale   184
Das Eisenbahngleichnis   186
Marschliedchen   188

3 Und wo gehe ich dann hin?
*Der verbotene Autor oder Das Schreiben für die Schublade
Berlin 1933–1945*

Gedichte als Medikamente   193
Hotelsolo für eine Männerstimme   196
Zur Fotografie eines Konfirmanden   197
Stehgeigers Leiden   198
Die Wälder schweigen   200
Die Fabel von Schnabels Gabel   201
Lessing   203

Die Doppelgänger 204
Brief an mich selber 218
Das Haus Erinnerung 221
Berliner Hetärengespräch 1943 223
Notwendige Antwort auf überflüssige Fragen 229
Als die Synagogen brannten 230

4 Notabene 45. Ein Auszug

Zum Neuen Jahr 277

5 Es war einmal ein Land, in dem gab es keine Zündhölzer
München 1945–1952

Talent und Charakter 280
Marschlied 1945 284
Das Leben ohne Zeitverlust 288
Kleines Solo 292
Münchener Bilderbogen 294
Die einäugige Literatur 299
Zur Entstehungsgeschichte des Lehrers 306
Der tägliche Kram 310
Große Zeiten 313
Der Handstand auf der Loreley 314
Patriotisches Bettgespräch 316
Elegie nach allen Seiten 318
Hans Meyer: Beim Wiederlesen des »Fabian« 320
Gleichnisse der Gegenwart 325
Die Verlobung auf dem Seil 330
Wahres Geschichtchen 334
Trostlied im Konjunktiv 337
Das Zeitalter der Empfindlichkeit 339
Wolfgang Harich: Erich Kästner wird fünfzig 343
Lottes Traum. Aus »Das doppelte Lottchen« 348

Über den Tiefsinn im Parkett 355
Vom wohltätigen Einfluß des Staates auf das Individuum 358
Die literarische Provinz 363
Marktanalyse 369
Der Zweck und die Mittel 370
Die Maulwürfe 371

6 Kopernikanische Charaktere gesucht
   Ein Moralist wird ein unbequemer Klassiker
   München, bis zum 29. Juli 1974

Kästner über Kästner 376
Kopernikanische Charaktere gesucht 383
Briefwechsel in Sachen PEN 384
Von der deutschen Vergeßlichkeit 387
Begegnung auf einer Parkbank 391
Ein deutscher Kleinmeister aus Prag 392
Der Juni 401
Der dreizehnte Monat 403
Glückwünsche für Carl Zuckmayer 405
Kinder lesen anders 407
Die Schule der Diktatoren 410
Herbstliche Anekdote 426
Präzision 427
Schüler und Schuldner Georg Büchners 428
Über das Verbrennen von Büchern 440
Die Kinderkaserne 452
Paula vorm Haus 459
Eine Feststellung 463
Rudolf Walter Leonhardt:
   Der angriffstraurige Lehrer-Dichter 464
Ostermarsch 1961 470
Joachim Kaiser: Erich Kästner – herb und reimlos 477

Kästner auf englisch:
  A Dog Holds Forth 479
  Contemporary Fairy Tale 480
  Let's Face It 481
James Krüss: Stilist und Menschenfreund 482
Das Verhängnis 486
Englisch auf kästnersch 487
Erinnerungen an Mademoiselle Kolb 491
W. E. Süskind: »Als ich ein kleiner Junge war« 504
Gruß und Dank zum siebzigsten Geburtstag 508
Aggregatzustände 511
Marcel Reich-Ranicki: Der Dichter der kleinen Freiheit 512
Kinderglückwünsche für Erich Kästner 524
Hermann Kesten: Wir, die Erben der Toten 528
Über den Nachruhm 534
Die zwei Gebote 534

Zeittafel 535
Quellenhinweise 540

Hermann Kesten
Erich Kästner – ein Sohn des Volks

Erich Kästner suchte Kopernikanische Charaktere, und Menschen, die so würden »wie Kästner werden möchte«. Er suchte also seinesgleichen?
In seinem Vorwort zu meiner Biographie des Copernicus schrieb Erich Kästner: »Hermann Kesten scheint zu glauben, daß das Mittelalter noch nicht vorüber ist. Und daß es sich lohne, endlich die Neuzeit zu eröffnen.« Kästner schrieb es von mir. Es gilt ebenso für ihn. Er wollte endlich die Premiere der Neuzeit sehn. Statt dessen ging er durch zwei Weltkriege und durch das Dritte Reich, also durch konzentrierte Greuel.
Und sah er die eröffnete Neuzeit? Wo halten wir?
Schon 1952 schrieb Kästner in den Vorbemerkungen zur »Kleinen Freiheit«: »Wir waren in der Zwischenzeit an die Vergangenheit verkauft worden!« Wenn ich seine Verse höre, glaube ich, mitten in einem Gespräch mit ihm zu sein. Er hat zwar nicht in Versen gesprochen, aber seine Gespräche waren voller Sentiment und paradoxem Witz. Er sprach von den Dingen des Alltags, und ohne daß er den Alltag verfälschte, war seine Diktion so einfallreich, so geistvoll, so präzis und amüsant, als trüge die Poesie Alltagskleider. Er machte nicht wie E. Th. A. Hoffmann oder Franz Kafka das Gewöhnliche ungewöhnlich, aber man sah es plötzlich genau, als sähe man es mit Kästners Augen und man habe es eben erst entdeckt, oder als habe Kästner endlich gesagt, was man immer schon hatte sagen wollen.
Ich kannte Kästner von 1927 bis 1974. Jeder von uns hat unsere erste Begegnung literarisch festgehalten. Das war 1927 in Berlin.

Wir kamen beide aus der Provinz, Kästner aus Dresden, ich aus Nürnberg. Wir waren beide radikal, und keine Marxisten. Beide waren wir Pazifisten, ohne einem Pazifistenbund anzugehören. Wir schlossen uns keiner politischen Partei an und ergriffen Partei, politisch und literarisch, wo es um Gerechtigkeit ging, um die Freiheit und gegen alle soziale Unterdrückung, gegen Militarismus, Chauvinismus und Unmenschlichkeit.

Ich sah den jungen Kästner zuerst auf einem sogenannten »Weltbühnen-Tee« in einer Villa im Grunewald. Das war eine jener verschollenen Veranstaltungen in Berlin zwischen den zwei Weltkriegen, als die Weimarer Republik triumphierte und unterging. Diese witzige und so unglückliche Stadt erlebte damals eine schnelle Blüte, bis sie durch die Schuld von Hitlers Horden erst zerschlagen wurde, um dann geviertteilt und schließlich halbiert zu werden, was sie heute noch ist, auf der Grenze zwischen dem russischen und dem amerikanischen Weltreich.

Eine weiträumige, breitlächelnde Dame, mit einem Kinderbuchverlag im Hintergrund, bei dem Kästners erste Kinderbücher erschienen, die Witwe von Siegfried Jacobsohn, dem Gründer dieser linksradikalen politisch-literarischen Wochenschrift, versammelte in regelmäßigen Abständen die ortsansässigen Mitarbeiter der »Weltbühne« zu dünnem Tee und antikollegialen Gesprächen. Die Witwe trug sich mit der finstern Absicht, ihren Mitarbeitern Ideen für neue Artikel zu suggerieren.

Ich war damals ein schüchterner und satirisch gelaunter junger Mann, erheitert durch die frische Erfahrung, daß die meisten Berliner aus der Provinz kamen, wie ich.

Ziemlich verloren stand ich bei meinem ersten Besuch im Salon der Weltbühnen-Witwe herum, zwischen lauter Redakteuren und Mitarbeitern, Carl von Ossietzky, Kurt Tucholsky, Ernst Toller, Walter Mehring, Lion Feuchtwanger, Arnold Zweig, Werner Hegemann, Alfred Polgar und vielen bekannten Unbekannten, als Rudolf Arnheim, der jüngste Redakteur der »Welt-

bühne«, mir sagte: »Sie wollen sicher Erich Kästner kennenlernen?«
Ich schüttelte die Hand eines hübschen, adretten jungen Mannes, der mich mit einem freundlich verschmitzten Lächeln begrüßte. Sogleich begannen wir ein langes Gespräch und unsere Freundschaft, die ein Leben währte. Wir sprachen damals überraschenderweise auch von uns selber und waren uns bald einig, daß wir Moralisten und Satiriker waren. Ich behauptete, man müsse auf die Besten seines Jahrhunderts wirken. Kästner sagte, er wolle dem Volke gefallen, und je mehr Lesern, desto besser.
Was man in der Jugend sich wünscht, sagt Goethe, erhält man im Alter die Fülle. Schulkinder in aller Welt lernen heute die deutsche Sprache an Kästners Texten. Schulhäuser heißen nach ihm. Er gefällt dem Volk und hat Millionen Leser in Deutschland und in aller Welt.
Wenn man einander 47 Jahre lang kennt, und solange beste Freunde bleibt, und plötzlich der Tod des einen die Freunde trennt, aber keineswegs die Freundschaft beendet, fragt man sich, wer war eigentlich mein Freund, der so unvermittelt weggegangen ist, und sich nicht nur aus dem Staube gemacht hat, sondern auch Staub wurde.
Welcher Zeitpunkt in der Entwicklung dieses Menschen war der giltige, wenn es einen solchen giltigen Moment gibt? Menschen ändern sich im Lauf eines halben Jahrhunderts. Sie altern physisch, moralisch, intellektuell, wechseln ihr Aussehn, ihren Gang, ihre Manieren und Sitten, ihre Diät, und vielleicht ihre politischen Anschauungen. Wem gibst du den Vorzug? Dem jungen, dem reifen, dem alten Mann?
Natürlich hat sich Kästner geändert. Er wurde im Alter stiller, häuslicher. Im Grunde wurde er mit den Jahren immer mehr er selber. Auf die Frage: Woran arbeiten Sie, Herr Kästner, an einem Roman? – antwortete er: An mir.
Welch ein Verlust, daß ein Mensch, eben da er fertig wurde, uns verläßt.

Kästner hatte zwar meistens hübsche Wohnungen, voll mit Bildern, Büchern und Katzen, aber er schrieb am liebsten in Kaffeehäusern und in Nachtbars.
Ja, das Kaffeehaus war sein Musensitz, sein Arbeitszimmer, der Treffpunkt für seine Freunde und Freundinnen, sein Büro, wo er seinen Sekretärinnen in Berlin und nach dem Zweiten Weltkrieg in München seine Briefe diktierte. Kästner wechselte zeitweise seine Freundinnen häufiger als die Sekretärinnen. Das Kaffeehaus und die Bar gehörten auch zu seinen Studierzimmern, wo er die Leute beobachtete, die er in seine Gedichte und Romane nahm. Er prüfte sie mit der Freundlichkeit eines alten Hausarztes und gab seine Diagnosen mit der operativen Schärfe eines Chirurgen. Kästner war ein Sohn des Volks und ist es geblieben. Er ging mit Menschen aller Art und beider Geschlechter, jeden Standes und jedes Alters und jeder Klasse wie mit seinesgleichen um. Er war ihresgleichen. Das gehört zu den Talenten der Dichter, daß sie in Romanen, Dramen, Versen mit der natürlichen Stimme einer jeden von hundert Figuren sprechen.
Er hatte in München wie in Berlin Stammcafés, wo die Kellner, der Toilettenmann, die Bardamen, die Cafetiers und Stammgäste, und die Freunde und Freundinnen, die ihn dort aufsuchten, sozusagen sein Leben möblierten. Er spielte die Rolle des Stammgastes im Kaffeehaus und im Leben. Er hatte da wie dort seinen festen Tisch und Platz. Seine Verleger und Freunde und die Redakteure der Zeitungen, Zeitschriften und Rundfunkanstalten, die Kästners Mitarbeit suchten, kannten die Telefonnummern seiner Wohnung und seines Kaffeehauses und wußten ihn da oder dort zu erreichen. Wo er auftrat oder sich niederließ, wurde er ohne Aufsehen und Anstrengung eine populäre Figur. Dieser eigentümliche Individualist gehörte zum Volk und gehörte dem Volk. Er lebte in dieser merkwürdigen Einsamkeit mancher berühmten Autoren, einer Einsamkeit, die von den Schatten ihrer Millionen Leser bevölkert ist.

Im Kaffeehaus fühlte er sich frei und fremd und zuhause, unbeengt und bekannt, unbeobachtet und geschätzt. Bei aller Aggressivität des Satirikers, bei allem bösen Witz des unparteiischen Zeitkritikers hatte Kästner jenen seltenen Charme, der durchs ganze Leben treu bleibt. Er gefiel auf den ersten Blick, und ihm gefielen die Leute, deren Sorgen und Interessen er teilte – in der Tat ein Bruder des Volks.

1
Wir hatten uns das viel schöner gedacht
Dresden und Leipzig 1899–1927

Aus
»Als ich ein kleiner Junge war«

Vom Kleinmaleins des Lebens

Da ich Lehrer werden wollte und sollte, gab es beizeiten mancherlei zu bedenken. Und es wurde beizeiten bedacht. Die Ausbildung würde Geld kosten. Die Jahre im Internat würden Geld kosten. Das Schuldgeld würde Geld kosten. Der Klavierunterricht würde Geld kosten. Und das Klavier selber würde auch Geld kosten. Es kostete dann, ich weiß es noch genau, ›gebraucht und aus privater Hand‹, achthundert Mark. Das war ein Vermögen!
Mein Vater hatte längst begonnen, nach Feierabend daheim für Nachbarn und Verwandte Taschen und Mappen instand zu setzen, Schuhe zu besohlen, Ranzen und Koffer nachzunähen und unzerreißbare Portemonnaies und Brieftaschen herzustellen, die das Entzücken der Kundschaft wachriefen. Er saß, mit der Zigarre im Mund, neben dem Küchenfenster auf seinem Schusterschemel und hantierte unermüdlich mit Nägeln, Stiften, Sandpapier, Pechfaden, Wachs und Nadeln, mit Hammer, Messer, Knieriemen, Schmiege und Falzbein, und auf dem Herd, neben der Nudelsuppe, kochte der Leim im Topf. Wißt ihr, wie kochender und brutzelnder Leim riecht? Noch dazu in der Küche? Für einen Sattler und Tapezierer mag er ja wie Rosenwasser duften. Doch für eine Frau, die am Herde steht und abends das Mittagessen vorkocht, stinkt er wie tausend ungewaschne Teufel! Die Nudelsuppe, das Rindfleisch, die weißen Bohnen und die Linsen, alles, was sie koche, erklärte meine Mutter, rieche und schmecke nach Leim, und nun sei damit Schluß!

So wurde mein Vater aus dem Küchenparadies vertrieben. Er ging in die Verbannung. Von nun an saß er abends, hinter dem Lattenverschlag, zwischen unseren Kohlen, Briketts und Kartoffeln, mit der Strickjacke und dicken Filzpantoffeln, drunten im Keller. Hier war jetzt seine Werkstatt. Hier kräuselte sich jetzt der Rauch seiner Zigarre. Hier unten schmorte nun, auf einem Spirituskocher, der Blasen werfende Leim. Dem Leim und meinem Vater war seitdem viel wohler zumute.

Hier unten baute er noch, mit siebzig Jahren und manchem Topfe

Mit drei Jahren

Leim, ein lebensgroßes Pferd! Ein Pferd mit Glasaugen, aber mit echter Mähne und echtem Schweif; und Sattel und Zaumzeug wurden von den Hausbewohnern ehrfürchtig angestaunt. Auf diesem Pferde, vom Widerrist aus lenkbar, weil das edle Tier unter der Schabracke statt der Hufe gekoppelte Gummiräder hatte – auf diesem stolzen Renner wollte mein Vater am Faschingsumzug teilnehmen. Daraus wurde leider nichts. Denn der Motor des Pferdes, ein gleichfalls siebzigjähriger Bekannter, der, unter der Schabracke verborgen, Pferd und Reiter hätte schieben müssen, bekam die Grippe. So fiel der schöne Plan ins Wasser. Doch mein Vater trug auch diese Enttäuschung mit der ihm eignen Geduld. Der Geduldsfaden riß ihm, in seinem geduldigen Leben, nur ganz, ganz selten. Er war stets ein Meister des Handwerks und fast immer ein Meister im Lächeln. Er ist es auch heute noch.

Als ich ein kleiner Junge war, baute mein Vater noch keine lebensgroßen Pferde. Er wollte soviel Geld wie möglich verdienen, damit ich Lehrer werden konnte. Und er arbeitete und verdiente, soviel er vermochte, und das war zuwenig.

Deshalb beschloß meine Mutter einen Beruf zu erlernen. Und wenn meine Mutter etwas beschlossen hatte, gab es niemanden, der es gewagt hätte, sich ihr in den Weg zu stellen. Kein Zufall und kein Schicksal wären so vorlaut gewesen! Ida Kästner, schon über fünfunddreißig Jahre alt, beschloß, einen Beruf zu ergreifen, und sie ergriff ihn. Weder sie noch das Schicksal zuckten mit der Wimper. Die Größe eines Menschen hängt nicht von der Größe seines Wirkungsfeldes ab. Das ist ein Lehrsatz und ein Grundsatz aus dem Kleinmaleins des Lebens. In den Schulen wird er nur selten erwähnt.

Meine Mutter wollte, trotz ihres Alters wie ein Lehrling, das Frisieren erlernen und eine selbständige Friseuse werden. Nicht mit einem Ladengeschäft, das wäre zu teuer geworden. Sondern mit der Erlaubnis, das Gewerbe des Frisierens, des Ondulierens, der Kopfwäsche und der schwedischen Kopfmassage in der Wohnung auszuüben. Der Innungsmeister, den sie aufsuchte, machte viele Einwände. Sie ließ keinen Einwand gelten, und so galt keiner. Sie wurde an Herrn Schubert, einen renommierten Damenfriseur in der Strehlener Straße, verwiesen. Hier lernte sie, mit Talent und Feuereifer, alles, was es zu lernen gab, und kam, wochenlang, erst abends nach Ladenschluß heim. Müde und glücklich.

Damals war ich viel allein. Mittags aß ich für fünfzig Pfennig im Volkswohl. Hier herrschte Selbstbedienung, und das Eßbesteck, das man mitbringen mußte, holte ich aus dem Ranzen. Zu Hause spielte ich, mit Mamas Schlüsselbund, Wohnungsinhaber, machte Schularbeiten und Besorgungen, holte Holz und Kohlen aus dem Keller, schob Briketts in den Ofen, kochte und trank mit dem Lehrer Schurig, wenn er heimgekommen war, Kaffee und ging, während er sein Nachmittagsschläfchen auf dem grünen Sofa erledigte, in den Hof. Wenn er wieder fort war, wusch und schälte ich Kar-

Der Vater, Emil Richard Kästner, vierzig Jahre alt

Die Mutter, Ida Kästner, mit fünfunddreißig, als sie frisieren lernte

toffeln, schnitt mich ein bißchen in den Finger und las, bis es dämmerte.
Oder ich marschierte quer durch die Stadt und holte meine Mutter bei Schuberts ab. Wenn ich, aus Angst, zu spät zu kommen, zu früh kam, sah ich zu, wie sie die Brenneisen schwang, erst an einem Stück Seidenpapier ausprobierte und dann an den meterlangen Haaren der Kundinnen. Die Frauen hatten ja damals noch lange Haare, und bei manchen reichten sie bis in die Kniekehlen! Es roch nach Parfum und Birkenwasser. Die Kundinnen blickten unverwandt in den Spiegel und begutachteten die Frisur, die unter Mamas flinken Händen und unter Zuhilfenahme von Haarwolle, Brillantine und Lockennadeln hervorwuchs. Zuweilen blieb Meister Schubert, im weißen Kittel, neben seiner Schülerin und deren Opfer stehen, lobte oder griff kurz ein und zeigte sich von Woche zu Woche zufriedener.
Schließlich teilte er der Innung mit, daß die Hospitantin bei ihm alles Erforderliche gelernt habe, für ihr Handwerk viel Geschick und Geschmack besitze und daß er, als Meister und Inhaber Goldener und Silberner Medaillen, die Zulassung der Antragstellerin entschieden befürworte. Daraufhin erhielt Frau Ida Amalia Kästner, geb. Augustin, eine Urkunde, worauf der ›Vorgenannten‹ erlaubt wurde, sich als selbständige Friseuse zu bezeichnen und zu betätigen. Daraufhin holte ich, am selben Abend, in der Restauration ›Sibyllenort‹, Ecke Jordanstraße, zwei Liter einfaches Bier, und der Sieg wurde gewaltig gefeiert.
Als Friseurladen wurde, da kein anderer Platz übrigblieb, das linke Vorderviertel des Schlafzimmers hergerichtet. Mit einem Wandspiegel, einer Lampe, einem Wasserbecken, einem Anschluß für den Trockenapparat und mit Wandarmen für die Erhitzung der Brenn- und Ondulierscheren. Auf eine Warmwasseranlage wurde großmütig verzichtet. Sie wäre zu teuer geworden. Die Herstellung heißen Wassers für die Kopfwäsche, auf den Gasflammen in der Küche, wurde mir übertragen, und ich habe in den folgenden

Jahren gewiß Tausende von Krügen aus der Küche ins Schlafzimmer transportiert.

Kämme und Bürsten, Frottier- und Handtücher, flüssige Seife, Haarwasser, Brillantine, Nadeln, Lockennadeln, Haarnetze, Haareinlagen und Fette für die Kopfmassage mußten angeschafft werden. Geschäftskarten wurden verteilt. An der Haustür wurde ein Porzellanschild angeschraubt. Abonnementkarten, für Frisuren und für Kopfmassagen, wurden gedruckt. Oh, es gab vielerlei zu bedenken!

Frau Ida Kästner
=== Friseuse ===
Dresden=N., Königsbrückerstr. 48 III.

empfiehlt sich zur Ausführung
der einfachsten bis elegantesten
Tages=, Ball= u. Braut=Frisuren.
Ondulation. ❀ Kopfwaschen.
Gleichzeitig Ausübung der **Gesichtsmassage**.

Schließlich mußte Tante Martha noch ein paar Tage ihren Kopf hinhalten. Die ältere Schwester ondulierte, massierte und frisierte die jüngere, bis beiden vor Eifer und Gelächter die Puste ausging. Der einen taten die Finger und der anderen der Kopf weh. Doch die Generalprobe war nötig gewesen. Premieren ohne Generalprobe gibt es nicht. Erst dann darf das Publikum kommen. Und das Publikum kam.

Die Frau Bäckermeisterin Wirth und die Frau Bäckermeisterin Ziesche, die Frau Fleischermeisterin Kießling und die Frau Gemüsehändlerin Kletsch, die Frauen des Klempnermeisters, des

Fahrradhändlers, des Tischlermeisters, des Blumenhändlers, des Drogisten und des Papierwarengeschäftsinhabers, die Frau des Schneidermeisters Großhennig, des Weiß- und Kurzwarenhändlers Kühne, des Restaurateurs, des Fotografen, des Apothekers, des Spirituosenhändlers, des Kohlenhändlers, des Wäschereibesitzers Bauer, die Inhaberin des Milchgeschäfts, die Töchter dieser Frauen, die Leiterinnen von Filialen und Verkäuferinnen – alle strömten herbei. Erstens mußten sie, hinterm Ladentisch, adrett aussehen. Zweitens gab es in unserer Gegend wenig Damenfriseure. Drittens kamen sie, weil wir bei ihnen einkauften, und viertens, weil meine Mutter tüchtig und preiswert war.
Sie hatte alle Hände voll zu tun. Das Geschäft florierte. Und oft genug mußte ich aufpassen, daß das Mittagessen auf dem Herde nicht völlig verbrutzelte. »Erich, iß schon immer!« rief sie von nebenan. Aber ich wartete, drehte die Gasflamme klein, löffelte Wasser in die dampfenden Kochtöpfe, präparierte die Bratpfanne, deckte den Küchentisch und las, bis, nach längeren Unterhaltungen zwischen der Kundschaft und der geschätzten Friseuse im Korridor, endlich die Wohnungstür zuschlug.

Die geschätzte Friseuse wirkte auch außer Haus. Dann packte sie ihr Handwerkszeug, samt dem Spiritusbrenner, in die Mappe und eilte im Geschwindschritt bis, wenn es sein mußte, in die entferntesten Stadtviertel. Diese beruflichen Gewaltmärsche galten vor allem den Kundinnen ›im festen Abonnement‹. Auf sie mußte besondere Rücksicht genommen werden, denn sie waren schließlich das Rückgrat des Geschäfts. Sie zahlten ja zehn oder zwanzig Frisuren oder Massagen auf einmal! Unter den Abonnentinnen befand sich die Gattin eines reichen Juweliers, aber auch eine ärmliche Hausiererin, und gerade an sie erinnere ich mich gut.
Sie hieß Fräulein Jaenichen, wohnte am Turnerweg, über einer Kneipe, in einem trostlosen Zimmer und konnte sich nicht selbst frisieren, weil sie ein Krüppel war. Ihre Hände, aber auch die

Frau Friseuse Tischbein, Mutter des kleinen Emil und Abbild der Mutter des kleinen Erich

Füße, ja, der ganze Körper, alles war krumm und schief und verbogen. Niemand kümmerte sich um die unglückliche Person. Und so humpelte sie, auf eine kurze und eine längere Krücke gestützt, mit einer schweren Kiepe auf dem Buckel, über Land. Sie klingelte bei den Bauern und verkaufte allerlei kleinen Hausrat: Knöpfe, Bänder, Sicherheitsnadeln, Borten, Schnürsenkel, Schürzen, Wetzsteine, Gasanzünder, Nähseide, Strickwolle, Häkeldeckchen, Taschenmesser, Bleistifte und vieles andre. Und gerade weil sie so abschreckend aussah, die Arme, legte sie besonderen Wert darauf, schön frisiert zu sein.

Morgens gegen sechs Uhr mußte meine Mutter aus dem Haus. Ich begleitete sie sehr oft, als würde es ihr dadurch leichter, das muffige Zimmer und den Anblick der unglückseligen Person zu ertragen. Eine halbe Stunde später halfen wir ihr, den schweren Korb mit den breiten Ledergurten zu schultern. Und dann kroch und watschelte sie, auf die ungleichen Krücken gestützt, zum Neustädter Bahnhof, von wo aus sie, in Vorortzügen, auf die Dörfer fuhr. Sie wankte, gebückt und nach beiden Seiten pendelnd, den Bahndamm entlang, hinein in die kühle Frühe und brauchte zehnmal mehr Zeit als die anderen Leute, die sie überholten. Es sah aus, als humple und trete sie auf der Stelle.

Sehr wichtig waren auch, geschäftlich betrachtet, die Hochzeiten. Da galt es, in der Wohnung der Brauteltern zehn, zwölf, wenn

nicht gar fünfzehn weibliche Wesen herzurichten: die Brautjungfern, die Mutter, die Schwiegermutter, die Schwestern, Tanten, Freundinnen, Großmütter und Schwägerinnen und, vor allem, die glückliche Braut höchstselbst. Die Wohnungen waren klein. Die Aufregung war groß. Man trank süßen Südwein. In der Küche brannte der Quarkkuchen an. Die Schneiderin brachte das Hochzeitskleid zu spät. Die Braut heulte. Der Bräutigam kam zu früh. Die Braut heulte noch mehr. Der Brautvater schimpfte, weil er die Schachtel mit den Kragenknöpfchen nicht fand. Die Frauen, in Taft und Seide, schnatterten. »Frau Kästner!« rief es hier. »Frau Kästner!« rief es dort. Frau Kästner steckte inzwischen den Brautschleier und schnitt, weil er zu lang war, mit der Schere einen halben Meter weißen Tüll ab.
Vorm Haus bremsten die Hochzeitskutschen. Der Bräutigam und ein Brautführer polterten mit Flaschenbieren treppab, um den Kutschern das Warten zu erleichtern. Doch auch das war kein rechter Ausweg. Denn der Herr Pastor am Traualtar, der wartete nicht! Es wurde ja nicht nur bei Müllers geheiratet, sondern auch bei Schulzes, Meiers und Grundmanns. Wo waren die Buketts und die Körbchen für die Blumenstreukinder, und wo steckten die Blumenstreukinder selber? Natürlich in der Küche, voller Kakaoflecken! Wo war die Flasche mit dem Fleckenwasser? Wo die Zylinderschachtel? Wo das Myrtensträußchen fürs Knopfloch? Wo waren die Gesangbücher?
Endlich knallte die Wohnungstür zu. Endlich rollten die Kutschen zur Kirche. Endlich war die Wohnung leer. Fast leer! Die Nachbarin, die versprochen hatte, auf den Braten aufzupassen, begann die Tische und die Stühle zusammenzustellen und die Hochzeitstafel zu decken. Mit den schönen Damasttüchern. Mit dem Meißner Zwiebelmusterporzellan. (›Protzellan‹ nannte ich das.) Mit dem Alpakasilber. Mit den bunten Kristallgläsern, die ›Römer‹ heißen. Mit kunstvoll über den Damast verstreuten Blumen.
Meine Mutter saß inzwischen, mit müden Füßen und schmerzen-

den Händen, am Küchentisch, trank eine Tasse Bohnenkaffee, probierte den Kuchen, wickelte für mich ein Stück ein, stopfte es in ihre große Tasche und zählte den Verdienst und das Trinkgeld. Alle Knochen taten ihr weh. Im Kopf sauste und brauste es. Doch die Hochzeit hatte sich gelohnt. Die nächste Rate fürs Klavier konnte bezahlt werden. Und die nächste Klavierstunde bei Fräulein Kurzhals auch.

Fräulein Kurzhals wohnte bei ihren Eltern, im gleichen Hause wie wir, nur zwei Stock höher, und war mit mir leider sehr unzufrieden. Und leider mit Recht. Das teure, goldverzierte Klangmöbel stand ja in Lehrer Schurigs Wohnzimmer! Wenn er in seiner Schule war, war ich in meiner Schule. Wenn ich zu Hause war, war meist auch er zu Hause. Wann hätte ich gründlich üben sollen? Andrerseits, ich mußte doch die geheimnisvolle schwarzweiße Tastenkunst erlernen, denn ich wollte ja Lehrer werden!

Mir blieb ein schwacher Trost in dunklen Stunden. Auch Paul Schurig spielte miserabel Klavier. Und er war trotzdem Lehrer geworden, na also!

Der Sechsjährige als Gott Amor bei einer Hochzeit

Ein Kind hat Kummer

Es gibt viele gescheite Leute auf der Welt, und manchmal haben sie recht. Ob sie recht haben, wenn sie behaupten, Kinder sollten unbedingt Geschwister haben, nur weil sie sonst zu allein aufwüchsen, verzärtelt würden und fürs ganze Leben Eigenbrötler blieben, weiß ich nicht. Auch gescheite Leute sollten sich vor Verallgemeinerungen hüten. Zweimal zwei ist immer und überall vier, in Djakarta, auf der Insel Rügen, sogar am Nordpol; und es stimmte auch schon unter Kaiser Barbarossa. Doch bei manchen anderen Behauptungen liegen die Dinge anders. Der Mensch ist kein Rechenexempel. Was auf den kleinen Fritz zutrifft, muß bei dem kleinen Karl nicht stimmen.
Ich blieb das einzige Kind meiner Eltern und war damit völlig einverstanden. Ich wurde nicht verzärtelt und fühlte mich nicht einsam. Ich besaß ja Freunde! Hätte ich einen Bruder mehr lieben können als Kießlings Gustav und eine Schwester herzlicher als meine Kusine Dora? Freunde kann man sich aussuchen, Geschwister nicht. Freunde wählt man aus freien Stücken, und wenn man spürt, daß man sich ineinander geirrt hat, kann man sich trennen. Solch ein Schritt tut weh, denn dafür gibt es keine Narkose. Doch die Operation ist' möglich, und die Heilung der Wunde im Herzen auch.
Mit Geschwistern ist das anders. Man kann sie sich nicht aussuchen. Sie werden ins Haus geliefert. Sie treffen per Nachnahme ein, und man darf sie nicht zurückschicken. Geschwister sendet das Schicksal nicht auf Probe. Zu unserm Glück können auch Geschwister Freunde werden. Häufig bleiben sie nur Geschwister. Manchmal werden sie zu Feinden. Das Leben und die Romane erzählen über das Thema schöne und rührende, aber auch traurige und schreckliche Geschichten. Ich habe manche gehört und gelesen. Aber mitreden, das kann ich nicht. Denn ich blieb, wie gesagt, das einzige Kind und war damit einverstanden.

Nur einmal in jedem Jahre hätte ich sehnlich gewünscht, Geschwister zu besitzen: am Heiligabend! Am Ersten Feiertag hätten sie ja gut und gerne wieder fortfliegen können, meinetwegen erst nach dem Gänsebraten mit den rohen Klößen, dem Rotkraut und dem Selleriesalat. Ich hätte sogar auf meine eigene Portion verzichtet und statt dessen Gänseklein gegessen, wenn ich nur am 24. Dezember abends nicht allein gewesen wäre! Die Hälfte der Geschenke hätten sie haben können, und es waren wahrhaft herrliche Geschenke!

Und warum wollte ich gerade an diesem Abend, am schönsten Abend eines Kinderjahres, nicht allein und nicht das einzige Kind sein? Ich hatte Angst. Ich fürchtete mich vor der Bescherung! Ich hatte Furcht davor und durfte sie nicht zeigen. Es ist kein Wunder, daß ihr das nicht gleich versteht. Ich habe mir lange überlegt, ob ich darüber sprechen solle oder nicht. Ich will darüber sprechen! Also muß ich es euch erklären.

Meine Eltern waren, aus Liebe zu mir, aufeinander eifersüchtig. Sie suchten es zu verbergen, und oft gelang es ihnen. Doch am schönsten Tag im Jahr gelang es ihnen nicht. Sie nahmen sich sonst, meinetwegen, so gut zusammen, wie sie konnten, doch am Heiligabend konnten sie es nicht sehr gut. Es ging über ihre Kraft. Ich wußte das alles und mußte, uns dreien zuliebe, so tun, als wisse ich's nicht.

Wochenlang, halbe Nächte hindurch, hatte mein Vater im Keller gesessen und, zum Beispiel, einen wundervollen Pferdestall gebaut. Er hatte geschnitzt und genagelt, geleimt und gemalt, Schriften gepinselt, winziges Zaumzeug zugeschnitten und genäht, die Pferdemähnen mit Bändern durchflochten, die Raufen mit Heu gefüllt, und immer noch war ihm, beim Blaken der Petroleumlampe, etwas eingefallen, noch ein Scharnier, noch ein Beschlag, noch ein Haken, noch ein Stallbesen, noch eine Haferkiste, bis er endlich zufrieden schmunzelte und wußte: ›Das macht mir keiner nach!‹

Ein andermal baute er einen Rollwagen mit Bierfässern, Klappleitern, Rädern mit Naben und Eisenbändern, ein solides Fahrzeug mit Radachsen und auswechselbaren Deichseln, je nachdem, ob ich zwei Pferde oder nur eins einspannen wollte, mit Lederkissen fürs Abladen der Fässer, mit Peitschen und Bremsen am Kutschbock, und auch dieses Spielzeug war ein fehlerloses Meisterstück und Kunstwerk!

Es waren Geschenke, bei deren Anblick sogar Prinzen die Hände überm Kopf zusammengeschlagen hätten, aber Prinzen hätte mein Vater sie nicht geschenkt.

Wochenlang, halbe Tage hindurch, hatte meine Mutter die Stadt durchstreift und die Geschäfte durchwühlt. Sie kaufte jedes Jahr Geschenke, bis sich deren Versteck, die Kommode, krumm bog. Sie kaufte Rollschuhe, Ankersteinbaukästen, Buntstifte, Farbtuben, Malbücher, Hanteln und Keulen für den Turnverein, einen Faustball für den Hof, Schlittschuhe, musikalische Wunderkreisel,

Wanderstiefel, einen Norwegerschlitten, ein Kästchen mit Präzisionszirkeln auf blauem Samt, einen Kaufmannsladen, einen Zauberkasten, Kaleidoskope, Zinnsoldaten, eine kleine Druckerei mit Setzbuchstaben und, von Paul Schurig und den Empfehlungen des Sächsischen Lehrervereins angeleitet, viele, viele gute Kinderbücher. Von Taschentüchern, Strümpfen, Turnhosen, Rodelmützen, Wollhandschuhen, Sweatern, Matrosenblusen, Badehosen, Hemden und ähnlich nützlichen Dingen ganz zu schweigen.

Es war ein Konkurrenzkampf aus Liebe zu mir, und es war ein verbissener Kampf. Es war ein Drama mit drei Personen, und der letzte Akt fand, alljährlich, am Heiligabend statt. Die Hauptrolle spielte ein kleiner Junge. Von seinem Talent aus dem Stegreif hing es ab, ob das Stück eine Komödie oder ein Trauerspiel wurde. Noch heute klopft mir, wenn ich daran denke, das Herz bis in den Hals.

Ich saß in der Küche und wartete, daß man mich in die Gute Stube riefe, unter den schimmernden Christbaum, zur Bescherung. Meine Geschenke hatte ich parat: für den Papa ein Kistchen mit zehn oder gar fünfundzwanzig Zigarren, für die Mama einen Schal, ein selbstgemaltes Aquarell oder – als ich einmal nur noch fünfundsechzig Pfennige besaß – in einem Karton aus Kühnes Schnittwarengeschäft, hübsch verpackt, die sieben Sachen. Die sieben

Sachen? Ein Röllchen weißer und ein Röllchen schwarzer Seide, ein Heft Stecknadeln und ein Heft Nähnadeln, eine Rolle weißen Zwirn, eine Rolle schwarzen Zwirn und ein Dutzend mittelgroßer schwarzer Druckknöpfe, siebenerlei Sachen für fünfundsechzig Pfennige. Das war, fand ich, eine Rekordleistung! Und ich wäre stolz darauf gewesen, wenn ich mich nicht so gefürchtet hätte.
Ich stand also am Küchenfenster und blickte in die Fenster gegenüber. Hier und dort zündete man schon die Kerzen an. Der Schnee auf der Straße glänzte im Laternenlicht. Weihnachtslieder erklangen. Im Ofen prasselte das Feuer, aber ich fror. Es duftete nach Rosinenstollen, Vanillezucker und Zitronat. Doch mir war elend zumute. Gleich würde ich lächeln müssen, statt weinen zu dürfen.
Und dann hörte ich meine Mutter rufen: »Jetzt kannst du kommen!« Ich ergriff die hübsch eingewickelten Geschenke für die beiden und trat in den Flur. Die Zimmertür stand offen. Der Christbaum strahlte. Vater und Mutter hatten sich links und rechts vom Tisch postiert, jeder neben seine Gaben, als sei das Zimmer samt dem Fest halbiert. »Oh«, sagte ich, »wie schön!« und meinte beide Hälften. Ich hielt mich noch in der Nähe der Tür, so daß mein Versuch, glücklich zu lächeln, unmißverständlich beiden galt. Der Papa, mit der erloschnen Zigarre im Munde, beschmunzelte den firnißblanken Pferdestall. Die Mama blickte triumphierend auf das Gabengebirge zu ihrer Rechten. Wir lächelten zu dritt und überlächelten unsre dreifache Unruhe. Doch ich konnte nicht an der Tür stehen bleiben!
Zögernd ging ich auf den herrlichen Tisch zu, auf den halbierten Tisch, und mit jedem Schritt wuchsen meine Verantwortung, meine Angst und der Wille, die nächste Viertelstunde zu retten. Ach, wenn ich allein gewesen wäre, allein mit den Geschenken und dem himmlischen Gefühl, doppelt und aus zweifacher Liebe beschenkt zu werden! Wie selig wär ich gewesen, und was für ein glückliches Kind! Doch ich mußte meine Rolle spielen, damit das Weihnachtsstück gut ausgehe. Ich war ein Diplomat, erwachsener

als meine Eltern, und hatte dafür Sorge zu tragen, daß unsre feierliche Dreierkonferenz unterm Christbaum ohne Mißklang verlief. Ich war, schon mit fünf und sechs Jahren und später erst recht, der Zeremonienmeister des Heiligen Abends und entledigte mich der schweren Aufgabe mit großem Geschick. Und mit zitterndem Herzen.
Ich stand am Tisch und freute mich im Pendelverkehr. Ich freute mich rechts, zur Freude meiner Mutter. Ich freute mich an der linken Tischhälfte über den Pferdestall im allgemeinen. Dann freute ich mich wieder rechts, diesmal über den Rodelschlitten, und dann wieder links, besonders über das Lederzeug. Und noch einmal rechts, und noch einmal links, und nirgends zu lange, und nirgends zu flüchtig. Ich freute mich ehrlich und mußte meine Freude zerlegen und zerlügen. Ich gab beiden je einen Kuß auf die Backe. Meiner Mutter zuerst. Ich verteilte meine Geschenke und begann mit den Zigarren. So konnte ich, während der Papa das Kistchen mit seinem Taschenmesser öffnete und die Zigarren beschnupperte, bei ihr ein wenig länger stehenbleiben als bei ihm. Sie bewunderte ihr Geschenk, und ich drückte sie heimlich an mich, so heimlich, als sei es eine Sünde. Hatte er es trotzdem bemerkt? Machte es ihn traurig?
Nebenan, bei Grüttners, sangen sie: »O du fröhliche, o du selige gnadenbringende Weihnachtszeit!« Mein Vater holte ein Portemonnaie aus der Tasche, das er im Keller zugeschnitten und genäht hatte, hielt es meiner Mutter hin und sagte: »Das hätt ich ja beinahe vergessen!« Sie zeigte auf ihre Tischhälfte, wo für ihn Socken, warme lange Unterhosen und ein Schlips lagen. Manchmal fiel ihnen, erst wenn wir bei Würstchen und Kartoffelsalat saßen, ein, daß sie vergessen hatten, einander ihre Geschenke zu geben. Und meine Mutter meinte: »Das hat ja Zeit bis nach dem Essen.«
Anschließend gingen wir zu Onkel Franz. Es gab Kaffee und Stollen. Dora zeigte mir ihre Geschenke. Tante Lina klagte ein bißchen über ihre Aderbeine. Der Onkel griff nach einer Havannakiste,

hielt sie meinem Vater unter die Nase und sagte: »Da, Emil! Nun rauch mal 'ne anständige Zigarre!« Der Papa erklärte, leicht gekränkt: »Ich hab selber welche!« Onkel Franz meinte ärgerlich: »Nun nimm schon eine! So was kriegst du nicht alle Tage!« Und mein Vater sagte: »Ich bin so frei.«
Frieda, die Wirtschafterin und treue Seele, schleppte Stollen, Pfefferkuchen, Rheinwein oder, wenn der Winter kalt geraten war, dampfenden Punsch herbei und setzte sich mit an den Tisch. Dora und ich versuchten uns auf dem Klavier an Weihnachtsliedern, der ›Petersburger Schlittenfahrt‹ und dem ›Schlittschuhwalzer‹. Und Onkel Franz begann meine Mutter zu hänseln, indem er aus der Kaninchenhändlerzeit erzählte. Er machte uns vor, wie die Schwester damals ihre Brüder verklatscht hätte. Meine Mutter wehrte sich, so gut sie konnte. Aber gegen Onkel Franz und seine Stimme war kein Kraut gewachsen. »Eine alte Klatschbase warst du!« rief er laut, und zu meinem Vater sagte er übermütig: »Emil, deine Frau war schon als Kind zu fein für uns!« Mein Vater blinzelte stillvergnügt über den Brillenrand, trank einen Schluck Wein, wischte sich den Schnurrbart und genoß es von ganzem Herzen, daß meine Mutter endlich einmal nicht das letzte Wort haben sollte. Das war für ihn das schönste Weihnachtsgeschenk! Sie hatte vom Weintrinken rote Bäckchen bekommen. »Ihr wart ganz gemeine, niederträchtige und faule Lausejungen!« rief sie giftig. Onkel Franz freute sich, daß sie sich ärgerte. »Na und, Frau Gräfin?« gab er zur Antwort. »Aus uns ist trotzdem was geworden!« Und er lachte, daß die Christbaumkugeln schepperten.
Das Quadrat ist kein Kreis, und der Mensch ist kein Engel. Die Quadrate scheinen sich damit abgefunden zu haben, daß sie nicht rund sind. Jedenfalls hat man bis heute nichts Gegenteiliges gehört. Sie sind, läßt sich vermuten, mit ihren vier rechten Winkeln und mit ihren vier gleichlangen Seiten einverstanden. Sie sind die vollkommensten Vierecke, die man sich denken kann. Damit ist ihr Ehrgeiz befriedigt.

Bei den Menschen ist das anders, zumindest bei denen, die über sich hinausstreben. Sie wollen nicht etwa vollkommene Menschen werden, was ein schönes und angemessenes Ziel wäre, sondern Engel. Sie streben, soweit sie das überhaupt tun, nach dem falschen Ideal. Die unvollkommene Frau Lehmann möchte nicht die vollkommene Frau Lehmann werden, sondern eine Art Heiliger Cäcilie. Glücklicherweise erreicht sie das falsche Ziel nicht, sonst hätten Herr Lehmann und die Kinder nichts zu lachen. Mit einer Heiligen, mit einem Engel wäre ihnen nicht gedient. Sondern mit der vollkommenen Frau Lehmann. Doch gerade diese kriegen sie nicht. Denn gerade das will Frau Lehmann nicht werden. So sieht sie zum Schluß aus wie ein schiefes, krummgezogenes Viereck, das ein Kreis werden wollte. Das ist kein schöner Anblick.

Meine Mutter war kein Engel und wollte auch keiner werden. Ihr Ideal war handgreiflicher. Ihr Ziel lag in der Ferne, doch nicht in den Wolken. Es war erreichbar. Und weil sie energisch war wie niemand sonst und sich von niemandem dreinreden ließ, erreichte sie es. Ida Kästner wollte die vollkommene Mutter ihres Jungen werden. Und weil sie das werden wollte, nahm sie auf niemanden Rücksicht, auch auf sich selber nicht, und wurde die vollkommene Mutter. All ihre Liebe und Phantasie, ihren ganzen Fleiß, jede Minute und jeden Gedanken, ihre gesamte Existenz setzte sie, fanatisch wie ein besessener Spieler, auf eine einzige Karte, auf mich. Ihr Einsatz hieß: ihr Leben, mit Haut und Haar!
Die Spielkarte war ich. Deshalb mußte ich gewinnen. Deshalb durfte ich sie nicht enttäuschen. Deshalb wurde ich der beste Schüler und der bravste Sohn. Ich hätte es nicht ertragen, wenn sie ihr großes Spiel verloren hätte. Da sie die vollkommene Mutter sein wollte und war, gab es für mich, die Spielkarte, keinen Zweifel: Ich mußte der vollkommene Sohn werden. Wurde ich's? Jedenfalls versuchte ich es. Ich hatte ihre Talente geerbt: ihre Tatkraft, ihren Ehrgeiz und ihre Intelligenz. Damit war schon etwas anzufangen.

Und wenn ich, ihr Kapital und Spieleinsatz, wirklich einmal müde wurde, nur und immer wieder zu gewinnen, half mir, als letzte Reserve, eines weiter: Ich hatte die vollkommene Mutter ja lieb. Ich hatte sie sehr lieb.

Erreichbare Ziele sind besonders deshalb und deshalb besonders anstrengend, weil wir sie erreichen möchten. Sie fordern uns heraus, und wir machen uns, ohne nach links oder rechts zu blicken, auf den Weg. Meine Mutter blickte weder nach links noch nach rechts. Sie liebte mich und niemanden sonst. Sie war gut zu mir, und darin erschöpfte sich ihre Güte. Sie schenkte mir ihren Frohsinn, und für andere blieb nichts übrig. Sie dachte nur an mich, weitere Gedanken hatte sie keine. Ihr Leben galt mit jedem Atemzuge mir, nur mir.

Darum erschien sie allen anderen kalt, streng, hochmütig, selbstherrlich, unduldsam und egoistisch. Sie gab mir alles, was sie war und was sie hatte, und stand vor allen anderen mit leeren Händen da, stolz und aufrecht und doch eine arme Seele. Das erfüllte sie mit Trauer. Das machte sie unglücklich. Das trieb sie manchmal zur Verzweiflung. Ich sage das nicht obenhin und nicht als Redensart. Ich weiß, was ich sage. Ich war ja dabei, wenn sich ihre Augen verdunkelten. Damals, als ich ein kleiner Junge war. Ich fand sie ja, die hastig bekritzelten Zettel, wenn ich aus der Schule kam! Auf dem Küchentisch lagen sie. »Ich kann nicht mehr!« stand darauf. »Sucht mich nicht!« stand darauf. »Leb wohl, mein lieber Junge!« stand darauf. Und die Wohnung war leer und tot.

Dann jagte ich, von wilder Angst gehetzt und gepeitscht, laut weinend und fast blind vor Tränen, durch die Straßen, elbwärts und den steinernen Brücken entgegen. Die Schläfen hämmerten. Der Kopf dröhnte. Das Herz raste. Ich lief in Passanten hinein, sie schimpften, und ich jagte weiter. Ich taumelte vor Atemlosigkeit, schwitzte und fror, fiel hin, rappelte mich hoch, merkte nicht, daß ich blutete, und jagte weiter. Wo konnte sie sein! Würde ich sie finden? Hatte sie sich etwas angetan? War sie gerettet worden?

War es noch Zeit, oder war es zu spät? »Mutti, Mutti, Mutti?« stammelte ich in einem fort und rannte um ihr Leben. »Mutti, Mutti, Mutti, Mutti!« Mir fiel nichts weiter ein. Es war bei diesem Wettlauf mit dem Tod mein einziges endloses Gebet.

Ich fand sie fast jedesmal. Und fast jedesmal auf einer der Brücken. Dort stand sie bewegungslos, blickte auf den Strom hinunter und sah aus wie eine Wachsfigur. »Mutti, Mutti, Mutti?« Nun schrie ich es laut und immer lauter. Mit letzter Kraft schleppte ich mich zu ihr hin. Ich packte sie, zerrte an ihr, umarmte sie, schrie und weinte und schüttelte sie, als sei sie eine große, bleiche Puppe – und dann erwachte sie wie aus einem Schlaf mit offnen Augen. Jetzt erst erkannte sie mich. Jetzt erst merkte sie, wo wir waren. Jetzt erst erschrak sie. Jetzt erst konnte sie weinen und mich fest an sich drücken und mühsam und heiser sagen: »Komm, mein Junge, bring mich nach Hause!« Und nach den ersten zaghaften Schritten flüsterte sie: »Es ist schon wieder gut.«

Manchmal fand ich sie nicht. Dann irrte ich ratlos von einer Brücke zur andern, lief heim, um nachzusehen, ob sie inzwischen zurückgekommen sei, rannte wieder zum Fluß, die Brückentreppen hinunter, das Neustädter Ufer entlang, schluchzte und bebte vor Angst, ich könne Boote entdecken, von denen aus man mit langen Stangen nach jemandem fischte, der von der Brücke gesprungen war. Dann schleppte ich mich wieder nach Hause und warf mich, von Hoffnung und Verzweiflung geschüttelt, über ihr Bett. Halb ohnmächtig vor Erschöpfung schlief ich ein. Und wenn ich erwachte, saß sie neben mir und drückte mich fest an sich. »Wo bist du gewesen?« fragte ich, glücklich und ratlos. Sie wußte es nicht. Sie schüttelte über sich selber den Kopf. Dann versuchte sie zu lächeln und flüsterte, auch diesmal: »Es ist schon wieder gut.«

Eines Nachmittags ging ich, statt zu spielen, heimlich zu Sanitätsrat Zimmermann in die Sprechstunde und schüttete ihm mein Herz aus. Er drehte seinen Knebelbart zwischen den nikotinbraunen Fingern, betrachtete mich freundlich und sagte: »Deine Mutter arbeitet zuviel. Ihre Nerven sind nicht gesund. Es sind Krisen, schwer und kurz wie Gewitter im Sommer. Sie müssen sein, damit sich die Natur wieder einrenkt. Hinterher ist die Luft doppelt frisch und rein.« Ich sah ihn zweifelnd an. »Auch die Menschen«, meinte er, »gehören zur Natur.« »Aber nicht alle Menschen wollen von Brücken springen«, wandte ich ein. »Nein«, sagte er, »glücklicherweise nicht.«
Er fuhr mir übers Haar. »Deine Mutter müßte ein paar Monate ausspannen. Irgendwo in der Nähe. In Tharandt, in Weixdorf, in Langebrück. Du könntest mittags von der Schule aus hinausfahren und bis zum Abend bei ihr bleiben. Schularbeiten kann man auch in Weixdorf machen.« »Sie wird es nicht tun«, erwiderte ich, »wegen der Kundschaft. Ein paar Monate, das ist zu lange.« »Weniger wäre zu wenig«, gab er zur Antwort, »aber du hast recht: Sie wird es nicht tun.« Ich sagte schuldbewußt: »Sie wird es meinetwegen nicht tun. Sie plagt sich meinetwegen ab. Meinetwegen braucht sie das Geld.« Während er mich zur Tür brachte, klopfte er mir auf die Schulter. »Mach dir keine Vorwürfe! Wenn

sie dich nicht hätte, wär es viel schlimmer.«

»Sie erzählen ihr nicht, daß ich hier war?« »Na erlaube mal! Natürlich nicht!« »Und Sie glauben nicht, daß sie wirklich von der Brücke . . . vielleicht . . . eines Tages . . .?« »Nein«, sagte er, »das glaub ich nicht. Auch wenn sie alles um sich her vergißt, wird ihr Herz an dich denken.« Er lächelte. »Du bist ihr Schutzengel.«

An diese letzten Sätze dachte ich oft im Leben. Sie haben mich zugleich getröstet und bedrückt. Ich erinnerte mich ihrer auch noch, als ich ein Mann von etwa fünfzig Jahren war und meine Mutter im Sanatorium besuchte. Es war viel geschehen. Dresden lag in Trümmern. Die Eltern hatten es überlebt. Wir waren lange getrennt gewesen. Die Post und die Eisenbahn hatten lange Zeit lahmgelegen. Nun endlich sahen wir einander wieder. In einem Sanatorium. Denn meine Mutter litt, fast achtzigjährig und erschöpft von einem Leben, das Mühe und Arbeit gewesen war, am Dahinschwinden ihres Gedächtnisses und bedurfte der Aufsicht und Pflege.
Sie hielt ein Taschentuch auf den Knien, breitete es auseinander und faltete es zusammen, in einem fort und ruhelos, schaute mich verwirrt lächelnd an, schien mich zu erkennen, nickte mir zu und fragte mich dann: »Wo ist denn der Erich?« Sie fragte mich nach ihrem Sohn! Und mir krampfte sich das Herz zusammen. Wie damals, wenn sie geistesabwesend auf einer der Brücken stand.
»Auch wenn sie alles um sich her vergißt«, hatte Sanitätsrat Zimmermann gesagt, »wird ihr Herz an dich denken.« Jetzt hatten ihre Augen sogar mich vergessen, ihr einziges Ziel und Glück! Doch nur die Augen. Ihr Herz nicht.

Meine Mutter, zu Wasser und zu Lande

Und noch einmal will ich die Fanfare an die Lippen setzen und das Lob meiner Mutter in die Lüfte schmettern, daß es von den Bergen widerhallt. Aus allen Himmelsrichtungen antwortet das Echo, bis es klingt, als stimmten hundert Waldhörner und Trompeten, Frau Kästner zu Ehren, in mein Preislied ein. Und schon mischen sich die Bäche und Wasserfälle ins Konzert, die Gänse auf den Dorfstraßen, die Hämmer vor der Schmiede, die Bienen im Klee, die Kühe am Hang, die Mühlräder und Sägewerke, der Donner überm Tal, die Hähne auf dem Mist und auf den Kirchtürmen und die Bierhähne in den abendlichen Gasthöfen. Die Enten im Tümpel schnattern Beifall, die Frösche quaken Bravo, und der Kuckuck ruft von weither seinen Namen. Sogar die Pferde vorm Pflug blicken von der Feldarbeit hoch und wünschen dem ungleichen Paar auf der Landstraße wiehernd gute Reise.

Wer sind die beiden, die singend und braungebrannt das Land durchstreifen? Die wie zwei Handwerksburschen aus der gluckernden Feldflasche trinken? Die hoch über Hügeln und Tälern rasten, hartgekochte Eier frühstücken und zum Nachtisch das liebliche Panorama mit den Augen verzehren? Die beim Sturm und Regen mit Pelerinen und Kapuzen trotzig und unverdrossen durch die Wälder ziehen? Die abends am Wirtshaustisch eine warme Suppe löffeln und, kurz darauf, herrlich müde ins buntkarierte Bauernbett sinken?

Das Wandern wurde, mir zuliebe, Frau Kästners Lust, und sie betrieb dieses dem Gemüt und der Gesundheit dienliche Vergnügen höchst systematisch. So ließ sie sich zunächst einmal, etwa als ich acht Jahre zählte, zum Erstaunen der Schneiderin ein wetterfestes Kostüm aus grünem Loden anfertigen. Im Geschäft wäre es billiger gewesen, doch in Geschäften gab es dergleichen nicht. Frauen wanderten damals nicht, es war ganz und gar nicht Mode. Der Rock reichte, der Zeit gemäß, fast bis zu den Knöcheln! Frau

Wähner, die Putzmacherin, fabrizierte nach Mutters Angaben einen breitkrempigen grünen Lodenhut, der mit zwei gabelförmigen Patenthutnadeln in der Frisur verankert und vertäut wurde, und auch Frau Wähner staunte. Zwei grüne Regenpelerinen wurden eingekauft. Mein Vater, der das Staunen längst verlernt hatte, schuf in der Kellerwerkstatt mit wahrem Feuereifer zwei unzerreißbare grüne Rucksäcke, den kleineren für mich. Und so waren wir bald aufs beste und aufs grünste ausgerüstet.

Nicht das geringste fehlte. Alles Notwendige war beschafft worden: zwei eisenbewehrte Bergstöcke, eine Feldflasche, Büchsen für Butter, Wurst, Eier, Salz, Zucker und Pfeffer, ein Kochgeschirr für Knorrs Erbswurst und Maggi-Suppen, ein Spirituskocher und zwei leichte Eßbestecke. Zu den kernigen Stiefeln gehörte eine Büchse mit Lederfett, und nur einmal wurde sie, bei einem Picknick irgendwo in der Lausitz, mit der Butterbüchse verwechselt. Schon nach dem ersten Bissen war uns klar, daß es sich nicht empfiehlt, Lederfett aufs Brot zu streichen. Es heißt zwar, über den Geschmack ließe sich streiten. Doch auf die Frage, ob Lederfett ein Genußmittel sei, dürfte es wirklich nur eine einzige Antwort geben. Jedenfalls ist dies seitdem meine fundierte Meinung. Gegenteilige Belehrungen müßte ich rundweg ablehnen.

Wir waren aufs Wandern lückenlos vorbereitet und brauchten nur noch das Wandern selber zu erlernen. Unsre Wanderjahre waren Lehrjahre. Anfangs glaubten wir zum Beispiel, der Mensch wisse auch an Kreuzungen den richtigen Weg, der zum richtigen Ziele führt. Als wir aber, zu wiederholten Malen, nach vier, ja fünf Stunden verblüfft dort anlangten, wo wir morgens aufgebrochen waren, begannen wir am Instinkt des Europäers zu zweifeln. Wir waren keine Indianer. Und es half nichts, sich nach dem Stande der Sonne zu richten. Vor allem dann nicht, wenn man sie vor lauter Wald und Wolken gar nicht sah!

Deshalb gingen wir dazu über, anhand von Landkarten und Meßtischblättern das Weite zu suchen, und brachten es mit der Zeit zu nahezu fehlerlosen Ergebnissen. Auch Blasen an den Füßen, Atemnot und Kreuzschmerzen überwanden wir bald. Wir gaben nicht nach. Wir schritten fort und wurden Fortgeschrittene. Schließlich kannten wir alle Schliche des Wanderns. Wir legten am

Tag vierzig, sogar fünfzig Kilometer zurück, ohne daß uns dies sonderlich angestrengt hätte, und wir durchstreiften auf diese Weise Thüringen, Sachsen, Böhmen und Teile Schlesiens. Wir erstiegen, langsamen Schritts, zwölfhundert Meter hohe Berge, und wir hätten auch noch höhere Gipfel erklommen, wenn es nur welche gegeben hätte. Wo es uns besonders gefiel, spendierten wir uns einen Ruhetag und faulenzten wie schnurrende Katzen. Dann ging es weiter im Text, eine Woche und manchmal vierzehn Tage lang, zuweilen mit Dora, der Kusine, meist und fast noch lieber ohne sie. Die Märsche wurden für unsere gelehrigen Füße zu Spaziergängen. Zwischen uns und der Natur stand keine Mühe mehr. Die Flüsse, der Wind, die Wolken und wir blieben im Takt. Es war herrlich. Und gesund war es außerdem. Vom Fuß bis zum Kopf, und vom Kopf bis zu den Füßen. Mens sana in corpore sano, wie wir Lateiner sagen.

So eroberten wir uns den Thüringer Wald und die Lausitzer Berge, die Sächsische Schweiz und das böhmische Mittelgebirge, das Erzgebirge und das Isergebirge und dazu sangen wir: »O Täler weit, o Höhen, o schöner grüner Wald!« Vom Jeschken bis zum Fichtelberg, von der Roßtrappe bis zum Milleschauer erstiegen wir alle Gipfel und Gipfelchen. Ruinen und Klöster, Burgen und Museen, Dome und Schlösser, Wallfahrtskirchen und Rokokogärten lagen am Weg, und wir hielten feierlich Umschau. Dann zogen wir weiter, kreuz und quer durchs Land, die Friseuse in grünem Loden und ihr Junge. Manchmal hatte ich sogar meine buntbebänderte Laute dabei, da sang es sich noch besser. »Da draußen, stets betrogen, saust die geschäft'ge Welt«, sangen wir, und der Herr von Eichendorff, der Dichter des Liedes, hätte seine Freude an uns beiden gehabt, wenn er nicht schon tot gewesen wäre. Zwei glücklichere Enkel der Romantik hätte er so bald nicht gefunden.
Dieser oder doch einer ähnlichen Meinung schien eines Tages ein Herr zu sein, der noch lebte. Meine Mutter und ich waren nach

einer mehrtägigen Wanderung durch die Sächsische Schweiz im Linckeschen Bad eingekehrt, einem Gartenlokal an der Elbe, das durch den Kammergerichtsrat E. T. A. Hoffmann, einen romantischen Kollegen Eichendorffs, berühmt geworden ist. Die Königsbrücker Straße lag nur um die Ecke, aber wir hatten Durst und noch keine rechte Lust aufs Daheimsein. So ließen wir uns Zeit, tranken kühle Limonade und brachen, nachdem die Kellnerin kassiert hatte, in schallendes Gelächter aus. Denn jetzt besaßen wir, wie wir das Portemonnaie auch drehten und wendeten, nur noch ein einziges Geldstück, einen Kupferpfennig! Mitten im ›Goldenen Topf‹! (Diese Bemerkung gilt bloß für belesene Leute.)

Der Herr am Nebentisch wollte wissen, warum wir so fröhlich waren. Und als wir es ihm gesagt hatten, machte er meiner Mutter einen Heiratsantrag. Er sei, erzählte er, ein in den Vereinigten Staaten reichgewordener Deutscher, der sich für drüben eine Frau suche. Meine Mutter sei, das habe er sofort gemerkt, die Richtige, und daß er bei dieser einmaligen Gelegenheit auch noch einen so aufgeweckten und lustigen Sohn als Zuwaage erhalte, sei ein Glücksfall ohnegleichen. Unsere unverdrossen wachsende Heiterkeit steigerte seinen Eifer, statt ihn zu dämpfen. Daß wir einen Ehemann und Vater bereits besäßen, focht ihn nicht an. Dergleichen lasse sich, meinte er selbstsicher, mit genügend Geld und bei einigem guten Willen bequem regeln. Er war von seinem Vorsatz, uns beide zu heiraten und nach Amerika mitzunehmen, durch nichts abzubringen. Und so blieb uns schließlich nichts übrig als die Flucht. Wir waren, als geübte Wanderer, besser zu Fuß als er. Er verlor uns aus den Augen, und so konnten wir uns gerade noch retten und dem Deutschen Reich erhalten.

Hätten wir nicht so schnell laufen können, meine Mutter und ich, dann wär ich heute womöglich ein amerikanischer Schriftsteller oder, in Anbetracht meiner deutschen Sprachkenntnisse von Kind auf, Generalvertreter für Coca-Cola, Chrysler oder die Paramount in Nordrhein-Westfalen oder Bayern! Und im Jahre 1917 hätte ich

dann vor dem soeben erwähnten Linckeschen Bad nicht im Schilderhause stehen und Wache schieben müssen! Aber statt dessen wär ich vielleicht amerikanischer Soldat gewesen! Denn so schnell und so weit weg, daß man auf dieser verrückten Welt nicht doch irgendwo Soldat wird, kann man gar nicht laufen! Nun ja, das gehört nicht hierher.

Mein Vater war eine beinahe noch peniblere Hausfrau als meine Mutter. Bevor sie und ich aus der Wildnis heimkehrten, begann er in Kernseife, Sidol und Bohnerwachs förmlich zu schwelgen. Wie ein Berserker fiel er mit Schrubbern, Scheuerhadern, Wurzelbürsten, Putzlappen und Fensterledern über die Wohnung her. Auf jedes Stäubchen machte er Jagd. Er rumorte bis tief in die Nacht. Tagsüber war er ja in der Kofferfabrik und hatte für Zimmerkosmetik keine Zeit. Grützners und Stefans, die nebenan wohnten, konnten dann nicht einschlafen und sagten: »Aha, die zwei Wanderburschen kommen morgen zurück!«

Es war jedesmal dasselbe. Wir traten in den Korridor und fühlten uns plötzlich noch viel staubiger und dreckiger, als wir schon waren. Die Klinken, der Herd und die Ofentüren blitzten. Die Fenster schimmerten lupenrein. Im Linoleum hätten wir uns, wenn wir gewollt hätten, spiegeln können. Aber wir wollten nicht. Wir wußten ohnehin, daß wir wie Landstreicher aussahen. Da half nur eins: der Sprung in die Badewanne.

Kaum daß wir wieder gesitteten Stadtbewohnern einigermaßen ähnlich sahen, trabte ich als Herold durch die Straßen und brachte den Kunden die Kunde, daß die Friseuse Ida Kästner aus den Ferien zurück sei und nach Weiberköpfen lechze. So wurde denn in den nächsten Tagen frisiert, onduliert, kopfmassiert und kopfgewaschen, bis alle Geschäftsfrauen und Verkäuferinnen hinter ihren Ladentischen wieder wie neu aussahen. Sie blieben ihrer Friseuse treu. Einmal wurde, weil wir auf Wanderschaft waren, sogar eine Hochzeit verschoben. Die Braut, ein Ladenfräulein aus dem Konsum, hatte darauf bestanden.

Am Abend nach unserer Rückkunft trat dann mein Vater, nachdem er sein Fahrrad im Keller verstaut hatte, in die Küche und sagte befriedigt: »Da seid ihr ja wieder!« Mehr sagte er nicht, und mehr war ja auch nicht nötig. Das Reden besorgten wir.

Länger als zwei Wochen pflegten, aus notwendiger Rücksicht auf Mutters Kundinnen, unsere Landstreichereien nicht zu dauern. Doch meine Sommerferien dauerten länger. Und so verbrachten wir halbe, manchmal sogar ganze Tage der restlichen Ferienzeit an den Waldteichen in Dresdens Nähe oder im König-Friedrich-August-Bad in Klotzsche-Königswald. Obwohl mir weder der Schwimmunterricht an der Angel, mit den stupiden Kommandos des Bademeisters, noch das Herumkrebsen mit einem Korkgürtel um den Bauch auch nur das mindeste genützt hatte, war ich, heimlich im Selbstlehrgang, ein leidlicher Schwimmer geworden.

Da meine Mutter es nur schwer ertragen konnte, wenn sie, hilflos vom Ufer oder vom Bassin für Nichtschwimmer aus, nichts als meinen Haarschopf erblickte, beschloß sie, Schwimmerin zu werden. Wißt ihr, wie damals Badeanzüge für Frauen aussahen? Nein? Seid froh! Sie glichen Kartoffelsäcken aus Leinen, nur daß sie bunt waren und lange Hosenbeine hatten. Und statt anliegender Badehauben trug die Damenwelt aufgeplusterte Kochmützen aus rotem Gummi. Es war ein Anblick zum Steinerweichen.

In diesem närrischen und unbequemen Kostüm stieg meine Mutter in die Fluten des Weixdorfer Teichs, legte sich waagrecht auf den Wasserspiegel, machte einige energiegeladene Bewegungen, öffnete den Mund, um etwas zu sagen, und versank! Was sie hatte sagen wollen, weiß ich nicht. Ganz bestimmt war es nicht das, was sie, als sie einige Sekunden später zornig wieder auftauchte, tatsächlich äußerte. Die Sohnespflicht und die Schicklichkeit verbieten es mir, die Bemerkung zu wiederholen. Die Nachwelt wird sich näherungsweise denken können, was gesagt wurde. Und die Nachwelt hat bekanntlich immer recht. Festgestellt sei jedenfalls, daß die hier unwiederholbare Erklärung erst abgegeben wurde, nachdem meine Mutter einen nicht unbeträchtlichen Teil des idyllisch gelegenen Waldteichs ausgespuckt hatte und, von mir gestützt, zum Ufer wankte.

Weitere Schwimmversuche unternahm sie nicht. Das Element, das keine Balken hat, hatte ihr den Gehorsam verweigert. Die Folgen hatte es sich selber zuzuschreiben. Das leuchtete allen, die meine Mutter kannten, ohne weiteres ein. Sie war in ihrem Leben schon mit ganz anderen Elementen fertiggeworden! Das Wasser wollte nicht! Ida Kästner grüßte es nicht mehr.

Im König-Friedrich-August-Bad gab es, außer einer mit der sächsischen Krone verzierten Umkleidekabine für den Monarchen, die von diesem freilich nur selten benutzt und bei starkem Publikumsandrang gegen ein minimales Aufgeld auch an Nichtkönige vergeben wurde, jahrelang eine weitere, keineswegs geringere Sensation. Der Herr hieß Müller. Er stammte dessenungeachtet aus Schweden und war der Erfinder einer Freiluftgymnastik, die er sich zu Ehren das ›Müllern‹ getauft hatte. Herr Müller trug einen kleinen schwarzen Bart und eine kleine weiße Badehose, war athletisch gewachsen, am ganzen Körper bronzebraun und würde heute, wenn es ihn in seiner damaligen Verfassung noch gäbe, unweigerlich zum Mister Universum gewählt werden.

Herr Müller war ohne Frage der schönste Mann des neuen Jahrhunderts. Das fand, bei aller skandinavischen Bescheidenheit, sogar er selber. Das Herrenbad – die Bäder waren streng voneinander getrennt, und man konnte sich mit seiner Mama nur im ›Restaurant‹ treffen (oh, die Thüringer Bratwürste mit Kartoffelsalat!) –, das Herrenbad also schloß sich Herrn Müllers Ansichten über Herrn Müller vorbehaltlos an, und da das Turnen im Grünen ein Schönheitsmittel zu sein schien, müllerten wir Männer begeistert und voller Hoffnungen. Es gibt eine Fotografie, worauf wir, in Badehosen und hübsch hintereinander, zu sehen sind. Herr Müller beschließt die Reihe. Ich bin der erste. Fast schon so schön wie der Schwede. Nur ohne Bart und wesentlich kleiner.

Daß das Damenbad hinter unserer Bewunderung nicht zurückstehen wollte und konnte, versteht sich am Rande. Dank seiner Eigenschaften als Erfinder und Vorturner war Herr Müller der einzige Mann, der das Paradies der Damen betreten durfte, und die Dresdner Frauenwelt müllerte, in sogenannte Lufthemden gehüllt, daß die Wiese zitterte. Trotzdem blieb der Schwede schön, und wenn es ihm gelungen war, sich von den Evastöchtern und -müttern loszureißen, turnte er, zur Erholung, wieder mit uns Männern.

Mit dem Schwimmen war meine Mutter böse. Mit dem Radfahren

fand sie sich ab. Tante Lina hatte Dora ein Fahrrad geschenkt. Ich hatte die Fahrkunst auf meines Vaters Rad gelernt. Und weil der Gedanke auftauchte, man könne durch gelegentliche Radtouren das Ferienprogramm noch bunter als bisher gestalten, kaufte sich meine Mutter bei Seidel & Naumann ein fabrikneues Damenfahrrad und nahm neugierig darauf Platz. Mein Vater hielt das Rad am Sattel fest, lief eifrig neben seiner kurvenden Gattin her und erteilte atemlose Ratschläge. Diese Versuche waren nicht nur von ihm, sondern auch von Erfolg begleitet, und so stand einem Ausfluge per Rad nichts Sonderliches im Wege. Er lieh mir sein Fahrrad, schraubte den Sattel so niedrig wie möglich und wünschte uns viel Glück.

Glück kann man immer gebrauchen. Ebene Wegstrecken und leichte Steigungen boten keine nennenswerten Schwierigkeiten, und von der Mordgrundbrücke bis zum Weißen Hirsch wurden die Räder, weil es steil bergauf ging, geschoben. Dann saßen wir wieder auf, strampelten nach Bühlau und bogen in die Heide ein. Denn wir wollten in der Ullersdorfer Mühle Kaffee trinken und Quarkkuchen essen. Oder Eierschecke? (Eierschecke heißt eine sächsische Kuchensorte, die zum Schaden der Menschheit auf dem restlichen Globus unbekannt geblieben ist.) Vielleicht wollten wir auch beides essen, Eierschecke und Quarkkuchen, und schließlich taten wir es ja auch – nur meine Mutter, die freute sich nicht, sondern trank Kamillentee. Sie war, kurz zuvor und gegenüber der Mühle, in einen dörflichen Gartenzaun gesaust. Dabei waren der Zaun und die tollkühne Radlerin leicht beschädigt worden. Der Schreck war größer gewesen als das Malheur, aber die Kaffeelust und Kuchenlaune waren ihr vergangen. Sie hatte beim Bergab vergessen gehabt, auf die Rücktrittbremse zu treten, und das nahm sie sich und der Bremse übel.

Was Zufall, Pech und Anfängerei gewesen zu sein schien, entpuppte sich mit der Zeit als Gesetz. Meine Mutter vergaß die Rücktrittbremse jedesmal und immer wieder! Kaum senkte sich ein Weg, so raste sie auch schon davon, etwa wie die Rennfahrer der Tour de France, wenn sie von den Pyrenäen herunterkommen. Dora und ich jagten hinterdrein, und wenn wir sie am Ende des Berges endlich eingeholt hatten, stand sie neben ihrem Rad, war blaß und sagte: »Wieder vergessen!« Es war lebensgefährlich.

Von der Augustusburg sauste sie die steile Straße nach Erdmannsdorf hinunter, daß uns Kindern das Herz stehen blieb. Wieder war ihr nichts zugestoßen. Vielleicht war ein Schutzengel mit ihr Tandem gefahren. Doch unsere Radtouren wurden mehr und mehr zu Angstpartien. Man konnte davon träumen. Manchmal sprang sie mitten auf dem Berg ab und ließ das Rad fallen. Manchmal lenkte sie es in den Straßengraben und fiel selber. Es ging immer glimpflich ab. Aber ihre und unsere Nerven wurden dünner und dünner. Das konnte nicht der Sinn solcher Ferientage sein. Und so stiegen wir für immer von den Pedalen herab und auf Schusters Rappen um. Das Damenrad wanderte in den Keller, und wir wanderten wie ehedem zu Fuß. Da gab es keine Rücktrittbremse, die man vergessen konnte.

Wenn ich ein moderner Seelenprofessor wäre, würde ich mir tiefe Gedanken machen und in einer der Fachzeitschriften unter dem Titel ›Die Rücktrittbremse als Komplex, Versuch einer Deutung‹ einen Aufsatz veröffentlichen, worin es etwa hieße: »Für Frau Ida K., die vorerwähnte Patientin, konnte es, wie im Leben überhaupt, so auch beim Radfahren im besonderen, nur ein Bergauf geben. Dem unverwüstlichen Ehrgeiz, der diese Frau, nach eigenen Enttäuschungen und im Hinblick auf ihren hoffnungsvollen Sohn, pausenlos erfüllte, war der gegenteilige Begriff, das Bergab, ziel- und wesensfremd. Da Ida K. das Bergab kategorisch ablehnte und dessen Konsequenzen deshalb gar nicht bedenken konnte, fehlte ihr naturnotwendig jeder Sinn für Vorsichtsmaßregeln. Befand sie sich, wie beispielsweise bei Radtouren, dennoch einem Bergab gegenüber, so weigerte sich ihr Bewußtsein, eingelernte Regeln anzuwenden. Sie wurden automatisch über die Bewußtseins-

schwelle ins Unterbewußtsein abgedrängt. Dort fristete die Rücktrittbremse, obwohl gerade die Firma Seidel & Naumann vorzügliche Bremsen fabrizierte, ein für Frau Ida K. im Momente der Gefahr unbekanntes, weil von ihr radikal abgestrittenes Dasein. Sie konnte weder das Phänomen des Bergab, noch wie auch immer geartete Techniken anerkennen, die den Niedergang bremsen sollen. Damit hätte sie, implicite, ihren magischen Willen zum Bergauf kritisiert und angezweifelt. Das kam für sie nicht in Betracht. Lieber bezweifelte sie grundsätzlich, daß Berge nicht nur empor, sondern auch abwärts führen. Lieber bezweifelte sie, auf jedes Risiko hin, die Realität.«
Glücklicherweise bin ich kein beruflicher Tiefseelentaucher und kann mir derartig hintersinnige Abhandlungen und Deutungen ersparen. Menschen zu beschreiben, interessiert mich mehr, als sie zu erklären. Beschreibung ist Erklärung genug. Doch vielleicht ist in dem vorigen Absatz, den ich zum Spaße schrieb, ein Fünkchen Wahrheit enthalten? Es würde mich gar nicht wundern.
Jedenfalls steht fest, daß wir allesamt heilfroh waren, als die Angstpartien ihr Ende gefunden hatten, und noch dazu ein glückliches Ende. Am frohesten war mein Vater. Denn nun hatte er sein Rad wieder und brauchte während der Schulferien nicht mehr mit der Straßenbahn in die Fabrik zu fahren.

Jahrgang 1899

Wir haben die Frauen zu Bett gebracht,
als die Männer in Frankreich standen.
Wir hatten uns das viel schöner gedacht.
Wir waren nur Konfirmanden.

Dann holte man uns zum Militär,
bloß so als Kanonenfutter.
In der Schule wurden die Bänke leer,
zu Hause weinte die Mutter.

Dann gab es ein bißchen Revolution
und schneite Kartoffelflocken;
dann kamen die Frauen, wie früher schon,
und dann kamen die Gonokokken.

Inzwischen verlor der Alte sein Geld,
da wurden wir Nachtstudenten.
Bei Tag waren wir bureau-angestellt
und rechneten mit Prozenten.

Dann hätte sie fast ein Kind gehabt,
ob von dir, ob von mir – was weiß ich!
Das hat ihr ein Freund von uns ausgeschabt.
Und nächstens werden wir Dreißig.

Wir haben sogar ein Examen gemacht
und das meiste schon wieder vergessen.
Jetzt sind wir allein bei Tag und bei Nacht
und haben nichts Rechtes zu fressen!

Wir haben der Welt in die Schnauze geguckt,
anstatt mit Puppen zu spielen.
Wir haben der Welt auf die Weste gespuckt,
soweit wir vor Ypern nicht fielen.

Man hat unsern Körper und hat unsern Geist
ein wenig zu wenig gekräftigt.
Man hat uns zu lange, zu früh und zumeist
in der Weltgeschichte beschäftigt!

Die Alten behaupten, es würde nun Zeit
für uns zum Säen und Ernten.
Noch einen Moment. Bald sind wir bereit.
Noch einen Moment. Bald ist es so weit!
Dann zeigen wir euch, was wir lernten!

Beim Militär, 1917

Kennst Du das Land, wo die Kanonen blühn?

Kennst Du das Land, wo die Kanonen blühn?
Du kennst es nicht? Du wirst es kennenlernen!
Dort stehn die Prokuristen stolz und kühn
in den Büros, als wären es Kasernen.

Dort wachsen unterm Schlips Gefreitenknöpfe.
Und unsichtbare Helme trägt man dort.
Gesichter hat man dort, doch keine Köpfe.
Und wer zu Bett geht, pflanzt sich auch schon fort!

Abschlußfeier der Mitschüler des König-Georg-Gymnasiums für den Kriegsabiturienten, Dresden

Wenn dort ein Vorgesetzter etwas will
– und es ist sein Beruf etwas zu wollen –
steht der Verstand erst stramm und zweitens still.
Die Augen rechts! Und mit dem Rückgrat rollen!

Die Kinder kommen dort mit kleinen Sporen
und mit gezognem Scheitel auf die Welt.
Dort wird man nicht als Zivilist geboren.
Dort wird befördert, wer die Schnauze hält.

Kennst Du das Land? Es könnte glücklich sein.
Es könnte glücklich sein und glücklich machen!
Dort gibt es Äcker, Kohle, Stahl und Stein
und Fleiß und Kraft und andre schöne Sachen.

Selbst Geist und Güte gibt's dort dann und wann!
Und wahres Heldentum. Doch nicht bei vielen.
Dort steckt ein Kind in jedem zweiten Mann.
Das will mit Bleisoldaten spielen.

Dort reift die Freiheit nicht. Dort bleibt sie grün.
Was man auch baut – es werden stets Kasernen.
Kennst Du das Land, wo die Kanonen blühn?
Du kennst es nicht? Du wirst es kennenlernen!

In Warnemünde
1921

Abschied in der Vorstadt

Wenn man fröstelnd unter der Laterne steht,
wo man tausend Male mit ihr stand ...
Wenn sie, ängstlich wie ein Kind, ins Dunkel geht,
winkt man lautlos mit der Hand.

Denn man weiß: man winkt das letzte Mal.
Und an ihrem Gange sieht man, daß sie weint.
War die Straße stets so grau und stets so kahl?
Ach, es fehlt bloß, daß der Vollmond scheint ...

Plötzlich denkt man an das Abendbrot
und empfindet dies als gänzlich deplaciert.
Ihre Mutter hat zwei Jahre lang gedroht.
Heute folgt sie nun. Und geht nach Haus. Und friert.

Lust und Trost und Lächeln trägt sie fort.
Und man will sie rufen! Und bleibt stumm.
Und sie geht und wartet auf ein Wort!
Und sie geht und dreht sich nie mehr um ...

*Der junge Redakteur auf dem
Augustenplatz in Leipzig*

Abendlied
des Kammervirtuosen
von Erich Kästner.

Du meine neunte Sinfonie!
Wenn du das Hemd an hast mit rosa Streifen ...
Komm wie ein Cello zwischen meine Knie,
Und laß mich zart in deine Seiten greifen!

Laß mich in deinen Partituren blättern.
(Sie sind voll Händel, Graun und Tremolo) —
Ich möchte dich in alle Winde schmettern,
Du meiner Sehnsucht dreigestrichnes Oh!

Komm laß uns durch Oktavengänge schreiten!
(Das Furioso, bitte, noch einmal!)
Darf ich dich mit der linken Hand begleiten?
Doch beim Crescendo etwas mehr Pedal!!

Oh deine Klangfigur! Oh die Akkorde!
Und der Synkopen rhythmischer Kontrast!
Nun senkst du deine Lider ohne Worte ...
Sag einen Ton, falls du noch Töne hast!

Luiselotte Enderle-Kästner
Damals in Leipzig ...

Ich kannte Erich Kästner schon, ehe ich ihn »richtig« kennenlernte. Wie alt mag er damals gewesen sein? 26? Oder schon 27? Also es ist, wie man sieht, ein paar Jahre her. Er war Redakteur bei der »Neuen Leipziger Zeitung«. Er war Mitarbeiter bei vielen Zeitungen und Zeitschriften und auch bei uns. Wir hießen »Beyers Für Alle« und hatten auch eine Kinderbeilage. Er schrieb bei uns für die Großen und die Kleinen.
Ich kannte, weil ich von der Schule weg in diese Redaktion hineingerutscht war, erstens Kästner persönlich, ihn außerdem als »E. K.«, als »Peter Flint« und als »den kleinen Erich«. So nannte Hilde Decke ihn, meine Chefin, die Chefredakteurin, weil er kleiner war als der große Erich, der Erich Ohser, der Zeichner, der ebenfalls unser Mitarbeiter war. Der große und der kleine Erich besuchten uns oft in der Redaktion. Beide waren sehr frech. Fanden wir. Kästner übertraf Ohser bei weitem. Meine Kollegin Lena und ich konnten ihm dennoch nicht widerstehen. Aber wir widerstanden ihm. Schon weil Hilde Decke auf Ordnung hielt. Als unsere Zeitschrift, ein halbes Jahr nach der Gründung, den hunderttausendsten Abonnenten »erworben« hatte, beschlossen wir, ein Fest zu feiern. Es sollte bei Kästner stattfinden. Wir weiblichen Redaktionswesen verkleideten uns als Kinder. Das war, so »alt« wie wir waren, ein sehr aparter Einfall. Wir zogen kurze Kleider an, banden Schärpen um die runden Jungmädchenhüften und große Schleifen ins Haar. Es muß ein hübscher Anblick gewesen sein. Wir liehen uns ein Grammophon (mit Trichter) und ein paar kesse Platten, kauften vom zusammenge-

legten Geld eine Ananas. Für die Bowle. Den Wein wollten die »Jungs« stiften. Das waren, für diesen Abend, der »kleine und der große Erich« und Paul. Auch Paul war einer unserer Mitarbeiter und wie Kästner Redakteur bei der »Neuen Leipziger Zeitung«. Er hieß Beyer und zeichnete mit By. Deshalb hieß er der »Bypsilon«.

Wir Mädchen landeten völlig aufgekratzt und albern, jede mit irgend etwas beladen, in der Hohestraße, wo Kästner zwei Zimmer bewohnte. Wir lachten viel und laut und pantschten eine Bowle zusammen, in die wir Ananas hineinschnitten.

Dann spielten wir Grammophon. Wir saßen nebeneinander auf dem Sofa, wie die Hühner auf der Stange, und fischten, weil wir's chic fanden, mit den Fingern Ananasstücke aus der Bowle. Die Jungs waren sehr langweilig.

Da sagte eine von uns dreien: »Ihr seid ja heute wahnsinnig lustig!« Bypsilon zog daraufhin kräftig an seiner Shagpfeife, und der kleine Erich fragte: »Woll'n wir's den Mädchen sagen?« Die Jungs nickten. Bedächtig, wie alte Herren. Der »kleine Erich« drehte die große Beleuchtung aus, mit der das Fest illuminiert worden war. Nun brannte nur noch eine dezente Lampe auf dem Tisch.

Dann sagte der kleine Erich: »Ohser und ich sind heute 'rausgeworfen worden!«

Uns blieb der Mund offen. »Weswegen?«

Luiselotte Enderle, ein paar Jahre später, als Chefredakteurin der Zeitschrift »Hella«

»Wegen des ›Abendliedes des Kammervirtuosen‹ in der Plauener Volkszeitung!«

Wir kannten das Gedicht. Es hatte schon im »Bumerang«, der Faschingszeitung der Leipziger Kunstakademie, gestanden. Ein gewagtes Abendlied! Aber deshalb ein Hinauswurf?

Wir erfuhren es genauer. Durch einen Sturmangriff der »Leipziger Neuesten Nachrichten«, die schon lange einen giftigen Zorn auf den erfolgreichen Mitarbeiter des Konkurrenzblattes hatten, war Kästner so attackiert worden, daß der hilflose Verlagsdirektor ihn fristlos entließ. Und Ohser, den Zeichner, gleich mit. Warum?

Die Sache mit dem Gedicht hatte einen Haken. Es beginnt mit der Zeile: »Du meine neunte, letzte Symphonie, wenn du das Hemd anhast mit rosa Streifen...«, und es erschien ausgerechnet am Anfang eines Beethoven-Gedenkjahres!

Da saßen wir nun. In Kinderkleidchen, mit großen Haarschleifen. Gar nicht mehr heiter. Bypsilon zog unablässig an seiner Pfeife. Kästner und Ohser blickten betreten vor sich hin.

Und ich schaute Kästner an. Zum erstenmal mit anderen Augen. Immer hatte ich mich von ihm attackiert gefühlt. An diesem Abend sah und verstand ich etwas Neues: Auch er brauchte Schutz. Wenigstens den Schutz seiner Freunde.

Sebastian ohne Pointe

Sebastian Stock war ein glänzender Gesellschafter; er konnte geradezu für ein Genie der Konversation gelten – solange er allein war.

Er litt am Dialog. Das ist eine Manie, die als Berufskrankheit der dramatischen Schriftsteller gilt; so wie die Leinenweber und die Säurenarbeiter, die Diamantenschleifer und die Grubenpferde, die Bierbrauer und die Opernsänger die ihre haben. Und sie besteht einfach darin, daß man in Dialogen denken muß. Freilich, harmlos klingt diese knappe Beschreibung nur dem, der jenen Jammer nie erfuhr. In Wirklichkeit handelt es sich um eine Spielart des Verfolgungswahnes, der hier zwar an keine gegenständlichen Komplexe, dafür aber an eine ganz bestimmte Ausdrucksform (eben an den Dialog) gebunden ist.

Der Kranke hat, beispielsweise, die Schneiderrechnung empfangen. Er liest eine ungewöhnlich hohe Summe, schüttelt den Kopf, beginnt im Zimmer zu wandern und unterhält sich mit dem Schneider, der – wohlgemerkt – gar nicht anwesend ist. Er macht ihm lebhafte Vorwürfe, läßt ihn (dessen Stimme er, laut oder im Geiste, nachzuahmen sucht) besorgt oder frech antworten, sinnt auf neue, treffendere Einwände, der Schneider erbost sich, der Kunde kann sich nicht länger beherrschen – der Streit ist vollkommen.

Sebastian Stock litt schmerzlicher als die meisten seiner Leidensgefährten. Denn er war erstens kein Dramatiker, und zweitens besaß er den Ehrgeiz, aus seinem geheimen Leiden ein gesellschaftlich legitimes Talent machen zu wollen. Solange er insgeheim beide

Rollen – die eigene und die des Gegenübers – zugleich spielte, solange war er Meister. Sobald der andere aber zu existieren begann, seine Stimme tatsächlich erhob und, boshafterweise, ganz anders antwortete, als er, Stock, es ihm stumm diktierte, wurde der Mißerfolg bis zur Unerträglichkeit deutlich.
Materielle Schäden erwuchsen ihm aus seiner Untugend nicht. Er war der Erbe eines gut angelegten Vermögens. Nur in jenen Jahren, als das Sicherste am meisten trog, rächte sich sein Gebrechen auch einmal in dieser Weise. Man hatte ihn einem Bankdirektor empfohlen, der in der Lage war, ihm einen Posten zu verschaffen, wo er nichts verderben und einiges gewinnen konnte. Nun, diese Finanzgröße – namens Frank – lud ihn zum Abendessen ein. Beim Mokka wäre dann wohl die Petition zur Sprache gekommen ...
Aber Sebastian Stock ging während des Essens wieder.
Lange bevor er der Einladung Folge leisten durfte, hatte er sich das Programm seines Auftretens zurechtgelegt. Zu Frau Frank wollte er sagen (da er mit ihr bereits telefoniert hatte): »Gnädige Frau sind mir bisher leider nur akustisch begegnet« und zu ihm, falls dieser ihm das Brot reichen würde (für den Fall wollte Sebastian schon sorgen): »Besten Dank, verehrter Brotgeber.«
Auf diese spielerischen Glossen war er stolz und erhoffte viel von ihnen. Selbstverständlich hatte er sich die dazu erforderlichen Mienen überlegt und am Spiegel geübt. Das Bonmot, das ihr galt, wollte er mit weltmännisch lässigem Lächeln würzen; und die dem Direktor zugedachte Bemerkung hoffte er durch ein Zwinkern von beziehungsreicher Dauer besonders wirksam zu gestalten.
Es kam anders. Als er die Franksche Wohnung betreten hatte, kam ihm eine stattlich gekleidete, würdige Dame entgegen. Er machte eine untadelige Verbeugung und sagte – mit dem geplanten weltmännisch lässigen Lächeln, das ihm freilich ein wenig einfror: »Gnädige Frau sind mir leider bisher nur akustisch begegnet.« Die Dame sah ihm skeptisch ins Auge und erklärte, die Herrschaften ließen sich für einen Moment entschuldigen, und er möge sie doch

*In Leipzig
Februar 1927*

im Arbeitszimmer des Herrn Direktor erwarten.
Sebastian nickte automatisch und tastete sich wie ein Blinder hinter der Hausdame her. Dann stand er fünf Minuten am Fenster eines Zimmers, das nach Leder roch, und überlegte krampfhaft: ob er den Versuch bei der rechtmäßigen Frau Frank wiederholen solle oder nicht. Er konnte sich nicht entscheiden. Aber als das Ehepaar erschien, verbiß er seine Redensart und benahm sich ungeschickt, da er nicht bei der Sache war. Man setzte sich zu Tisch. Und Sebastian bereitete den zweiten Coup vor, der ihm – das schwor er sich zu – nicht mißlingen sollte. Es ist begreiflich, daß er wenig sprach, noch weniger aß und statt dessen den silbernen Brotkorb so fest anstarrte, daß es Herrn Frank auffiel.
Plötzlich schob sich also der silberne Brotkorb in Sebastians Gesichtsfeld, rückte näher und näher. Und wie aus dunkler Tiefe klang es an sein Ohr: »Lieber Herr Stock, darf ich mich, vorläufig auf diese Weise, als Brotgeber demonstrieren?«
Das war nicht eigentlich taktvoll gesprochen. Aber vielleicht trug nur Sebastians Blick die Schuld? Jedenfalls: ihn schien der Blitz getroffen zu haben. Er wurde tiefrot, hustete und vergaß vor Empörung darüber, daß er beraubt worden war, Brot zu nehmen. Frank blickte erstaunt und hielt den Korb mit engelsgleicher Geduld über den Tisch. Dann ärgerte er sich seinerseits und bemerkte doppelsinnig: »Sie lehnen ab, Herr Stock?«
Frank und Frau aßen eifriger, als es ihr Appetit guthieß – nur um ihren wunderlichen Gast nicht länger betrachten zu müssen. Seba-

stian begann sich selber lästig zu fallen. Er hatte Fieber und spürte, wie in ihm eine blindwütige Verlegenheit heranwuchs, der nichts und niemand standhalten würde.

Etwas mußte geschehen. Seine Stimme zitterte, als spreche er ein Sterbegebet: »Gnädige Frau sind mir bisher leider nur akustisch begegnet.« Frank und Frau blickten sich an und lachten zirka drei Minuten. Sie schrie fast vor Wonne und Nervosität; und ihre Miene bat nur zuweilen und höchst unzulänglich um Entschuldigung. Ruckartig brachte sie hervor: »Ja . . . unsere Hausdame . . . erzählte schon davon . . . es ist . . . zu drollig!« Dann kreischte sie gemäßigt weiter, während sich der Gatte auf die Schenkel schlug und rief: »Menschenskind . . . Aber bester Herr Stock! . . . Wo haben Sie bloß den Blödsinn her?«

Sebastian erhob sich steif, murmelte irgend etwas und verließ zunächst das Speisezimmer. Dann das Haus.

Schließlich ging er auf Reisen, um die Wirkung dieses letzten Rezepts zu versuchen. Und als ihm seine rhetorische Absicht endlich einmal glückte, wurde sein ärgstes Mißgeschick daraus.

Er war in einem großen Gebirgshotel abgestiegen, machte tagsüber Spaziergänge, saß abends, nach dem Diner, an einem der kleinen Hallentische und schaute den andern zu, als ob ihn ein Gitter von ihnen trenne. Er sah, wie sie tranken und tanzten, wie sie Flirts erledigten oder gar Leidenschaft mühevoll großzogen. So verging eine Woche. Und das Alleinsein fing an, ihn zu bedrängen. Eines Abends erblickte er einen gewissen Herrn Urban, den er aus der Vaterstadt flüchtig kannte, unter den Gästen. Urban setzte sich mit seiner Tochter an einen entfernten Tisch und verlor sich hinter einer Zeitung. Sebastian schlug das Herz. Seine Sehnsucht nach Geselligkeit wurde unbezwingbar, und in seinem Kopf begannen die Redensarten zu wirbeln. Endlich wurde sein Gesicht glücklicher. Das erlösende, das außergewöhnliche Wort schien gefunden.

Als die Kapelle einen Tanz intonierte, erhob er sich und ging in

jene Ecke, in der sich Urban und Tochter langweilten. Er verbeugte sich. Sie waren erfreut. Und noch ehe sie etwas hätten äußern können, blendete er sie durch ein schelmisches Lächeln, das kein Ende nahm; dann verbeugte er sich nochmals vor dem Vater und sagte mit schönem Nachdruck: »Verehrter Herr Urban, darf ich Sie um die Hand Ihres Fräulein Tochter bitten?«
Er meinte nichts weiter als: Darf ich mit ihr eine Tour tanzen? Niemand wird das bezweifeln wollen. Aber Urban – heuchelte er Unkenntnis, oder wußte er wirklich nichts über Sebastians Manie? – Holzhändler Urban stand auf, klopfte ihm kernig auf die Schulter und rief: »Bravo, bravo! Ich schwärme für angenehme Überraschungen. Bitte nehmen Sie Platz, Sie eiliger Schwiegersohn! Haha! Nun, Lenchen, was sagst du zu dieser dringenden Nachfrage?«
Lenchen Urban ordnete ihre Frisur und erklärte, ihr sei es schon recht.
Jeder vernünftige Mensch hätte das Mißverständnis energisch aufgeklärt. Aber Sebastian Stock gehörte nicht zu ihnen. Und so wurde er mit einem Fräulein verheiratet, mit dem er nur hatte tanzen wollen. Seitdem geht er noch häufiger als ehedem in seinem Arbeitszimmer auf und ab. Und wenn seine Frau, Lenchen Stock, das Ohr an die Tür legt – sie tut es kaum noch –, hört sie eilige Schritte und erregtes Murmeln und greift sich an den Kopf.

Mit den Redaktionskollegen auf dem Augustenplatz

Verkehrt hier ein Herr Stobrawa?

Das Café ist, am zeitigen Nachmittag, noch recht leer. Ein paar Zeitungsleser sitzen herum. Der Boy gießt heißes Wasser aus einem Kännchen auf die Räder des Teppichläufers, weil sie sich gerollt haben. Die Garderobenfrau steht hinter ihrer Theke und sortiert kleine Münzen. Neben ihr lehnt der Kellner und liest, möglichst unauffällig, die Rennberichte. Schlechte Geschäfte. Ein gewisser Herr Dubschek wird am Telefon verlangt. Nein, nicht hier. Da betritt eine kleine alte Dame das Lokal. Unter ihrem komischen Husarenhütchen steckt ein Gesicht, das dem Alten Fritz nachgemacht ist. Blaß, großnasig und zerknittert sitzt es auf der dünnen, kurzen Figur, die in dem Plüschmantel viel zuviel Raum hat. Die Frau bleibt vor dem Kellner stehen und sieht ihn abwartend an, bis er, ungern gestört, den Kopf hebt. Da lächelt sie ein bißchen und sagt mit lauter, angerosteter Stimme: »Entschuldigen Sie, verkehrt hier ein Herr Stobrawa?«
»Was soll er denn?« fragt der Kellner. Er hat gegen Leute, die nichts verzehren, von vornherein begründetes Mißtrauen.
»Man hat mir gesagt, er spiele hier jeden Tag Billard.«
»Jetzt sind die Spielzimmer noch geschlossen.«
»Verzeihen Sie, bringt Herr Stobrawa immer seine Geliebte mit hierher?«
Die Gäste werden aufmerksam. Die Garderobenfrau verzählt sich. Der Boy kriegt rote Ohren. »Ich dachte«, bettelt die kleine, alte Dame, »Sie könnten mir vielleicht Genaueres sagen. Früher verkehrten sie in einem anderen Café. In der Stralauer Straße. Nun ist sie aber umgezogen. Sie muß ganz in der Nähe wohnen. Und

abends säße sie gewöhnlich hier. Ich habe ihre Spur verloren ...
Verzeihen Sie ... Und da ... ja, so ist das.«
Wahrscheinlich hat die Geliebte des fraglichen Herrn Stobrawa früher bei ihr gewohnt und ist Geld schuldig geblieben. Man kennt das. Aber ob es nötig ist, deswegen vor fremden Menschen die Geheimnisse der Familie Stobrawa auszugraben?
»Ich bin nämlich seine Frau«, sagt da die kleine, alte Dame, als bäte sie um Entschuldigung. Sogar zu lächeln versuchte sie. »Ich will Ihnen selbstverständlich keine Ungelegenheiten machen.«
»Bei uns verkehren zwei Stobrawas«, konstatierte der Kellner. »Der Name ist gar nicht so selten, wie man denken könnte.«
»Ich habe sein Bild mit.« Sie holte aus ihrer Handtasche eine Fotografie heraus. Es ist ein Gruppenbild. Von irgendeinem fröhlichen Ausflug, den man früher einmal machte. Verwandte waren dabei. An einer Waldlichtung zog ein junger Mann den Hut und fragte, ob sich die Herrschaften nicht fotografieren lassen möchten.
Herr Stobrawa war gerade guter Laune und ließ es sich was kosten.
»Hier vorn der dicke Herr, das ist Herr Stobrawa.« Sie spricht von ihrem Mann, als wäre sie seine Haushälterin.
Der Kellner betrachtet das Bild lange Zeit. »Der eine von unseren Stobrawas ist dicker als der hier. Und der andere ist größer.«
»Der dickere könnte es schon sein. Die Aufnahme ist ja über ein Jahr alt!«
Die Garderobenfrau blickt dem Kellner über die Schulter, sagt nichts und sieht nur die kleine, alte Dame zuweilen von der Seite an.
»Ja«, sagte der Kellner, »da müssen Sie schon mal woanders fragen, gnä' Frau. Unsere Stobrawas sind das nicht. Sie kommen auch fast nie in Damenbegleitung!«
Sie packt das Bild sehr behutsam wieder ein. »Entschuldigen Sie vielmals«, sagt sie kleine, alte Dame und wendet sich zum Gehen. Sie lächelt schon wieder und tut, als habe sie sich bloß zum Spaß erkundigt. »Guten Tag.«

»Guten Tag, gnä' Frau«, sagt der Kellner.
»Guten Tag«, sagt die Garderobenfrau.
Der Boy springt auf und hebt den Vorhang an der Tür zur Seite. Sie nickt und will hinaus. Da schlägt die Tür von draußen. Man hört Gelächter. Ein junges Mädchen kommt herein. Ihr folgt ganz dicht ein dicker Herr. Sie lacht. Frische, kalte Luft weht ins Lokal. Die kleine, alte Dame ist zurückgewichen und starrt den Herrn an. Er sieht sie, wird rot, will grüßen, unterläßt es, hustet. Das junge Mädchen blickt sich ungeduldig um. »Komm!« ruft sie. Er wendet den Kopf unsicher von Frau Stobrawa fort.
Die kleine, alte Dame geht langsam durch die Tür. Wer durch die Scheiben blickt, kann sie noch sehen. Jetzt steht sie am Straßenbord und achtet besorgt auf die Autos, als sei ihr Leben äußerst kostbar. Der Kellner stöhnt komisch auf. Der Boy hält noch immer den Türvorhang in der Hand. Die Gäste lesen Zeitung. Dann geht der Kellner zum Büfett und sagt zur Mamsell: »Zweimal Kaffee, doppelt Milch und einen Mohnstrudel für Herrn Stobrawa.«

2
Die Welt ist rund, denn dazu ist sie da
Berlin 1927–1933

Die Welt ist rund

Die Welt ist rund. Denn dazu ist sie da.
Ein Vorn und Hinten gibt es nicht.
Und wer die Welt von hinten sah,
der sah ihr ins Gesicht!

Zwar gibt es Traum und Mondenschein
und irgendwo auch eine kleine Stadt.
Das ist nicht anders. Denn das muß so sein.
Und wenn du tot bist, wirst du davon satt.

Mensch, werde rund, Direktor und borniert.
Trag sonntags Frack und Esse.
Und wenn dich wer nicht respektiert,
dann hau ihm in die Fresse.

Sei dumm. Doch sei es mit Verstand.
Je dümmer, desto klüger.
Tritt morgen in den Schutzverband.
Duz dich mit Schulz und Krüger.

Nimm ihre Frauen oft zum Übernachten.
Das ist so üblich. Und heißt Freiverkehr.
Es lohnt sich nicht, die Menschen zu verachten.
Und weil die Welt bewohnt wird, ist sie leer.

Es gibt im Süden Gärten mit Zypressen.
Wer keine Lunge hat, wird dort gesund.
Wer nichts verdient, der braucht auch nicht zu essen.
Normale Kinder wiegen neu acht Pfund.

Du darfst dich nicht zu oft bewegen lassen,
den andern Menschen ins Gesicht zu spein.
Meist lohnt es nicht, sich damit zu befassen.
Sie sind nicht böse. Sie sind nur gemein.

Ja, wenn die Welt vielleicht quadratisch wär!
Und alle Dummen fielen ins Klosett!
Dann gäb es keine Menschen mehr.
Dann wär das Leben nett.

Wie dann die Amseln und die Veilchen lachten!
Die Welt bleibt rund. Und du bleibst ein Idiot.
Es lohnt sich nicht, die Menschen zu verachten.
Nimm einen Strick. Und schieß dich damit tot.

Die Tretmühle

Nach der Melodie: »Frisch auf mein Volk!
Die Flammenzeichen rauchen!«

Rumpf vorwärts beugt! Es will dich einer treten!
Und wenn du dich nicht bückst, trifft er den Bauch.
Du sollst nicht fragen, was die andern täten!
Im übrigen: die andern tun es auch.

So bück dich, Mensch! Er tritt ja nicht zum Spaße!
Er wird dafür bezahlt. Es ist ihm ernst.
Tief! Tiefer! Auf die Knie mit deiner Nase!
Das Vaterland erwartet, daß du's lernst.

Zunächst bist du noch etwas steif im Rücken.
Seit guten Muts! Es ist nicht deine Schuld.
Gib acht, wie prächtig sich die andern bücken!
Das ist nur eine Frage der Geduld.

Und muß so sein. Und ist der Sinn der Erde.
Der eine tritt – wie die Erfahrung lehrt –
damit ein anderer getreten werde.
Das ist Gesetz. Und gilt auch umgekehrt.

Du sollst für Laut- und Leisetreter beten:
»Gib Himmel, jedem Stiefel seinen Knecht!
Beliefre uns mit Not! Denn Not lehrt treten!«
Wer nicht getreten wird, kommt nie zurecht.

Geh vor den Spiegel! Freu dich an den Farben,
die man dir kunstvoll in die Rippen schlug!
Die Besten waren's, die an Tritten starben. –
Rumpf vorwärts beugt! Genug ist nicht genug!

Monolog in der Badewanne

Da liegt man nun, so nackt, wie man nur kann,
hat Seife in den Augen, welche stört,
und merkt, aufs Haar genau: Man ist ein Mann.
Mit allem, was dazugehört.

Es scheint, die jungen Mädchen haben recht,
wenn sie – bevor sie die Gewohnheit packt –
der Meinung sind, das männliche Geschlecht
sei kaum im Hemd erträglich. Und gar nackt!

Glücklicherweise steht's in ihrer Hand,
das, was sie stört, erfolgreich zu verstecken.
So früh am Tag, und schon soviel Verstand!
Genug, mein Herr! Es gilt, sich auszustrecken.

Da liegt man, ohne Portemonnaie und Hemd
und hat am ganzen Leibe keine Taschen.
Ganz ohne Anzug wird der Mensch sich fremd ...
Da träumt man nun, anstatt den Hals zu waschen.

Der nackte Mensch kennt keine Klassenfrage.
Man könnte, falls man Tinte hätte, schreiben:
»Ich kündige. Auf meine alten Tage
will ich in meiner Badewanne bleiben.«

Da klingelt es. Das ist die Morgenzeitung.
Und weil man nicht, was nach dem Tod kommt, kennt,
schreibt man am besten in sein Testament:
»Legt mir ins kühle Grab Warmwasserleitung!«

Apropos, Einsamkeit!

Man kann mitunter scheußlich einsam sein!
Da hilft es nichts, den Kragen hochzuschlagen
und vor Geschäften zu sich selbst zu sagen:
Der Hut da drin ist hübsch, nur etwas klein...

Da hilft es nichts, in ein Café zu gehn
und aufzupassen, wie die andren lachen.
Da hilft es nichts, ihr Lachen nachzumachen.
Es hilft auch nicht, gleich wieder aufzustehn.

Da schaut man seinen eignen Schatten an.
Der springt und eilt, um sich nicht zu verspäten,
und Leute kommen, die ihn kühl zertreten.
Da hilft es nichts, wenn man nicht weinen kann.

Da hilft es nichts, mit sich nach Haus zu fliehn
und, falls man Brom zu Haus hat, Brom zu nehmen.
Da nützt es nichts, sich vor sich selbst zu schämen
und die Gardinen hastig vorzuziehn.

Da spürt man, wie es wäre: Klein zu sein.
So klein wie nagelneue Kinder sind!
Dann schließt man beide Augen und wird blind.
Und liegt allein...

Duell bei Dresden

Am 28. Oktober 1927 sollte in der Dresdner Heide, nahe der Ullersdorfer Mühle und der großen, den Wald schneidenden Chaussee, ein Pistolenduell stattfinden. Die Gegner waren ein Assessor am Landgericht – Kinne mit Namen, vierzigjährig, baumlang – und ein junger Chemiker, namens Graff. Man hatte Freunde mitgebracht und einen Assistenten des Altstädter Krankenhauses, mit dem Graff bekannt war.
An der Kreuzung der Radeberger Chaussee und der Ullersdorfer Landstraße warteten drei Autodroschken. Die Chauffeure spielten Skat und waren angewiesen, neugierige Fragen ausweichend zu beantworten. Es kam aber niemand vorüber, der sie hätte fragen können; kein Forstgehilfe, kein Milchwagen, kein Ausflügler. Die Chauffeure hatten sich Flaschenbier mitgenommen. Finken hüpften über die Autodächer, flogen fort und kamen wieder. Der Himmel wurde langsam ganz hell und glasblau.
Da brachten vier der Herren die Leiche des Chemikers Graff aus dem Walde. Der Arzt begleitete den Trupp. Assessor Kinne, der den Zug beschloß, trug den Waffenkasten und rauchte eine Zigarre. Die Chauffeure sprangen an ihre Wagen. Und wenige Minuten später sausten die Autos stadtwärts...
Das Duell hatte gar nicht stattgefunden. Graff war, noch während jemand die Distanz abschritt, zusammengebrochen und am Herzschlag gestorben. Der Assessor hatte, als ihm der Arzt den Befund mitteilte, die Hände gerieben, als wasche er sich, und geäußert: Ob so oder so – Herr Graff habe nun also seinen Willen.

Graff gehörte zu den heimlichen Kriegsopfern, die man mitzuzählen vergaß. Daß er zehn Jahre nach dem Kriege starb, ist kein Einwand. Er wurde damals eingezogen, als die alten Feldsoldaten, wenn man sie zum viertenmal ins Feld schickte, miteinander wetteten, ob sie schon in acht oder erst in vierzehn Tagen wieder zurückwären. Sie verloren unterwegs, gewöhnlich in Brüssel, den Transportführer – irgendeinen kleinen hilflosen Offiziersanwärter –, verkauften die Feldmontur, besuchten armeebekannte Lokale und Mädchen, tauchten schließlich, achselzuckend, wieder im heimatlichen Reservedepot auf und hatten gegen ein paar Wochen Arrest nicht das geringste einzuwenden.

Damals beschloß die Oberste Heeresleitung den Kinderkreuzzug und holte Graff mit seinen Altersgenossen zum Militär. In langen Kolonnen marschierten sie nach den leeren Kasernen. Ein bißchen Musik war dabei. Und die Mütter blickten aus den Fenstern auf die Schlachtparade hinunter. – Am Nachmittag stülpte man den Jungens verschwitzte Helme über, verpaßte ihnen schlotterndes Uniformzeug, und am nächsten Tage begann der Drill. Sie lernten grüßen, stillstehen, Paradernarsch, Kniebeugen, und was sonst zum Sterben nötig war.

Graff geriet in ein Fußartillerie-Reserveregiment, und mit ihm so viele Schüler und Banklehrlinge, daß eine Einjährigenkompanie formiert werden mußte. Die Wahl der Ausbildungsmannschaft besorgte der Kompanieführer, Oberleutnant d. R. Kinne (LK I). Er wählte vorzüglich. Kein Sergeant war ihm roh genug. Es schien, als hasse er die Kindergesichter und als habe er vor, wie ein Engelmacher dazwischenzufahren. Wenn er, im grünen Friedensrock, die Reihen abschritt, zitterte sein kaiserlich hochgewichster Schnurrbart genießerisch, und wenn die Unteroffiziere nicht gemein genug fluchten, half er, kenntnisreich, nach.

Nachdem er einen Gefreiten (im Zivilberuf Lehrer) hatte an die Front schicken lassen, weil der mit den Erziehungsmaßnahmen in der Kompanie nicht einverstanden gewesen war, kannten die übrigen Gefreiten und Unteroffiziere kein Halten mehr. Sie quälten ihre Konfirmanden wie die Teufel, sie überboten sich im Erfinden von Gemeinheiten und Strafen. Es kam oft genug vor, daß jemand beim Exerzieren oder beim Granatenschleppen zusammenbrach. Nach jeder Typhus- und Choleraimpfung ließ Kinne die Einjährigen zweihundertfünfzig Kniebeugen machen und sah persönlich darauf, daß sie tief und exakt ausgeführt wurden. Einer, der sich beim Hauptmann zum Rapport hatte melden lassen, mußte, unter einem Vorwand, drei Stunden lang über den Exerzierplatz rennen und kriechen. Er bekam den Sonnenstich und wurde ins Lazarett eingeliefert.

Wer nicht, in den hohen schweren Stiefeln, vom Querbaum herab, über ihn hinweg, die Hocke wagte – diesen riskanten Sprung durch die Luft, mit hochgerissenen Knien –, wurde offiziell für einen Scheißkerl erklärt. Beim Stalldienst war es streng verboten, anders als mit bloßen Händen auszumisten. Graff hatte, für die Dauer des Reitunterrichts, ein Pferd, das böse war und wie verrückt um sich schlug und biß. Täglich zerfetzte es ihm das Hemd und die Haut, und täglich schleuderte es ihn, mit rasenden Hufschlägen, in die Stallgasse. Einmal traf es ihn so unglücklich, daß er eine halbe Stunde lang wimmernd liegen blieb. Die Unteroffiziere versammelten sich um ihn und rissen Witze. Er bat vergeblich um ein anderes Pferd.

Oberleutnant Kinnes rechte Hand hieß Aurich. Dieser Kerl war, wegen tollkühner Frontleistungen, schon Offiziersstellvertreter gewesen, aber wegen unerhörter Roheitsdelikte degradiert worden. Jetzt war er Sergeant. Abends ließ er sich von den Reichen einladen, nahm Geldgeschenke an, vergalt aber derartige Bestechungen mit doppelter Quälerei.

Graff wurde herzkrank. Beim Strafexerzieren brach er zusammen. Sergeant Aurich befahl dem Gefreiten vom Dienst, den Einjährigen Graff in Arrest zu bringen. Wegen Subordination. Da kroch Graff auf die Knie, zog sich am Karabiner hoch und schleppte sich hinter der Schwarmkolonne her.

Auf dem Heimmarsch, als zu singen befohlen war, und Graff, der in der Reihe taumelte, nicht sang, kam Aurich, lächelte lauernd und rief: »Na Graff, wenn du vorhin einen Revolver hattest – hättest du mich übern Haufen geknallt?« Graff riß den Kopf hoch und brüllte, daß die Kameraden erschraken: »Jawohl, Herr Sergeant!«

Am Abend, als er eine Stunde zu Hause war, bekam der Junge einen Weinkrampf. Er warf sich auf dem Bett herum, fuchtelte mit den Armen und schrie fortwährend: »Ich erschieß den Hund! Ich erschieß den Hund! Ich erschieß den Hund!«

Die Mutter stand neben ihm.

Am nächsten Tag brachte sie dem Sergeanten, heimlich, eine Kiste Zigarren und bat, er möge ihren Jungen schonen. Aurich nahm die Zigarren und lachte.

Graff konnte keine Treppe mehr steigen, ohne Herzkrämpfe und Atemnot zu haben. Er meldete sich vergeblich krank und beantragte, als der Stabsarzt wieder nichts fand, seine Untersuchung durch die Generaluntersuchungskommission. Die Generalärzte schickten ihn vier Wochen auf den Weißen Hirsch ins Lazarett. Als er zur Kompanie zurückkam, war Sergeant Aurich eben ins Feld gerückt. Der Oberleutnant übernahm seine Funktion und brachte es fertig, daß Graff, nach wenigen Tagen, kränker war als je zuvor. Dem war jetzt alles gleich; er hatte jede Furcht vor Bestrafung verloren, war renitent, zeigte seinen Haß ganz offen, und der Oberleutnant war bestrebt, sein Zerstörungswerk trotzdem ungehindert fortzusetzen.

Graff meldete sich erneut zur Generaluntersuchung und wurde zu einem überplanmäßigen Bataillon abgeschoben, wo die Halbtoten der sächsischen Armee aufbewahrt und mit Kartoffelschälen unterhalten wurden.

Bevor Graff die Einjährigenkompanie verließ, hatte er mit dem Oberleutnant ein längeres Gespräch. Er sagte unter anderem: »Sie

In Berlin, Herbst 1927

haben mich wissentlich und mit Vergnügen zugrunde gerichtet. Sie haben uns behandelt, als wären wir Viehzeug. Ich hoffe, Sie nach dem Kriege wiederzusehen.«

Schließlich ging der Krieg zu Ende. Graff kehrte, schwer krank, ins Gymnasium zurück, erledigte die fällige Prüfung, studierte an verschiedenen Hochschulen, erledigte wiederum mehrere Prüfungen, fand eine bescheidene Anstellung bei einem Nahrungsmittelchemiker und war weder in der Lage, seinen Posten, der Gesundheit brauchte, so wie er es gewünscht hätte auszufüllen, noch durch einen längeren Urlaub die erforderliche Gesundheit zurückzuerlangen. Mit fünfundzwanzig Jahren war er ein Todeskandidat von der langwierigen Sorte und wußte das. Seine Mutter, mit der er zusammenwohnte, suchte er über die Herzanfälle und die bittre Melancholie lächelnd zu täuschen. Er rauchte nicht und trank keinen Alkohol. Er enthielt sich der Frauen und gab vor, er entbehre sie nicht. Nur wenn er allein war, ließ er sich von seinen Wünschen abwürgen. Dann saß er am Fenster und blickte auf die Straße hinunter und in die fremden Häuser hinüber, als hocke er jenseits der Welt.
Nur zu einer Leidenschaft hatte er noch den Mut, zum Haß! Er übte sich jahrelang im Pistolenschießen – im Garten eines Freundes – und brachte es zu ungewöhnlicher Fertigkeit. Die Schieß-

Vor dem ersten Berliner Stammcafe, 1928

scheibe, die er sich selber gemalt hatte, einen Offizier im grünen Rock und mit gewichstem Schnurrbart, traf er, auf jede gangbare Distanz, mitten ins Herz. Der Freund, ein Referendar, unterrichtete ihn regelmäßig über Aufenthalt und Lebensführung des Assessors Kinne, den er vom Gericht her kannte. Graff wartete auf die Gelegenheit.
Sie kam. Nach einem der Spaziergänge, die er mit der Mutter durch den Großen Garten zu machen pflegte, stiegen sie – es war an einem der letzten Septembertage – auf eine Straßenbahn. Der Wagen war besetzt, und sie blieben auf der hinteren Plattform stehen. Plötzlich sagte jemand zu ihm: »Wir kennen uns doch?«
Graff zuckte zusammen und blickte den Sprecher an, der, ohne ersichtlichen Grund, an Gesichtsfarbe verlor. Frau Graff faßte ihren Sohn am Arm. Er riß sich los und sagte zitternd: »Mutter, das ist er!« Und ehe die Umgebung eingreifen konnte, schlug er zu. Assessor Kinne stand regungslos, als habe das Schicksal »Stillgestanden!« kommandiert, und ließ sich ohrfeigen. Und Graff schlug mit beiden Fäusten, lautlos und ernst, als ob er eine dringliche, bestellte Arbeit verrichtete. Seine Mutter zerrte an ihm. Andre griffen ein. Der Schaffner brüllte, brachte den Wagen zum Stehen und stieß Graff auf die Straße. Die Mutter folgte ihm.

Etliche Fahrgäste forderten eifrig die Feststellung der nötigen Personalien. Aber Kinne wischte sich das Blut vom Mund und sagte ärgerlich: »Mischen Sie sich nicht in diese Angelegenheit!«

Vier Wochen später fand das Duell statt. Graff hatte die Verzögerung gewünscht, damit seine Mutter keinen Verdacht schöpfe. – Der Ausgang der Affäre ist bekannt. Das Leben des jungen Chemikers reichte zum Vollzug der Rache nicht aus. Doch vielleicht bewahrte ihn das Geschick nur davor, von seinem Peiniger »zu guter Letzt« auch noch erschossen zu werden?

Jardin du Luxembourg

Dieser Park liegt dicht beim Paradies.
Und die Blumen blühn, als wüßten sie's.
Kleine Knaben treiben große Reifen.
Kleine Mädchen tragen große Schleifen.
Was sie rufen, läßt sich schwer begreifen.
Denn die Stadt ist fremd. Und heißt Paris.

Alle Leute, auch die ernsten Herrn,
spüren hier: Die Erde ist ein Stern!
Und die Kinder haben hübsche Namen
und sind fast so schön wie auf Reklamen.
Selbst die Steinfiguren, meistens Damen,
lächelten (wenn sie nur dürften) gern.

Lärm und Jubel weht an uns vorbei
wie Musik. Und ist doch bloß Geschrei.
Bälle hüpfen fort, weil sie erschrecken.
Ein fideles Hündchen läßt sich necken.
Kleine Neger müssen sich verstecken,
und die andern sind die Polizei.

Mütter lesen. Oder träumen sie?
Und sie fahren hoch, wenn jemand schrie.
Schlanke Fräuleins kommen auf den Wegen
und sind jung und blicken sehr verlegen
und benommen auf den Kindersegen.
Und dann fürchten sie sich irgendwie.

Anmerkung:
Wenn ich ein junges Mädchen wäre – es ist zur Freude der jungen Mädchen nicht der Fall –, also, ich fürchtete mich wahrscheinlich auch.

Mit Erich Ohser in Paris

Vorwort für eine Mappe, 1963

In dieser Mappe hat es mir ein Blatt besonders angetan. Ein Blatt, worauf es vielerlei zu sehen gibt: ein Liebespaar aus dem Quartier Latin, eine Steinvase aus dem 18. Jahrhundert, eine Gouvernante, zwei gesattelte Esel, drei leere Klappstühle, die Wedel einer Fächerpalme, ein paar Vögel auf dem Kiesweg, ein Segelschiffchen im Wasserbecken, einen Jungen am Beckenrand und ein Mädchen, das eine Zeitung. schützend über sich hält, weil die Sonne brennt. Man spürt, wie heiß es ist. Man sieht, wie träge sie sind, alle miteinander, die Menschen, die Luft, die Esel und sogar die drei Klappstühle. Sie begönnen zu schwitzen, wenn man sich draufsetzte.

Meine Vorliebe, mein Faible für dieses Blatt hat nichts mit Urteil und Kunstgeschmack zu tun, sondern einzig damit, daß ich, als die Zeichnung entstand, danebensaß. Erich Ohser zeichnete, und Erich Kästner schaute zu. Es war im Jardin du Luxembourg. Im Sommer 1928. Vor nunmehr vierunddreißig Jahren.

Sommer 1928... Ein Jahr zuvor hatte es uns beide aus Leipzig nach Berlin verschlagen. Damit waren wir, ohne es zu wollen oder auch nur zu ahnen, in die schönste Zeit unseres Lebens hineingestolpert. Und nun trieben wir uns also, mit wenig Geld und großen Augen, für ein paar Wochen in Paris herum. Was kostete die Welt? Sie schien nicht billig zu sein. Aber wir wollten sie ja gar nicht kaufen, sondern nur betrachten! Das allerdings besorgten wir gründlich.

Wir wohnten in einem billigen, kleinen Hotel am Bahnhof St-Lazare, in der Rue d'Edinbourgh. Hier waren die harten

Salami- und Cervelatwürste deponiert, die wir aus Berlin mitgeschleppt hatten und über die wir während der knappen Marschpausen hungrig herfielen. Wir lebten wie die Wanderburschen, und wir waren ja auch welche! Von morgens bis in die Nacht trabten wir kreuz und quer durch die wundervolle Stadt, über die Boulevards zum Bois, von der Place du Tertre zum Café du Dome und zur Coupole, von der Madeleine zur Place de la Bastille, von den Markthallen zu den Bouquinisten, und kein Winkel konnte sich vor uns verstecken.

Wir fanden ja nicht nur die Sehenswürdigkeiten sehenswürdig, nicht nur die Isle und den Louvre, nicht nur Trianon und Fontainebleau! Es war keine Kavaliersreise, und Paris war nicht nur ein aus Museen bestehendes Museum! Ein pittoresker Schornstein, eine hinfällige Gaslaterne, ein Harfenspieler und ein Rummelplatz waren uns nicht weniger recht.

Unsere Neugier war ein Verlangen wie Hunger und Durst und kaum zu stillen. Sie wurde nicht müde. Schon gar nicht zur Schlafenszeit, wenn der Nachthimmel über Paris rot wurde. Nein, wir gingen nicht mit den Hühnern zu Bett. (Auch nicht mit den französischen, die man »poules« nennt.) Wir hielten auch nachts die Augen offen.

Wir saßen im »Moulin de la Galette« und schauten der kleinbürgerlichen Großstadtjugend zu, wie sie zur Blasmusik Walzer und Twostep tanzte, oft genug die Mauerblümchen miteinander und auch die jungen Burschen paarweise. Wir hockten im weltberühmten »Lido« an der Bar, zählten heimlich unser Geld und freuten uns über das freche und snobistische Durcheinander, hier der Swimmingpool mit Badenixen und Gummitieren, dort die Maharadschas und Fracks und Pariser Modellkleider beim nächtlichen Champagnerfrühstück.

Ein andermal gerieten wir, in irgendeiner dunklen Seitenstraße, unversehens in ein Lokal mit splitterfasernackter Damenbedienung. Es handelte sich um etwa zwei Dutzend ziemlich hübscher

Mädchen in allen Haut- und Haarfarben. Auch Negerinnen, Orientalinnen und Chinesinnen waren darunter, und alle bemühten sich aufs ungezwungenste um ihre Gäste. Es war eine weibliche Völkerschau auf vollen Touren. Wir kamen uns vor wie in einer Hafenkneipe von Hongkong oder Port Said, und in unserer Runde fehlte eigentlich nur noch ein dritter Sachse, der Vollmatrose Ringelnatz, mit einem Glase Wein und einem hanebüchenen Kuddeldaddeldu-Gesicht.

Selbstporträt Ohsers

Die gleiche Nacht hatte ein weiteres »sündhaftes« Abenteuer in petto. Auf dem Rückmarsch ins Hotel überredete uns, an der Place de la Concorde, ein radebrechender Levantiner, eine Fotoserie zu erwerben. Er tat sehr verrucht und geheimnisvoll. Und er hatte wohl auch recht damit. Denn das Sammelwerk hieß »Les vingtquatre positions«! Das Geschäft kam zustande. Der Mann verschwand im Dunkeln. Ohser trat unter einen Kandelaber, um, bei dessen Schimmer, so schnell wie möglich unvermutete Bildungslücken zu beseitigen, betrachtete die Fotos und brach in schallendes Gelächter aus. Der Levantiner hatte uns vierundzwanzig Posen und Phasen eines Ringkampfes zweier dicker Männer vom Rummelplatz angedreht!
Das war, wie gesagt, im Jahre 1928. Seitdem ist, weiß der Himmel, viel geschehen. Aber Erich Ohsers jungenhaftes Lachen, das klingt mir noch heute im Ohr. Und nicht nur jenes Lachen unterm Kandelaber in Paris...

Einiges über Kinderbücher

Im Sommer 1927 verließ ich Leipzig, wo ich Student und Redakteur gewesen war, und zog nach Berlin, um dort mein Glück als freier Schriftsteller zu versuchen. Ich war ehrgeizig, und das Glück hatte ein Einsehen. Meine satirischen Gedichte fanden Anklang. Auch die Kurzgeschichten, Theaterkritiken und Reportagen wurden beachtet. Ich war jung und hatte tausend Pläne. Doch der Plan, für Kinder zu schreiben, war nicht darunter. Trotzdem erschien im Herbst 1928 mein erstes Kinderbuch.
Die Anregung kam vom Verleger der »Weltbühne«, einer linksliberalen, pazifistischen Wochenzeitschrift, zu deren Mitarbeitern ich zählte. Der Verleger hieß Edith Jacobsohn. Sie war die Witwe des Gründers der Zeitschrift, und wir trafen uns manchmal in ihrer Wohnung im Grunewald. »Wir«, das waren Ossietzky, Tucholsky, Arnold Zweig, Polgar, Hegemann, Morus, Kesten, Arnheim und ich. Es gab Vermouth, Cognac, belegte Brötchen und interessante Diskussionen.
An einem dieser Nachmittage bugsierte sie mich auf den Balkon, klemmte ihr Monokel ins Auge und sagte: »Sie wissen, daß ich die ›Weltbühne‹ nur leite, weil mein Mann gestorben ist. Und Sie wissen auch, daß mir der Kinderbuchverlag ›Williams & Co‹ gehört.«
Ich nickte. Ich wußte es. Sie hatte, in deutscher Übersetzung, Hugh Loftings Doolittle-Bände herausgebracht, »Pu der Bär« von A. A. Milne und zwei Bände von Karel Čapek. Der Verlag genoß größtes Ansehen.

Politisches Affentheater

Sämtliche Parteimitglieder haben — liest man hin und wieder — zugestimmt, daß man zu der Sache Soundso contra oder pro Stellung nimmt...

Und der Leser denkt dann oft: Himmel, sind das Charaktere! Und er hofft, daß er ganz genau so wäre. Doch er spräng' entzwei, wär' er mal dabei!

Wenn er sähe, wie sie proben (aus der Nähe, nicht vom Topp), wenn er sähe, wie sie toben, bis der Schwindel klappt, als ob... würde er sie nicht mehr loben, sondern hielte sich den Kopp.

Eig'ne Meinung ist hier verboten. Überzeugung wird hier gelernt. Der Charakter wird hier entkernt. Wer nicht folgt, kriegt eins auf die Pfoten! Einstimmig gefaßter Beschluß? Stuß! Erich Kästner

»Es fehlt an guten deutschen Autoren«, sagte sie. »Schreiben Sie ein Kinderbuch!«

Ich war völlig verblüfft. »Um alles in der Welt, wie kommen Sie darauf, daß ich das könnte?«

»In Ihren Kurzgeschichten kommen häufig Kinder vor«, erklärte sie. »Davon verstehen Sie eine ganze Menge. Es ist nur noch ein Schritt. Schreiben Sie einmal nicht nur *über* Kinder, sondern auch *für* Kinder!«

»Das ist sicher sehr schwer«, sagte ich. »Aber ich werd's versuchen.«

Fünf, sechs Wochen später rief Edith Jacobsohn bei mir an. »Haben Sie sich die Sache durch den Kopf gehen lassen?«

»Nicht nur das«, gab ich zur Antwort. »Ich schreibe gerade am neunten Kapitel.«

Im Telefon klirrte es. Vielleicht war ihr vor Staunen das Mon-

okel aus dem Auge gefallen: »Schicken Sie mir, bitte, auf der Stelle das Manuskript!«
»Unfertige Arbeiten gebe ich nicht aus der Hand«, erklärte ich. »Es geniert mich.«
»Machen Sie eine Ausnahme«, bat sie. Und nach einigem Hin und Her schickte ich ihr die ersten acht oder neun Kapitel. Sie war neugierig auf das Manuskript, und ich war neugierig auf ihr Urteil. Daß mir der erste Versuch, Kindern eine Geschichte zu erzählen, unbändige Freude gemacht hatte und sehr leicht gefallen war, besagte wenig. Was meinten die Fachleute?
Sie waren begeistert. Sie waren aus dem Häuschen. Sie wollten wissen, wie die Geschichte weitergehe. Und auch ich selber wollte es wissen. Der Erzähler weiß nämlich zuweilen nicht viel mehr als die Menschen, deren Abenteuer er berichtet und, zuvor, erfindet.
Nun, vom Verlag angefeuert, erfand und schrieb ich die Geschichte zu Ende. Walter Trier illustrierte sie. Und im Herbst 1928 lag das fertige Buch in den Schaufenstern. Es hieß »Emil und die Detektive« und wurde ein großer Erfolg.

Das ist fast vierzig Jahre her, und seitdem habe ich, immer wieder einmal, das eine und andere Kinderbuch geschrieben. Frau Jacobsohn hatte also recht behalten. Die Kinder in vielen Ländern waren und sind, zu meiner Freude, der gleichen Meinung.
Was ich gern wüßte, ist: ob ich auch ohne Edith Jacobsohns Anregung eines schönen Tages versucht hätte, ein Kinderbuch zu schreiben. Leider werde ich es nie wissen. Es gibt auf dieser Welt mehr Fragen als Antworten.
Glücklicherweise gibt es auch beantwortbare Fragen. Zum Beispiel: Welches spezifische und zusätzliche Talent befähigt einen guten Schriftsteller, auch ein guter Kinderbuchautor zu sein? Zur Beantwortung bedarf es einiger Vorausbemerkungen.

Erstens: Es gibt gute Schriftsteller, die nicht wissen, daß sie gute Kinderbücher schreiben könnten. Zweitens: Andere könnten es vielleicht, tun es aber nicht, weil sie es für »unter ihrer Würde« halten. Sie verdienen nicht, selber einmal ein Kind gewesen zu sein. Drittens: Manche versuchen es und können's nicht. Ich kenne solche Fälle. Viertens: Gute Kinderbuchautoren, die keine guten Schriftsteller wären, gibt es nicht. Fünftens: Manche guten Schriftsteller schreiben Bücher für Erwachsene, und trotzdem werden aus diesen Geschichten, unvorhergesehen, auch Kinderbücher. Der »Gulliver« und »Robinson Crusoe« sind hierfür klassische Beispiele.

Und nun zurück zu meiner Frage. »Welches spezifische und zusätzliche Talent befähigt einen guten Schriftsteller, auch ein guter Kinderbuchautor zu sein?« Diese Frage hat mich jahrzehntelang beschäftigt, und sie tut's noch immer. Ich glaube, mit vollem Recht. Denn für die Zukunft der heranwachsenden Generation ist der Einfluß der Jugendliteratur genauso wichtig wie der Einfluß des Elternhauses und der Schule.

Am 4. Oktober 1953 saßen in einem Züricher Gasthaus drei Kinderbuchautoren beisammen und unterhielten sich über meine Frage. Eine Schriftstellerin aus Schweden namens Astrid Lindgren, eine Dame aus England, Pamela Travers, und ich selber. Wer Astrid Lindgren ist und was sie kann, weiß heute jeder. Und auch die »Miss Mary Poppins« von Mrs. Travers kennen, seit Disneys Film, viele Kinder und Eltern in der ganzen Welt. Schweden, England und Deutschland tranken also in der Schweiz Whisky und erörterten, im Zunfthaus »Zimmerleuten«, meine – und natürlich nicht nur meine – alte Frage. Und wir kamen, trotz einiger Sprachschwierigkeiten, sogar zu einem Resultat. Der tägliche Umgang mit Kindern, als Mutter oder Lehrer oder Großvater, spiele zwar eine Rolle. Er bereichere die Echtheit der Erzählung. Aber die Hauptrolle, die spiele er keineswegs!

Der gute Kinderbuchautor habe, fanden wir, den übrigen guten Schriftstellern eines voraus, und nur dies sei entscheidend: Er stehe in unzerstörtem und unzerstörbarem Kontakt mit seiner *eigenen* Kindheit! Es handle sich um eine uns selbstverständliche, merkwürdigerweise aber seltene Personalunion. Um ein Geschenk, mit dem das Geschick offensichtlich sparsam umzugehen pflege. Und das sei sehr, sehr schade.
Als ich im Herbst 1965 in Stockholm war, erinnerte ich Astrid Lindgren an den Abend in Zürich. »O ja«, sagte sie lächelnd, »ich weiß es noch genau. Wir haben miteinander Walzer getanzt.«
Sie hatte unsere Unterhaltung vergessen. Ich hatte unseren Walzer vergessen. Aber eines hatten weder sie noch ich vergessen: die eigene Kindheit.

Herr Grundeis wird verfolgt

Aus »Emil und die Detektive«

D a kamen drei Stafettenläufer aus der Trautenaustraße gestürmt und fuchtelten mit den Armen.

»Los!« sagte der Professor. Und schon rannten er, Emil, die Brüder Mittenzwey und Krummbiegel nach der Kaiserallee, als sollten sie den Weltrekord über hundert Yards brechen. Die letzten zehn Meter bis zur Zeitungsbude legten sie vorsichtig und im Schritt zurück, weil Gustav abwinkte.

»Zu spät?« fragte Emil außer Atem.

»Bist du meschugge, Mensch?« flüsterte Gustav.

»Wenn ich was mache, mach ich's richtig.«

Der Dieb stand, auf der anderen Seite der Straße, vor dem Café Josty und betrachtete sich die Gegend, als wäre er in der Schweiz. Dann kaufte er einem Zeitungsverkäufer ein Abendblatt ab und begann zu lesen.

»Wenn er jetzt hier rüber kommt, auf uns los, wird's eklig«, meinte Krummbiegel.

Sie standen hinter dem Kiosk, drängten die Köpfe an der Wand vorbei und zitterten vor Spannung. Der Dieb nahm darauf nicht die mindeste Rücksicht, sondern blätterte mit bewundernswerter Ausdauer in seiner Zeitung.

»Der schielt sicher übern Rand weg, ob ihm jemand auflauert«, taxierte Mittenzwey der Ältere.

»Hat er oft zu euch hergeblickt?« fragte der Professor.

»Nicht die Bohne. Mensch! Gefuttert hat er, als hätte er seit drei Tagen nischt gegessen.«

»Achtung!« rief Emil.

Der Mann im steifen Hut faltete die Zeitung wieder zusammen, musterte die Vorübergehenden, winkte dann, blitzartig, einer leeren Autodroschke, die an ihm vorbeifuhr. Das Auto hielt, der Mann stieg ein, das Auto fuhr weiter.

Doch da saßen die Jungen schon in einem andren Auto, und Gustav sagte zu dem Chauffeur: »Sehen Sie die Droschke, die jetzt zum Prager Platz einbiegt? Ja? Fahren Sie hinterher, Herr

Chauffeur. Aber vorsichtig, daß er es nicht merkt.«
Der Wagen zog an, überquerte die Kaiserallee und fuhr, in gemessenem Abstand, hinter der anderen Droschke her.
»Was ist denn los?« fragte der Chauffeur.
»Ach, Mensch, da hat einer was ausgefressen, und dem gehen wir nicht mehr von der Pelle«, erklärte Gustav. »Aber das bleibt unter uns, verstanden?«
»Wie die Herren wünschen«, antwortete der Chauffeur und fragte noch: »Habt ihr denn auch Geld?«
»Wofür halten Sie uns eigentlich?« rief der Professor vorwurfsvoll.
»Na, na«, knurrte der Mann.
»IA 3733 ist seine Nummer«, gab Emil bekannt.
»Sehr wichtig«, meinte der Professor und notierte sich die Ziffer.
»Nicht zu nahe ran an den Kerl!« warnte Krummbiegel.
»Schon gut«, murmelte der Chauffeur. So ging es die Motzstraße lang, über den Viktoria-Luise-Platz und die Motzstraße weiter. Ein paar Leute blieben auf den Fußsteigen stehen, blickten dem Auto nach und lachten über die komische Herrenpartie.
»Ducken!« flüsterte Gustav. Die Jungen warfen sich zu Boden und lagen wie Kraut und Rüben durcheinander.
»Was gibt's denn?« fragte der Professor.
»An der Lutherstraße ist rotes Licht, Mensch! Wir müssen gleich halten, und der andre Wagen kommt auch nicht rüber.«
Tatsächlich hielten beide Wagen und warteten hintereinander, bis das grüne Licht wieder aufleuchtete und die Durchfahrt freigab. Aber niemand konnte merken, daß die zweite Autodroschke besetzt war. Sie schien leer. Die Jungen duckten sich geradezu vorbildlich. Der Chauffeur drehte sich um, sah die Bescherung und mußte lachen. Während der Weiterfahrt krochen sie vorsichtig wieder hoch.
»Wenn die Fahrt nur nicht zu lange dauert«, sagte der Professor und musterte die Taxameteruhr. »Der Spaß kostet schon 80 Pfennige.«

Die Fahrt war sogar sehr schnell zu Ende. Am Nollendorfplatz hielt die erste Autodroschke, direkt vor dem Hotel Kreid. Der zweite Wagen hatte rechtzeitig gebremst und wartete, außerhalb der Gefahrenzone, was nun werden würde.

Der Mann im steifen Hut stieg aus, zahlte und verschwand im Hotel.

»Gustav, hinterher!« rief der Professor nervös, »wenn das Ding zwei Ausgänge hat, ist er futsch.« Gustav verschwand.

Dann stiegen die anderen Jungen aus. Emil zahlte. Es kostete eine Mark. Der Professor führte seine Leute rasch durch das eine Tor, das an einem Lichtspieltheater vorbei in einem großen Hof führt, der sich hinter dem Kino und dem Theater am Nollendorfplatz ausbreitet. Dann schickte er Krummbiegel vor, er möge Gustav abfangen.

»Wenn der Kerl in dem Hotel bleibt, haben wir Glück«, urteilte Emil. »Dieser Hof hier ist ja ein wundervolles Standquartier.«

»Mit allem Komfort der Neuzeit«, stimmte der Professor bei, »Untergrundbahnhof gegenüber, Anlagen zum Verstecken, Lokale zum Telefonieren. Besser geht's gar nicht.«

»Hoffentlich benimmt sich Gustav gerissen«, sagte Emil.

»Auf den ist Verlaß«, antwortete Mittenzwey der Ältere. »Der ist gar nicht so ungeschickt, wie er aussieht.«

»Wenn er nur bald käme«, meinte der Professor und setzte sich auf einen Stuhl, der verlassen auf dem Hofe stand. Er sah aus wie Napoleon während der Schlacht bei Leipzig.

Und dann kam Gustav wieder. »Den hätten wir«, sagte er und rieb sich die Hände. »Er ist also richtig im Hotel abgestiegen. Ich sah, wie ihn der Boy im Lift hochfuhr. Einen zweiten Ausgang gibt's auch nicht. Ich habe mir die Bude von allen Seiten aus betrachtet. Wenn er nicht übers Dach davonwandert, ist er in der Falle.«

»Krummbiegel steht Wache?« fragte der Professor.

»Natürlich, Mensch!«

Emil (Rolf Wenkhaus) und Gustav mit der Hupe (Heinz Joachim Schaufuß) in der ersten Verfilmung von »Emil und die Detektive« 1930

Dann erhielt Mittenzwey der Ältere einen Groschen, rannte in ein Café und telefonierte mit dem kleinen Dienstag.
»Hallo, Dienstag?«
»Jawohl, am Apparat«, krähte der kleine Dienstag am anderen Ende.
»Parole Emil! Hier Mittenzwey senior. Der Mann im steifen Hut wohnt im Hotel Kreid, Nollendorfplatz. Das Standquartier befindet sich im Hof der West-Lichtspiele, linkes Tor.«
Der kleine Dienstag notierte sich alles gründlich, wiederholte und fragte: »Braucht ihr Verstärkung, Mittendurch?«
»Nein!«
»War's schwer bis jetzt?«
»Na, es ging. Der Kerl nahm sich ein Auto, wir ein anderes, verstehst du, und immer hinterher, bis er hier ausstieg. Er hat ein

Zimmer genommen und ist jetzt oben. Guckt wahrscheinlich nach, ob wer unterm Bett liegt und mit sich Skat spielt.«
»Welche Zimmernummer?«
»Das wissen wir noch nicht. Aber wir kriegen's schon raus.«
»Ach, ich wäre so gern mit dabei! Weißt du, wenn wir nach den Ferien den ersten freien Aufsatz haben, schreib ich drüber.«
»Haben schon andre angerufen?«
»Nein, niemand. Es ist zum Kotzen.«
»Na Servus, kleiner Dienstag.«
»Guten Erfolg, meine Herren. Was ich noch sagen wollte... Parole Emil!«
»Parole Emil!« antwortete Mittenzwey und meldete sich dann wieder im Hofe der West-Lichtspiele zur Stelle. Es war schon acht Uhr. Der Professor ging, die Wache zu kontrollieren.
»Heute kriegen wir ihn sicher nicht mehr«, sagte Gustav ärgerlich. »Es ist trotzdem das beste für uns, wenn er gleich schlafen geht«, erläuterte Emil, »denn wenn er jetzt noch stundenlang im Auto rumsaust und in Restaurants geht oder tanzen oder ins Theater oder alles zusammen — da können wir ja vorher ruhig ein paar Auslandskredite aufnehmen.«
Der Professor kam zurück, schickte die beiden Mittenzwey als Verbindungsleute auf den Nollendorfplatz und war sehr wortkarg. »Wir müssen was überlegen, wie wir den Kerl besser beobachten können«, sagte er, »denkt mal, bitte, scharf nach.«
So saßen sie geraume Zeit und grübelten heftig.
Da ertönte im Hof eine Fahrradklingel, und in den Hof rollte ein kleines vernickeltes Rad. Darauf saß ein kleines Mädchen, und hinten auf dem Rad stand Kamerad Bleuer. Und beide riefen: »Hurra!«
Emil sprang auf, half beiden vom Rad, schüttelte dem kleinen Mädchen begeistert die Hand und sagte zu den andern: »Das ist meine Kusine Pony Hütchen.«
Der Professor bot Hütchen höflich seinen Stuhl an, und sie setzte

sich. »Also, Emil, du Rabe«, sagte sie, »kommt nach Berlin und dreht gleich 'nen Film! Wir wollten gerade noch mal nach dem Bahnhof Friedrichstraße zum Neustädter Zug, da kam dein Freund Bleuer mit dem Brief. Netter Kerl übrigens. Gratuliere.«
Bleuer wurde rot und drückte die Brust raus.
»Na ja«, erzählte Pony, »die Eltern und Großmutter sitzen nun zu Haus und bohren sich Löcher in den Kopf, was mit dir eigentlich los ist. Wir haben ihnen natürlich nichts erzählt. Ich habe bloß Bleuer noch vors Haus gebracht und bin ein bißchen mit ihm ausgekratzt. Aber ich muß gleich wieder nach Haus.

Sonst alarmieren sie das Überfallkommando. Denn noch 'n Kind weg, an ein und demselben Tag, das hielten ihre Nerven nicht aus.«
»Hier ist der Groschen für die Rückfahrt«, sagte Bleuer stolz, »den haben wir gespart.« Und der Professor steckte das Geld ein.
»Waren sie böse?« fragte Emil.
»Nicht die Bohne«, meinte Hütchen, »Großmutter ist durchs Zimmer galoppiert und hat dauernd gerufen: Mein Enkel Emil

ist erst auf 'nen Sprung beim Reichspräsidenten! bis sich die Eltern beruhigten. Aber morgen schnappt ihr den Kunden hoffentlich? Wer ist denn euer Stuart Webbs?«
»Hier«, sagte Emil, »das ist der Professor.«
»Sehr angenehm, Herr Professor«, erklärte Hütchen, »endlich lerne ich mal 'nen richtigen Detektiv kennen.«
Der Professor lachte verlegen und stotterte ein paar unverständliche Worte.
»So, und hier«, sagte Pony, »ist mein Taschengeld, fünfundzwanzig Pfennige. Kauft euch ein paar Zigarren.«
Emil nahm das Geld. Sie saß wie eine Schönheitskönigin auf dem Stuhl, und die Jungen umstanden sie wie die Preisrichter.
»Und nun mach ich mich schwach«, sagte Pony Hütchen, »morgen früh bin ich wieder da. Wo werdet ihr schlafen? Gott, ich bliebe ja zu gern hier und würde euch Kaffee kochen. Aber was soll man machen? Ein anständiges Mädchen gehört in die Klappe. So! Wiedersehen, meine Herren! Gute Nacht, Emil!«
Sie gab Emil einen Schlag auf die Schulter, sprang auf ihr Rad, klingelte fidel und radelte davon.
Die Jungen standen eine ganze Zeit sprachlos.
Dann tat der Professor den Mund auf und sagte:
»Verflucht noch mal!«
Und die andern gaben ihm völlig recht.

Die Fenster des Zimmers 61 gingen auf den Nollendorfplatz. Und als Herr Grundeis, am nächsten Morgen, während er sich die Haare kämmte, hinuntersah, fiel ihm auf, daß sich zahllose Kinder herumtrieben. Mindestens zwei Dutzend Jungen spielten gegenüber, vor den Anlagen, Fußball. Eine andere Abteilung stand an der Kleistraße. Am Untergrundbahnhofeingang standen Kinder.
»Wahrscheinlich Ferien«, knurrte er verärgert und band sich den Schlips um.

Inzwischen hielt der Professor im Kinohofe eine Funktionärversammlung ab und schimpfte wie ein Rohrspatz: »Da zerbricht man sich Tag und Nacht den Schädel, wie man den Mann erwischen kann, und ihr Hornochsen mobilisiert unterdessen ganz Berlin! Brauchen wir vielleicht Zuschauer? Drehen wir etwa einen Film? Wenn der Kerl uns durch die Lappen geht, seid ihr dran schuld, ihr Klatschtanten!« Die andern standen zwar geduldig im Kreise, schienen aber keineswegs an übertrieben heftigen Gewissensbissen zu leiden. Es zwickte nur ganz wenig, und Gerold meinte: »Reg dich nicht so auf, Professor. Wir kriegen den Dieb so und so.«

»Macht, daß ihr rauskommt, ihr albernen Nußknacker! Und gebt Befehl, daß sich die Bande wenigstens nicht allzu auffällig benimmt, sondern das Hotel überhaupt nicht beachtet. Kapiert? Vorwärts marsch!« Die Jungen zogen ab. Und nur die Detektive blieben im Hofe zurück.

»Ich habe mir von dem Portier zehn Mark geborgt«, berichtete Emil. »Wenn der Mann ausreißt, haben wir also Geld genug, ihn zu verfolgen.«

»Schicke doch einfach die Kinder draußen nach Hause«, schlug Krummbiegel vor.

»Glaubst du denn im Ernst, daß sie gehen? Und wenn der Nollendorfplatz zerspringt, die bleiben«, sagte der Professor.

»Da hilft nur eins«, meinte Emil. »Wir müssen unsern Plan ändern. Wir können den Grundeis nicht mehr mit Spionen umzingeln, sondern wir müssen ihn richtig hetzen. Daß er's merkt. Von allen Seiten und mit allen Kindern.«

»Das hab ich mir auch schon gedacht«, erklärte der Professor. »Wir ändern am besten unsere Taktik und treiben ihn in die Enge, bis er sich ergibt.«

»Wunderbar!« schrie Gerold.

»Es wird ihm lieber sein, das Geld rauszugeben, als daß stundenlang etwa hundert Kinder hinter ihm her turnen und schreien,

bis die ganze Stadt zusammenläuft und die Polizei ihn hoppnimmt«, urteilte Emil.
Die andern nickten klug. Da klingelte es im Torbogen! Und Pony Hütchen radelte strahlend in den Hof. »Morgen, ihr Hannaken«, rief sie, sprang aus dem Sattel, begrüßte Vetter Emil, den Professor und die übrigen und holte dann einen kleinen Korb, den sie an der Lenkstange festgebunden hatte. »Ich bring euch nämlich Kaffee mit«, krähte sie, »und ein paar Buttersemmeln! Sogar eine saubere Tasse hab ich. Ach, der Henkel ist ab! Pech muß der Mensch haben!«

Die Jungen hatten zwar samt und sonders gefrühstückt. Auch Emil schon, im Hotel Kreid. Aber keiner wollte dem kleinen Mädchen die gute Laune verderben. Und so tranken sie aus der Tasse ohne Henkel Milchkaffee und aßen Semmeln, als hätten sie vier Wochen nichts gekriegt.
»Nein, schmeckt das großartig!« rief Krummbiegel.
»Und wie knusprig die Semmeln sind«, brummte der Professor kauend.
»Nicht wahr?« fragte Pony. »Ja, ja, es ist eben doch was andres, wenn eine Frau im Hause ist!«

»Im Hofe«, berichtigte Gerold.
»Wie steht's in der Schumannstraße?« fragte Emil.
»Es geht ihnen danke. Und einen besonderen Gruß von der Großmutter. Du sollst bald kommen, sonst kriegst du zur Strafe jeden Tag Fisch.«
»Pfui Teufel«, murmelte Emil und verzog das Gesicht.
»Warum pfui Teufel?« erkundigte sich Mittenzwey der Jüngere. »Fisch ist doch was Feines.« Alle sahen ihn erstaunt an, denn es war seine Gewohnheit, niemals zu reden. Er wurde auch sofort rot und verkrümelte sich hinter seinem großen Bruder.
»Emil kann keinen Bissen Fisch essen. Und wenn er's wirklich versucht, muß er auf der Stelle raus«, erzählte Pony Hütchen.
So plauderten sie und waren denkbar guter Laune. Die Jungen benahmen sich äußerst aufmerksam. Der Professor hielt Ponys Rad. Krummbiegel ging, die Thermosflasche und die Tasse auszuspülen. Mittenzwey senior faltete das Brötchenpapier fein säuberlich zusammen. Emil schnallte den Korb wieder an die Lenkstange. Gerold prüfte, ob noch Luft im Radreifen wäre. Und Pony Hütchen hüpfte im Hof umher, sang sich ein Lied und erzählte zwischendurch alles mögliche.
»Halt!« rief sie plötzlich und blieb auf einem Beine stehen. »Ich wollte doch noch was fragen! Was wollen denn die furchtbar vielen Kinder auf dem Nollendorfplatz draußen? Das sieht ja aus wie eine Ferienkolonie!«
»Das sind Neugierige, die von unsrer Verbrecherjagd gehört haben. Und nun wollen sie dabeisein«, erklärte der Professor.
Da kam Gustav durchs Tor gerannt, hupte laut und brüllte: »Los! Er kommt!« Alle wollten davonstürzen.
»Achtung! Zuhören!« schrie der Professor. »Wir werden ihn also einkreisen. Hinter ihm Kinder, vor ihm Kinder, links Kinder, rechts Kinder! Ist das klar? Weitere Kommandos geben wir unterwegs. Marsch und raus!«
Sie liefen, rannten und stolperten durchs Tor. Pony Hütchen

blieb, etwas beleidigt, allein zurück. Dann schwang sie sich auf ihr kleines vernickeltes Rad, murmelte wie ihre eigne Großmutter: »Die Sache gefällt mir nicht. Die Sache gefällt mir nicht!« und fuhr hinter den Jungen her.

Der Mann im steifen Hut trat gerade in die Hoteltür, stieg langsam die Treppe herunter und wandte sich nach rechts, der Kleiststraße zu. Der Professor, Emil und Gustav jagten ihre Eilboten zwischen den verschiedenen Kindertrupps hin und her. Und drei Minuten später war Herr Grundeis umzingelt.

Er sah sich, höchlichst verwundert, nach allen Seiten um. Die Jungen unterhielten sich, lachten, knufften sich und hielten gleichen Schritt mit ihm. Manche starrten den Mann an, bis er verlegen wurde und wieder geradeaus guckte.

Sssst! pfiff ein Ball dicht an seinem Kopfe vorbei. Er zuckte zusammen und beschleunigte seinen Gang. Doch nun liefen die Jungen ebenfalls rascher. Er wollte geschwind in eine Seitenstraße abbiegen. Doch da kam auch schon ein Kindertrupp dahergestürmt. »Mensch, der hat ein Gesicht, als wollte er dauernd niesen«, rief Gustav.

»Lauf ein bißchen vor mir«, riet Emil, »mich braucht er jetzt noch nicht zu erkennen. Das erlebt er noch früh genug.« Gustav machte breite Schultern und stieg vor Emil her wie ein Boxkämpfer, der vor Kraft nicht laufen kann. Pony Hütchen fuhr neben dem Umzuge und klingelte vergnügt.

Der Mann im steifen Hut wurde sichtlich nervös. Er ahnte dunkel, was ihm bevorstünde, und stiefelte mit Riesenschritten. Aber es war umsonst. Er entging seinen Feinden nicht.

Plötzlich blieb er wie angenagelt stehen, drehte sich um und lief die Straße, die er gekommen war, wieder zurück. Da machten auch sämtliche Kinder kehrt; und nun ging's in umgekehrter Marschordnung weiter.

Da lief ein Junge – es war Krummbiegel – dem Mann in die Quere, daß er stolperte.

Fritz Rasp als Herr Grundeis, Ufa-Film 1930

»Was fällt dir ein, du Lausejunge?« schrie er. »Ich werde gleich einen Polizisten rufen!«

»Ach ja, bitte, tun Sie das mal!« rief Krummbiegel. »Darauf lauern wir schon lange. Na, so rufen Sie ihn doch!«

Herr Grundeis dachte nicht daran, zu rufen, im Gegenteil. Ihm wurde die Geschichte immer unheimlicher. Er bekam förmlich Angst und wußte nicht mehr, wohin. Schon sahen Leute aus allen Fenstern. Schon rannten die Ladenfräuleins mit ihren Kunden vor die Geschäfte und fragten, was los wäre. Wenn jetzt ein Polizist kam, war's aus.

Da hatte der Dieb einen Einfall. Er erblickte eine Filiale der Commerz- und Privatbank. Er durchbrach die Kette der Kinder, eilte auf die Tür zu und verschwand.

Der Professor sprang vor die Tür und brüllte: »Gustav und ich gehen hinterher! Emil bleibt vorläufig noch hier, bis es soweit ist! Wenn Gustav hupt, kann's losgehen! Dann kommt Emil mit zehn Jungen hinein. Such dir inzwischen die Richtigen aus, Emil. Es wird eine kitzlige Sache!«

Dann verschwanden auch Gustav und der Professor hinter der Tür. Emil summten vor Herzklopfen die Ohren. Jetzt mußte sich's entscheiden! Er rief Krummbiegel, Gerold, die Brüder Mittenzwey und noch ein paar andre zu sich und ordnete an, daß die übrigen, der große Trupp, sich zerstreuten.

Die Kinder gingen ein paar Schritte von dem Bankgebäude fort, aber nicht weit. Was nun geschah, konnten sie sich unter keinen Umständen entgehen lassen.

Pony Hütchen bat einen Knaben, ihr Rad zu halten, und trat zu Emil.

Theateraufführung in Tokio, 1957

»Da bin ich«, sagte sie. »Kopf hoch. Jetzt wird's ernst. O Gott, o Gott, ich bin gespannt. Wie ein Regenschirm.«
»Denkst du etwa, ich nicht?« fragte Emil.

Als Gustav und der Professor die Bank betraten, stand der Mann im steifen Hut bereits an einem Schalter, an dem ein Schild mit der Aufschrift »Ein- und Auszahlungen« hing, und wartete ungeduldig, daß er an die Reihe käme. Der Bankbeamte telefonierte.

Der Professor stellte sich neben den Dieb und paßte wie ein Schießhund auf. Gustav blieb hinter dem Mann stehen und hielt die Hand, zum Hupen fertig, in der Hosentasche.

Dann kam der Kassierer an den Schalter und fragte den Professor, was er wolle.

»Bitte sehr«, sagte der, »der Herr war vor mir da.«

»Sie wünschen?« fragte der Kassierer nun Herrn Grundeis.

»Wollen Sie mir, bitte schön, einen Hundertmarkschein in zwei Fünfziger umtauschen und für vierzig Mark Silber geben?« fragte dieser, griff sich in die Tasche und legte einen Hundertmarkschein und zwei Zwanzigmarkscheine auf den Tisch. Der Kassierer nahm die drei Scheine und ging damit zum Geldschrank.

»Einen Moment!« rief da der Professor laut, »das Geld ist gestohlen!«

»Waaas?« fragte der Bankbeamte erschrocken, drehte sich um; seine Kollegen, die in den anderen Abteilungen saßen und kopfrechneten, hörten auf zu arbeiten und fuhren hoch, als hätte sie eine Schlange gebissen.

»Das Geld gehört gar nicht dem Herrn. Er hat es einem Freund von mir gestohlen und will es nur umtauschen, damit man ihm nichts nachweisen kann«, erklärte der Professor.

»So was von Frechheit ist mir in meinem ganzen Leben noch nicht vorgekommen«, sagte Herr Grundeis, fuhr, zum Kassierer gewandt, fort: »Entschuldigen Sie!« und gab dem Professor eine schallende Ohrfeige.

»Dadurch wird die Sache auch nicht anders«, meinte der Professor und landete bei Grundeis einen Magenstoß, daß der Mann sich am Tisch festhalten mußte. Und jetzt hupte Gustav dreimal entsetzlich laut. Die Bankbeamten sprangen auf und liefen neugierig nach dem Kassenschalter. Der Herr Depositenkassenvorsteher stürzte zornig aus seinem Zimmer.

Und – durch die Tür kamen zehn Jungen gerannt, Emil allen voran, und umringten den Mann mit dem steifen Hut.

»Was, zum Donnerkeil, ist denn mit den Bengels los?« schrie der Vorsteher.

»Die Lausejungen behaupten, ich hätte einem von ihnen das Geld gestohlen, das ich eben Ihrem Kassierer zum Wechseln einzahlte«, erzählte Herr Grundeis und zitterte vor Ärger.

»So ist es auch!« rief Emil und sprang an den Schalter. »Einen Hundertmarkschein und zwei Zwanzigmarkscheine hat er mir gestohlen. Gestern nachmittag. Im Zug, der von Neustadt nach Berlin fuhr! Während ich schlief.«

Herr Grundeis wird verfolgt, Berolina-Film 1954

»Ja, kannst du das denn auch beweisen?« fragte der Kassierer streng.

»Ich bin seit einer Woche in Berlin und war gestern von früh bis abends in der Stadt«, sagte der Dieb und lächelte höflich.

»So ein verdammter Lügner!« schrie Emil und weinte fast vor Wut.

»Kannst du denn nachweisen, daß dieser Herr hier der Mann ist, mit dem du im Zuge saßt?« fragte der Vorsteher.

»Das kann er natürlich nicht«, meinte der Dieb nachlässig.

»Denn wenn du allein mit ihm im Zug gesessen haben willst, hast du doch keinen einzigen Zeugen«, bemerkte einer der Angestellten.

Und Emils Kameraden machten betroffene Gesichter.

»Doch!« rief Emil, »doch! Ich hab doch einen Zeugen! Er heißt Frau Jakob aus Groß-Grünau. Sie saß erst mit im Abteil. Und stieg später aus. Und sie trug mir auf, Herrn Kurzhals in Neustadt herzlich von ihr zu grüßen!«

»Es scheint, Sie werden ein Alibi erbringen müssen«, sagte der Depositenkassenvorsteher zu dem Dieb. »Können Sie das?«

»Selbstverständlich«, erklärte der. »Ich wohne drüben im Hotel Kreid...«

»Aber erst seit gestern abend«, rief Gustav. »Ich hab mich dort als Liftboy eingeschlichen und weiß Bescheid, Mensch!«

Die Bankbeamten lächelten ein wenig und gewannen an den Jungen Interesse.

»Wir werden das Geld am besten vorläufig hierbehalten, Herr...« sagte der Vorsteher und riß sich von einem Block einen Zettel ab, um Namen und Adresse zu notieren.

»Grundeis heißt er!« rief Emil.

Der Mann im steifen Hut lachte laut und sagte: »Da sehen Sie, daß es sich um eine Verwechslung handeln muß. Ich heiße Müller.«

»Oh, wie gemein er lügt! Mir hat er im Zug erzählt, daß er Grundeis heißt«, schrie Emil wütend.

»Haben Sie Ausweispapiere?« fragte der Kassierer.

»Leider nicht bei mir«, sagte der Dieb. »Aber wenn Sie einen Augenblick warten wollen, so hole ich sie aus dem Hotel herüber.«

»Der Kerl lügt fortwährend! Und es ist mein Geld. Und ich muß es wiederhaben!« rief Emil.

»Ja, sogar wenn's wahr wäre, mein Junge«, erklärte der Kassierer, »so einfach geht das nicht! Wie kannst du denn beweisen, daß es dein Geld ist? Steht vielleicht dein Name drauf? Oder hast du dir etwa die Nummern gemerkt?«

»Natürlich nicht«, sagte Emil. »Denkt man denn, daß man be-

klaut wird? Aber es ist trotzdem mein Geld, hören Sie? Und meine Mutter hat es mir für die Großmutter, die hier in der Schumannstraße 15 wohnt, mitgegeben.«
»War an einem der Scheine eine Ecke abgerissen oder war sonst etwas nicht in Ordnung?«
»Nein, ich weiß nicht.«
»Also, meine Herren, ich erkläre Ihnen auf Ehrenwort: das Geld gehört wirklich mir. Ich werde doch nicht kleine Kinder ausrauben!« behauptete der Dieb.
»Halt!« schrie Emil plötzlich und sprang in die Luft, so leicht war ihm mit einem Male geworden. »Halt! Ich habe mir im Zug das Geld mit einer Stecknadel ins Jackett gesteckt. Und deshalb müssen Nadelstiche in den drei Scheinen zu sehen sein!«
Der Kassierer hielt das Geld gegen das Licht. Den anderen stockte der Atem. Der Dieb trat einen Schritt zurück. Der Bankvorsteher trommelte nervös auf dem Tisch herum.
»Der Junge hat recht«, schrie der Kassierer, blaß vor Erregung. »In den Scheinen sind tatsächlich Nadelstiche!«
»Und hier ist auch die Nadel dazu«, sagte Emil und legte die Stecknadel stolz auf den Tisch. »Gestochen habe ich mich auch.«
Da drehte sich der Dieb blitzschnell um, stieß die Jungen links und rechts zur Seite, daß sie hinfielen, rannte durch den Raum, riß die Tür auf und war weg.
»Ihm nach!« schrie der Bankvorsteher.
Alles lief nach der Tür.
Als man auf die Straße kam, war der Dieb schon von mindestens zwanzig Jungen umklammert. Sie hielten ihn an den Beinen. Sie hingen an seinen Armen. Sie zerrten an seinem Jackett. Er ruderte wie verrückt. Aber die Jungen ließen nicht locker.
Und dann kam auch schon ein Schupo im Dauerlauf daher, den Pony Hütchen mit ihrem kleinen Rade geholt hatte. Und der Bankvorsteher forderte ihn ernst auf, den Mann, der sowohl

Grundeis wie auch Müller hieße, festzunehmen. Denn er sei, wahrscheinlich, ein Eisenbahndieb.

Der Kassierer nahm sich Urlaub, holte das Geld und die Stecknadel und ging mit. Na, es war ein toller Aufzug! Der Schutzmann, der Bankbeamte, der Dieb in der Mitte, und hinterher neunzig bis hundert Kinder! So zogen sie zur Wache.

Pony Hütchen fuhr auf ihrem kleinen vernickelten Fahrrade nebenher, nickte dem glücklichen Vetter Emil zu und rief: »Emil, mein Junge! Ich fahre rasch nach Hause und erzähle dort das ganze Theater.«

Der Junge nickte zurück und sagte: »Zum Mittagessen bin ich zu Hause! Grüße schön!«

Pony Hütchen rief noch: »Wißt ihr, wie ihr ausseht? Wie ein großer Schulausflug!« Dann bog sie, heftig klingelnd, um die Ecke.

Sachliche Romanze

Als sie einander acht Jahre kannten
(und man darf sagen: sie kannten sich gut),
kam ihre Liebe plötzlich abhanden.
Wie andern Leuten ein Stock oder Hut.

Sie waren traurig, betrugen sich heiter,
versuchten Küsse, als ob nichts sei,
und sahen sich an und wußten nicht weiter.
Da weinte sie schließlich. Und er stand dabei.

Vom Fenster aus konnte man Schiffen winken.
Er sagte, es wäre schon Viertel nach vier
und Zeit, irgendwo Kaffee zu trinken.
Nebenan übte ein Mensch Klavier.

Sie gingen ins kleinste Café am Ort
und rührten in ihren Tassen.
Am Abend saßen sie immer noch dort.
Sie saßen allein, und sie sprachen kein Wort
und konnten es einfach nicht fassen.

Fantasie von übermorgen

Und als der nächste Krieg begann,
da sagten die Frauen: Nein!
und schlossen Bruder, Sohn und Mann
fest in der Wohnung ein.

Dann zogen sie, in jedem Land,
wohl vor des Hauptmanns Haus
und hielten Stöcke in der Hand
und holten die Kerls heraus.

Sie legten jeden übers Knie,
der diesen Krieg befahl:
die Herren der Bank und Industrie,
den Minister und General.

Da brach so mancher Stock entzwei.
Und manches Großmaul schwieg.
In allen Ländern gab's Geschrei,
und nirgends gab es Krieg.

Die Frauen gingen dann wieder nach Haus,
zum Bruder und Sohn und Mann,
und sagten ihnen, der Krieg sei aus!
Die Männer schauten zum Fenster hinaus
und sah'n die Frauen nicht an ...

Mayer IX. im Schnee

Der Schnee hängt wie kandiertes Obst im Wald.
Es war ganz gut, daß ich gleich gestern fuhr.
Den Bäumen sind vielleicht die Füße kalt . . .
Doch was weiß unsereins von der Natur.

Der Schnee, das könnte klarer Zucker sein.
Als Kind hat man oft Ähnliches geglaubt.
Wieso fällt mir das heute wieder ein
und weshalb überhaupt?

Vorher sind Wolken da. Und nachher schneit's.
Wie aber kommt der Schnee denn erst hinauf?
Die Welt ist, wie gesagt, von großem Reiz.
Man paßt nur gar nicht auf.

Die kleinen Flocken tanzen ein Ballett,
und viele große Berge sehen zu.
Das schneit und schneit! Die Erde liegt zu Bett.
Und kaltes Wasser hab ich auch im Schuh.

Wenn man so ganz allein im Walde steht,
begreift man nur sehr schwer,
wozu man in Büros und Kinos geht.
Und plötzlich will man alles das nicht mehr!

Ich las, es soll die ganze Woche schnein.
Für einen Menschen, der auf sich was hält,
ist es nicht leicht, im Schnee allein zu sein.
Da wackelt, eh er's denkt, die ganze Welt.

Na ja, schon gut. Dort fließt ja auch ein Bach
und tut, als gäb es weiter nichts als ihn.
Es ist so furchtbar still. Mir fehlt der Krach.
Die ersten Nächte lieg ich sicher wach
und möchte nach Berlin.

Prosaische Zwischenbemerkung

Obwohl ich selber Verse mache, sind mir viele Lyriker noch unsympathischer als alle Tenöre. Sie verbreiten in ihrem Innern und mit ihrem Äußern (und noch immer) die Falschmeldung, die Fähigkeit des Gedichteschreibens sei eine göttliche Konzession; und dann gehen sie hin und blamieren ihr Gottesgnadentum nicht weniger als gewisse Herren aus einer anderen privilegierten Branche.

Es ist kaum glaublich, und doch ist es so: Die Mehrzahl der heutigen Lyriker singt und sagt noch immer von der »Herzliebsten mein« und von dem »Blümlein auf der Wiesen« und behauptet anschließend, von der Muse mitten auf den Mund geküßt worden zu sein. Das Sichherumküssen mit der Muse sollen sie den Kindern erzählen, und noch die werden sich vor Lachen die kleinen Bäuche halten.

Wer gutsitzende Frackanzüge liefern will, muß fürs Schneidern begabt sein. Und wer Gedichte schreibt, muß es können. Talent ist eine Selbstverständlichkeit. Und über Selbstverständlichkeiten spricht man nicht, vor allem nicht selber. Talent ist die mindeste Voraussetzung für jeden Beruf und kein Selbstgesprächsthema für ernsthafte Leute. Früher trugen die Lyriker langes Haar, genau wie die Friseurgehilfen. Das war konsequent. Heute rollen sie nur noch mit den Augen und den Wörtern, bilden sich ein, bei der Ausgießung des Geistes doppelt bedient worden zu sein, und das ist eine ihrer Erfindungen. Leider gibt es das noch nicht: die Talentlosen auf operativem Wege literarisch zeugungsunfähig zu machen. Und so bevölkern sie das Schrifttum weiterhin mit ihren geistig zurückgebliebenen Produkten, die keinen noch so gefälligen Hund vom Ofen locken. Günstigenfalls klingen ihre Gedichte. Aber es steckt nichts drin. Was sollen sie andres machen: sie klingen hohl!

Man entschuldige meinen Ärger. Er hat den Vorzug, berechtigt zu sein. Denn jene Lyriker mit dem lockig im Winde wallenden Gehirn diskreditieren die Lyrik persönlich. Sie sind an der irrigen Ansicht des Publikums schuld, Gedichtelesen sei eine gegenwärtig unpassende Beschäftigung. Unpassend sind nur jene Lyriker. Man sollte sie schmerzlos beseitigen und einen von ihnen ins Museum bringen. Falls dort für so etwas Platz ist.

Zum Glück gibt es ein oder zwei Dutzend Lyriker – ich hoffe fast, mit dabei zu sein –, die bemüht sind, das Gedicht am Leben zu erhalten. Ihre Verse kann das Publikum lesen und hören, ohne einzuschlafen; denn sie sind seelisch verwendbar. Sie wurden im Umgang mit den Freuden und Schmerzen der Gegenwart notiert; und für jeden, der mit der Gegenwart geschäftlich zu tun hat, sind sie bestimmt. Man hat für diese Art von Gedichten die Bezeichnung »Gebrauchslyrik« erfunden, und die Erfindung beweist, wie selten in der jüngsten Vergangenheit wirkliche Lyrik war. Denn sonst wäre es jetzt überflüssig, auf ihre Gebrauchsfähigkeit wörtlich hinzudeuten. Verse, die von den Zeitgenossen nicht in irgendeiner Weise zu brauchen sind, sind Reimspielereien, nichts weiter. Es gibt freilich geschickte Reimereien und ungeschickte Gedichte, aber noch diese sind jenen vorzuziehen. Mit der Sprache seiltanzen, das gehört ins Varieté.

Es gibt wieder Verse, bei denen auch der literarisch unverdorbene Mensch Herzklopfen kriegt oder froh in der leeren Stube lächelt. Es gibt wieder Lyriker, die wie natürliche Menschen empfinden und die Empfindungen (und Ansichten und Wünsche) in Stellvertretung ausdrücken. Und weil sie nicht nur für sich selber und um ihrer Sechseroriginalität willen schreiben, finden sie inneren Anschluß.

Daß jemand ausspricht, was ihn bewegt und bedrückt – und andere mit ihm –, ist nützlich. Wem das zu einfach gesagt ist, der mag es sich von den Psychoanalytikern erklären lassen. Wahr bleibt es trotzdem.
Die Lyriker haben wieder einen Zweck. Ihre Beschäftigung ist wieder ein Beruf. Sie sind wahrscheinlich nicht so notwendig wie die Bäcker und die Zahnärzte; aber nur, weil Magenknurren und Zahnreißen deutlicher Abhilfe fordern als nichtkörperliche Verstimmungen. Trotzdem dürften die Gebrauchspoeten ein bißchen froh sein: sie rangieren unmittelbar nach den Handwerkern.

Plädoyer einer Frau

Du darfst mir das, was war, nicht übelnehmen.
Ich sag es dir, obwohl du mich nicht fragst.
Sieh mich dabei nicht an! Ich will mich schämen
und tun, als ob die Toten wiederkämen.
Ich glaube nicht, daß du mich dann noch magst.

Ich will nicht sagen, daß ich mir verzeihe.
Denn darauf kommt es im Moment nicht an.
Ich wartete und kam nicht an die Reihe.
Wer keinen Mann hat, hat auf einmal zweie!
Doch fünf von diesen wären noch kein Mann.

Man fühlt: man könnte einem was bedeuten.
Es ist nur traurig, daß es ihn nicht gibt.
Und dann umarmt man sich mit fremden Leuten.
Und wird zu einer von den vielen Bräuten,
die sich nur lieben läßt und selbst nicht liebt.

Die Zeit vergeht. Geduld ist keine Ware.
Man sucht nicht mehr. Man findet ab und zu.
Man sieht vom Fenster aus die Jagd der Jahre.
Man wartet nicht mehr auf das Wunderbare.
Und plötzlich kommt es doch! Denn nun kommst du.

Was war, das bleibt. Wie soll ich mich erneuen?
Mir wird ein Schmerz mit Nadeln zugenäht.
Was war, das bleibt. Man kann es nur bereuen.
Nun bist du da. Nun sollte ich mich freuen!
Ich bin nicht froh. Ist es denn schon zu spät?

Möblierte Melancholie

Mancher Mann darf, wie er möchte, schlafen.
Und er möchte selbstverständlich gern!
Andre Menschen will der Himmel strafen,
und er macht sie zu möblierten Herrn.

Er verschickt sie zu verkniffnen Damen.
In Logis. Und manchmal in Pension.
Blöde Bilder wollen aus den Rahmen.
Und die Möbel sagen keinen Ton.

Selbst das Handtuch möchte sauber bleiben.
Dreimal husten kostet eine Mark.
Um die alten Schachteln zu beschreiben,
ist kein noch so starkes Wort zu stark.

Das Klavier, die Köpfe und die Stühle
sind aus Überzeugung stets verstaubt.
Und die Nutzanwendung der Gefühle
ist den Aftermietern nicht erlaubt.

Und sie nicken nur noch wie die Puppen;
denn der Mund ist nach und nach vereist.
Untermieter sind Besatzungstruppen
in dem Reiche, das Familie heißt.

Alles, was erlaubt ist, ist verboten.
Wer die Liebe liebt, muß in den Wald
oder macht, noch besser, einen Knoten
in sein Maskulinum. Und zwar bald.

Die möblierten Herrn aus allen Ländern
stehen fremd und stumm in ihrem Zimmer.
Nur die Ehe kann den Zustand ändern.
Doch die Ehe ist ja noch viel schlimmer.

Anmerkung: Die möblierte Moral ist ein brennendes Thema, obwohl man es nicht mehr für möglich halten sollte. Sogar in Berlin, erzählen Bekannte, fordern die Wirtinnen die Kastrierung der Untermieter.

Schmutzsonderklasse

Der Reichstag wolle beschließen: Die Reichsregierung hat unverzüglich darauf hinzuwirken,
1. daß die deutschen Frauen künftig Kinder nicht wie bisher mithilfe sexueller Ausschreitungen, sondern lediglich durch scharfes Nachdenken zu empfangen haben (Federführende Stelle: Der Reichsverkehrsminister),
2. daß Bildhauer den menschlichen Körper ausschließlich in angekleidetem Zustande darstellen dürfen (Federführende Stelle: Das Reichsministerium des Äußeren),
3. daß der Gebrauch des Wortes Brust, sofern selbige weiblichen Geschlechts ist, mit dem Erschießen durch das Schwert zu bestrafen ist (Federführende Stelle: Das Reichswehrministerium).

Es sind das nur ein paar Vorschläge. Aber die deutschen Kulturreaktionäre, die in breiter Front vorzurücken beginnen und ihre Parteivertreter vor sich hertreiben, werden gewiß für die Antragsformulierung dankbar sein und von ihr spätestens in der nächsten parlamentarischen Spielzeit Gebrauch machen.

Diese Reaktion ist Faulheit mit Feuererscheinung. Die Leute wollen nicht, und die Leute können nicht, aber es blitzt. Sie sträuben sich, aus dem Gefühl ihrer Unfähigkeit und Bequemlichkeit heraus, vor den Wandlungen, die kommen müssen, gehen nicht vom Flecke, und wenn man sie mitziehen will, fangen sie an zu strampeln, zu schreien und um sich zu hauen. Es geht ihnen wie denen, die an Platzangst leiden und nicht zu bewegen sind, über die Straße zu laufen, falls ein Auto in der Nähe ist. Jene Reaktion ist nichts

anderes als kulturelle Platzangst. Und ihre Vertreter sind die Urenkel jener Menschen, die am Ausgang der jüngeren Steinzeit mit dem Fuß aufstampften und weinerlich erklärten: »Nein, wir wollen nicht in die Bronzezeit!« Und wenn es nach ihnen ginge, hingen sie heute noch wie die Klammeraffen in den Bäumen, und das von ihnen so geschätzte Skatspiel wäre niemals erfunden worden.
Die herrschende Reaktion hat bereits ihren zwingenden Ausdruck gefunden: man hat einen Verein gegründet. Er nennt sich »Deutscher Frauenkampfbund« und ist ein Holding-Unternehmen, das sich aus etwa fünfzig Vereinen zusammensetzt: Bartelsbund, Deutscher Philologinnenverband, Nationalverband deutscher Offiziere, Gesamtverband der evangelischen Arbeitervereine, Borromäusverein, Rentnerbund, Frauen- und Mädchenbund für sittliche Reinheit, Reichsverband der Kinderreichen, Stahlhelm Groß-Berlin, Reichsvereinigung deutscher Hausfrauen, Verband deutscher Akademiker, Dahlemer Frauenbund, Deutscher Verein gegen Alkoholismus, Westdeutscher Sittlichkeitsverein und zahlreiche andere Verbände (zur Erhaltung des Deutschtums im Inlande) gehören dem Kampfbunde an. Der deutsche Spießer marschiert! Rückwärts, versteht sich. Denn hinten hat er keine Augen.
Die »deutschen Frauen« unterzogen die gegenwärtige Literatur einer Prüfung, schauderten, stellten so etwas wie Schwarze Listen auf und schickten sie z. B. an den braunschweigischen Volksbildungsminister Sievers mit der Forderung, Verbote zu erlassen. Es war eine falsche Adresse. Sievers antwortete, er halte es für »eine Anmaßung sondergleichen, wenn die verehrten Damen des Frauenkampfbundes ... vom Staate verlangen, daß er sich ihrer Geschmacksrichtung vollständig unterwerfen und Maßnahmen gegen wertvolle Zeitungen und Zeitschriften ergreifen soll. Ebenso muß ich mit aller Schärfe den Versuch zurückweisen, den Staat für einen Kampf gegen bedeutende Schriftsteller und Dichter wie Klabund, Zuckmayer, Iwan Goll, Jacob Haringer usw. in Anspruch zu nehmen. Im Gegenteil werde ich bemüht sein, einem modernen

und freiheitlichen Schrifttum, soweit nötig und möglich, meinen Schutz zu gewähren.«

Pfui Teufel, dachten die deutschen Frauen und erklärten dann: »Nun, der braunschweigische Herr Sievers ist unmaßgeblich für die wahren Kulturbelange. Die bayerische Staatsregierung und der bayerische Landtag sind anderer Meinung als er, und auch der preußische Landtag wird hoffentlich auf Grund der Anträge seiner Mittel- und Rechtsparteien doch noch zu entgegengesetzter Auffassung kommen.«

Die preußischen Zensuranträge, auf die angespielt wird, hatte bekanntlich das Zentrum eingebracht. Und der Frauenkampfbund steckte dahinter. Er verschickte im Januar 1928 einen »Weckruf an die berufenen Hüter des Glaubens, der deutschen Sitte und der deutschen Seele«, und er ließ darin klar durchblicken, daß er von der evangelischen und katholischen Geistlichkeit energische Unterstützung erwarte. »Wir hören oft predigen, daß jede einzelne Menschenseele unendlichen Wert hätte ... Wir brauchen nicht Männer, die mit uns klagen, sondern Männer, die für und mit uns handeln ... Rücksichtnahme der Kirche auf die finanziellen Knebelungsversuche politischer Hintermänner muß wegfallen ... Ewige Werte müssen allem anderen vorangestellt werden ... Es ist hohe Zeit, daß die Kirche von Amts und Berufs wegen geschlossen aufsteht und sagt: ›Bis hierher und nicht weiter!‹«

Der Sinn des Weckrufs ist: Die von Offiziers- und Militärvereinen mobilisierten Frauen nötigen die Geistlichkeit zu einer christlich-nationalistischen Allianz, deren Einfluß es gelingen soll, die Regierungen ihrerseits zu einer Art von kulturellem Staatsstreich zu nötigen. Erst wird die Kirche eingeschüchtert, und mit ihrer Hilfe hofft man, den Staat einzuschüchtern. »Eingaben an den Reichstag, die Landtage, Justiz- und Polizeibehörden gegen die Zersetzung und Verderbung der deutschen Seele« sind geschehen und geplant, ebenso Massenkundgebungen, Vereinsvorträge, Schriften. »Kinos, Theater, Feste, Bälle, Presse, Literatur, Kioske, Buch- und

Papierläden werden von zu bestimmenden Personen aus den Gemeindevereinen oder Kirchenvorständen unter Bildung von Arbeitsausschüssen beobachtet; gegen jede bemerkte Unsittlichkeit wird schriftlich oder mündlich protestiert ... Auf die öffentlichen Verwaltungen (Eisenbahn, Stadt) wird einzuwirken sein ... Aufklärung auch der entkirchten Gemeindemitglieder ... Förderung der deutschen Sippen- und Familienkunde ... Pflege des Volksliedes ... Die eingehenden Vorschläge und Mitteilungen sollen zu einem Plane gemeinsamen Vorgehens in großem Stile verarbeitet und in geeigneter taktvoller Form in öffentlichen Kundgebungen erörtert werden. Es soll dadurch die Zustimmung der Öffentlichkeit zu den Anforderungen, die an Gesetzgebung und Verwaltung gestellt werden müssen, herbeigeführt werden.«
Die Generalsgattinnen haben bei ihren Familienvorständen, wie man sieht, Strategie gelernt. Zu Hause haben sie sicher Karten vom inneren Kriegsschauplatz, und wenn die Geistlichkeit von Frankfurt am Main gegen Hasenclevers »Ehen werden im Himmel geschlossen« protestiert oder die christlich-militärische Jugend von Hamburg Bruckners »Verbrecher« mit Stinkbomben belästigt hat, schmeißen die Heerführerinnen ihre Möpse vom Schoß und schicken die Pfarrer an die Front. Die Pfarrer müssen vor, ob sie wollen oder nicht, sonst verlieren sie ihre weibliche Kundschaft.
Ihrem Weckruf ist eine Beispielsammlung angegliedert, die, zur gefl. Verwendung, Autorennamen, Titel literarischer Arbeiten und Kostproben des »Volksgiftes« enthält. Der erste Abschnitt behandelt und benennt Gotteslästerungen: Hasenclevers »Ehen werden im Himmel geschlossen«, Egon Erwin Kischs »Himmelfahrt der Galgentoni«, Klabunds »Harfenjule«, Zuckmayers Gedichte etcetera. Dann folgen andere Sammelrubriken, zum Beispiel »Planmäßigkeit der Entsittlichung« und »Was alles heute zur Literatur gerechnet wird«. Da findet man Bruckners »Verbrecher«, Äußerungen von Magnus Hirschfeld bis zu Landsberger und Rideamus, Heinrich Manns »Bibi«, Rehfischs »Frauenarzt«,

Proben von Meyrinck, Iwan Goll, Jacob Haringer, Weinert, Hiller.

Die Schlußrubrik führt den gelungenen Namen »Schmutzsonderklasse« und nennt Polgar, Tucholsky, Klabund, Kästner. Daß Weltbühne, Simplicissimus, Literarische Welt, Rote Fahne, Welt am Abend, Montag Morgen als gefährliche Blätter gebrandmarkt werden, ist selbstverständlich.

Die Offiziersfrauen und die Pfarrerstöchter sind klar zum Gefecht, und die Frau Vereinsmeier wetzt das Küchenmesser. Die Literatur soll ein Glied kürzer gemacht werden. Die Schriftsteller des 20. Jahrhunderts sollen Sopran singen. Pfui, meine Herren Damen!

Wenn die Führerinnen des Bundes in Küche und Kammer mehr zu tun hätten, hetzten sie uns jetzt nicht die Parteien und den Staat auf den Hals. Sicher sind auch ehrliche Frauen dabei, die nur ein bißchen beschränkt sind. Sie sollten aber aus ihrer Dummheit keinen Beruf machen! Bevor sie nicht in aller Öffentlichkeit und notariell beglaubigt erklären: sie hielten Lessing, Goethe und Schiller ebenfalls für Kulturbolschewisten und Libertins und deren Werke in großen Teilen ebenfalls für volksvergiftend, solange ist ihre Bewegung von Grund aus verlogen. Sollten sie aber diese Erklärung abgeben wollen, dann stecke man sie, wegen Gemeingefährlichkeit, umgehend ins Sanatorium!

Kurt Schmidt, statt einer Ballade

Der Mann, von dem im weiteren Verlauf
die Rede ist, hieß Schmidt (Kurt Schm., komplett).
Er stand, nur sonntags nicht, früh 6 Uhr auf
und ging allabendlich Punkt 8 zu Bett.

10 Stunden lag er stumm und ohne Blick.
4 Stunden brauchte er für Fahrt und Essen.
9 Stunden stand er in der Glasfabrik.
1 Stündchen blieb für höhere Interessen.

Nur sonn- und feiertags schlief er sich satt.
Danach rasierte er sich, bis es brannte.
Dann tanzte er. In Sälen vor der Stadt.
Und fremde Fräuleins wurden rasch Bekannte.

Am Montag fing die nächste Strophe an.
Und war doch immerzu dasselbe Lied!
Ein Jahr starb ab. Ein andres Jahr begann.
Und was auch kam, nie kam ein Unterschied.

Um diese Zeit war Schmidt noch gut verpackt.
Er träumte nachts manchmal von fernen Ländern.
Um diese Zeit hielt Schmidt noch halbwegs Takt.
Und dachte: Morgen kann sich alles ändern.

Da schnitt er sich den Daumen von der Hand.
Ein Fräulein Brandt gebar ihm einen Sohn.
Das Kind ging ein. Trotz Pflege auf dem Land.
(Schmidt hatte 40 Mark als Wochenlohn.)

Die Zeit marschierte wie ein Grenadier.
In gleichem Schritt und Tritt. Und Schmidt lief mit.
Die Zeit verging. Und Schmidt verging mit ihr.
Er merkte eines Tages, daß er litt.

Er merkte, daß er nicht alleine stand.
Und daß er doch allein stand, bei Gefahren.

»Leben in dieser Zeit«, Breslauer Stadttheater 1932

Und auf dem Globus, sah er, lag kein Land,
in dem die Schmidts nicht in der Mehrzahl waren.

So war's. Er hatte sich bis jetzt geirrt.
So war's, und es stand fest, daß es so blieb.
Und er begriff, daß es nie anders wird.
Und was er hoffte, rann ihm durch ein Sieb.

Der Mensch war auch bloß eine Art Gemüse,
das sich und dadurch andere ernährt.
Die Seele saß nicht in der Zirbeldrüse.
Falls sie vorhanden war, war sie nichts wert.

9 Stunden stand Schmidt schwitzend im Betrieb.
4 Stunden fuhr und aß er, müd und dumm.
10 Stunden lag er, ohne Blick und stumm.
Und in dem Stündchen, das ihm übrigblieb,
bracht er sich um.

Ein Mann gibt Auskunft

Das Jahr war schön und wird nie wiederkehren.
Du wußtest, was ich wollte, stets und gehst.
Ich wünschte zwar, ich könnte dir's erklären,
und wünsche doch, daß du mich nicht verstehst.

Ich riet dir manchmal, dich von mir zu trennen,
und danke dir, daß du bis heute bliebst.
Du kanntest mich und lerntest mich nicht kennen.
Ich hatte Angst vor dir, weil du mich liebst.

Du denkst vielleicht, ich hätte dich betrogen.
Du denkst bestimmt, ich wäre nicht wie einst.
Und dabei habe ich dich nie belogen!
Wenn du auch weinst.

Du zürntest manchmal über meine Kühle.
Ich muß dir sagen: Damals warst du klug.
Ich hatte stets die nämlichen Gefühle,
Sie waren aber niemals stark genug.

Du denkst, das klingt, als wollte ich mich loben
und stünde stolz auf einer Art Podest.
Ich stand nur fern von dir. Ich stand nicht oben.
Du bist mir böse, weil du mich verläßt.

Es gibt auch andre, die wie ich empfinden.
Wir sind um soviel ärmer, als ihr seid.
Wir suchen nicht. Wir lassen uns bloß finden.
Wenn wir euch leiden sehn, packt uns der Neid.

Ihr habt es gut. Denn ihr dürft alles fühlen.
Und wenn ihr trauert, drückt uns nur der Schuh.
Ach, unsre Seelen sitzen wie auf Stühlen
und sehn der Liebe zu.

Ich hatte Furcht vor dir. Du stelltest Fragen.
Ich brauchte dich und tat dir doch nur weh.
Du wolltest Antwort. Sollte ich denn sagen:
Geh . . .

Es ist bequem, mit Worten zu erklären.
Ich tu es nur, weil du es so verlangst.
Das Jahr war schön und wird nie wiederkehren.
Und wer kommt nun? Leb wohl! Ich habe Angst.

Maskenball im Hochgebirge

Eines schönen Abends wurden alle
Gäste des Hotels verrückt, und sie
rannten schlagerbrüllend aus der Halle
in die Dunkelheit und fuhren Ski.

Und sie sausten über weiße Hänge.
Und der Vollmond wurde förmlich fahl.
Und er zog sich staunend in die Länge.
So etwas sah er zum erstenmal.

Manche Frauen trugen nichts als Flitter.
Andre Frauen waren in Trikots.
Ein Fabrikdirektor kam als Ritter.
Und der Helm war ihm zwei Kopf zu groß.

Sieben Rehe starben auf der Stelle.
Diese armen Tiere traf der Schlag.
Möglich, daß es an der Jazzkapelle –
denn auch die war mitgefahren – lag.

Die Umgebung glich gefrornen Betten.
Auf die Abendkleider fiel der Reif.
Zähne klapperten wie Kastagnetten.
Frau von Cottas Brüste wurden steif.

Das Gebirge machte böse Miene.
Das Gebirge wollte seine Ruh.
Und mit einer mittleren Lawine
deckte es die blöde Bande zu.

Dieser Vorgang ist ganz leicht erklärlich.
Der Natur riß einfach die Geduld.
Andre Gründe gibt es hierfür schwerlich.
Den Verkehrsverein trifft keine Schuld.

Man begrub die kalten Herrn und Damen.
Und auch etwas Gutes war dabei:
Für die Gäste, die am Mittwoch kamen,
wurden endlich ein paar Zimmer frei.

Goldne Jugendzeit

Wenn sie abends von der Arbeit kommen,
fahren sie, so schnell es geht, nach Haus,
und sie sehen ziemlich mitgenommen
und wie kleine kranke Kinder aus.

Die Büros sind keine Puppenstuben.
Die Fabriken sind kein Nadelwald.
Und auch die modernsten Kohlengruben
sind kein idealer Aufenthalt.

Aber nicht nur müde sind sie, leider
hat ihr Müdesein auch keinen Zweck.
Vielmehr ziehn sie ihre Sonntagskleider
heimlich an und laufen wieder weg.

Und dann gehn sie irgendwohin tanzen.
Ins »Orpheum« oder wie es heißt.
Und sie treiben es im großen ganzen,
mit und ohne Noten, ziemlich dreist.

Später sitzen sie in Parks auf Bänken,
und es ist aufs Haar wie einst im Mai.
Weiter können sie sich ja nichts schenken!
Und bis sie zu Hause sind, wird's drei.

Einmal werden sie sich schon noch fügen.
Wenn ihr Schicksal die Geduld verliert.
Ach, sie glauben, daß man zum Vergnügen
(noch dazu zum eignen) existiert!

Sie sind jung und täuschen sich nach Kräften.
6 Uhr 30, wenn der Wecker klirrt,
in der Bahn und dann in den Geschäften
merken sie: sie haben sich geirrt.

Menschen werden niemals Schmetterlinge.
Nektar ist, im besten Fall, ein Wort.
Jung und froh sein, sind verschiedne Dinge.
Und die Freude stirbt auf dem Transport!

Und wo bleibt das Positive, Herr Kästner?

Und immer wieder schickt ihr mir Briefe,
in denen ihr, dick unterstrichen, schreibt:
»Herr Kästner, wo bleibt das Positive?«
Ja, weiß der Teufel, wo das bleibt.

Noch immer räumt ihr dem Guten und Schönen
den leeren Platz überm Sofa ein.
Ihr wollt euch noch immer nicht dran gewöhnen,
gescheit und trotzdem tapfer zu sein.

Ihr braucht schon wieder mal Vaseline,
mit der ihr das trockene Brot beschmiert.
Ihr sagt schon wieder, mit gläubiger Miene:
»Der siebente Himmel wird frisch tapeziert!«

Ihr streut euch Zucker über die Schmerzen
und denkt, unter Zucker verschwänden sie.
Ihr baut schon wieder Balkons vor die Herzen
und nehmt die strampelnde Seele aufs Knie.

Die Spezies Mensch ging aus dem Leime
und mit ihr Haus und Staat und Welt.
Ihr wünscht, daß ich's hübsch zusammenreime,
und denkt, daß es dann zusammenhält?

Mit der Mutter im Café Carlton, 1928

Ich will nicht schwindeln. Ich werde nicht schwindeln.
Die Zeit ist schwarz, ich mach euch nichts weis.
Es gibt genug Lieferanten von Windeln.
Und manche liefern zum Selbstkostenpreis.

Habt Sonne in sämtlichen Körperteilen
und wickelt die Sorgen in Seidenpapier!
Doch tut es rasch. Ihr müßt euch beeilen.
Sonst werden die Sorgen größer als ihr.

Die Zeit liegt im Sterben. Bald wird sie begraben.
Im Osten zimmern sie schon den Sarg.
Ihr möchtet gern euren Spaß dran haben . . .?
Ein Friedhof ist kein Lunapark.

Hans Fallada
Auskunft über den Mann Kästner

Ein junges Mädchen wünschte sich von mir Kästners »Ein Mann gibt Auskunft« zum Geburtstag. Diese Gerda, zwanzigjährig, studiert, will Fürsorgerin werden, ist augenblicklich Praktikantin auf einem der berliner Wohlfahrtsämter. Sie wird zu Erhebungen in die Häuser geschickt. Zu Erhebungen der Art etwa: da hat eine Nachbarin die Witwe Müller denunziert, sie ließe ihre zehnjährige Tochter mit dem Schlafburschen im Bett liegen. Ist das Kind verwahrlost? Zu solchen Ermittlungen also. Ich frage sie: »Warum Kästner? Wieso gerade Kästner?« Gerda sagt: »Es ist manchmal gar nicht so einfach, anständig zu bleiben. Manchmal kriegt man solche Wut... Weißt du, darum Kästner.«

Der Mann, dessen Verse solch junges Ding in die Hinterhöfe der Fruchtstraße begleiten, und der Zehntausenden im Lande Mut macht zu einem menschlichen Durchhalten, ist heute 32 Jahre alt. Er, der Volksschullehrer werden wollte und umsattelte, der auf einer Bank arbeitete und umsattelte, der Germanist werden wollte, seinen Doktor machte und umsattelte, der Zeitungsmann wurde und umsattelte – dieser mittelgroße Sachse aus Dresden mit einem merkwürdigen Gesicht, das immer anders aussieht und doch immer Kästners Gesicht bleibt –, dieser Lyriker hat es fertiggebracht, Lyrik in Deutschland wieder populär zu machen. Über dreißigtausend Menschen haben in Deutschland seine Gedichtbände gekauft.

Zahlen beweisen meist gar nichts, in diesem Fall vielleicht aber doch etwas, man vergleiche den ersten Absatz.

Drei Versbände (alle bei der Deutschen Verlags-Anstalt): »Herz auf Taille« (1927), »Lärm im Spiegel« (1928), »Ein Mann gibt Auskunft« (1929).
Der erste Versband, also »Herz auf Taille«: Ein halbes Hundert Gedichte etwa, beim ersten Zusehen könnte man sie in zwei Gruppen teilen: die Gedichte, die irgend etwas mit Kindern oder der Kindheit zu tun haben, und die mondänen Gedichte. Kindheitsgedichte etwa wie das: daß einer in der Eisenbahn fährt, gelangweilt zwischen Schinkenbrötchen und einer Dame, die unaufhaltsam näher rückt, er sieht zum Fenster hinaus. Erst tanzt es gleichgültig vorbei, dann grüßt ein Baum, und plötzlich fühlt er entsetzt: seit zwanzig Jahren sah ich keine Felder! Ich hab vergessen, daß es Gärten gibt. – Nur keine Angst, dies Entsetzen wird keine Konsequenzen haben, er greift doch wieder zu den Schinkenbrötchen, und die Dame rückt auch noch näher.
Dann mondäne Gedichte wie die Ansprache einer Bardame, dieses betrunkene öde Geschwätz von Kleidern, Kavalieren, Schnäpsen, dazwischen Bestellungen, wieder Gerede mit den Gästen, Ekel, Getränkesteuer und: »durch alle Straßen, die's auf Erden gibt, möcht ich zu gleicher Zeit auf einmal gehen. Ach wär das schön!« Und Heulen, Waden, Übelkeit. – So etwa.
Gemeinsam ist beiden Arten von Gedichten eine etwas kindliche Art, die Welt zu betrachten. Ein Kind, das vor einem gedeckten Tisch steht, sagt der Reihe nach auf: Tisch, Tasse, Brot, Butter, Messer... Und fängt, da ihm alles immer wieder neu ist, von vorn an: Tisch, Tasse, Brot... Auch Kästner ist alles immer wieder neu, er sagt alles auf, was er zu einer Reise weiß: die Telegraphenstangen und die Schinkenbrote, die Abteilnachbarin und die Felder, die wie Rhomboide aussehen. Dann aber – denn das alles sehen wir ja nur konventionell, wie wir es hundertmal gesehen haben – geht er zum Ursprünglichen zurück, zu aller Anfang Anfang, zu jener Zeit, da die Felder wirklich Felder waren und Gärten Gärten.

Es ist wie ein Schlag, eine Erschütterung breitet sich aus, greift immer tiefer, aus dem Wust von Angelerntheiten, Herkömmlichkeiten, Alltagseinerlei steigt es grün und prangend wie ehemals auf: versunkene Gärten der Kindheit, zugefallene Tore öffnen sich, die Brunnen rauschen. Hier ist es, wo er seine Leser packt. Du Geschäftsreisender, hingegeben den Anschlüssen, sei es von Zügen oder von unternehmungslustigen Damen, auch du warst einmal klein, alles war anders, alles war besser.
Stimmt das? Nein, es stimmt noch nicht. Denn nach einigen Kästnerschen Gedichten darf man mit Fug und Recht annehmen, daß es in seiner Kindheit jedenfalls nicht besser war. (Wie bei den meisten anderen auch.) Und aus diesem Zwiespalt entspringt einer seiner stärksten Impulse: es hätte so schön sein können, aber es ist endgültig verpaßt. Verpaßt ihr anderen es nicht!
Was er seinen Lesern also gibt, ist ein Ausschnitt aus ihrer All-

Reise in die Sowjetunion, 1929. Erich Kästner in einem Fabrikkindergarten

In Leningrad. Erich Ohser zeichnet Michail Sostschenko

tagswelt: genau, nüchtern, illusionslos. Dazu dann eine Illusion: Kindheit, Mutter, Konfirmation, Bäume. Und schließlich einen Impuls: wenn's euch dreckig geht, laßt es den anderen nicht auch dreckig gehen. Tue jeder, was er irgend kann. »Wir werden langsam. Doch wir werden besser.«
Aus diesen drei Komponenten baut er sein Werk, das scheint eng und begrenzt. Aber im Zusehen erweitert sich der Rahmen immer mehr, unser ganzer Alltag ist darin, und was wäre auf dieser Welt, das nicht in diesen Alltag reichte –? Und welche andere Hoffnung kann man uns schließlich geben, als die Zukunft, körperhaft geworden durch die Frauen in den Kindern? So sagt der Titel dieses ersten Versbandes auch nichts anderes aus: laßt euch nicht verblüffen, traut nicht der Kälte, der Blasiertheit, was hier schlägt, ist wohl ein verbogenes, ramponiertes, gedrilltes Herz, aber ein Herz!
Zweiter Band: »Lärm im Spiegel.« Hier tritt das rein Lyrische

viel stärker zurück, oder, genauer gesagt, es ist viel unpersönlicher geworden. Im ersten Band gab der Autor einen Tatbestand und sagte etwas Lyrisches dazu. Im zweiten ist das Lyrische Wesensteil des Gegenstandes selbst, ist wie sein Aroma. Der zweite Band ist auch kälter, skeptischer, schärfer, kämpferischer. Die Welt ist doch übler, als man einst geglaubt, gut kann man die Menschen nicht machen, besser aber doch. Diese Note bleibt: besser, das ist zu schaffen. Also arbeite daran, das, Dichter, ist deine Pflicht.

Und er arbeitet daran. Da ist ein Gedicht: »Warnung vor Selbstschüssen.« Ganz kämpferisch, Appell an den Leser. Es hat weder Anstand, die Achseln zu zucken, noch zu kneifen. Wenn du zielen willst, bitte, nicht auf dich selbst, bitte, auf die anderen. Und man hat zu leben und anständig zu sein. Findest du gar keinen anderen Grund, dann tu es wenigstens, um die anderen zu ärgern. Er appelliert also an jeden Instinkt.

Oder »Meyer IX im Schnee«. Hier werden in sieben Strophen die Gefühle des x-beliebigen Großstädters gezeigt, der allein in einem verschneiten Wald steht. Überkreuz, überquer: die Kindheitserinnerungen – und wie er sich von ihnen entfernt hat; die Natur – und wie er nichts von ihr weiß, ja, sie nicht einmal fühlen kann; die Sinnlosigkeit des Betriebes von Büro und Kino – und wie er sie nicht mehr entbehren kann. Das sind Feststellungen, Zergliederungen, mehr oder weniger gut kann sie jeder machen. Er macht sie sehr gut, aber nicht das ist wichtig. Was wichtig ist, ist ein Gefühl von der Ausweglosigkeit unserer Kultur, ihrer sinnlosen Einseitigkeit, das dem entsteigt. Dies, manchmal gesagt, manchmal ungesagt, ist in allen Kästnerschen Gedichten.

Dies ist wichtig, dieses Gefühl, das aus ihnen allen aufsteigt: es ist schlimm. Man muß ändern.

Dazwischen wieder einmal ein ganz persönliches Gedicht: »Das Lied vom feinen Mann.« Einsetzend mit Minderwertigkeitsgefühlen, die wir alle haben: daß die wirklich Feinen uns nie für fein halten werden (weil wir alles nicht ernst genug nehmen). Und ausklingend in einem Angriff, daß wir zu fein sind, um fein zu sein. Ein Wortspiel? Etwas Aggressives? Nichts als die Sucht, die anderen an der Nase zu zupfen? Nein, mehr, viel mehr. Ein Trost, eine Ermunterung für die kleinen Schwachen: laß dich nicht verführen, du bist recht so und die anderen sind unrecht so. Jedes Kästnersche Gedicht, man kann nehmen, welches man will, irgendwo hat es diesen ethischen Kern. Weil der ganze Mann ethisch ist. Warum schreibt er? Weil er sieht, die um ihn sind mies oder böse, und weil er möchte, daß sie anders würden. Immer der gleiche Impuls. (Sein Beruf war eben doch einmal der eines Lehrers!)

Ändert sich an diesem Tatbestand etwas in dem dritten Versband: »Ein Mann gibt Auskunft«? Nein, es ändert sich nichts daran. Worüber gibt dieser Mann Kästner Auskunft?

Über den Mann Kurt Schmidt beispielsweise, über seinen Lebenslauf gewissermaßen, der aus neun Stunden Arbeit, zehn Stunden Schlaf, vier Stunden Fahrt und Essen besteht, immerhin: in dem Stündchen, das ihm übrig blieb, brachte er sich um. Oder über sein eigenes Leben, das alles in allem ja nicht ganz erfolglos gewesen ist, immerhin: ich kam zur Welt und lebe trotzdem weiter. Oder etwa fünf Strophen über die höheren Töchter, Detail neben Detail, wie das sitzt und stimmt, diese jungen wirkungsvoll gebauten Damen mit der ausgesuchten Haut, aber immerhin gefielen sie erst dann, wenn sie auch das Reden ließen.

Hat sich etwas geändert, in ihm, seit den ersten Versen, die er schrieb? Nein, nichts. Die Grundeinstellung bleibt. Sicher ist er schärfer geworden, das Fell der anderen ist dicker als er geglaubt, es hilft nichts, sie beim Namen zu nennen, sie stellen sich tot. Oder sie lächeln gar noch und applaudieren: vorzüglich. Nein, darin hat sich nichts geändert.

Wenn sich etwas geändert hat, so in der Form. Kästner hat immer gearbeitet, da ist kein Vers geschludert, jedes Gedicht ist gebaut, Zeile um Zeile, Detail um Detail. Er sagt es einmal in der »Prosaischen Zwischenbemerkung« (Lärm im Spiegel): »Talent ist Selbstverständlichkeit, ist die mindeste Voraussetzung für jeden Beruf.« Aber auch Fleiß ist Selbstverständlichkeit. Wir haben alle unsere Götter, die wir bewundern, denen wir nachstreben. Kästners Vorbild ist Wilhelm Busch. Und wie bei diesem großen Meister, an dem er sich geschult, wird die Form bei ihm immer leichter, scheinbar müheloser, geschliffener. Da ist der Fortschritt, die Veränderung, von Jahr zu Jahr festzustellen. Da ist gearbeitet worden, unermüdlich. Nie hat ihn Erfolg dazu verführt, sich irgend etwas bequem zu machen. Strenger als all seine Kritiker ist er gegen sich selbst. Und so gewinnt jedes Gedicht eine volle abgerundete Form, nichts fließt auseinander, wird breiig, könnte auch anders herumlaufen. So, so, so muß es sein. So, wie ich es geschrieben habe, ist es die beste Form, nein, die einzige.

Wie ganz auf einen Ton Kästners Lyrik gestimmt ist, das sieht man aus einem Hörspiel, das er im Jahre 1929 schrieb. In Wechselrede und Gesang wird eine Bilanz heutigen Lebens gezogen. »Leben in dieser Zeit« heißt das (Chronos-Verlag). Wo stehen wir? Was erleben wir? Wohin kommen wir? Kann das nicht besser werden? Und die Chansons, die man da singt, die Balladen, die Kurt Schmidt, der ratlose Durchschnittsmensch, spricht, sie stammen aus den zwei ersten Gedichtbänden Kästners. Sie reihen sich aneinander: der Weg ins Büro und die Liebe, die zu spät kommt, eine einsame Mutter (»am besten, die Kinder blieben klein«), das möblierte Zimmer, die Natur, die zu kostspielig ist, entweder was das Geld oder was die Gefühle angeht, die Demütigungen, die man erfährt oder versetzt — ein trauriger Chorus, immer anschwellend, immer ausweglser. Wohin sind wir gekommen? Soll es immer so weitergehen?

»Leben in dieser Zeit«, Dresden 1931

Am Schluß des zweiten Teils steht dann der schöne Gong: »Man müßte wieder...« Sechzehn Jahre sein nämlich. Aber hier in diesem Hörspiel ist das ursprüngliche Gedicht ein ganz klein wenig verändert. Der Schluß ist umgebogen. Ehemals, in dem Gedichtband, sagte Kästner stolz: »Alles wieder. Alles noch einmal, wie es gekommen ist. Nichts anders!« Hier aber fragen die anderen ihren für die Sechzehn schwärmenden Kurt Schmidt höhnisch: »Man müßte –! Aber wir sind nicht mehr sechzehn.

Wissen Sie was Besseres, Herr Schmidt-Kästner?«

Er weiß es, aber glauben werden sie es ihm nicht: über das Verzagen, den Trotz, die Ironie geht der Weg zu dem Ethos: denkt an die, die später kommen. Sie werden es nicht glauben, sie werden es nicht tun, die ewig die Kurt Schmidts bleiben, und doch gibt es nur eins, selbst aussichtslos, immer wieder zu sagen: Denkt an die, die später kommen!

Ein Mensch, dessen ganzes Werk so sehr von der Hoffnung auf das Kind bestimmt ist, wird sich nicht damit begnügen, den Großen zuzurufen: »Denkt an die Kinder!« Er wird direkt auf die Kinder zu wirken versuchen. Das ist ein gerader Weg. 1929 schreibt Kästner seinen Roman für Kinder »Emil und die Detektive«. 1931 »Pünktchen und Anton«, dazwischen 1930 die beiden Versbücher »Arthur mit dem langen Arm« und »Das verhexte Telefon«. (Alle vier bei Williams & Co.)

Sie sind schon lange in ihm, diese Bücher; mit ihren Helden ist er umgegangen seit eh und je. Pony Hütchen, die Kusine Emils, treffen wir schon im »Herz auf Taille« an, aber sie ist natürlich noch viel älter, sie kommt direkt aus seiner Kindheit. Und dort ist auch die Keimzelle der Handlung für den »Emil« zu suchen. Der arme brave Junge, dessen Mutter schuftet, und der ihr so gern helfen möchte. Wozu sind wir Dichter, wenn wir uns nicht einmal die Wünsche unserer Kindheit auf dem Papier erfüllen können? Kästner tut es, und tut es auf eine entzückende, lebendige, heutige Art, die nicht nur die Kinder verzaubert. Etwas wundervoll Beschwingtes weht durch diese Bücher, alles steht sauber und klar an seinem Platz, nichts ist zurechtgebogen, verfälscht, und die Moral, die in jedes Milieu paßt, nicht nur in das Kleinbürgermilieu dieser Erzählungen: seid anständig zueinander, helft einander, durch dick und dünn.

Und doch habe ich gegen diese beiden Bücher, gegen den Anton und gegen den Emil, ein Bedenken: in beiden wird der Held dadurch glücklich, daß ein »Verbrecher« durch ihn erwischt wird.

Nun ist der Verbrecher gar kein Verbrecher, sondern ist in beiden Fällen ein kleiner armer Lump, denn der »Bankräuber« ist auf den recht ungeschickten Herrn Grundeis doch nur aufgepappt, damit Emil seine tausend Mark bekommt. Kinder sind unduldsam – ist es richtig, ihnen diese kleinen armen Schlucker als abgrundtiefe schwarze Schurken zu zeigen? Eines Tages werden manche dieser Kinder, die dies heute lesen, Juristen geworden sein – verständnisvoller gegen die kleinen Diebe hat sie der »Emil« nicht gemacht. Und anders herum – ist es richtig, den Kindern zu sagen, ihr könnt reich und glücklich werden, wenn ihr auf die Verbrecherjagd geht? Werden Kinder nicht in Dinge

Das Ensemble der Dresdener Aufführung von »Leben in dieser Zeit«. In der vorderen Reihe der Komponist Edmund Nick und Kästner

gehetzt, die sehr viel schlimmer für sie ausgehen könnten als für den Emil?
Ich weiß, ich weiß. Spannung muß sein, man muß die Kinder dazu bekommen, diese Bücher, die ihnen in anderer Hinsicht so viel Anständigkeit beibringen, zu lesen. Und ich würde nie ein Wort gesagt haben, wenn es in einem Buch so wäre. Aber in beiden? Nein, hier ist eine Schwäche, ein Bruch mit all dem, was Kästner sonst lehrt. Und das wird sofort erklärlich, wenn man erfährt, daß der zehnjährige Kästner auch einmal wie sein Emil hinter sehr schwer verdientem Geld hinterhergelaufen ist. Erklärlich; aber ein Bruch bleibt es doch. –
Das Werk dieses Lyrikers klingt heute in einem Roman aus, betitelt »Fabian, die Geschichte eines Moralisten« (Deutsche Verlags-Anstalt). Fabian ist ein durchschnittlicher Mensch, nicht besonders gescheit, nicht sehr unternehmungslustig, nicht sehr stark. Aber er ist ein Mensch, der an Anstand glaubt, der noch Gefühle hat, ein Herz. Und dieser Fabian geht durch Berlin, ach nein, er geht nicht, hierhin und dorthin wird er gezogen. Von zu-

Elfriede Mechnig, Kästners Berliner Sekretärin

fälligen Begegnungen zu Liebe, Verlassensein und Genuß, von zufälligen Konjunkturen zu Arbeit, Spaß an der Arbeit und Erwerbslosigkeit, von Zufälligkeiten zu Leben und Tod. Kästner kennt Berlin, was er da zeichnet, ist so sauber und klar hingesetzt wie in seinen Gedichten, jedes Detail stimmt. Es ist eine Hölle, aber in dieser Hölle leben noch viele Menschen, die an etwas glauben, Idylliker meinethalben. Sie sind wehrlos, man macht mit ihnen, was man will. Wirst du verwundet – warum hast du kein festeres Fell? Ich habe es doch! Findest du es ekelhaft – meinem Magen widersteht es nicht. Hab nur Sorgen, leide Enttäuschungen, mach dir Schmerzen – so ist die Welt!
Aber so soll sie nicht sein. Tut, was ihr wollt, sagt Fabian Kästner, wir werden nicht auf die Anständigkeit verzichten. Tut, was ihr könnt, wir werden darum schwarz schwarz und einen Millionär einen Schurken nennen. Jagt, habt Erfolg – wir werden das nur Betrieb und Mißerfolg nennen. Zieht uns hinein in eure Schweinereien – das könnt ihr, aber sterben tun wir doch allein, ganz allein, ohne euch, beispielsweise bei der Rettung eines Kindes; wir Fabian Kästners protestieren, heute, morgen, immer!
Es ist die alte Melodie, im Anfang, am Ende, wie in der Mitte. Sie ist der Grundakkord des Menschen Kästner: seid anständig. Laßt euch nicht verführen. Bleibt anständig. Und herum das bunte Gewirr seiner tausend Bilder: schwermütig und frech, erotisch und voll Kampf, Gärten und Frauen und alte Klassenkollegen. Unteroffiziere und Kinder. Und Mütter. Die Kurt Schmidts der Welt aber rufen hinein in den Wust und Trubel: Denkt an die, die nach euch kommen!
Daß sie es erst täten! Daß sie erst auf ihren Kästner hörten!

Der Herr ohne Blinddarm

Ein Kapitel des »Fabian«, dessen Aufnahme im Buch die Verlagsleitung seinerzeit verweigerte

Fabian stellte sich vor dem Chef auf. »Sie wollen mir eine Gehaltszulage aufdrängen?«
»Machen Sie keine Witze. Der Arzt hat mir das Lachen verboten, weil sonst die Narbe platzen könnte.«
Fischer fand, die Gelegenheit sei günstig. Er kam näher und erkundigte sich nach dem Befinden.
»Die Geschichte heilt sehr schwer«, bemerkte der Direktor gemessen. »Das liegt am Bauch, lieber Fischer. Seien Sie froh, daß Sie keinen Bauch haben. Sie mit Ihrer Konstitution können einer Blinddarmentzündung gefaßt ins Auge sehen.«
Fischer lachte geschmeichelt. Breitkopf wurde rege. Die Wunde sei noch immer nicht geheilt. Täglich müsse er zum Arzt. Der Schnitt reiche von hier bis da. Er zeigte die Entfernung auf der Weste. Und dann fragte er die beiden: »Wollen Sie sich die Sache mal ansehen?«
Fischer dienerte. Fabian machte ein einladende Handbewegung. Breitkopf ging zur Tür und schob den Riegel vor. Dann zog er Jackett und Weste aus, warf sie aufs Sofa, streifte die Hosenträger ab, ließ die Hosen herunter und knöpfte die Unterhosen auf. »Sie wissen ja ungefähr, wie ein Mann aussieht«, sagte er, hob das Hemd hoch und klemmte es unters Kinn.
»Sie haben ein Korsett an, Herr Direktor!« rief Kollege Fischer.
»Das trage ich nur, damit der Leib zusammengehalten wird. Sonst hängt er herunter, und dann wäre die Heilung noch schwieriger als jetzt. Los, haken Sie mal die Ösen auf! Aber vorsichtig!«
Fischer waltete seines Amtes. Das Korsett lockerte sich. Breitkopf

nahm es fort, schmiß es zu Jackett und Weste und erklärte befehlend: »Nun sehen Sie sich mal die Schweinerei an!«
Die Bezeichnung war nicht unzutreffend. Quer über Breitkopfs Bauch, auf der südlichen Hälfte und dem Inhaber nicht sichtbar, klebten Wattebäusche und ein vergilbter Gazestreifen. Der Direktor entfernte die Dinge und legte die breite, mit Fäden gesteppte, entzündete Narbe bloß. »Sehen Sie sich's nur gründlich an«, sagte er.
Sie gingen vor dem haarigen, nackten Menschen, der noch immer ihr Direktor war, in Kniebeuge. »Donnerwetter!« rief Fischer. Er tat, als sähe er den Pik von Teneriffa oder das achte Weltwunder. Breitkopf warf, soweit die Bemühung, das Hemd mit dem Kinn festzuhalten, das zuließ, stolz den Kopf zurück.
»Toll!« behauptete Fischer. »Und da liegen Sie nicht im Bett? Das ist ja unverantwortlich.«
»Man kennt seine Pflicht«, meinte der Chef.
»Können Sie eigentlich von dort oben aus die Narbe sehen?« erkundigte sich Fabian. Er kauerte noch immer.
Breitkopf schüttelte das Haupt und sagte: »Nur im Spiegel. Ich kann doch nicht um die Ecke gucken.«
Fischer lachte, weil es offensichtlich erwartet wurde, verlor das Gleichgewicht und saß kichernd am Boden. An der Tür klingelte jemand. »Geschlossene Gesellschaft!« rief Fischer. Im Korridor entfernten sich Schritte. »Na, nun aber Schluß der Vorstellung!« sagte Fabian. Der Direktor kehrte ihnen die Rückseite zu und legte die Gaze und die Watte vorsichtig über den Bauch. Die Angestellten holten das Korsett vom Sofa und banden es dem alten Nacktfrosch um. »Vorsichtig«, meinte er, »oben ins dritte Loch, unten ins zweite!«
Fabian fühlte das dringende Bedürfnis, Herrn Breitkopf einen Klaps auf die doppelbäckige Hängepartie zu geben. Doch so einfach ist das Leben nicht, daß man unbedenklich seinen Regungen frönen dürfte! Selbstbeherrschung ist nötig. Wo kämen wir hin,

wollten wir jedem nackten Hinterviertel, das sich uns aufdrängt, eins versetzen! Während Fabian darüber nachdachte, was aus der Weltgeschichte alles hätte werden können, wenn Josephine Beauharnais ihrem Bonaparte, späterem Napoleon I., gelegentlich, wenn nicht gar wiederholt und in regelmäßigen Abständen, den Hintern vollgehauen hätte, zog sich der Direktor wieder an. Fischer hielt Weste und Jackett bereit.

Breitkopf fuhr hinein, dankte flüchtig und fand sich langsam wieder im zugeknöpften Zustande zurecht. Er erwartete Rückäußerungen.

»Es war sehr interessant«, behauptete Fischer.

»Es war geradezu aufschlußreich«, meinte Fabian und lächelte dem dicken Mann ins Gesicht.

»Hoffentlich macht Ihnen nun Ihr Blinddarm nicht mehr zu schaffen«, fügte Fischer im Gratulationston hinzu.

»Aber der ist ja doch raus«, sagte Fabian, »oder sollte man Ihnen das Bauchfell aufgetrennt und zugenäht haben, ohne den Blinddarm herauszuschneiden? Es kommen in dieser Hinsicht schreckliche Sachen vor. Ich weiß von Fällen, wo der Chirurg eine Pinzette und, ein anderes Mal, eine Schere zwischen den Därmen liegen ließ. Einem Bekannten meiner Portiersleute passierte das sogar zweimal. Er machte daraufhin eine Eingabe an die Leitung des Krankenhauses: Man solle doch, bequemlichkeitshalber, seinen Bauch zum Auf- und Zuknöpfen einrichten. Das Gesuch wurde abschlägig beschieden.«

»Machen Sie keine Witze mit dem armen Herrn Direktor!« rief Fischer.

Breitkopf blickte Fabian streng an. »Reden wir von etwas anderem.«

»Richtig, Sie waren vorhin so freundlich, eine Gehaltszulage zu erwähnen. Wann kann ich damit rechnen?«

»Wer die Gehaltszulage erwähnte, waren Sie. Ich teilte Ihnen lediglich mit, daß die Firma mit Ihren Werbeentwürfen zufrieden

ist. Das ist kein ausreichender Anlaß für Gehaltszulagen. Um so weniger, als Sie häufig zu spät in den Betrieb kommen. Sie verdienen Lob und Tadel gleichzeitig. Mit anderen Worten, Sie verdienen nicht mehr, als Sie verdienen.«
»Ich verdiene zu wenig! Was, glauben Sie, fange ich mit den zweihundertzehn Mark an, die Sie mir monatlich überreichen lassen?«
»Ich bin nicht neugierig«, antwortete Herr Breitkopf gereizt. »Die Privatangelegenheiten unserer Angestellten sind nicht meine Sache. Übrigens, warum kommen Sie so oft zu spät? Haben Sie etwa noch einen Nebenberuf? Dazu bedürfte es unserer ausdrücklichen Genehmigung.«
»Ich habe aber trotzdem einen.«
»Sie, Sie haben einen Nebenberuf? Dacht ich mir's doch! Was tun Sie denn?«
»Ich lebe«, sagte Fabian.
»Leben nennen Sie das?« schrie der Direktor. »In Tanzsälen treiben Sie sich rum! Leben nennen Sie das? Sie haben ja keinen Respekt vorm Leben!«
»Nur vor meinem Leben nicht, mein Herr!« rief Fabian und schlug ärgerlich auf den Tisch. »Aber das verstehen Sie nicht, und das geht Sie nichts an! Es besitzt nicht jeder die Geschmacklosigkeit, die Tippfräuleins über den Schreibtisch zu legen. Verstehen Sie das?«
Fischer hatte sich auf seinen Stuhl gesetzt, war blaß geworden und tat, als schreibe er. Breitkopf hielt mit beiden Händen die Weste fest; er fürchtete offensichtlich, die Narbe könne vor Wut zerspringen. »Wir sprechen uns noch«, stieß er hervor, drehte sich um und wollte die Tür aufreißen. Sie öffnete sich nicht. Er rüttelte daran. Er bekam einen roten Kopf. Der Abgang war verunglückt.
»Sie ist verriegelt«, sagte Fabian. »Sie wurde von Ihnen selber verriegelt, des Blinddarms wegen.«

Fabian und die Sittenrichter

*Dieser Aufsatz war vom Verfasser als Nachwort zum
Roman gedacht. Auch er mußte wegfallen*

Dieses Buch ist nichts für Konfirmanden, ganz gleich, wie alt sie sind. Der Autor weist wiederholt auf die anatomische Verschiedenheit der Geschlechter hin. Er läßt in verschiedenen Kapiteln völlig unbekleidete Damen und andre Frauen herumlaufen. Er deutet wiederholt jenen Vorgang an, den man, temperamentloserweise, Beischlaf nennt. Er trägt nicht einmal Bedenken, abnorme Spielarten des Geschlechtslebens zu erwähnen. Er unterläßt nichts, was die Sittenrichter zu der Bemerkung veranlassen könnte: Dieser Mensch ist ein Schweinigel.
Der Autor erwidert hierauf: Ich bin ein Moralist!
Durch Erfahrungen am eignen Leibe und durch sonstige Beobachtungen unterrichtet, sah er ein, daß die Erotik in seinem Buch beträchtlichen Raum beanspruchen mußte. Nicht, weil er das Leben fotografieren wollte, denn das wollte und tat er nicht. Aber ihm lag außerordentlich daran, die Proportionen des Lebens zu wahren, das er darstellte. Sein Respekt vor dieser Aufgabe war möglicherweise ausgeprägter als sein Zartgefühl. Er findet das in Ordnung. Die Sittenrichter, die männlichen, weiblichen und sächlichen, sind wieder einmal sehr betriebsam geworden. Sie rennen, zahllos wie die Gerichtsvollzieher, durch die Gegend und kleben, psychoanalytisch geschult, wie sie sind, ihre Feigenblätter über jedes Schlüsselloch und auf jeden Spazierstock. Doch sie stolpern nicht nur über die sekundären Geschlechtsmerkmale. Sie werden dem Autor nicht nur vorwerfen, er sei ein Pornograph. Sie werden auch behaupten, er sei ein Pessimist, und das gilt bei den Sittenrichtern sämtlicher Parteien und Reichsverbände für das Ärgste,

was man einem Menschen nachsagen kann.
Sie wollen, daß jeder Bürger seine Hoffnungen im Topf hat. Und je leichter diese Hoffnungen wiegen, um so mehr suchen sie ihm davon zu liefern. Und weil ihnen nichts mehr einfällt, was, wenn die Leute daran herumkochen, Bouillon gibt, und weil ihnen das, was ihnen früher einfiel, von der Mehrheit längst auf den Misthaufen der Geschichte geworfen wurde, fragen sich die Sittenrichter: Wozu haben wir die Angestellten der Phantasie, die Schriftsteller? Der Autor erwidert hierauf: Ich bin ein Moralist!
Er sieht eine einzige Hoffnung, und die nennt er. Er sieht, daß die

Zeitgenossen, störrisch wie die Esel, rückwärts laufen, einem klaffenden Abgrund entgegen, in dem Platz für sämtliche Völker Europas ist. Und so ruft er, wie eine Reihe anderer vor ihm und außer ihm: Achtung! Beim Absturz linke Hand am linken Griff!
Wenn die Menschen nicht gescheiter werden (und zwar jeder höchstselber, nicht immer nur der andere) und wenn sie es nicht vorziehen, endlich vorwärts zu marschieren, vom Abgrund fort, der Vernunft entgegen, wo, um alles in der Welt, ist dann noch eine ehrliche Hoffnung? Eine Hoffnung, bei der ein anständiger Kerl ebenso aufrichtig schwören kann wie beim Haupt seiner Mutter?
Der Autor liebt die Offenheit und verehrt die Wahrheit. Er hat mit der von ihm geliebten Offenheit einen Zustand geschildert, und er hat, angesichts der von ihm verehrten Wahrheit, eine Meinung dargestellt. Darum sollten sich die Sittenrichter, ehe sie sein Buch im Primäraffekt erdolchen, dessen erinnern, was er hier wiederholt versicherte.
Er sagte, er sei ein Moralist.

Robert Neumann
Ein Sohn, etwas frühreif, schreibt an Frau Großhennig

Nach Erich Kästner

Liebe Mutter! Das war natürlich sehr freundlich,
daß du mir schriebst. Und ich bin dir durchaus nicht gram.
Im Augenblick war es ja allerdings etwas peinlich,
weil eben ein Mädchen bei mir lag, als der Briefbote kam.

Sie heißt Hilda und ist gesund, da mußt du dich nicht erst erregen.
Das tut dir nicht gut. Sie ist zärtlich, sie hat eine Tante und wohnt nebenan Nummer acht.
Diese Mitteilung mache ich dir hauptsächlich des Reimes wegen,
und weil das mit dem Mädchen sich so reizend natürlich macht.

Du fragst, was ich treibe. Ich treibe soziales Gewissen.
Ich treibe auch Kinderseele. Wie, bitte? Danke, es geht.
Dagegen gibt es welche, die wollten meinen Roman lieber missen,
obwohl er so schön ist. Weil er nämlich fast nur aus zu Prosa gewalzten Kästnergedichten besteht.

So gebe ich eben plauderlings dem Kurfürstendamme,
was des Kurfürstendammes ist, gut für Kunz oder Hinz.

Die halten das dann für Asphalt. Aber gleich darunter
   flackert mit scheu leuchtender Flamme
die Melancholie. Und ein wenig Moral. Und ein wenig
   Provinz.

Ist das neu? Lies den Heine, wenn du den Heine liest. Uns
   Erwürger
des Gefühls würgt ja doch nur das Gefühl.
Na, schon gut! Halb ein Bürgerschreck und halb ein er-
   schrockener Bürger
dichte ich mich leicht frierend durch das Menschengewühl.

Eine unliterarische Antwort

»Woran arbeiten Sie?« fragt ihr.
»An einem Roman?« An *mir*.

Sächsische Sonette

1. Als einer über den Dialekt lachte

Ich habbs nich gerne, wennse driewer lachn.
Da bin ich komisch, weil ichs garnich bin.
Sie denkn bloß, mit uns, da kennses machn.
Kommse nur hin.

Wenn Sie da nur nich irchendwas verwechseln!
Daß Sie uns kenn, das is noch längsd nich raus.
Sie denken, daß wir Ihretwähjn sächseln?
So sehn Sie aus.

Wir sinn nich so gemiedlich, wie wir schbrechen.
Wir hamm, wenns sein muß, Dinnamit im Bluhd.
Da kennse Gifd droff nähm, daß wir uns rächn!

Na, Ihr Gesichde merkd sich ja ganz guhd.
Wir wärn ihn' schonn noch mal de Knochen brechn.
Nur Muhd!

2. Als einer seine Braut streichelte

Na meine Micke, nu schenier dich nich!
Du duhsd ja so, als wärn wir beede fremd . . .
Und dabei kenn wir uns. Und du kennsd mich.
Das scheene Hemd . . .

Hau mir doch nich gleich egal off de Fohdn!
Bis doch mal wiedr wie in' Blauner Wald!
So mach dir doch e Schild vors Kleed: »Verbohdn.«
Mensch, bisdu kald.

Das saach ich dir. Das gehd mir so nich weidr.
Das is doch keene Ahrd is das doch nich!
Endwehdr wirsdu endlich bald gescheidr –

Na ja! Warum nich gleich, mei Wühderich!
Was ich noch saachen wollde: du wirschd breidr.
Hm? Irr ich mich?

Der kürzeste Weg nach der Südsee

Aus »Der 35. Mai«

Es war am 35. Mai. Und da ist es natürlich kein Wunder, daß sich Onkel Ringelhuth über nichts wunderte. Wäre ihm, was ihm heute zustoßen sollte, auch nur eine Woche früher passiert, er hätte bestimmt gedacht, bei ihm oder am Globus seien zwei bis drei Schrauben locker! Aber am 35. Mai muß der Mensch auf das äußerste gefaßt sein.
Außerdem war Donnerstag. Onkel Ringelhuth hatte seinen Neffen Konrad von der Schule abgeholt, und jetzt liefen beide die Glacisstraße lang. Konrad sah bekümmert aus. Der Onkel merkte nichts davon, sondern freute sich aufs Mittagessen.
Ehe ich aber mit dem Erzählen fortfahre, muß ich eine familiengeschichtliche Erklärung abgeben. Also: Onkel Ringelhuth war der Bruder von Konrads Vater. Und weil der Onkel noch nicht verheiratet war und ganz allein wohnte, durfte er an jedem Donnerstag seinen Neffen von der Schule abholen. Da aßen sie dann gemeinsam zu Mittag, unterhielten sich und tranken miteinander Kaffee, und erst gegen Abend wurde der Junge wieder bei den Eltern abgeliefert. Diese Donnerstage waren sehr komisch. Denn Onkel Ringelhuth hatte doch keine Frau, die das Mittagessen hätte kochen können! Und so was Ähnliches wie ein Dienstmädchen hatte er auch nicht. Deshalb aßen er und Konrad donnerstags immer lauter verrücktes Zeug. Manchmal gekochten Schinken mit Schlagsahne. Oder Salzbrezeln mit Preiselbeeren. Oder Kirschkuchen mit englischem Senf. Englischen Senf mochten sie lieber als deutschen, weil englischer Senf besonders scharf ist und so beißt, als ob er Zähne hätte.

Und wenn ihnen dann so richtig übel war, guckten sie zum Fenster hinaus und lachten derartig, daß die Nachbarn dachten: Apotheker Ringelhuth und sein Neffe sind leider wahnsinnig geworden.

Na ja, sie liefen also die Glacisstraße lang, und der Onkel sagte gerade: »Was ist denn mit dir los?« Da zupfte ihn jemand am Jackett. Und als sich beide umdrehten, stand ein großes schwarzes Pferd vor ihnen und fragte höflich: »Haben Sie vielleicht zufällig ein Stück Zucker bei sich?«

Konrad und der Onkel schüttelten die Köpfe.

»Dann entschuldigen Sie bitte die Störung«, meinte das große schwarze Pferd, zog seinen Strohhut und wollte gehen.

Onkel Ringelhuth griff in die Tasche und fragte: »Kann ich Ihnen mit einer Zigarette dienen?«

»Danke nein«, sagte das Pferd traurig, »ich bin Nichtraucher.« Es verbeugte sich förmlich, trabte dem Albertplatz zu, blieb vor einem Delikateßgeschäft stehen und ließ die Zunge aus dem Maul hängen. »Wir hätten den Gaul zum Essen einladen sollen«, meinte der Onkel. »Sicher hat er Hunger.« Dann sah er den Neffen von der Seite an und sprach: »Konrad, wo brennt's? Du hörst ja gar nicht zu!«

»Ach, ich hab einen Aufsatz über die Südsee auf.«

»Über die Südsee?« rief der Onkel. »Das ist aber peinlich.«

»Entsetzlich ist es«, sagte Konrad. »Alle, die gut rechnen können, haben die Südsee auf. Weil wir keine Phantasie hätten! Die andern sollen den Bau eines vierstöckigen Hauses beschreiben. So was ist natürlich eine Kinderei gegen die Südsee. Aber das hat man davon, daß man gut rechnen kann.«

»Du hast zwar keine Phantasie, mein Lieber«, erklärte Onkel Ringelhuth, »doch du hast mich zum Onkel, und das ist genau so gut. Wir werden deinem Herrn Lehrer eine Südsee hinlegen, die sich gewaschen hat.« Dann trat er mit dem einen Fuß auf die Fahrstraße, mit dem andern blieb er oben auf dem Bürgersteig, und so humpelte er neben seinem Neffen her. Konrad war auch nur ein

Mensch. Er wurde vergnügt.

Und als der humpelnde Onkel einen der Vorübergehenden grüßte und, kaum war der Mann vorbei, sagte: »Pfui Teufel, das war mein Gerichtsvollzieher«, da mußte der Junge kichern, als würde er gekitzelt.

Als sie beim Onkel angekommen waren, setzten sie sich gleich zu Tisch. Es gab gehackten Speckkuchen und ein bißchen Fleischsalat mit Himbeersaft. »Die ollen Spartaner aßen sogar Blutsuppe, ohne mit der Wimper zu zucken«, meinte der Onkel. »Wie schmeckt's, junger Freund?«

»Scheußlich schön«, gab Konrad zur Antwort.

»Tja, man muß sich abhärten«, bemerkte der Onkel. »Als Soldaten bekamen wir Nudeln mit Hering und als Studenten Reis mit Sacharin gekocht. Wer weiß, was man euch, wenn ihr groß seid, zumuten wird. Drum iß, mein Junge, bis dein Magen Hornhaut kriegt!« Und damit goß er ihm noch einen Löffel Himbeersaft über den Fleischsalat.

Nach dem Essen guckten sie erst mal eine Viertelstunde aus dem Fenster und warteten, daß ihnen schlecht würde. Aber es wurde nichts daraus. Und dann turnten sie. Der Onkel bugsierte den Neffen auf den großen Bücherschrank, und Konrad machte dort oben den Handstand. »Moment«, sagte Ringelhuth, »bleib mal 'ne Weile verkehrt herum stehen.« Er ging ins Schlafzimmer, brachte sein Federbett angeschleppt und legte es vor den Bücherschrank. Dann kommandierte er: »Hoppla!« und Konrad sprang in der Hocke vom Schrank herunter aufs Federbett, das am Boden lag.

»Großartig!« rief der Onkel, nahm ein wenig Anlauf und sauste in der Grätsche längs über den Tisch. Unmittelbar danach hörten sie unter sich einen dumpfen Knall und anschließend viel Geklirr. Und der Onkel sagte ergriffen: »Das war Mühlbergs Kronleuchter.« Sie warteten ein paar Minuten, aber es klopfte niemand, und es klingelte auch nicht.

»Wahrscheinlich sind Mühlbergs nicht zu Hause«, meinte Konrad. Und dann klingelte es doch! Der Junge rannte hinaus, öffnete und kam blaß zurück. »Das große schwarze Pferd steht draußen«, flüsterte er.

»Herein damit!« befahl Onkel Ringelhuth. Und der Neffe ließ das Tier eintreten. Es zog den Strohhut und fragte: »Stör ich?«

»Kein Gedanke«, rief der Onkel. »Bitte nehmen Sie Platz.«

»Ich stehe lieber«, sagte das Pferd. »Fassen Sie das nicht als Unhöflichkeit auf, aber wir Pferde sind zum Sitzen nicht eingerichtet.«

»Ganz wie Sie wünschen«, meinte der Onkel. »Darf ich übrigens fragen, was uns die Ehre Ihres Besuches verschafft?«

Das Pferd blickte die beiden mit seinen großen ernsten Augen verlegen an.

»Sie waren mir von allem Anfang an so sympathisch«, sagte es.

»Ganz unsererseits«, erwiderte Konrad und verbeugte sich. »Haben Sie übrigens immer noch Appetit auf Würfelzucker?« Er wartete keine Antwort ab, sondern sprang in die Küche, holte die Zuckerdose ins Zimmer, legte ein Stück Zucker nach dem andern auf die Handfläche, und das Pferd fraß ohne abzusetzen zirka ein halbes Pfund. Dann atmete es erleichtert auf und sagte: »Donnerwetter nochmal, das wurde aber die höchste Zeit! Besten Dank, meine Herren. Gestatten Sie, daß ich mich vorstelle, ich heiße Negro Kaballo! Ich trat bis Ende April im Zirkus Sarrasani als Rollschuh-Nummer auf. Dann wurde ich aber entlassen und habe seitdem nichts mehr verdient.«

»Ja, ja«, sagte Onkel Ringelhuth, »es geht den Pferden wie den Menschen.«

»Diese verflixten Autos!« fuhr Negro Kaballo fort. »Die Maschinen richten uns Pferde völlig zugrunde. Denken Sie nur, ich wollte mich sogar als Droschkengaul vermieten, obwohl ich ja eigentlich ein Pferd mit Gymnasialbildung bin. Aber nicht einmal der Generalsekretär vom Reichsverband der Droschkenpferde konnte mich unterbringen. Und das ist bestimmt ein einflußreiches Pferd. Im übrigen fährt dieses Rhinozeros von einem Gaul selber Auto!«
»Unter solchen Umständen braucht man sich freilich über gar nichts mehr zu wundern«, erklärte Onkel Ringelhuth kopfschüttelnd.
»Sie sind ein netter Mensch«, sagte das Pferd gerührt und schlug ihm mit dem linken Vorderhuf auf die Schulter, daß es nur so krachte.
»Aua!« brüllte Ringelhuth.
Konrad drohte dem Rappen mit dem Finger. »Wenn Sie mir meinen Onkel kaputt machen«, rief er, »kriegen Sie's mit mir zu tun.«
Das Pferd schob die Oberlippe zurück, daß man das weiße Gebiß sehen konnte, und lachte lautlos in sich hinein. Dann entschuldigte es sich vielmals. Es sei nicht so gemeint gewesen.
»Schon gut«, sagte Onkel Ringelhuth und rieb sich das Schlüsselbein. »Aber das nächste Mal müssen Sie etwas vorsichtiger sein, geschätzter Negro Kaballo. Ich bin keine Pferdenatur.«
»Ich werde aufpassen«, versprach der Rappe, »so wahr ich der beste internationale Rollschuh-Akt unter den Säugetieren bin!«
Und dann guckten alle drei zum Fenster hinaus. Das Pferd bekam, als es auf die Straße hinuntersah, einen Schwindelanfall, wurde blaß und klappte die Augendeckel zu. Erst als Konrad meinte, es solle sich was schämen, machte es die Augen langsam wieder auf.
»Kippen Sie bloß nicht aus dem Fenster«, warnte Ringelhuth. »Das fehlte gerade noch, daß ein Pferd aus meiner Wohnung auf die Johann-Mayer-Straße runterfällt!«
Negro Kaballo sagte: »Wissen Sie, unsereins hat so selten Gelegenheit, aus dem dritten Stockwerk zu sehen. Aber jetzt geht es schon.

Trotzdem wäre ich Ihnen dankbar, wenn Sie mich in die Mitte nehmen wollten. Besser ist besser.«

Das Pferd postierte sich nun also zwischen Onkel und Konrad, steckte den Kopf weit aus dem Fenster und fraß vom Balkon des Nachbarn zwei Fuchsien und eine Begonie mit Stumpf und Stiel. Nur die Blumentöpfe ließ es freundlicherweise übrig.

Plötzlich gab es auf der Straße einen Heidenlärm. Da stand nämlich ein kleiner kugelrunder Mann, wedelte mit Armen und Händen, strampelte mit den fetten Beinchen und schrie wie am Spieß. »Das geht entschieden zu weit!« kreischte er aufgebracht. »Augenblicklich nehmen Sie das Pferd aus dem Fenster! Kennen Sie die Hausordnung noch immer nicht? Wissen Sie nicht, daß es verboten ist, Pferde mit in die Wohnung zu bringen? Was?«

»Wer ist denn der Knirps?« fragte Konrad.

»Ach, das ist bloß mein Hauswirt«, antwortete Onkel Ringelhuth, »Clemens Waffelbruch heißt er.«

»So eine Unverschämtheit Ihrerseits«, schrie der kleine dicke Herr Waffelbruch. »Die Blumen, die diese Schindmähre von Lehmanns Balkon widerrechtlich entfernt und gefressen hat, werden Sie gefälligst ersetzen. Kapiert?«
Da lief dem Pferd ein Schauder übers schwarze Fell. Hoho, beleidigen ließ es sich nicht! Es kriegte einen der leergefressenen Blumentöpfe zu fassen und ließ ihn senkrecht aus dem Fenster fallen. Der Blumentopf sauste, als habe er's außerordentlich eilig, abwärts und bumste dem schreienden Hauswirt mitten auf den steifen Hut. Herr Clemens Waffelbruch knickte in die Knie, schwieg verdutzt, blickte wieder nach oben, zog seinen demolierten Hut und sagte zitternd: »Nichts für ungut.«
Dann stolperte er rasch ins Haus.
»Wenn der Kerl nicht gegangen wäre«, sagte das Pferd, »hätte ich ihm nach und nach den ganzen Balkon auf den Hut geschmissen.«
»Das wäre mir entschieden zu teuer geworden«, meinte Onkel Ringelhuth. »Gehen wir lieber wieder ins Zimmer!«
Negro Kaballo wieherte belustigt. Und dann spazierten sie ins Zimmer zurück und spielten zu dritt Dichterquartett. Das Pferd gewann, wie es wollte. Es kannte alle klassischen Namen und Werke auswendig. Onkel Ringelhuth hingegen versagte völlig. Als Apotheker, der er war, wußte er zwar, was für Krankheiten die Dichter gehabt hatten und womit sie kuriert worden und woran sie gestorben waren. Aber ihre Romane und Dramen hatte er samt und sonders verschwitzt. Es ist kaum zu glauben: doch er behauptete tatsächlich, Schillers ›Lied von der Glocke‹ sei von Goethe! Mit einem Mal sprang Konrad hoch, warf seine Quartettkarten auf den Tisch, rannte zum Bücherschrank, riß die Tür auf, holte ein dickes Buch aus der obersten Reihe, setzte sich auf den Teppich und blätterte aufgeregt.
»Wir möchten nicht aufdringlich sein«, sagte der Onkel, »aber vielleicht erklärst du uns, warum du einfach vom Tisch fortrennst und uns im Stich läßt? Übrigens fehlt mir noch ein Lustspiel von

Gotthold Ephraim Lessing. Ich weiß nur, daß Lessings Frau, eine gewisse Eva König, kurz nach der Geburt eines Kindes starb, und das Kind starb ein paar Tage später, und Lessing selber lebte dann auch nicht mehr lange.«

»Ein Lustspiel ist das grade nicht, was Sie uns da mitteilen«, bemerkte das Pferd spöttisch. Dann preßte es sein Maul an Onkel Ringelhuths Ohr und wisperte: »Minna von Barnhelm.«

Der Onkel schlug ärgerlich auf den Tisch. »Nein! Eva König hieß die Frau, nicht Minna von Bornholm.«

»Kruzitürken!« brummte der Gaul. »Minna von Barnhelm war doch nicht Lessings Frau, sondern sein Lustspiel hieß so.«

»Aha!« rief Ringelhuth. »Warum haben Sie das nicht gleich gesagt! Konrad, rück mal die Minna von Bornholm raus!«

Konrad saß auf dem Teppich, blätterte in dem Buch und schwieg.

»Möchten Sie meinen Herrn Neffen mal mit einem wohlgezielten Hufschlag aus seinem Anzug stoßen?« fragte Ringelhuth seinen vierbeinigen Gast. Da trottete das Pferd zu Konrad hinüber, packte ihn mit den Zähnen an seinem Kragen und hob ihn hoch in die Luft. Aber Konrad merkte gar nicht, daß er nicht mehr auf dem Teppich saß. Sondern er blätterte, obwohl ihn das Pferd in die Luft hielt, nach wie vor in dem Buch und zog Sorgenfalten.

»Ich kann sie nicht finden, Onkel«, sagte er plötzlich.

»Wen?« fragte Ringelhuth. »Die Minna von Bornholm?«

»Die Südsee«, sagte Konrad.

»Die Südsee?« fragte das Pferd erstaunt. Weil es aber beim Reden das Maul aufmachen mußte, fiel Konrad mit Getöse aufs Parkett.

»Ein Glück, daß Mühlbergs Kronleuchter schon runtergefallen ist«, meinte der Onkel und rieb sich befriedigt die Hände. »Aber was machen wir bloß mit dieser Südsee?« Er wandte sich zu dem Pferd. »Mein Neffe muß nämlich bis morgen einen Aufsatz über die Südsee schreiben.«

»Weil ich gut rechnen kann«, erläuterte Konrad mißvergnügt.

Das Pferd überlegte einen Augenblick. Dann fragte es den Onkel,

ob er am Nachmittag Zeit habe.
»Klar«, sagte Ringelhuth, »donnerstags habe ich in meiner Apotheke Nachtdienst.«
»Ausgezeichnet«, rief Negro Kaballo, »da gehen wir rasch mal hin!«
»In die Apotheke?« fragten Konrad und der Onkel wie aus einem Munde.
»Ach wo«, sagte das Pferd, »in die Südsee natürlich.« Und dann fragte es: »Darf ich mal telephonieren?« Onkel Ringelhuth nickte, und das Pferd trabte ans Telephon, nahm den Hörer von der Gabel, wählte eine Nummer und sagte: »Hallo! Ist dort das Reisebüro für Zirkuspferde? Ich möchte das Riesenroß persönlich sprechen. Selbst am Apparat? Wie geht's denn? Die Mähne wird grau? Ja, wir sind nicht mehr die Jüngsten. Also hören Sie, wie komm ich auf dem kürzesten Weg nach der Südsee? Ich will am Abend schon wieder hier sein. Schwierig? Riesenroß, machen Sie keine Geschichten! Wo ich bin? Johann-Mayer-Straße 13. Bei einem guten Bekannten, einem gewissen Ringelhuth. Was? Na, das ist ja

großartig! Heißen Dank, mein Lieber!«
Das Pferd wieherte zum Abschied dreimal ins Telephon, legte den Hörer auf, drehte sich um und fragte: »Herr Ringelhuth, befindet sich auf Ihrem Korridor ein großer geschnitzter Schrank? Es soll ein Schrank aus dem 15. Jahrhundert sein.«
»Und wenn dem so wäre«, sagte Ringelhuth, »was, um alles in der Welt, hat so ein alter Schrank mit der Südsee und Ihrem Riesenroß zu tun?«
»Wir sollen in diesen Schrank hineingehen und dann immer gradeaus. In knapp zwei Stunden wären wir an der Südsee«, erklärte das Pferd.
»Machen Sie keine faulen Witze«, bat Onkel Ringelhuth.
Konrad aber raste wie angestochen in den Korridor hinaus, öffnete die knarrenden Türen des alten großen Schrankes, der dort stand, kletterte hinein und kam nicht wieder zum Vorschein.
»Konrad!« rief der Onkel, »Konrad, du Lausejunge!« Aber der Neffe gab keinen Laut von sich.
»Ich werde verrückt«, versicherte der Onkel, »warum antwortet der Bengel nicht?«
»Er ist sicher schon unterwegs«, sagte das Pferd.
Da kannte Ringelhuth kein Halten mehr. Er rannte hinaus zum Schrank, blickte hinein und rief: »Wahrhaftig, der Schrank hat keine Rückwand!«
Das Pferd, das ihm gefolgt war, meinte vorwurfsvoll: »Wie konnten Sie daran zweifeln! Klettern Sie nur auch hinein!«
»Bitte nach Ihnen«, sagte Onkel Ringelhuth, »ich bin hier zu Hause.« Das Pferd setzte die Vorderhufe in den Schrank. Ringelhuth schob aus Leibeskräften, bis der Gaul im Schrank verschwunden war. Dann kletterte der Onkel ächzend hinterher und sagte verzweifelt: »Das kann ja gut werden.«

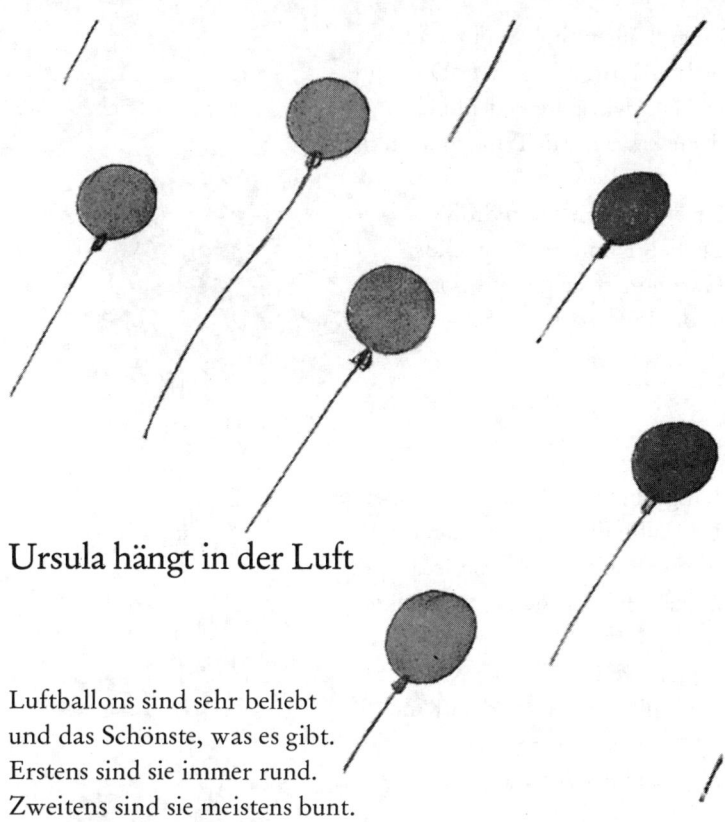

Ursula hängt in der Luft

Luftballons sind sehr beliebt
und das Schönste, was es gibt.
Erstens sind sie immer rund.
Zweitens sind sie meistens bunt.

Drittens fliegen sie so fein!
Hierbei fällt mir wieder ein,
was damals mit Ursula
und dem alten Knoll geschah.

Knoll war ein bekannter Säufer
und ein Luftballonverkäufer
Denkt, an diesen alten Mann
schlich sie sich von hinten ran.

Einen langen Stab benutzend,
hielt er Luftballons, vier Dutzend!
Doch er wackelte bedenklich,
denn er war vom Trinken kränklich.

Ursel gab ihm einen Stoß!
Da ließ Knoll die Stange los.
Hastig griff sie zu und flog
in die Luft, so sehr sie zog.

Langsam ward sie klein und kleiner.
Und allmählich konnte keiner
ihr noch mit den Augen folgen.
So verschwand sie hinter Wolken.

Immer weiter trieb der Wind
die Ballons mitsamt dem Kind.
Als sie wieder runtersah,
hing sie über Afrika.

Überm Tanganjika-See
taten ihr die Finger weh.
Aber mit dem letzten Rest
ihrer Kraft hielt sie sich fest.

Schließlich kam ein Negerheer
und beschoß sie mit dem Speer.
Die Ballons zerplatzten laut,
übrig blieb nur ihre Haut.

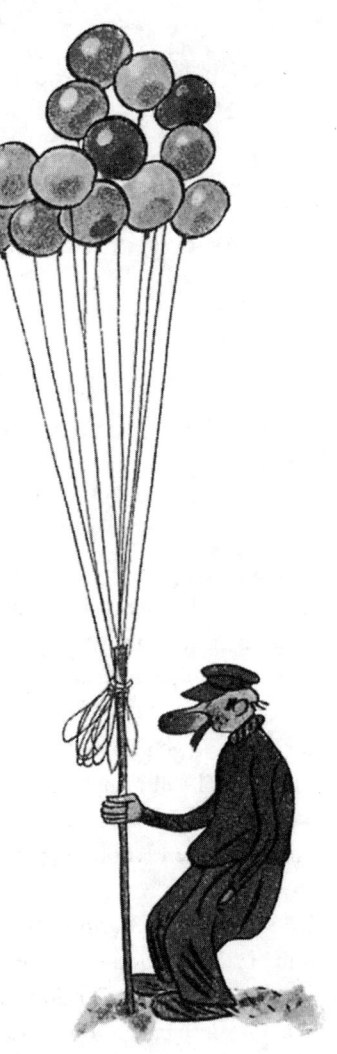

Ursula, die langsam sank,
fühlte sich vor Schreck ganz krank.
Und dann fiel sie unter Schreien
mitten in die Negerreihen.

Anfangs wollten sie sie braten.
Welches Glück, daß sie's nicht taten.
König Wum nahm sie zur Frau.
(Doch, das weiß man nicht genau.)

Fest steht, daß sie leben blieb,
weil sie eine Karte schrieb.

Darauf stand in ihrer Schrift:
»Seht, wie mich das Schicksal trifft!
Holt mich heim aus Afrika.
Herzlichst Eure Ursula.«

Ein Herr fällt vom Stuhl

Es ist bekannt, daß Menschen, die im Sitzen einschlafen, vornüber sinken. Immer tiefer und tiefer. Wenn die Körpernerven, die trotz des Schlafens munter bleiben, spüren, daß sich das Schwergewicht allzusehr vom Stuhl entfernt, geben sie dem Kopf einen Ruck. Er fliegt nach rückwärts, und das sogenannte Einnicken kann wieder von vorne beginnen. Wenn die Nerven aber den richtigen Augenblick versäumen, purzelt der Schläfer vom Stuhl.
Alfredo Torres, einem braven Bürger von Buenos Aires, erging es so. Er schlief ein und fiel vom Stuhl. Wäre ihm das zu Hause passiert, hätte es niemand weiter erfahren, und die Öffentlichkeit wüßte heute noch kein Wort über den Fall. Nun passierte die Sache aber leider Herrn Torres nicht zu Hause, sondern im Theater. Die Stuhlreihen waren schmal.
Und nun interessiert sich eine ganze Stadt für die Angelegenheit. Herr Torres hat nämlich die Rechnung, die der Arzt sandte, keineswegs bezahlt, sondern dem Dramatiker geschickt, der an dem Malheur die Schuld trägt. Denn – argumentiert der Rechtsanwalt des Verletzten – wäre das Theaterstück amüsanter gewesen, wäre Herr Torres nicht eingeschlafen. Wäre er nicht eingeschlafen, wäre er nicht vom Stühlchen gefallen. Wäre er nicht vom Stühlchen gefallen, hätte er sich nicht wehgetan. Also: er verletzte sich, weil das Stück schlecht war.
Der Fall liegt eigentlich klar. Aber nur für Herrn Torres und seinen Rechtsanwalt. Der Stückeschreiber und dessen Rechtsanwalt sind natürlich ganz anderer Ansicht. Da während der Aufführung

– wenn sie auch schlecht war – von zweitausend Besuchern nur ein einziger vom Stuhl fiel, scheint dieser Fall doch wohl mehr auf Kosten dieses Besuchers, als auf die des Stückes gesetzt werden zu dürfen.

Immerhin ist der Prozeß noch im Gange. Wir wollen hoffen, daß Herr Torres mit seiner Klage abgewiesen wird. Denn wo kämen wir hin, wenn es den Autoren so erschwert würde, langweilige Dramen aufführen zu lassen?

Begegnung mit Tucho

Sehr oft bin ich ihm nicht begegnet. Denn als ich 1927 nach Berlin kam, um das Fürchten zu lernen, hieß sein Wohnort schon: Europa. Bald hauste er in Frankreich, bald in Schweden, bald in der Schweiz. Und nur selten hörte man: »Tucho ist für ein paar Tage in Berlin!« Dann wurden wir eilig in der Douglasstraße zusammengetrommelt. »Wir«, das waren die Mitarbeiter der »Weltbühne«: Carl von Ossietzky, Arnold Zweig, Alfred Polgar, Rudolf Arnheim, Morus, Werner Hegemann, Hermann Kesten und einige andere. Tucholsky saß dann zwischen uns, keineswegs als sei er aus Paris oder Gripsholm, sondern höchstens aus Steglitz oder Schöneberg auf einen Sprung in den Grunewald herübergekommen; und kam er gerade aus der Schweiz, so dachte man, während man ihm belustigt zuhörte, nicht ganz ohne Besorgnis: Da werden nun also alle Eidgenossen berlinern!

An solchen Abenden ging es hoch her. Da wurden das Weltall und die umliegenden Ortschaften auseinandergenommen. Emmi Sachs und das Dienstmädchen reichten kleine Brötchen und große Cocktails herum. Und Edith Jacobsohn, die Verlegerin, blickte wohlgefällig durch ihr Monokel. Einmal, weiß ich noch, war meine Mutter, die mir aus Dresden frische Wäsche gebracht hatte, dabei. Sie saß leicht benommen inmitten der lauten Männer, die sie nicht kannte, und hörte von Büchern und Menschen reden, die sie noch weniger kannte. Da rückte Tucholsky seinen Stuhl neben den ihren und unterhielt sich mit ihr über mich. Er lobte ihren »Jungen« über den grünen Klee, und das verstand sie

nun freilich. Das war ihr Spezialgebiet. Er aber sah mich lächelnd an und nickte mir zu, als wollte er sagen: So hat jeder seine Interessen – man muß sie nur herauskriegen!
Ein einziges Mal, 1931 oder 1932, war ich länger mit ihm zusammen. Vierzehn Tage lang, und das war purer Zufall. Am Ende einer Schweizer Urlaubsreise war ich in Brissago gelandet. Am Lago Maggiore, nicht weit von Locarno. In Brissago lag ein schönes, großes, bequemes Hotel mit einem alten Park, einem sandigen Badestrand und anderen Vorzügen. Hier gedachte ich ein neues Buch anzufangen, mietete außer einem Balkonzimmer noch einen zweiten Balkon und zog jeden Tag mit der Sonne und einem Schreibblock von einer Hotelseite zur anderen, ließ mich braunbrennen, blickte auf den See hinunter und malte zögernd kariertes Papier mit Wörtern voll. Als ich eines Abends – ich war schon mehrere Tage da – beim Portier nach Post fragte, sah ich einen großen Stapel Postpakete liegen. Das konnten nur Bücher sein! Und auf jedem der Pakete stand: »An Herrn Dr. Kurt Tucholsky. Absender: die Redaktion der Weltbühne.« Wir waren einander noch nicht begegnet, weil er dauernd in seinem Dachzimmer gehockt und auf der Reiseschreibmaschine klaviergespielt hatte. Denn Ossietzky brauchte Artikel. – Am Abend saßen wir miteinander in der Veranda, tranken eine Flasche Asti spumante und freuten uns wie die Kinder, wenn sie eine Gelegenheit entdeckt haben, sich von den Schularbeiten zu drücken. Wir blickten auf den See, und es war, als führen wir auf einem großen langsamen Dampfer durch die gestirnte Nacht. Beim Mokka wurden wir dann wieder erwachsen und organisierten die neue Situation. Tagsüber, schworen wir, wollten wir uns nicht stören, sondern tun, als ob der andere überhaupt nicht da wäre. Einander flüchtig zu grüßen, wurde einstimmig konzediert. Abends wollten wir uns dann regelmäßig zum Essen treffen und hinterdrein ein paar Stunden zusammen sein.
So geschah es auch. Während ich tagsüber am Strand lag oder

von einem Balkon zum anderen zog, damit in meinem Reich die Sonne nicht untergehn möge, klapperte Tucholskys Schreibmaschine unermüdlich, der schönen Stunden und Tage nicht achtend. Der Mann, der im Dachstübchen schwitzte, tippte und Pfeife rauchte, schuftete ja für fünf – für Peter Panter, Theobald Tiger, Ignaz Wrobel, Kaspar Hauser und Kurt Tucholsky in einer Person! Er teilte an der kleinen Schreibmaschine Florettstiche aus, Säbelhiebe, Faustschläge. Die Männer des Dritten Reiches, Arm in Arm mit den Herren der Reichswehr und der Schwerindustrie, klopften ja damals schon recht vernehmlich an Deutschlands Tür. Er zupfte sie an der Nase, er trat sie gegen das Schienbein, einzelne schlug er k. o. – ein kleiner dicker Berliner wollte mit der Schreibmaschine eine Katastrophe aufhalten.

Abends kam er, frisch und munter, zum Essen an unseren Verandatisch herunter. Wir sprachen über den Parteienwirrwarr, über die wachsende Arbeitslosigkeit, über die düstere Zukunft Europas, über die »Weltbühne« natürlich, über neue Bücher, über seine Reisen. Und wenn wir später am See oder im Park spazierengingen, gerieten wir meistens ins Fachsimpeln. Dann war vom Satzbau die Rede, von Chansonpointen, von der »Überpointe« in der letzten Strophe und ähnlichem Rotwelsch. In einer entlegenen Ecke des Parks stand, in einer kleinen, von Oleanderbüschen umgebenen Orchestermuschel, ein altes, verlassenes Klavier. Manchmal setzte er sich an den ziemlich verstimmten Kasten und sang mir Chansons vor, die er für »Schall und Rauch«, für Gussy Holl, für Trude Hesterberg und andere geschrieben hatte. Diese Vortragsabende für einen einzigen Zuhörer, am abendlichen See und wahrhaftig unter Palmen, werde ich nicht vergessen.

Oft war er niedergeschlagen. Ein Gedanke quälte und verfolgte ihn. Der Gedanke, was aus dem freien Schriftsteller, aus dem Individuum im Zeitalter der Volksherrschaft werden solle. Er

war bereit, dem arbeitenden Volk und dem Sozialismus von Herzen alles hinzugeben, nur eines niemals: die eigene Meinung! Und dann marterte ihn damals schon, was ihn immer mehr und unerträglicher heimsuchen sollte – mit keinem Mittel zu heilende, durch keine Kur zu lindernde Schmerzen in der Stirnhöhle.
Als wir uns trennten, wußten wir nicht, daß es für immer sein würde. Ich fuhr nach Deutschland zurück. Bald darauf schlug die Tür zum Ausland zu. Eines Tages hörten seine Freunde und Feinde, daß er aus freien Stücken noch einmal emigriert war. Dorthin, von wo man nicht wieder zurückkehren kann.

Saldo mortale

Ein Mann, der einen Selbstmord unternahm
und den man rettete, als er schon schlief,
schrieb, als er schließlich wieder zu sich kam,
den Brief:

»Ihr Esel habt mich wieder aufgeweckt.
Ihr habt mit mir geturnt. Ich war schon tot.
Ihr habt mich krummgedrückt und langgestreckt.
Ich war schon fast hinüber, sapperlot.

Ihr habt mir meine Steuern nie bezahlt.
Ihr habt mir nie nur eine Mark geborgt.
Ich hatte einen Posten, den Ihr stahlt.
Ihr habt mir keinen anderen besorgt.

Ihr habt mich überall herumgeschickt.
Ich wollte Arbeit. Doch Ihr gabt sie nicht.
Ihr habt mich kalt und böse angeblickt.
Ihr spracht mit mir, wie man mit Dieben spricht.

Ihr habt mich, als ich krank war, nicht geheilt.
Ihr habt mich, wenn ich krank war, noch gekränkt.
Ihr habt Euch, als ich lebte, nie beeilt!
Und meine Frau hat sich an Euch verschenkt.

Ihr weckt mich auf. Woher nehmt Ihr den Mut?
Ihr hieltet mich zurück. Ich wollte fort.
Wenn jemand endlich das, was ich tat, tut,
dann wird aus Lebensrettung Mord.

Habt Ihr mich denn noch nicht genug gequält?
Soll das noch einmal losgehn Tag für Tag?
Ich denk nicht dran! Das hat mir noch gefehlt!
Ich mag nicht mehr! Warum? Weil ich nicht mag.«

Man muß nicht leben, wenn man es nicht darf.
Als er im Blatt von seiner Rettung las,
stieg er zum vierten Stock hinauf und warf
sich in den Hof, wo seine Tochter saß.

Das Eisenbahngleichnis

Wir sitzen alle im gleichen Zug
und reisen quer durch die Zeit.
Wir sehen hinaus. Wir sahen genug.
Wir fahren alle im gleichen Zug.
Und keiner weiß, wie weit.

Ein Nachbar schläft, ein andrer klagt,
ein dritter redet viel.
Stationen werden angesagt.
Der Zug, der durch die Jahre jagt,
kommt niemals an sein Ziel.

Wir packen aus. Wir packen ein.
Wir finden keinen Sinn.
Wo werden wir wohl morgen sein?
Der Schaffner schaut zur Tür herein
und lächelt vor sich hin.

Auch er weiß nicht, wohin er will.
Er schweigt und geht hinaus.
Da heult die Zugsirene schrill!
Der Zug fährt langsam und hält still.
Die Toten steigen aus.

Ein Kind steigt aus. Die Mutter schreit.
Die Toten stehen stumm
am Bahnsteig der Vergangenheit.
Der Zug fährt weiter, er jagt durch die Zeit,
und niemand weiß, warum.

Die I. Klasse ist fast leer.
Ein feister Herr sitzt stolz
im roten Plüsch und atmet schwer.
Er ist allein und spürt das sehr.
Die Mehrheit sitzt auf Holz.

Wir reisen alle im gleichen Zug
zur Gegenwart in spe.
Wir sehen hinaus. Wir sahen genug.
Wir sitzen alle im gleichen Zug
und viele im falschen Coupé.

Marschliedchen

Ihr und die Dummheit zieht in Viererreihen
in die Kasernen der Vergangenheit.
Glaubt nicht, daß wir uns wundern, wenn ihr schreit.
Denn was ihr denkt und tut, das ist zum Schreien.

Ihr kommt daher und laßt die Seele kochen.
Die Seele kocht, und die Vernunft erfriert.
Ihr liebt das Leben erst, wenn ihr marschiert,
weil dann gesungen wird und nicht gesprochen.

Marschiert vor Prinzen, die erschüttert weinen:
Ihr findet doch nur als Parade statt!
Es heißt ja: Was man nicht im Kopfe hat,
hat man gerechterweise in den Beinen.

Ihr liebt den Haß und wollt die Welt dran messen.
Ihr werft dem Tier im Menschen Futter hin,
damit es wächst, das Tier tief in euch drin!
Das Tier im Menschen soll den Menschen fressen.

Ihr möchtet auf den Trümmern Rüben bauen
und Kirchen und Kasernen wie noch nie.
Ihr sehnt euch heim zur alten Dynastie
und möchtet Fideikommißbrot kauen.

Ihr wollt die Uhrenzeiger rückwärtsdrehen
und glaubt, das ändere der Zeiten Lauf.
Dreht an der Uhr! Die Zeit hält niemand auf!
Nur eure Uhr wird nicht mehr richtiggehen.

Wie ihr's euch träumt, wird Deutschland nicht erwachen.
Denn ihr seid dumm, und seid nicht auserwählt.
Die Zeit wird kommen, da man sich erzählt:
Mit diesen Leuten war kein Staat zu machen!

3

Und wo gehe ich dann hin?

Der verbotene Autor oder
Das Schreiben für die Schublade
Berlin 1933–1945

Meran, 27.3.33

Mein liebes, gutes, besorgtes Mütterchen Du!

Vielen Dank für Deine Briefe und die Karte. Also, mit dem Drinnenbleiben, das kommt gar nicht in Frage. Ich hab ein gutes Gewissen, und ich würde mir später den Vorwurf der Feigheit machen. Das geht nicht. Außerdem bekommt mir das Fortsein immer nur paar Wochen.

Millionen Bu u Küßchen

von Deinem alten Jungen

Gedichte als Medikamente

Der Plan, unter meinen Gedichten, den schon und den noch nicht veröffentlichten, eine Auswahl zu treffen und in handlichem Format vorzulegen, ist beträchtlich älter als dieser Band, der jenen Plan verwirklicht.
Es war seit jeher mein Bestreben, seelisch verwendbare Strophen zu schreiben. Im Widerspruch mit dem eigenen Bedürfnis enthielt ich mich regelmäßig jener Publikation, die nichts weiter gewesen wäre als die Bekanntgabe persönlicher Stimmungen und Einsichten. Und seit Jahren schwebte mir diese »Lyrische Hausapotheke« vor. Ein der Therapie dienendes Taschenbuch. Ein Nachschlagewerk, das der Behandlung des durchschnittlichen Innenlebens gewidmet ist.
Wer Kopfweh hat, nimmt Pyramidon. Wer an Magendrücken leidet, schluckt doppeltkohlensaures Natron. Bei Halsschmerzen gurgelt er mit Wasserstoffsuperoxyd. Und in dem Schränkchen, das Hausapotheke heißt, halten sich, dem Menschen zu helfen, überdies Baldrian, Leukoplast, Choleratropfen, Borsalbe, Pfefferminztee, Mullbinden, Jodtinktur und Sublimatlösung in Alarmbereitschaft. Aber manchmal helfen keine Pillen.
Denn was soll einer einnehmen, den die trostlose Einsamkeit des möblierten Zimmers quält oder die naßkalten, nebelgrauer Herbstabende? Zu welchen Rezepten soll der greifen, den der Würgeengel der Eifersucht gepackt hat? Womit soll ein Lebensüberdrüssiger gurgeln? Was nützen dem, dessen Ehe zerbricht, lauwarme Umschläge? Was soll er mit einem Heizkissen anfangen?

Die Einsamkeit, die Enttäuschung und das übrige Herzeleid zu lindern, braucht es andere Medikamente. Einige davon heißen: Humor, Zorn, Gleichgültigkeit, Ironie, Kontemplation und Übertreibung. Es sind Antitoxine. Doch welcher Arzt verschriebe sie, und welcher Provisor könnte sie in Flaschen füllen?

Der vorliegende Band ist der Therapie des Privatlebens gewidmet. Er richtet sich, zumeist in homöopathischer Dosierung, gegen die kleinen und großen Schwierigkeiten der Existenz. Er betrifft die Pharmazie der Seele und heißt zu Recht »Hausapotheke«. (Hinsichtlich der Homöopathie wäre noch zu bemerken, daß es zweckvoller ist, mit einem Pfeil ins Schwarze als mit einer Granate ins Blaue zu treffen.)

Eine Arzneiflasche ohne Etikett ist – auch das darf nicht unerwähnt bleiben – ebenso unnütz wie ein Etikett ohne Arzneiflasche. Und welchen Sinn hätte der gesamte Inhalt einer Hausapotheke ohne Gebrauchsanweisung und ohne Etiketts? Nicht den geringsten Sinn! Die Hausapotheke würde zum Giftschrank!

Aus dieser Überlegung heraus stellte ich ein Schlagwortregister zusammen. Es folgt der Einleitung, und der Leser soll es benutzen, so oft er Störungen seines Innenlebens mindern oder beheben will. Der Katalog ist, obwohl er von A bis Z reicht, unvollständig. Es gibt zu viele Anlässe, mit sich selber und anderen zu hadern, als daß man dergleichen auf wenigen Seiten übersichtlich und erschöpfend rubrizieren könnte.

Immerhin: Mit Hilfe des Registers werden sich die gereimten Rezepte und Hausmittel in so manchem Falle bewähren können. Stecken Sie das Taschentuch in die Tasche! Und ziehen Sie's hervor, wenn Not am Mann ist! Es tut wohl, den eignen Kummer von einem andren Menschen formulieren zu lassen, Formulierung ist heilsam.

Es ist zudem bekömmlich, zu erfahren, daß es anderen nicht anders und nicht besser geht als uns selber.

Bücherverbrennung in Berlin, 10. Mai 1933

Es beruhigt aber auch zuweilen, das gerade Gegenteil dessen, was man empfindet, nachzufühlen.
Die Formulierung, die Verallgemeinerung, die Antithese, die Parodie und die übrigen Variationen der Maßstäbe und der Empfindungsgrade, alles das sind bewährte Heilmethoden. Und in der folgenden Gebrauchsanweisung werden sie samt und sonders beansprucht und diszipliniert.
Die Katharsis ist älter als ihr Entdecker und nützlicher als ihre Interpreten. Die »Lyrische Hausapotheke« möge ihren Zweck erfüllen!
Also, man nehme!

Hotelsolo für eine Männerstimme

Wenn man die Einsamkeit schwer erträgt:
Das ist mein Zimmer und ist doch nicht meines.
Zwei Betten stehen Hand in Hand darin.
Zwei Betten sind es. Doch ich brauch nur eines.
Weil ich schon wieder mal alleine bin.

Der Koffer gähnt. Auch mir ist müd zumute.
Du fuhrst zu einem ziemlich andren Mann.
Ich kenn ihn gut. Ich wünsch dir alles Gute.
Und wünsche fast, du kämest niemals an.

Ich hätte dich nicht gehen lassen sollen!
(Nicht meinetwegen. Ich bin gern allein.)
Und doch: Wenn Frauen Fehler machen wollen,
dann soll man ihnen nicht im Wege sein.

Die Welt ist groß. Du wirst dich drin verlaufen.
Wenn du dich nur nicht allzu weit verirrst . . .
Ich aber werd mich heute nacht besaufen
und bißchen beten, daß du glücklich wirst.

Zur Fotografie eines Konfirmanden

Wenn man Kinder sieht:
Da steht er nun, als Mann verkleidet,
und kommt sich nicht geheuer vor.
Fast sieht er aus, als ob er leidet.
Er ahnt vielleicht, was er verlor.

Er trägt die erste lange Hose.
Er spürt das erste steife Hemd.
Er macht die erste falsche Pose.
Zum ersten Mal ist er sich fremd.

Er hört sein Herz mit Hämmern pochen.
Er steht und fühlt, daß gar nichts sitzt.
Die Zukunft liegt ihm in den Knochen.
Er sieht so aus, als hätt's geblitzt.

Womöglich kann man noch genauer
erklären, was den Jungen quält:
Die Kindheit starb; nun trägt er Trauer
und hat den Anzug schwarz gewählt.

Er steht dazwischen und daneben.
Er ist nicht groß. Er ist nicht klein.
Was nun beginnt, nennt man das Leben.
Und morgen früh tritt er hinein.

Stehgeigers Leiden

Wenn die Ehe kaputt ist:
Ach, wie gern läg ich in meinem Bette!
Nacht für Nacht schläft Hildegard allein.
Wenn mein Fiedelbogen Zähne hätte,
sägte ich die Geige kurz und klein.

Keinen Abend weiß ich, was sie treibt.
Jeden Abend steh ich hier und spiele.
Ob sie, wie sie sagt, zu Hause bleibt?
Schlechte Frauen gibt es ziemlich viele.

Gräßlich haut der Krause aufs Klavier.
Wie sie staunten, wenn ich plötzlich ginge!
Keine Angst, Herr Wirt, ich bleibe hier,
geige mir den Buckel schief und singe:

»Die deutschen Mädchen sind die schönsten.
Hipp hipp hurra, hipp hipp hurra!
Denn bei den blonden deutschen Mädchen
ist alles da, ist alles da!«

Ich trau ihr nicht. Sie lügt. Ich habe Proben.
Ach, wenn sie lügt, sieht sie so ehrlich aus.
Wie im Gefängnis stehe ich hier oben.
Ich muß verdienen und darf nicht nach Haus.

Eines Tages pack ich meine Geige,
denn sie ist mein einziges Gepäck.
Krause spielt Klavier. Ich aber steige
schnell vom Podium und laufe weg.

Und die Gäste und der Wirt und Krause
werden schweigen, bis ich draußen bin.
Und dann seh ich: Sie ist nicht zu Hause!
Und wo gehe ich dann hin?

*Familienfest in der Dresdener Villa des Onkels Franz, 1937.
Erich Kästner stehend zwischen seinen Eltern*

Die Wälder schweigen

Wenn uns die Großstadt zum Hals heraus hängt:
Die Jahreszeiten wandern durch die Wälder.
Man sieht es nicht. Man liest es nur im Blatt.
Die Jahreszeiten strolchen durch die Felder.
Man zählt die Tage. Und man zählt die Gelder.
Man sehnt sich fort aus dem Geschrei der Stadt.

Das Dächermeer schlägt ziegelrote Wellen.
Die Luft ist dick und wie aus grauem Tuch.
Man träumt von Äckern und von Pferdeställen.
Man träumt von grünen Teichen und Forellen.
Und möchte in die Stille zu Besuch.

Die Seele wird vom Pflastertreten krumm.
Mit Bäumen kann man wie mit Brüdern reden
und tauscht bei ihnen seine Seele um.
Die Wälder schweigen. Doch sie sind nicht stumm.
Und wer auch kommen mag, sie trösten jeden.

Man flieht aus den Büros und den Fabriken.
Wohin, ist gleich! Die Erde ist ja rund!
Dort, wo die Gräser wie Bekannte nicken
und wo die Spinnen seidne Strümpfe stricken,
wird man gesund.

Die Fabel von Schnabels Gabel

Wenn vom Fortschritt die Rede war:
Kannten Sie Christian Leberecht Schnabel?
Ich habe ihn gekannt.
Vor seiner Zeit gab es die vierzinkige,
die dreizinkige
und auch schon die zweizinkige Gabel.
Doch jener Christian Leberecht Schnabel,
das war der Mann,
der in schlaflosen Nächten die einzinkige Gabel
entdeckte, bzw. erfand.

Das Einfachste ist immer das Schwerste.
Die einzinkige Gabel
lag seit Jahrhunderten auf der Hand.
Aber Christian Leberecht Schnabel
war eben der erste,
der die einzinkige Gabel erfand!
Die Menschen sind wie die Kinder.
Christian Leberecht Schnabel
teilte mit seiner Gabel
das Schicksal aller Entdecker, bzw. Erfinder.

Einzinkige Gabeln,
wurde Schnabeln
erklärt,
seien nichts wert.

*Mit Schnurrbart,
aufgrund einer Stammtischwette*

Sie entbehrten als Teil des Bestecks
jeden praktischen Zwecks,
und man könne, sagte man Schnabeln,
mit seiner Gabel nicht gabeln.

Die Menschen glaubten tatsächlich, daß Schnabel
etwas Konkretes bezweckte,
als er die einzinkige Gabel
erfand, bzw. entdeckte!
Ha!
Ihm ging es um nichts Reelles.
(Und deshalb ging es ihm schlecht.)
Ihm ging es um Prinzipielles!
Und insofern hatte Schnabel
mit der von ihm erfundenen Gabel
natürlich recht.

Lessing

Wenn man zu wenig von Kunst versteht:
Das, was er schrieb, war manchmal Dichtung,
doch um zu dichten schrieb er nie.
Es gab kein Ziel. Er fand die Richtung.
Er war ein Mann und kein Genie.

Er lebte in der Zeit der Zöpfe,
und er trug selber seinen Zopf.
Doch kamen seitdem viele Köpfe
und niemals wieder so ein Kopf.

Er war ein Mann, wie keiner wieder,
obwohl er keinen Säbel schwang.
Er schlug den Feind mit Worten nieder,
und keinen gab's, den er nicht zwang.

Er stand allein und kämpfte ehrlich
und schlug der Zeit die Fenster ein.
Nichts auf der Welt macht so gefährlich,
als tapfer und allein zu sein!

Die Doppelgänger

Deutsche Gedenktafel 1938
Hier starb einer, welcher an die
Menschheit glaubte. Er war dümmer,
als die Polizei erlaubte.

Erstes Kapitel
Das vegetarische Attentat

Karl verriegelte die Tür seines Zimmers. Dann sah er sich um. Was blieb zu tun? Draußen regnete es unaufhörlich, und die Scheiben zitterten. Wer heute aus dem Fenster springen wollte, durfte den Schirm nicht vergessen. Karl ergriff die Wasserkaraffe, trat zu seinen Topfblumen und begoß sie. Die weiße Azalee, die Dutzende schneeweißer Blüten trug, schluckte das Wasser wie ein dürstender Mund. Nun war die Karaffe leer. Karl stellte sie aufs Fensterbrett, nickte den Blumen zu und setzte sich auf das dunkelrote Plüschsofa. Auf der gehäkelten Tischdecke lagen einige Briefe. Die Wirtin würde sie morgen in den Briefkasten werfen.
In diesem Augenblick klopfte es. Es klopfte dreimal. »Wer ist da?« fragte Karl.
»Maximilian Seidel«, antwortete eine tiefe, schwerfällige Stimme. »Ich bin Weinreisender und habe Ihnen ein Angebot zu machen.«
»Kommen Sie ein ander Mal!«
»Ein ander Mal ist es zu spät«, erwiderte die tiefe, schwerfällige Stimme. »Ich muß Sie sprechen.«
»Scheren Sie sich fort!«
»Nein«, sagte die Stimme, und die verriegelte Tür öffnete sich. Ein

Die ersten Kapitel eines Romans, den Kästner nach dem »Fabian« niederzuschreiben begann und dann, nach 1933, beiseite legte.

großer, bauchiger Mann trat ins Zimmer. Er schaute sich suchend um, nahm den Hut ab und erklärte: »Hübsch haben Sie's hier!« Dann setzte er sich umständlich in einen der dunkelroten Plüschsessel und legte eine Ledermappe auf den Tisch. Den Hut schob er auf die Mappe.
»Was wollen Sie?« fragte Karl. »Ich bin nicht gewöhnt, mich mit Menschen zu unterhalten, vor denen verriegelte Türen aufspringen.«
Der andere schien nicht zuzuhören. Nachdenklich, beinahe traurig, betrachtete er ein Glas Wasser, das mitten auf dem Tisch stand, holte asthmatisch Luft, lächelte langsam und sagte: »Die Sache ist die – Gott schickt mich zu Ihnen.«
Karl runzelte die Stirn. Dann beugte er sich zu einer Etagere, die neben dem Sofa stand, ergriff eine Zigarrenkiste und fragte: »Rauchen Sie?«
»Ich bin so frei«, entgegnete der Weinreisende, nahm eine Zigarre, biß ihr die Spitze ab und ließ sich Feuer geben. Nach einigen Zügen fragte er: »Fünfundzwanzig Pfennige?«
»Zwanzig.«
»Sehr preiswert.«
Die beiden Männer blickten einander nicht an.
»Ich erwähnte bereits«, fuhr Herr Seidel schließlich fort, »daß ich nicht als Weinreisender komme. Gott schickt mich. Er läßt Ihnen sagen, Sie möchten sich unverzüglich aufmachen und sich selber suchen.«
Karl stand auf. Er ging zum Schrank hinüber, holte eine Flasche heraus und hielt sie gegen das Licht. »Einen alten Korn?«
Der seltsame Gast blies blaue Rauchringe in die Luft. »Sei's drum«, erwiderte er und schaute hinter einem der hochschwebenden, größer und blässer werdenden Ringe her.
Karl schenkte zwei Schnapsgläser voll und stellte sie auf den Tisch. Herr Maximilian Seidel ergriff sein Gläschen, machte eine knappe Verbeugung, murmelte: »Wohl bekomm's!« und trank.

»Ich soll mich suchen?« fragte Karl. »Sie kennen mich nicht. Ich habe nichts anderes getan!«

Der Weinreisende hustete herzhaft, erhob sich, spazierte über den Teppich und blieb vor den Blumen stehen. »Die weiße Azalee hat noch immer Durst«, sagte er entschlossen, kehrte zum Tisch zurück, holte das Trinkglas, das mitten auf der Häkeldecke stand, und goß das Wasser behutsam, als sei's Medizin, in den Blumentopf.

Karl schloß erschöpft die Augen.

Als er sie öffnete, saß Maximilian Seidel wieder neben ihm und meinte gutmütig: »Ich bin kein sehr bedeutender Engel. Wirklich nicht. Aber ich bin zuverlässig und habe ein ausgezeichnetes Gedächtnis. Ich kann noch heute die Jahreszahlen aller deutscher Kaiser auswendig. Soll ich?«

»Nein«, erwiderte Karl. »Ich wüßte keinen Kaiser, der mir helfen könnte.«

Der andere wiegte bedächtig den Kopf. »Man darf nicht verzweifeln. Sie sollen von hier fortgehen und sich suchen.«

»Soll ich mich auch finden?«

»Nicht, bevor Sie sich begegnet sind.«

»Ich werde mir begegnen?« fragte der junge Mann betroffen.

Der Engel, der Seidel hieß, nickte wieder.

»Wo?« fragte Karl.

»Droben im Gebirge. Im Kreis Friedberg. Dort gibt es einen Menschen, der Ihnen gleicht. Er ist Ihr Ebenbild. Wir fanden ihn, als wir Ihretwegen in der Gegenwart nachschlugen.«

»Wann soll ich gehen?« fragte Karl.

»Sofort!« Der Weinreisende erhob sich ächzend. »Ihre Reise duldet keinen Aufschub. Brauchen Sie Geld?«

»Nein.«

Der Engel holte ein Notizbuch aus der Rocktasche, klappte es auf und strich eine Eintragung durch. »Das wäre erledigt«, meinte er.

»Ein Engel hat es nicht leicht.« Karl stand auf. »Das glaub ich gern.« Der andere steckte das Notizbuch weg und griff nach seinem Hut und der Aktentasche. »Besten Dank für die Zigarre und den alten Korn.«

»Nicht der Rede wert«, sagte Karl.

Der Weinreisende schüttelte den Kopf. »Viele werden ärgerlich, wenn man ihnen mitteilt, daß man ein Engel ist. Sie sträuben sich wie Kinder. Sie wollen die Wahrheit nicht glauben.« Er drehte sich um und betrachtete prüfend die weiße Azalee.

Sie war gestorben. Die Blüten lagen, rostbraun und welk, auf dem Teppich. Der Stamm war verdorrt. Die Blätter krümmten sich im Todeskrampf. Pflanzen sterben, ohne einen Laut von sich zu geben.

»Merkwürdiges Wasser trinkt man hier«, stellte Maximilian Seidel fest.

Karl senkte den Kopf und antwortete nicht.

»Sehr merkwürdiges Wasser. Viel später hätte ich kaum kommen dürfen.«

»Wie heißt der Mann, dem ich gleiche?« fragte Karl leise.

Der Engel hob abwehrend die Hand. »Alles zu seiner Zeit.« Er schaute sich um, als habe er etwas Wichtiges vergessen. Dann nahm er die Briefe vom Tisch.

»Ich werde sie besorgen.«

Karl erschrak. »Das hat jetzt keinen Sinn mehr«, sagte er hastig.

»Ich tue meine Pflicht«, antwortete der andere. »Mein Auftrag lautet so.« Er verwahrte die Briefe aufs sorgfältigste, schwenkte den Hut und wandte sich zur Tür.

Die Tür ging von selber auf. Maximilian Seidel bückte sich und verließ das Zimmer.

Karl war allein. Nachdenklich betrachtete er den vergifteten, zerstörten Strunk, der noch vor zehn Minuten eine weißblühende Azalee gewesen war.

Plötzlich stand, verlegen hüstelnd, der Engel wieder im Zimmer und meinte: »Entschuldigen Sie, ich habe meine Zigarre vergessen.« Er nahm die noch glimmende Zigarre vom Aschenbecher, lächelte und verschwand. Karl blickte hinterdrein und sagte: »Gott befohlen.«

Zweites Kapitel
Die dreifältige Nase

›Also gut!‹ dachte Karl. ›Also gut, leben wir weiter!‹
Sein Koffer stand im Handgepäckraum des Bahnhofs Zoo. In zwei Stunden ging der Zug nach Friedberg. Karl hatte Zeit. Er saß in einem der großen Kaffeehäuser, die mit ihren Leuchtfronten aufdringlich zu der dunklen, verlassenen Gedächtniskirche hinüberzwinkern.
Das Café, in dem er saß, gehörte zu jenen Betonpalästen, die lediglich aus dem Dach und aus vier Wänden bestehen, an deren Innenseiten, in Stockwerken gestaffelt und durch breite Wendeltreppen verbunden, Emporen und Balkone kleben. Hinter den Brüstungen sitzen, in jedem Stock, viele Menschen, blicken um sich, unter sich oder über sich, trinken etwas Warmes oder etwas Kaltes und unterhalten sich oder suchen Unterhaltung. Im Parterre bietet eine Kapelle Konzertstücke dar, die man bis zum Überfluß kennt. Und in den Konzertpausen spielt in einem der Stockwerke eine Jazzband zum Tanz, der auf abseits gelegenen Parkettflächen stattfindet.
Solche Kaffeehäuser ähneln pompösen Theatern, bei deren Bau der Architekt die Hauptsache vergaß: die Bühne. Und in jedem Augenblick, glaubt man, könne und müsse der Gong ertönen, der Lärm verstummen und die Vorstellung beginnen. Doch die Bühne fehlt ja. Und die Zuschauer sitzen wartend da, lächeln, sind laut und wissen: ›Wir warten vergeblich.‹
Karl saß im Parterre und trank Bier. Er hob den Kopf und betrachtete die schreiend illuminierten Ränge und ihre mit vergeblich war-

tenden Menschen vollgestopften Logen und Nischen. Nein, er hatte nicht damit gerechnet, dergleichen wiederzusehen.

Es war neun Uhr am Abend. ›Eigentlich bin ich seit einer Stunde tot‹, dachte Karl. ›Es sollte keine Engel geben. Ein Engel namens Seidel hat mich zum transletalen Dasein gezwungen. Da haben wir's: Es gibt ein Fortleben nach dem Tode!‹

Er war nicht glücklich. Er hatte von ganzem Herzen gewünscht, zu sterben. Er hatte sein Ende planmäßig vorbereitet. Ohne Koketterie, ohne Haß und ohne Hast. Daran, daß ins Jenseits Tapetentüren führten, hatte er nie geglaubt. Und nun hatte ein mit Wein reisender Engel letzte Grüße in den Briefkasten geworfen! Er war tot und lebte weiter. Und eine über und über weißblühende Azalee war statt seiner mit Gottes Hilfe und mit Hilfe einer kolloiden Lösung in wenigen Minuten verwelkt und gestorben. Ein Selbstmord hatte sich in ein Attentat auf eine Topfpflanze verwandelt.

Karl glich einem Mann, dem alle Ärzte übereinstimmend versichert haben: spätestens am 31. Mai sei er tot. Doch am 1. Juni muß er feststellen, daß er lebt, und muß mutmaßen, daß er noch lange weiterleben wird. Solch ein Mann ist übel dran. Er hat sich mit seinen Freunden verfeindet, damit sie ihn, stürbe er, nicht beweinen müssen. Sein Geld und die geheimsten Wünsche hat er verjubelt. Sein Haus hat er abgeschlossen, und der Schlüssel zum Tor liegt unter der Brücke im Fluß. Er hat sich vom Leben ausgesperrt, weil er sterben muß – und nun stirbt er nicht! Was soll er tun? Er ist nicht tot und nicht am Leben. Der Sinn des Daseins ist verblüht. Gäbe es Klöster für Ungläubige, dorthin müßte so ein Mensch. Aber solche Klöster gibt es nicht, und fremd, frierend und zwecklos steht er unterm Himmel.

Grab und Begräbnis sind bestellt. Die Träger kommen, den Sarg zu holen. Der Sarg ist leer. Und die livrierten Männer mit den schwarzen silberbordierten Dreispitzhüten kehren traurig um. So traurig waren sie bei noch keinem Leichenbegräbnis!

Draußen auf dem Kirchhof blickt der Tote, der nicht hat sterben

können, hinter einem Baum hervor und zum eignen Grab hinüber. Es regnet. Das Männerquartett steht unter Schirmen und trägt Schals. Atemlos kommt der Sakristan des Wegs. Die Feierlichkeit könne nicht stattfinden. Der Tote sei flüchtig!
Als alle anderen gegangen sind, tritt der Mann hinterm Baum vor, wirft drei Hände Kies in seine Grube und entfernt sich verwirrt. Was wird er beginnen? Im Ernst, was beginnt solch ein Mensch?
Karl griff in die linke Brusttasche, holte einen Bleistift und etliche weiße Zettel heraus und sah sich um, ohne etwas zu sehen. Wie durch Dutzende schwerer Portieren gedämpft, drangen Lärm und Musik zu ihm. Er senkte den Kopf, runzelte die Stirn, nahm einen der Zettel und schrieb:
»*Rahmennotiz zu epischem Stoff:* 1. Station. Ein Mann, Mitte 30, soll aus medizinischen Gründen zu fixem Termin sterben. Glaubt Diagnose. Richtet Lebensrest auf terminiertes Ende ein. Verwirklicht – fieberhaft – seelisch, abenteuerlich, finanziell usw. alles bisher Versagte; Notwendiges und Überflüssiges. Läßt sich ausbluten. Termin kommt und vergeht: der Mann lebt weiter! Als Fehldiagnose. Tatbestand: alle Brücken abgebrochen. Alle Fäden zerschnitten. Monate ohne Fenster. Robinson im Tunnel. Lebender Leichnam.
2. Station. Was nun? Rekapitulation der Geburt. Voraussetzungsloses Dasein ab ovo. Neues Milieu. Herr Nemo. Neue Bindungen. Ende als Voraussetzung für Anfang.
3. Station. Unausbleibliche Komplikationen: Begegnung mit Vergangenheit. Auferstehung der Lebenden. Zweierlei Aggregatzustände der gleichen Person. Explosive Mischung. Explosion? Oder? Was soll werden?«
Karl steckte den eng beschriebenen Zettel in die Tasche, lehnte sich weit zurück und zog die Brauen hoch.
»Der Herr noch ein Pilsner?« fragte jemand. Es war der Revierkellner. Karl nickte gleichgültig. Der Ober nahm das leere Glas vom Tisch und verschwand. Als er, nach kurzer Zeit, das zweite

Pilsner brachte, hatte er Gelegenheit, sich über den Gast zu wundern. Der Gast lächelte ihm zu. Oder lächelte er mitten durch ihn hindurch? »Haben Sie noch einen Wunsch?« fragte der Kellner zuvorkommend.

Der Gast antwortete nicht, sondern schob einen weißen Zettel vor sich hin, griff kopfschüttelnd zum Bleistift und murmelte: »Das sollten die Engel wissen!«

Der Ober zog sich verwirrt zurück.

Karl schrieb:

»Charakteristikum des Schriftstellers: Proponiert eignen Todestag. Unumstößlicher Termin. Höhere Gewalt verhindert Ausführung. Eine Stunde später skizziert Schriftst. bereits Stichworte zu Roman, Thema Fortleben nach Tod. Also eigene Ausweglosigkeit wird selbsttätig und sofort objektiviert, wird epischer Plan und somit – eigner Ausweg! (Oder nur scheinbar?)

Bei Schr. Erfahrung und Phantasie organisch verbunden wie siamesische Zwillinge. Beider Mutter: die Neugier. Von der billigsten zur kostbarsten.«

Er steckte auch diesen Zettel in die Tasche, blickte um sich und merkte, daß er wieder sah.

›Also gut!‹ dachte er. ›Also gut, leben wir weiter!‹

Am Nebentisch hatte ein junges Mädchen Platz genommen. Der Kellner kam. Sie bestellte Tee und Kuchen und holte ein kleines silbernes Zigarettenetui aus der Handtasche. Der Kellner gab Feuer. Sie bedankte sich. Dann las sie in einer Zeitschrift. Mitten in der Lektüre schaute sie plötzlich auf und begegnete nicht ohne Hochmut Karls prüfendem Blick, senkte gelassen den Kopf und fuhr zu lesen fort.

Der Kellner brachte Tee und Kuchen und fragte etwas. Sie gab Antwort. Er ging. Sie trank einen Schluck, rauchte und las weiter. Doch nach kurzer Zeit sah sie, von Karls Blicken irritiert, erneut hoch. ›Ein seltsamer Mensch‹, dachte sie. ›Er mustert mich, als sei ich der Schiefe Turm von Pisa und als schätze er meinen Neigungs-

winkel ab. Er stört mich, ohne mich zu meinen!‹
Karl griff zu einem dritten Zettel und wieder zum Bleistift und notierte: »*Die dreifältige Nase:* Beobachtung im Café. Blondine. 1. Hat normalerweise sanfte Stupsnase. Sehr feiner konkaver Schwung des Nasenrückens. 2. Beim Sprechen, offensichtlich bei Umlauten und betonten dunklen Vokalen, verschwindet subtiler Schwung. Es entsteht völlig neues Profil. Nasenrücken wird linear gerade. Das Drollige weicht. Macht naivem Ernst Platz. 3. Wenn das Mädchen trinkt oder an glimmender Zigarette zieht oder Gesicht pudert, wandeln sich Nase und Gesicht noch einmal. Jetzt biegt sich Nasenspitze ein wenig nach unten. Es ergibt sich dezent konvexe Wölbung. Antlitz wird rassig. Ungewöhnliche Trinität des gleichen Profils.«
Die junge Dame spürte, daß sie nicht mehr beobachtet wurde und blickte zu Karl hinüber. Er saß vorgeneigt und starrte einen dicken Herrn an, der zurückgelehnt und breitbeinig in seinem Sessel hockte, die Emporen betrachtete und sich in nahezu regelmäßigen Abständen am rechten Ohrläppchen zupfte. Es wirkte, als wolle er sich wecken.
Karl fixierte den dicken Herrn und schrieb. ›Oder zeichnet er?‹ dachte sie. Karl steckte ein paar Zettel in die Tasche und schob einen noch unbeschriebenen neben sein Bierglas. Ihm war ein Gedanke gekommen, den er für wichtig hielt. Er hatte in Stichworten die Ausdrucksfähigkeit eines Nasenrückens zu Papier gebracht. Desgleichen die für dicke kurzbeinige Männer einzig mögliche Art, auf unbequemen Stühlen zu sitzen. Nun trank er hastig einen Schluck Bier und schrieb:
»*Plan einer Propädeutik für Schriftsteller:* Entstanden aus einer Forderung an mich und hiermit an Autoren überhaupt. Wir müßten, gleich den Graphikern und Malern, das Skizzieren als beruflichen Brauch einführen. Eindrücke, Beobachtungen usw. sollten unmittelbar vorm Objekt präzise notiert werden. Blick und Sprachbeherrschung würden dauernd geschult und vervollkomm-

net. Erfahrung und Deskription würden fortschreiten.

Nicht nur das Sammeln von Stoffen, Episoden, Prozeßberichten usw., wie bei vielen Autoren bereits üblich, ist angebracht. Sondern noch mehr und noch eher die Pflege einer primären Berufsvoraussetzung, sichtbare Wirklichkeit zu beschreiben! Denn das ist ja das schwerste: Augenfällig zugeordnete Tatsachen und Gegenstände im schriftlichen Nacheinander der Darstellung annähernd anschaulich wiederzugeben. Eine Broschüre hierüber – Prinzipielles und Beispiele enthaltend – wäre, als Unterstufe eines Leitfadens für Schriftsteller, notwendig. Beispiele vielleicht am lehrreichsten, wenn geschilderter Sachverhalt jeweils fotografisch beigefügt.

NB. Dieses ›Skizzieren‹ übrigens nicht nur Autoren nützlich. Sollte im Lehrplan der Schulen eingeführt werden. Deutsche Aufsätze gewöhnen üblicherweise an Entfernung von der Realität, an Phrasendrusch. Skizzieren mit Sprachmitteln, etwa auf Klassenausflügen, übt Beobachtungsschärfe und sprachlich prägnante Wiedergabe des Beobachteten.«

Karl hob den Kopf, fuhr sich mit der Hand über die Augen und sah sich erstaunt um. Nun hörte er wieder das Klappern der Tassen und Löffel und die vom Podium dringende Konfektionsmusik. Nun erkannte er wieder die müden Mienen der vergeblich Wartenden, die ihn umgaben. Und er begegnete dem Blick eines blonden jungen Mädchens... ›Das‹, dachte er, ›ist ja das Fräulein mit der dreifachen Nase. Ihr, der jungen Dame sowohl als auch der Nase, verdanke ich die Anregung zu meiner Propädeutik!‹

Dankbar und höflich verbeugte er sich.

Die junge Dame wußte nicht, worum es ging. Sie lächelte abweisend und begann in ihrer Handtasche zu kramen.

Drittes Kapitel
Rote Schlagsahne

Die folgenden Ereignisse vollzogen sich in wenigen Minuten. Karl glaubte unter den Menschen, die sich durch die Drehtür hereindrängten, Herrn Maximilian Seidel zu erkennen. Jenen umfangreichen und gebückt daherschreitenden Riesen, der Weinreisender und Engel in einem war.
›Der Himmel reicht heute tiefer als je‹, dachte Karl. ›Oder ist der Mann ein Doppelgänger meines Engels? Doppelgänger sind seit einer Stunde im Schwang.‹
Der Riese steuerte der Treppe zu und stieg langsam die teppichbelegten Stufen hinan. Jetzt tauchte sein Hut in der ersten Etage auf. Dann verschwand er hinter der nächsten Straubenwindung der Treppe.
Karl überwachte die zweite Empore. Und da, während er die Brüstung nach dem Riesen absuchte, geschah's, daß oben, im zweiten Rang des Kaffeehauses, ein hektisch schmaler Mensch aufstand und einen Revolver an die rechte Schläfe preßte!
Neben ihm saßen zwei junge Mädchen. Verkäuferinnen. Sie hatten sich heißgetanzt und Wermut getrunken. Und vom späteren Abend erhofften sie sich zärtliche Begleitung und ein bißchen von dem, was man eines Tages Glück nennen wird. Und nun stand, dicht neben ihnen, ein fremder blasser Mensch, hob den Revolver gegen sich und schloß die Augen. Seine Lider zitterten. Die Kapelle, unten im Parterre, spielte den Tannhäuser-Marsch. Die beiden Mädchen öffneten die rotgemalten Lippen, als wollten sie schreien. An andren Tischen wurde man aufmerksam. Gäste sprangen auf und drängten zur Brüstung.
Der junge Mensch drückte ab. Nur die Umsitzenden hörten den Knall. Denn der Tannhäuser-Marsch klang lauter. Der junge Mensch wankte, sank langsam in die Knie und schlug mit dem Oberkörper dumpf auf die Plüschbrüstung. Der Kopf hing vornüber.

Die eben noch auf ihn zugeeilt waren, wichen, nun es zu spät war, zurück. Eine der kleinen hübschen Verkäuferinnen fiel in Ohnmacht. Die andere weinte staccato.

Unten im Café war der Vorfall nicht bemerkt worden. Die Leute lasen, rauchten und lachten, obwohl über ihnen der Kopf eines Toten schwebte. Sie wußten es noch nicht.

Plötzlich sprang im Parterre eine Frau auf. Sie kreischte verzweifelt. Der Stuhl fiel um. Sie zeigte auf den Tisch. Die Schlagsahne in ihrem Nickelbecher war rosa und wurde zusehends röter. Alles schaute nach oben. Alles erschrak. Verwirrung brach aus. Viele eilten bleich zur Garderobe und stürzten schaudernd aus dem Lokal. Die Kellner waren außer sich. Mehrere Gäste hatten zu zahlen vergessen.

Zehn Minuten später herrschte wieder Ordnung. Die Leiche befand sich in der Herrentoilette. Die Polizei war verständigt und ersucht worden, Zivilbeamte zu schicken. Jedes Aufsehen mußte vermieden werden. Die Kapelle spielte fortissimo und ohne Atempause.

Auffällig war allenfalls, daß im Parterre, unter der Emporenbreitseite, einige Tische frei waren. Noch dazu die besten Tische im Café.

Aber auch das blieb nicht lange so. Neue Gäste kamen. Sie freuten sich, Platz zu finden. Und an dem Tisch, an dem vor kurzem irgendeine Frau kreischend aufgesprungen war, weil sich Schlagsahne rot gefärbt hatte, saß nun, neben einem kleinen mageren Herrn, irgendeine andere Frau. Eine ordinäre Person. Mit einem Ballonbusen und zwei Silberfüchsen.

Diejenigen, die den Selbstmord und die darauf folgende Bestürzung miterlebt hatten, starrten gebannt zu dem Tisch und der abscheulichen Frau hinüber.

Und diese Frau, die es nicht gewöhnt war, im Kreuzfeuer staunender Blicke zu sitzen, begann wie eine Rose zu blühen. Sie knöpfte

In London, 1938

die Kostümjacke auf, brachte die Seidenbluse zur Geltung und setzte den Hut ab, damit die zahlreichen Bewunderer auch Gelegenheit fänden, ihr junonisches Haupt zu würdigen. ›Welch ein Tag!‹ dachte sie erschüttert. ›Wie gut, daß ich noch nicht nach Hause wollte! Ich bin zu schade für Paul. Wenn er wenigstens nicht so krumm säße!‹ Sie begann die offensichtlich ihr geltenden Blicke feurig zu erwidern. Karl hielt dieses Mißverständnis nicht länger aus. Er zahlte und ging. An der Drehtür stieß er mit Seidel zusammen. »Diesmal bin ich zu spät gekommen«, sagte der Weinreisende. »Wir sind zu wenig Leute.«
Draußen, vorm Kaffeehaus, wünschte er Karl gute Reise und entfernte sich, so rasch sein Gewicht das zuließ. Im Gehen holte er das Notizbuch aus der Tasche.

Brief an mich selber

Berlin, den 19. Januar 1940
in einem Café am Kurfürstendamm

Mein lieber Kästner!
Früher schriebst Du Bücher, damit andere Menschen, Kinder und auch solche Leute, die nicht mehr wachsen, läsen, was Du gut oder schlecht, schön oder abscheulich, zum Lachen oder Weinen fandest. Du glaubtest, Dich nützlich zu machen. Es war ein Irrtum, über den Du heute, ohne daß uns das Herz wehtut, nachsichtig lächelst.
Deine Hoffnungen waren das Lehrgeld, das noch jeder hat zahlen müssen, der vermeinte, die Menschen sehnten sich vorwärts, um weiterzukommen. In Wirklichkeit wollen sie nur nicht stillstehen, weil sie Angst vor der Stille haben, nicht etwa vorm Stillstand! Ihr Weg ist der Kreis, und ihr Ziel, seine Peripherie immer schneller und möglichst oft zurückzulegen. Die Söhne überrunden die Väter. Das Ziel des Ringelspiels ist der Rekord. Und wer den gehetzt blickenden Karussellfahrern mitleidig zuruft, ihre Reise im Kreise sei ohne Sinn, der gilt ihnen mit Recht als Spielverderber.
Nun Du weißt, daß Du im Irrtum warst, als Du bessern wolltest. Du glichst einem Manne, der die Fische im Fluß überreden möchte, doch endlich ans Ufer zu kommen, laufen zu lernen und sich den Vorzügen des Landlebens hinzugeben, und der sie, was noch ärger ist, für tückisch und töricht hält, wenn sie seine Beschwörungen und schließlich seine Verwünschungen mißachten und, weil sie nun einmal Fische sind, im Wasser bleiben.
Wie unsinnig es wäre, Löwen, Leoparden und Adlern die Pflan-

zenkost predigen zu wollen, begreift das kleinste Kind. Aber an den Wahn, aus den Menschen, wie sie sind und immer waren, eine andere, höhere Gattung von Lebewesen entwickeln zu können, hängen die Weisen und die Heiligen ihr einfältiges Herz.

Sei es drum! Mögen sie weiterhin versuchen, aus Fischen rüstige Spaziergänger, aus Raubtieren überzeugte Vegetarier und aus dem Homo Sapiens einen homo sapiens zu machen! Du jedoch ziehe Deinen bescheidenen geistigen Anteil, den Du an diesem rührenden Unternehmen hattest, mit dem heutigen Tage aus dem Geschäft! Du bist vierzig Jahre alt, und Dich jammert die Zeit, die Du, um zu nützen und zu helfen, hilflos und nutzlos vertatest! Mache kehrt, und wende Dich Dir selber zu!

Der Teufel muß Dich geritten haben, daß Du Deine kostbare Zeit damit vergeudetest, der Mitwelt zu erzählen, Kriege seien verwerflich, das Leben habe einen höheren Sinn als etwa den, einander zu ärgern, zu betrügen und den Kragen umzudrehen, und es müsse unsere Aufgabe sein, den kommenden Geschlechtern eine bessere, schönere, vernünftigere und glücklichere Erde zu überantworten! Wie konntest Du nur so dumm und anmaßend sein! Warst Du denn nur deshalb nicht Volksschullehrer geblieben, um es später erst recht zu werden?

Es ist eine Anmaßung, die Welt, und eine Zumutung, die Menschen veredeln zu wollen. Das Quadrat will kein Kreis werden; auch dann nicht, wenn man es davon überzeugen könnte, daß der Kreis die vollkommenere Figur sei. Die Menschen lehnen es seit Jahrtausenden mit Nachdruck ab, sich von uneigennützigen Schwärmern zu Engeln umschulen zu lassen. Sie verwahren sich mit allen Mitteln dagegen. Sie nehmen diesen Engelmachern die Habe, die Freiheit und schließlich das Leben. Nun, das Leben hat man Dir gelassen.

Sokrates, Campanella, Morus und andere ihresgleichen waren gewaltige Dickköpfe. Sie rannten, im Namen der Vernunft, mit dem Kopf gegen die Wand und gingen, dank komplizierten Schädelbrüchen, in die Lehrbücher der Geschichte ein. Die Wände, gegen die angerannt wurde, stehen unverrückt am alten Fleck, und nach wie vor verbergen sie den grenzenlosen Horizont. Deshalb riet Immanuel Kant, zum Himmel empor und ins eigene Herz zu blicken. Doch auch davor scheuen die Menschen zurück, denn sie brauchen Schranken; und wer sie beschränkt nennt, sollte das gelassen tun, und nicht im Zorn.

»Wer die Menschen ändern will, beginne bei sich selbst!« lautet ein altes Wort, das aber nur den Anfang einer Wahrheit mitteilt. Wer die Menschen ändern will, der beginne nicht nur bei sich, sondern er höre auch bei sich selber damit auf!
Mehr wäre hierüber im Augenblick nicht zu schreiben. Der Rest verdient, gelebt zu werden. Versuch es, und sei gewiß, daß Dich meine besten Wünsche begleiten!
Dein unzertrennlicher Freund

            Erich Kästner

PS. Vergiß nicht, der Sekretärin aufzutragen, daß sie ein paar Blumen besorgt und auf Deinen Schreibtisch stellt! Ich weiß, wie sehr Du es liebst, über Flieder oder Tulpen hinweg auf die verschneiten Dächer zu blicken.
Ja, und an dem braunen Jackett fehlt ein Knopf. Du hast ihn in die rechte Außentasche gesteckt. Die Aufwartung soll ihn sofort annähen.
Übrigens: daß eine Aufwartefrau auch eine »Aufwartung« genannt wird, ist recht bezeichnend. Das Verbalsubstantiv, das die im Zeitwort enthaltene Handlung ausdrückt, genügt offensichtlich, da man eine solche Angestellte, unbeschadet ihrer weiblichen Eigenschaften, zwar als eine personifizierte Tätigkeit, dagegen als Frau eigentlich gar nicht zur Kenntnis nimmt.
Gute Nacht, mein Junge!

Das Haus Erinnerung

Das Haus Erinnerung hat tausend Türen.
Und du hast doch den Weg umsonst gemacht.
Du weist nicht mehr, wohin die Türen führen.
Und in den Korridoren lehnt die Nacht.

Was einmal war, hier lebt es fort für immer,
auch wenn du selbst es lang vergessen hast.
Das Haus Erinnerung hat tausend Zimmer.
Und du kommst doch als ungebetner Gast.

Das Haus Erinnerung hat tausend Stufen,
waagrechte Säulen der Vergangenheit.
Geh fort von hier. Man hat dich nicht gerufen.
Dien du nur deinem Herrn und Knecht: der Zeit!

Germanisches Wehrertüchtigungslager der Jugend. Zur Stärkung der Zusammenarbeit zwischen der deutschen und der sonstigen germanischen Jugend wurde jetzt auf dem Stegskopf im Westerwald das erste germanische Wehrertüchtigungslager eröffnet. Auf Grund freiwilliger Meldungen haben sich dort Jugendliche aus den Niederlanden, Belgien, Dänemark und Norwegen zu einer vierwöchigen vormilitärischen Ausbildung zusammengefunden. Zwei weitere Wehrertüchtigungslager werden in allernächster Zeit folgen. Die Zeitschriften werden gebeten, diese Zusammenarbeit der germanischen Jugend besonders zu beachten, wobei der Gesichtspunkt der Mitverantwortung aller Völker zur Erhaltung Europas besonders betont werden muß. |8528|

Wolfgang Liebeneiner und Veit Harlan. Die Ehrung, die im Namen des Führers zum 25jährigen Jubiläum der Ufa Wolfgang Liebeneiner und Veit Harlan erfahren haben, soll von den Zeitschriften gut beachtet werden. |8529|

Erich Kaestner. Im Zusammenhang mit dem Drehbuchautor des Münchhausen-Films wird nochmals daran erinnert, daß der Schriftsteller Erich Kaestner (Pseudonym Berthold Bürger) in den Zeitschriften nicht erwähnt werden darf. |8530|

Hans Albers und Ilse Werner in »Münchhausen«, 1942, nach Kästners Drehbuch

Berliner Hetärengespräch 1943

Nach Tagebuchaufzeichnungen

Halli und hallo! Herbert! Was machst denn du im Reisebüro? Willst du dich auch verlagern? Oder nur ein paar Kubikmeter Landluft inhalieren? Mal ruhig schlafen, hm? Weißt du noch, wie wir damals am Plauer See . . ., wie? Ruhig schlafen konnte man das ja nun nicht gerade nennen, wenn ich mich recht erinnere. Lag aber nicht an der Luft. Lag an der Lage, haha. Das waren noch Zeiten, Junge, Junge! Und heute? Heute wird man, hast du nicht gesehn, zum Heldenweib. Stell dir vor – Dienstag abend ist meine Wohnung hopsgegangen. Samt dem drumrumliegenden Gebäude. Meine süße, kleine Atelierwohnung! Ach Herbert! Gestatte, daß ich verhalten seufze . . . Der blaue Lehn- und Wohnsessel für zwei Personen, weißt du noch? Die Schleiflackfrisiertoilette mit dem dreiteiligen, abendfüllenden Spiegel. Das Bett und die Bar. Die Wäsche. Die Kimonos. Der Plattenspieler. Meine dreihundert Platten. Die Kleider! Alles im Eimer. Aus, dein treuer Vater. Stell dir das illustriert vor, Liebling. Bricht dir das Herz? Willst du mein Taschentuch? O Pardon, ich hab ganz vergessen, euch vorzustellen. Also – Pieter van Houten. Aus Amsterdam an der Amsel. Hat nichts mit Kakao zu tun, nein, macht in Radioröhren. Und dies, Piet, ist Doktor Herbert Kleinhempel. Rechtsanwalt en gros, hihi. Gebt euch die Händchen. So ist's schön. Hat übrigens gar keinen Sinn, die Vorstellerei. Das meiste versteht er ja doch nicht. Ist das ein Nachteil? Na also. Piet ist mein augenblicklicher Augenblicklicher, weißt du? Gefällt er dir? Warum starrst du denn seinen Mantel so an? Die Ärmelchen sind zehn Zentimeter zu kurz. Und der reizende braune Samtkragen macht mich schwach. Und wenn Mijnher in einem fort so dämlich grinst, dann liegt das nicht an seinem Geisteszustand, obwohl, na ja, sondern daran, daß er lauter gepumpte Bekleidungsgegenstände um seinen werten Körper versammelt hat. In einem solchen Aufzuge täten sogar Berliner Rechtsanwälte dämlich grinsen, mein lieber Herbert. Wetten, daß? Ich habe wenigstens meinen Schmuck noch. Und zwei Pelzmäntel. Den Nerz und den Breitschwanz. Das beste wird sein, ich erzähl dir die Geschichte. Zum Schieflachen. Stell dir vor: Dienstag abend, wir sind in meiner Wohnung, Piet, ich in eigner Person, Marga, kennst du auch, das tizianrote Mannequin mit dem einnehmenden Wesen, ganz recht, und Bünger, netter Kerl, von der Allianz. Na schön. Wir tanzen. Trinken. Tanzen durcheinander. Schickern durcheinander. Sind so richtig in Fahrt. Du kennst mich ja. Kurz und klein – mitten im schönsten Lämmerhüpfen gibt's Alarm! Marga beginnt mit allem, was sie hat, zu zittern. Ich nehm mein Köfferchen mit dem Schmuck und die beiden Pelze. Sehr nüchtern waren wir alle nicht mehr. Aber mein Pieter hatte am meisten davon abgebissen und wollte nicht in den sogenannten Luftschutzkeller. Nicht für einen Wald voll Affen. Nichts zu wollen. Die Flak begann zu bummern. Wir drei trabten die vier Treppen bergab. Mijnher hingegen schwankte, hat er später erzählt, ins Badezimmer. Um sich an der Wanne festzuhalten. Blau wie tausend Veilchen. Große Zeiten erfordern große Gläser. Stimmt's, oder hab ich recht? Bon. Also, wir drei haben im Keller kaum unsere Parkettplätze eingenommen, da geht auch schon das Licht aus, ich hab zwei gehäufte Eßlöffel Kalk zwischen den Jakettkronen, es ist ein Getöse, als ob das Haus einstürzt, und so war es ja denn auch. Es stürzte ein. Mit Pauken und Trompeten. Luftmine! Vorher hab ich nichts gehört. Muß auf Pantoffeln angekommen sein, das Biest. Jetzt ging's aber los: Die Kinder brüllten. Ein paar Damen schrien wie am Spieß. Jemand betete laut. War Frau Splittstößer aus der dritten Etage.

Ich erkannte sie an der Stimme. Jemand anderes sagte: »Ruhe bewahren!« Das war, glaub ich, meine eigne werte Person. Es hörte natürlich keiner zu. Ich auch nicht. Ich dachte an meine Wohnung. An die Möbel. An die Perser. Und an den Holländer. Armer Piet, dachte ich, da hast du's nun, das kommt vom Saufen. Mittlerweile stellte sich heraus, daß die Kellertür nicht aufging. Wir rüttelten wie die Wilden. Typischer Fall von Denkste. Sie zuckte mit keiner Wimper. Die Taschenlampen flatterten wie die Glühwürmchen. Einer rief, wir sollten nicht so tief atmen. Wegen des Sauerstoffverbrauchs. Ein andrer brüllte, der andre solle nicht so laut schreien. Auch wegen des Sauerstoffverbrauchs. Es war ein tolles Theater. Meine Knie waren wie aus Sülze. Meine hübschen Knie, Herbert! Na, dann suchten wir die Hacke und die markierte Stelle an der Mauer. Zum Durchbruch ins Nebenhaus. Das stand vielleicht noch. Als wir die Hacke hatten, begann Thielecke, der Portier, auf die Ziegel loszuschlagen. Und nun stell dir vor – wie das Loch groß genug ist, rufen sie aus dem anderen Keller: »Na endlich!« Drüben war auch irgendwas ins Auge gegangen. Gasrohrbruch oder was ähnlich Flottes. Wir hatten hinübergewollt. Sie wollten zu uns. Sie waren die Stärkeren. Es wurde scheußlich eng. Die Tusche brannte in den Augen. Ich dachte: Nun ist mein letztes Viertelstündchen gekommen. Und an Piet dachte ich auch. Möge ihm das Badezimmer leicht sein, dachte ich. Irrtum, Herbert! Was war faktisch passiert? Stell dir vor – als die geehrte Luftmine runtersegelte und das Haus wegblies, kam sie nicht alleine, sondern in Gesellschaft, und dadurch entstand in der Luft ein merkwürdiges Hin und Her. Piet sah noch, wie sich die Badewanne in die Höhe hob und wie sich die Wand senkte, und schob das auf den Kognak. Der war nicht gut gewesen. Und dann flog mein Augenblicklicher durch den Äther. Als ob du schwebst. Sanft wie ein Engel. Aus dem vierten Stock mittenmang auf die Pariser Straße. Er plumpste nicht viel ärger auf, als ob er aus dem Kinderwagen gepurzelt wäre. Toll, was? Dann rappelte er sich hoch und wollte zu mir in den Keller. Das ging leider nicht. Weil vor der Kellertür ein kleines Stückchen von unserm Hause lag. Und nun begann Piet, das kleine Stückchen Haus vor der Kellertür wegzuräumen. Die Gegend brannte wie Stroh. Die Bomben platzten. Die grünen und roten Christbäume standen am Himmel. Und Piet räumte Steinbrocken beiseite. Und rief um Hilfe. War aber niemand da außer ihm. Mittlerweile hockten wir im Keller. Wie die Sardinen in der Büchse, wenn Sardinen hocken könnten. Wir waren müde und still und atmeten nur ganz flach, von wegen dem Sauerstoff. Da hör ich plötzlich draußen rufen: »Mia, Mia! Lebt ihr noch?« Ich muß ein Gesicht gemacht haben wie 'ne Gans, wenn's donnert. Zum Glück war's dunkel. »Piet!« brüll ich wie verrückt, »jawohl, ich lebe noch! Aber wie ist denn das mit dir?« Und dann rütteln wir alle an der Tür. Doch das Luder geht noch immer nicht auf. Und dann sind wir still und halten die Luft an und lauschen, und ich rufe: »Piet, bist du noch da?« Aber Piet antwortete nicht mehr. Das war'n Ding. Marga kriegte einen Schreikrampf. Und auch sonst war's gar kein bißchen hübsch mehr in dem verdammten Kellerloch. Was war geschehen? Stell dir vor – Piet war plötzlich bewußtlos zusammengebrochen. Rums, weg war er. Gehirnerschütterung. Ganz so sanft war er anscheinend doch nicht auf der Straße gelandet. Aber irgendein Luftschutzonkel hatte ihn zuvor noch rufen hören, und das war unser Glück. Er holte Verstärkung. Sie trugen Piet ins Revier, buddelten die restlichen Steine vor der Kellertür weg und holten uns ins Freie. Und was soll ich dir sagen? Kaum waren wir draußen, krachte der letzte Rest des Hauses zusammen! Na ja. Aber merkwürdig ist es doch, nicht? Wenn Piet nicht so blau gewesen wäre, wäre er mit in den Keller gekommen. Und wenn er mit in den Keller gekommen wäre, könnten wir jetzt nicht im Reisebüro stehen und Fahrkarten nach Königstein im Taunus verlangen. Stell dir das vor! Quatsch! Stell dir's lieber nicht vor. Ich tu's auch nicht. Es verdirbt nur den Teint. In Frankfurt werd ich die kleine Brillantagraffe zu Geld machen und meinen Fliegenden Holländer erst einmal wieder einkleiden. So wie jetzt kann er unmöglich noch sehr lange herumlaufen. Dann bleiben wir, bis er nach Amsterdam zurück muß, in Königstein, damit ich mich bei ihm in aller Ruhe für die Lebensrettung bedanken kann. Das wird zirka vierzehn Tage beanspruchen. Dann bin ich wieder in Berlin. Du auch? Steht deine Wohnung noch? Na großartig! Falls ich nicht weiß, wohin ich mein müdes Haupt betten soll. Ach ich armes Kind! Nun muß ich wieder von vorn anfangen. Lach nicht so unverschämt, Herbert! Also, auf Wiedersehen Mitte Dezember! Moment! Das hätte ich ja fast vergessen! Weißt du, was von dem ganz großen Hause übriggeblieben ist? Stell dir vor – eine Glasschüssel! Sie stand, mit Vanillepudding, auf Splittstößers Balkon. Drei Tage später fand man sie zufällig drei Häuser weiter im Hof stehen. Der Pudding sah zwar nicht mehr ganz neu aus. Aber die Schüssel war völlig intakt. Genauso durch die Luft gesegelt wie mein Augenblicklicher. So, das wär's für heute. Wiedersehen. Hals- und Beinbruch!

ERICH KÄSTNER GESTORBEN

Als ein Daheimgebliebener, der den Regierern seines Landes gewiss keine Konzession gemacht hat, ist in Berlin kurz vor seinem 43. Geburtstag, der Dichter Erich Kästner gestorben.

Weil ihm zwei Himmelsgeschenke zugefallen waren, Gesinnung und Humor — seltene Gaben im neuen Deutschland —, muss sein frühes Scheiden auch jene Verehrer schmerzen, die nicht so glücklich waren, seine Persönlichkeit zu kennen. Ein bescheidener, anziehender Herzpatient aus Sachsen, so ist er zeitlebens, leise und nobel, dem dröhnenden Markt der Eitelkeiten ausgewichen.

Freilich, als er zuerst mit dem Versband "Herz auf Taille" Ruhm gewann, wirkte er keineswegs so umgänglich. Denn in diesen Gedichten eines Nachfahren Frank Wedekinds wehte die Luft der Nachkriegsgeneration. Skepsis, Pessimismus und der Ehrgeiz, zynisch zu scheinen — so klang es aus den Strophen heraus. "Wir sind die Jugend, die an nichts mehr glaubt."

Aber Kästners Zynismus war durch einen Abgrund von der Gesinnung jener Altersgenossen geschieden, die sich vom Winde der Zeit in die Freikorps treiben liessen. "Kennst du das Land, wo die Kanonen blühn?", so fragte er schon in seinen ersten Liedern, und damals bereits prophezeiten Stimmen aus dem Massengrabe der deutschen Jugend: Ihr lasst euch morgen, wie wir uns gestern, schlachten! Er ist sich treu geblieben, und ohne dass sein Charakter sich korrumpieren liess, reifte seine Kunst. Nun verloren seine Verse das Absichtliche der Provokation, nun stieg sein Witz zum Humor auf.

Aber es war ein aus Leide geborener Humor. Sein Roman "Fabian", keine Lektüre für Konfirmanden, malt die Zerrissenheit der deutschen Republik in Schnurren und Schwänken, in denen oft genug die Melancholie eines Einsamen zittert. Desto heiterer spielt seine schöpferische Phantasie in den komischen Situationen seiner "Drei Männer im Schnee", deren Winterkurort auch auf die Bühne verpflanzt worden ist.

Kästners Verlust wird besonders herzlich von einer Lesergruppe betrauert werden, an die sich nur selten ein Erfolgreicher wendet. Denn er hat den "Roman für Kinder" in Erzählungen entwickelt, deren klassisches Beispiel "Emil und die Detektive" heisst, die Geschichte jener prächtigen Verbrecherjagd, auf der Berliner Kinder einen Dieb zur Strecke bringen. In einem dieser Bücher, im "Fliegenden Klassenzimmer", protestiert der Dichter gegen die konventionelle Lüge, dass es im Lande der Jugend kein Leid gäbe. Aber er ruft seinen kleinen Lesern zu: Macht euch nichts vor! Blickt dem Missgeschick fest ins Auge!

In einem viel zu kurzen Dasein hat sich Erich Kästner das Recht erworben, so männlich zur Generation der Zukunft zu sprechen.

M. J.

Ein Nachruf zu Lebzeiten in der ausländischen Presse, Mai 1942

Notwendige Antwort auf überflüssige Fragen

Ich bin ein Deutscher aus Dresden in Sachsen.
Mich läßt die Heimat nicht fort.
Ich bin wie ein Baum, der – in Deutschland gewachsen –
wenn's sein muß, in Deutschland verdorrt.

Der **Präsident der**
Reichsschrifttumskammer
   II-010210-Do.

Berlin-Charlottenburg 2, den 14. Januar 1943
Hardenbergstraße 6 — Fernruf: 31 00 17
Sprechst.: Dienstag bis Freitag von 11–13 Uhr

Herrn
Erich K ä s t n e r,
Berlin-Charlottenburg.
Roscherstr.16

    Auf Grund einer neuerlichen Entscheidung der Reichskulturkammer wird die Ihnen unter dem 25.7.1942 erteilte Sondergenehmigung widerrufen. Sie sind somit nicht mehr berechtigt, im Zuständigkeitsbereich der Reichsschrifttumskammer als Schriftsteller tätig zu sein. Zuwiderhandlungen gegen diese Berufsuntersagung können von mir gemäss § 28 der Ersten Durchführungsverordnung zum Reichskulturkammergesetz mit Ordnungsstrafen belegt werden.

                                           Im Auftrage:

Als die Synagogen brannten

Der junge SA-Mann:
Wo steckt Jehova nun, der nie verzeiht?
Ist er, Adresse unbekannt, verzogen?

Der alte Jude:
Gibt's einen Gott, gibt's auch Gerechtigkeit.
Wenn's keinen gibt, was braucht es Synagogen?

4
Notabene 45
Ein Auszug

Vorbemerkungen

In einem Regal meiner Berliner Bibliothek stand, unauffällig zwischen anderen Bänden, während des Dritten Reiches ein blau eingebundenes Buch, dessen Blätter, wenigstens in der ersten Zeit, völlig weiß und leer waren. In Fachkreisen nennt man solche Bücher ohne Worte ›Blindbände‹. Es handelt sich um Buchmuster, die dem Verlag und dem Autor dazu dienen, die endgültige Ausstattung des geplanten Werks zu erörtern.
Der unverfängliche Blindband wurde mein Notizbuch für verfängliche Dinge. Die leeren Seiten füllten sich mit winziger Stenographie. In Stichworten hielt ich, als seien es Einfälle für künftige Romane, vielerlei fest, was ich nicht vergessen wollte. Und dreimal begann ich Tagebuch zu führen, jeweils etwa sechs Monate lang, in den Jahren 1941, 1943 und 1945.
Warum ich die Arbeit, noch dazu dreimal, nach kurzer Zeit wieder abbrach, weiß ich heute nicht mehr. Außer allerlei nicht mehr auffindbaren Gründen dürfte mitgespielt haben, daß der Alltag auch im Krieg und unterm Terror, trotz schwarzer Sensationen, eine langweilige Affäre ist. Es ist schon mühsam genug, ihn hinzunehmen und zu überdauern. Auch noch, Jahr um Jahr, sein pünktlicher Buchhalter zu sein, überstieg meine Geduld. Ich begnügte mich mit Stichproben.
Das Dritte Reich brach zusammen. Die Sieger bestanden einmütig auf der bedingungslosen Kapitulation. Deutschland wurde in vier Besatzungszonen aufgeteilt und militärisch verwaltet. Seu-

chen und Bürgerkrieg konnten vermieden werden. Ruhe hieß die erste Bürgerpflicht. Am Leben bleiben hieß die zweite. Der erschöpften Bevölkerung war beides recht. Sie ließ sich regieren, und sie wurde, da der Zivilverkehr stillag, punktuell regiert. Die Methode war handlich. Da sie sich anbot, brauchte man sie nicht zu erfinden.
Im Wirrwarr jenes Halbjahres bewegte ich mich von Berlin über Tirol nach Bayern. Das Land glich einem zerstörten Ameisenhaufen, und ich war eine Ameise unter Millionen anderer, die im Zickzack durcheinanderliefen. Ich war eine Ameise, die Tagebuch führte. Ich notierte, was ich im Laufen sah und hörte. Ich notierte, was ich hoffte und befürchtete, während ich mich totstellte. Ich notierte nicht alles, was ich damals erlebte. Das versteht sich. Doch alles, was ich damals notierte, habe ich erlebt. Es sind Beobachtungen aus der Perspektive einer denkenden Ameise. Und es sind Notizen, die zum Teil nur aus Stichworten, halben Sätzen und Anspielungen bestehen. Das genügte, weil die Niederschrift nur für mich bestimmt war, nur als Zündstoff fürs eigene Gedächtnis.
Als ich nun, fünfzehn Jahre danach, ans Veröffentlichen dachte, an Leser außer mir selber, mußte ich den Wortlaut ergänzen. Meine Aufgabe war, die Notizen behutsam auseinanderzufalten. Ich mußte nicht nur die Stenographie, sondern auch die unsichtbare Schrift leserlich machen. Ich mußte dechiffrieren. Ich mußte das Original angreifen, ohne dessen Authentizität anzutasten. Es war eine mühsame Beschäftigung, eher die eines Konservators als eines Schriftstellers, und ich habe sie so gewissenhaft durchgeführt, wie ich es vermochte. Ich habe den Text geändert, doch am Inhalt kein Jota.
Das Tausendjährige Reich hat nicht das Zeug zum großen Roman. Es taugt nicht zur großen Form, weder für eine ›Comédie humaine‹ noch für eine ›Comédie inhumaine‹. Man kann eine zwölf Jahre lang anschwellende Millionenliste von Opfern und

Henkern architektonisch nicht gliedern. Man kann Statistik nicht komponieren. Wer es unternähme, brächte keinen großen Roman zustande, sondern ein unter künstlerischen Gesichtspunkten angeordnetes, also deformiertes blutiges Adreßbuch, voll erfundener Adressen und falscher Namen.

Meine Skepsis gilt dem umfassenden Versuch, dem kolossalen Zeitgemälde, nicht dem epischen oder dramatischen Segment, den kleinen Bildern aus dem großen Bild. Sie sind möglich, und es gibt sie. Doch auch hier steht Kunst, die sich breitmacht, dem Ziel im Weg. Das Ziel liegt hinter unserem Rücken, wie Sodom und Gomorrha, als Lots Weib sich umwandte. Wir müssen zurückblicken, ohne zu erstarren. Wir müssen der Vergangenheit ins Gesicht sehen. Es ist ein Medusengesicht, und wir sind ein vergeßliches Volk. Kunst? Medusen schminkt man nicht.

Die Nation müsse die Vergangenheit bewältigen, heißt es. Wir sollen bewältigen, was wir vergessen haben? Das klingt nach leerer Predigt. Und die Jugend soll bewältigen, was sie nicht erlebt hat und nicht erfährt? Man sagt, sie erfahre es. Wenn nicht zu Hause, dann in der Schule. Die Lehrer, sagt man, schrecken vor dem schlimmen Thema nicht zurück, wenn auch nur die politisch unbescholtenen. Die Zurückhaltung der anderen, hat einer unserer Kultusminister gesagt, sei begreiflich. Aber bedenklich, hat er gesagt, sei das nicht. Denn sie träten demnächst, soweit sie vorher nicht stürben, in den Ruhestand. Und dann stünden weder sie noch sonst ein Hindernis dem regulären Unterricht in Zeitgeschichte im Weg. Weil ihre Nachfolger zu Hitlers Lebzeiten noch kleine Kinder gewesen und schon deshalb unbescholten seien. Hat er gesagt. Wie sie, ohne selber angemessen unterrichtet worden zu sein, die nächste Generation angemessen unterrichten sollen, das hat er nicht gesagt.

Was nicht gut ist, hat einen Vorzug: Es kann besser werden. Die Historiker sind nicht müßig. Die Dokumente werden gesammelt und ausgewertet. Das Gesamtbild wird für den Rückblick frei-

gelegt. Bald kann die Vergangenheit besichtigt werden. Auch von Schulklassen. Man wird zeigen und sehen können, wie es gekommen und gewesen ist. Doch das Lesen in der großen, in der Großen Chronik darf nicht alles sein. Sie nennt Zahlen und zieht Bilanzen, das ist ihre Aufgabe. Sie verbürgt die Zahlen und verbirgt den Menschen, das ist ihre Grenze. Sie meldet, was im großen ganzen geschah. Doch dieses Ganze ist nur die Hälfte.
Lebten und starben denn Zahlen? Waren die Reihen jüdischer Mütter, die ihre weinenden Kinder trösteten, während man sie auf polnischen Marktplätzen in deutsche Maschinengewehre trieb, Zahlenketten? Und war der SS-Scharführer, den man danach ins Irrenhaus bringen mußte, eine Ziffer?
Die Menschen wurden wie vielstellige Zahlen auf die schwarze Tafel geschrieben und, Schwamm darüber, ausgelöscht. In der Großen Chronik ist für sie alle Platz, doch nur für alle miteinander. Der Einzelne kommt darin nicht vor. Er hat hier so wenig zu suchen wie auf dem Schulglobus meine kleine Tanne hinterm Haus. Man findet ihn in anderen Büchern. Wer in sie hineinblickt, starrt durch kein Teleskop, in kein Mikroskop und auf keinen Röntgenschirm. Das bloße Auge genügt. Bruchteile der Vergangenheit zeigen sich im Maßstab 1 : 1. Sie wird anschaulich. Der Mensch wird sichtbar. Er erscheint in natürlicher Größe. Er wirkt nicht sonderlich groß. Nein. Nicht einmal aus der Nähe. Gerade aus der Nähe nicht.
Frühjahr 1961

Tagebuch

Berlin, 7. Februar 1945
Wir waren wieder ein paar Tage in L. an der Havel, und es ging, wie fast jedesmal, hoch her. Textilkaufleuten verwehrt das Schicksal, Not zu leiden. Da hilft kein Sträuben. Man trägt

ihnen, nach Einbruch der Dunkelheit, das Notwendige samt dem Überflüssigen korbweise ins Haus. Man drängt ihnen auf, was es nicht gibt. Bei Nacht kommen nicht nur die Diebe, sondern auch die Lieferanten. Sie bringen Butter, Kaffee und Kognak, weiße Semmeln und Würste, Sekt und Wein und Schweinebraten, und sie brächten den Kreisleiter der NSDAP, wenn er eßbar wäre. Karl honoriert soviel Mannesmut und Hilfsbereitschaft mit Kostüm- und Anzugstoffen, und dann ruft er, vom Berliner Geschäft aus, ein Dutzend Freunde und Bekannte an. »Kommt doch am Sonntag für eine halbe Woche aufs Land! Abgemacht? Wir freuen uns!«
Der Gastgeber freut sich. Die Gäste freuen sich. Die Freude ist allgemein. Man lacht und tafelt in einem Landhaus an der Havel, und die russischen Panzer stehen, bei Frankfurt und Küstrin, an der Oder. Man trinkt Sekt und tanzt, und noch gestern saßen wir, in Charlottenburg und Wilmersdorf, im Keller, während zwölfhundert Flugzeuge ihre Bomben ausklinkten. Man raucht Importen und pokert, und ringsum ziehen die Trecks, auf der Flucht aus dem Osten, ins Ungewisse. Man verkleidet und maskiert sich und improvisiert Kabarettszenen, und nicht weit von hier, in Brandenburg und Oranienburg, beginnen die Häftlinge zu hoffen und die Lagerkommandanten zu zittern. Manchmal treten wir, noch halbmaskiert und mit vollen Gläsern in der Hand, aus dem Haus ins Dunkel und betrachten, gegen Potsdam hin, die langsam und lautlos sinkenden feindlichen Leuchtkugeln und glitzernden Christbäume. Neulich sagte ich, als wir so am Ufer standen: »Es ist, als komme man ins Kino, und der Film habe schon angefangen.« Da ließ eine der Frauen die Taschenlampe kurz aufblitzen und fragte geschäftig: »Darf ich, bitte, Ihre Eintrittskarten sehen? Was haben Sie für Plätze?« »Natürlich Loge«, antwortete Karl, »Mittelloge, erste Reihe!«
Man tafelt, lacht, tanzt, pokert, schäkert, verkleidet und enthüllt sich und weiß, daß das Schiff sinkt. Niemand macht sich

Illusionen. Die nächste Woge spült ihn selber über Bord. Und keiner hat Mitleid. Ertrinkende schreien um Hilfe? »Kann dir die Hand nicht geben, derweil ich eben tanz!« Die Lust ist zäher als das Gewissen. Wenn das Schiff sinkt, fällt der Katechismus ins Wasser. Polarforscher, heißt es, seien notfalls imstande, wissenschaftliche Mitarbeiter zu verzehren. Schlechte Zeiten, schlechte Manieren.

Als Lotte und ich in Nauen auf den Zug warteten, sprach uns eine Frau an, die mit ihrem Kind aus Gnesen geflüchtet war. Niemand hatte die russische Vorhut so bald erwartet. Man fand nicht einmal Zeit, die mit Sprengkapseln wohlversehene Brücke in die Luft zu jagen. Der erste Zug, den man Hals über Kopf für den Rücktransport zusammenstellte, war für die Angehörigen der Eisenbahner reserviert, und nur, weil im Zug noch Platz blieb, durften, wie die Frau sich ausdrückte, ›auch noch Zivilisten‹ hinein. Sie bedauerte, daß sie das neue Speisezimmer, den Staubsauger, die Nähmaschine und die Kiste mit den guten Kleidern hatte zurücklassen müssen, war aber recht gefaßt. Wie man ja überhaupt die Gottergebenheit solcher Menschen bestaunen muß, die doch an ihren Siebensachen viel inniger hängen als unsereins. Ameisen können nicht gefaßter sein, wenn ihr Bau mit einem Spazierstock zerstört wird.

An verkehrswichtigen Kreuzungen, z. B. Ecke Wilmersdorfer Straße und Kurfürstendamm, hat man, zunächst unter Aussparung der Straßenbahngleise, Panzersperren errichtet. Panzersperren? Man hat ausrangierte Lieferwagen und alte ausgeschlachtete Autos an die Kreuzungen geschleppt, dort umgestürzt und sonstiges Alteisen und verbeultes Blech dazwischengeworfen. Glaubt man im Ernst, mit solchen Schrott- und Müllhaufen die russischen Panzer auch nur eine Minute aufhalten zu können? Wenn man wenigstens ein paar Kisten krummer Nähmaschinennadeln aus der Reparaturwerkstatt Ichtershausen

(Thür.) dazulegte! Das wäre immerhin eine originelle Methode, krumme Nadeln wieder ›auszurichten‹!
Wer solche blechernen Misthaufen für Panzersperren hält und sie aus diesem Grund ›erstellen‹ läßt, muß schwachsinnig sein. Und wer meinen sollte, es sei immer noch klüger, das Dümmste zu tun als überhaupt nichts, der möge sich für einige Minuten an eine dieser Kreuzungen begeben und die Gesichter der Berliner mustern! Die Bevölkerung vermutet, daß man sie auf den Arm nimmt. Sie hat sich damit abgefunden, daß es Tag und Nacht Bomben regnet, ohne jede Gegenwehr, und daß die fremden Geschwader, auch tagsüber und bei blauem Himmel, in Paradeformationen daherkommen. Man reißt blutige Witze. Roosevelt und Hitler, sagt man, hätten die für den Rest des Kriegs verbindliche Übereinkunft getroffen, daß jener die Flugzeuge und dieser den Luftraum zur Verfügung stelle. Doch angesichts der Panzersperren versagt sogar der Galgenhumor.
Am Sonnabend, erzählt man, sei das Schloß ausgebrannt. Die Staatsoper habe schwer einstecken müssen. Die Hotels ›Excelsior‹ und ›Fürstenhof‹, mehrere Bahnhöfe und die ›Tobis‹ in der Friedrichstraße sollen getroffen worden sein. Und noch eins: Freisler sei beim Verlassen des Adlon-Bunkers umgekommen, den er zu früh verlassen habe.
Wollte er rasch ein Dutzend Todesurteile unterschreiben? Warum hatte er es so eilig?

Mitunter bin ich mir wegen der Ausflüge nach L., diesen Abstechern ins Schlaraffenland, nicht ganz grün, sondern fast ein wenig suspekt. Was irritiert mich? Was an meinem Behagen behagt mir nicht? Oder stört es mich, daß ich die anderen stören könnte? Empfinden sie die Handbreit Ironie, die mich von ihrem märkischen Karneval trennt, als Arroganz? Hält man mich für einen Spielverderber? Das täte mir leid, und es träfe nicht zu. Ich habe oft genug in Milieus hospitiert, an denen gemessen das fidele

Haus an der Havel ein Kindergarten ist. Und daß das abgedunkelte Haus nicht nur an der Havel, sondern dicht am Abgrund steht, steigert die Temperatur des Übermuts. Die Lebenslust wird fiebrig. Der Zustand ist plausibel.
Mein Unbehagen stammt aus einer anderen Ecke. Daß ich lustige Leute unter die Lupe nehme, während ich mit ihnen lache, mag hingehen. Dergleichen gehört zum Beruf. Schriftsteller sind neugierig. Aber ich hospitiere in dem mir fremden Milieu nicht auf eigne Kosten. Ich studiere nicht nur, wie eine Branche, die mir fernliegt, eine Diktatur nach besten Kräften zum Narren hält, sondern ich esse mich dabei satt. Ich bin ein Mitesser. Ich gehöre zu Karls Nepoten. Ich kann seine Großzügigkeit nicht erwidern. Nicht mit dem kleinsten Geschenk. Denn ich habe nichts. Das wurmt mich. Ich könnte ihm das nächste Mal, von meiner Lebensmittelkarte, einen Abschnitt über 100 g Nährmittel mitbringen. Oder die Schlüssel zu meiner Wohnung, die vor einem Jahr verbrannt ist. Das könnte ich tun. Aber er verstünde es nicht. Das Allereinfachste wäre, ich ließe mich so gern beschenken, wie er schenkt. Aber ich bring's nicht zuwege. Was sträubt sich in mir? Der Hochmut des Kleinbürgers.
Heute mittag dementierte der Deutschlandsender die englische Rundfunkmeldung, daß Goebbels ›im Alpenland weile‹. Daß man die Nachricht sofort dementiert, ist aufschlußreicher als ihre Richtigkeit oder Unrichtigkeit. Man ist um den ›Frontgeist‹ der Berliner besorgt.

Berlin, 15. Februar 1945
Heute mittag der vierte Angriff auf Sachsens Mitte, besonders auf Dresden. Da ein Teil der Flugverbände nach Norden abschwenkte, saß auch Berlin im Keller. Die Vorstellung, daß die beiden alten Leute, seit vorgestern nacht, womöglich ohne Wohnung, irgendwo zwischen Trümmern hocken und daß die Mama meine zwei Manuskriptmappen, trotz Furcht und Tod und Teu-

feln, eisern umklammert hält, macht mich krank. (Es ist zweifellos viel wirkungsvoller, wenn jemand unsere Angehörigen quält, statt uns selber. Die Methode gehört zu den ältesten und probatesten Hausmitteln der Menschheit.)
Bei der Überlegung, daß täglich zehn- bis fünfzehntausend Flugzeuge über Deutschland Bomben abwerfen und daß wir, längst ohne jede Gegenwehr, stillhalten müssen und, wie das Rindvieh auf den Schlachthöfen, tatsächlich stillhalten, bleibt einem der Verstand stehen. Wann werde ich Nachricht haben?
Heute abend jährt es sich, daß meine Wohnung in der Roscherstraße abbrannte. Am Tag darauf kam, insofern sehr unpassend, meine Mutter an, um mir die Wäsche zu bringen, da die Post die Paketbeförderung abgelehnt hatte. Und weil der Anhalter Bahnhof getroffen worden war, mußte ich von dort aus zum Görlitzer Bahnhof. Ich kam trotzdem zurecht. Der Dresdner Zug stand, wegen einer Vorwarnung, noch weit draußen auf der Strecke. Mein Plan war, die Zeit bis zu Mamas Rückfahrt im erstbesten Lokal hinzubringen. Denn ich wollte ihr nicht nur die Roscherstraße ersparen, sondern den Trümmeranblick überhaupt. Sie brauchte nicht zu wissen, wie es in Berlin aussah. Sie sollte weiterhin glauben, es sei nur halb so schlimm. Ihre Sorgen um mich waren ohnedies groß genug.
Mein Plan schlug fehl. Sie wollte unbedingt die Wohnung sehen, obwohl ich ihr klarzumachen suchte, daß nicht nur die Wohnung, sondern das ganze Haus verschwunden sei. »Auch das Klavier?« fragte sie. Und als ich nickte, fragte sie weiter: »Auch die Teppiche?« Sie konnte es nicht fassen und bestand, eigensinnig wie ein Kind, auf dem Augenschein. So machten wir uns auf den Weg. Und auch den Weg hätte ich der alten Frau gern erspart. Die Stadtbahn verkehrte nur auf Teilstrecken. Manchmal gab es Omnibusanschlüsse. Manchmal mußten wir bis zur nächsten Stadtbahnstation, die in Betrieb war, durch halbzerstörte Straßen laufen. Meine Angst freilich, der Anblick könne die

Berlin 1945

Mama erschrecken, war überflüssig gewesen. Sie sah und hörte nichts, bis wir nach zwei Stunden im Hof standen, den sie kannte. Sie blickte auf die Ziegeltrümmer und, völlig ausdruckslos, in die leere Luft darüber. So standen wir eine Weile. Dann drehte sie sich um und kletterte über den meterhohen Schutt, der im Toreingang des Vorderhauses lag, auf die Straße zurück.
Für den Rückweg zum Görlitzer Bahnhof brauchten wir wieder zwei Stunden. Sie sah nichts, hörte nichts und sprach kein Wort. Als sie sich aus dem Abteil beugte, zeigte ich auf das Wäschepaket, das ich noch immer trug, und sagte lächelnd: »Ein Glück, daß die Post den Karton nicht angenommen hat! Sonst wäre die Wäsche mit verbrannt!« Das Gesicht blieb versteinert. Als der Zug anfuhr und ich winkte, hob und senkte sie ein einziges Mal die Hand.
In ihrem nächsten Brief schrieb sie, sie habe tagelang geweint. Und was ist nun? Ein Jahr später? Blickt sie jetzt in Dresden

in die leere Luft ›darüber‹? Ein wenig beruhigt mich der Gedanke an den stabilen Gewölbekeller, den der Nachbar Hilbrich mit ein paar anderen Hausbewohnern gemauert hat. Auch der Papa meinte, das Gewölbe und die Türschleuse vertrügen einen Stoß.

In der Ostsee seien die zwei größten KdF-Schiffe auf Minen aufgelaufen, die ›Gustloff‹ mit neuntausend und die ›Robert Ley‹ mit fünftausend Flüchtlingen.

Berlin, 27. Februar 1945
Am Morgen des 23. Februar, zu meinem Geburtstag, kam endlich Nachricht! Zwei Briefe und zwei Postkarten, schmutzig und zerknittert, auf einmal! Das war ein Geburtstagsgeschenk! Sie leben und sind gesund, und sogar die Wohnung steht noch. Weil die Fenster zersprungen und die Zimmer voller Ruß und eiskalt sind, schlafen die Eltern im Korridor. Mama auf dem Sofa, Papa auf zusammengeschobenen Stühlen. Das Essen wird im ›Löwenbräu‹ ausgegeben. Sie frieren, was das Zeug hält. Die Koffer und die Bettenbündel liegen, im Keller, auf dem Handwagen.
Gestern abend brachte Orthmanns Kurier entsetzliche Nachrichten. Dresden sei ausradiert worden. Der Feuersog des brennenden Neuen Rathauses habe aus der Waisenhausstraße fliehende Menschen quer durch die Luft in die Flammen gerissen, als wären es Motten und Nachtfalter. Andere seien, um sich zu retten, in die Löschteiche gesprungen, doch das Wasser habe gekocht und sie wie Krebse gesotten. Zehntausende von Leichen lägen zwischen und unter den Trümmern. Und die Eltern leben! Trauer, Zorn und Dankbarkeit stoßen im Herzen zusammen. Wie Schnellzüge im Nebel.

Berlin, 2. März 1945
Seit zehn Tagen klettern die Berliner allabendlich ein- bis zweimal in die Keller. Gestern hockten wir geschlagene zwei Stunden drunten. Da alle erkältet sind, hätten wir vor Husten und Niesen fast die Entwarnung überhört. Erst beehrte uns ein mittlerer und dann ein schwacher Verband schneller Kampfflugzeuge. An etlichen Teilstrecken ist die Stadtbahn wieder außer Betrieb. Elfriede Mechnig war anderthalb Stunden unterwegs, bevor sie schimpfend in der Sybelstraße eintraf.

Im ›Bardinet‹ gibt es, angeblich wegen Transportschwierigkeiten, nicht einmal Bier und Sprudel. So tranken wir, leicht verbittert, Malzkaffee. Dann erst rückte Foese für jeden ein Glas Rotwein heraus. Er spielt mit dem Gedanken, den Laden dicht zu machen. Um so mehr, als er dann das Hotelzimmer neben dem Lokal aufgeben und in seine Wohnung zurückziehen könnte, die nicht in Charlottenburg, sondern, glaube ich, in Tegel liegt. Das wäre für ihn eine günstige Gelegenheit, der Stadtwacht zu entkommen. Denn dieser Formation droht Kasernierung, und für eine solche Wohnweise fühlt er sich zu erwachsen. Martin Mörike ›wohnt‹ bereits, mit seinen einundsechzig Jahren, auf Staatskosten in einem Massenlogis, und er schrieb mir von dort, aus der Turmstraße, eine Postkarte, daß ich ihn, so bald ich könne, besuchen solle. Er leide an Haftpsychose.

Ich brauche nur an die Baracken auf dem Schießplatz Wahn zu denken oder an die mit Flöhen garnierten Strohsäcke im Dresdner Ball-Etablissement ›Orpheum‹, das wir in ›Morpheum‹ umbenannten, und schon wird mir übel. Damals war ich achtzehn Jahre alt. Den Quartiergestank habe ich noch jetzt in der Nase.

Daß ich diesmal davongekommen bin, verdanke ich dem Stabsarzt, der mich untersuchte. Er fragte mich, während ich nackt und stramm vor ihm stand, nach Namen und Beruf und sagte: »Soso, *der* Kästner sind Sie!« Die Bemerkung verhieß nichts Gutes. Als ich dann aber von dem uralten Musterungsmajor, den ein Monokel zierte, erfuhr, daß ich für militärdienstuntauglich befunden und ausgemustert worden sei, wußte ich, daß mir der Arzt sehr gewogen sein mußte. Andernfalls hätte er mich mindestens für Schreibstubendienste oder fürs Kartoffelschälen im Ehrenkleid requirieren können. Wie man Freunde hat, die einen nicht mehr kennen wollen, hat man, zum Ausgleich, andere, die man selber nicht kennt.

Berlin, 5. März 1945
Nachts gegen drei Uhr ein kleinerer Angriff. Um die Mittagszeit Einflüge in breiter Front, von Hamburg bis Prag. Überall dicke Luft. Einige Verbände luden die Bomben erst auf dem Rückweg ab. Sondervorstellung im Rundfunk: Gauleiter Hanke sprach aus der ›Festung Breslau‹ zum deutschen Volk. Was wir ehedem für unerläßliche Kulturgüter gehalten hätten, meinte er, stelle sich jetzt, bei näherem Hinsehen, als durchaus entbehrliches Zivilisationsgut heraus. Auch sonst scheint er in der letzten Zeit mancherlei gelesen zu haben. Er zitierte sogar den alten Jakob Böhme aus Görlitz: »Wer nicht stirbet, bevor er stirbet, der verdirbet, wenn er stirbet.« Früher einmal, in brauner Vorzeit, als Hanke Kultur noch für unerläßlich hielt, ohrfeigte er in Babelsberg, Frau Magda Goebbels zu Ehren, den Dr. Greven von der Ufa, und nun, da ihm Kultur nichts mehr gilt, rezitiert er deutsche Mystik und predigt aus einer Festung, die keine ist, das Memento mori! Wo hat er die Weisheit her? Von dem Bürgermeister, den er vorm Breslauer Rathaus aufhängen ließ? Von diesem Feigling, der erklärt hatte, eine umzingelte Großstadt werde nicht einfach zur Festung, indem man sie als solche bezeichne? Hoffentlich hat das deutsche Volk die Predigt verstanden. ›Das Leben ist der Güter höchstes nicht?‹ Ganz wie Sie wünschen, Herr von Schiller! Es gehört vielmehr zu den entbehrlichen Zivilisationsgütern? Zu Befehl, Herr Hanke!

Berlin, 7. März 1945

Endlich wieder Post von den Eltern! Beim Angriff am 2. März mittags sind nur die Pappen aus den Fensterrahmen gefallen. Ärgerlich sei, daß es seit dem 13. Februar in den Häusern weder elektrischen Strom noch Wasser gibt. Das Wasser müssen sie mit Eimern holen.

Guderian, der Chef des Generalstabs, hat sich, vor geladenen Journalisten, an die Weltöffentlichkeit gewendet. Das maßlose Verhalten der russischen Truppen gehe auf höchste Befehle zurück, deren einen er verlas. Und ›von Teufelsöfen, Gaskammern und ähnlichen Erzeugnissen einer kranken Phantasie‹ habe er während des deutschen Vormarsches in Rußland nichts bemerkt. Schließlich kam er auf die Leidenschaft zu sprechen, mit der daran gearbeitet werde, im Osten von der Verteidigung wieder zum Angriff übergehen zu können. Da wird die Weltöffentlichkeit aber staunen! Und zwar darüber, was so ein Chef des Stabes über die Zunge bringt, statt sie sich abzubeißen!

Dresden, der Pirnaische Platz

Eines Tages wird die Geschichte der deutschen Generalität seit 1933 geschrieben werden, und das wird keine schöne Geschichte sein, sondern ein höchst unerbauliches und unpreußisches Buch. Darin wird man nachlesen können, wie sich die Generäle, um mächtig zu werden, unterwarfen. Wie sie sich bald Marschallstäbe, bald Backpfeifen geben ließen und beide Male strammstanden. Wie sie nicht unseren, nicht einmal ihren, sondern immer nur ›seinen‹ Krieg führten, wie sie, bis auf wenige, ihrem Treubruch die Treue hielten, bis übers Grab. Über wessen Grab?

Mayrhofen, Zillertal, 22. März 1945

Seit einer Woche sind wir in Tirol. Es gibt einiges nachzutragen.

Es begann damit, daß sich Lotte und Eberhard auf dem Ufa-Gelände begegneten und er sie erstaunt fragte: »Warum sind Sie eigentlich noch hier?« Sie antwortete: »Weil Erich nicht fortkann.« Da sagte er: »Das läßt sich arrangieren. Ich fahre übermorgen zu Außenaufnahmen. Wenn er will, nehm ich ihn mit. Kommt heute abend zu mir. Da besprechen wir alles.«

Am Abend besprachen wir alles. In der über alten Wagenremisen und Pferdeställen hübsch eingerichteten Kutscheretage, die zu Brigitte Horneys Babelsberger Grundstück gehört. Es war zugleich der Abschied von Lottes Barockschrank, den niederdeutschen Stühlen und ziemlich kostbaren Büchern, die wir, nach den ersten schweren Angriffen auf Charlottenburg, hier untergestellt hatten.

Er setzte sich an die Schreibmaschine und stellte, auf meinen Namen, alle notwendigen Papiere aus. Es waren von Staatsrat Hans Hinkel blanko unterzeichnete Formulare. Eberhard schrieb, ich sei der Autor des Drehbuchs, das in Mayrhofen verfilmt werde, und vervollständigte die Gültigkeit der Ausweise durch seine eigne Unterschrift. Am übernächsten Abend zehn Uhr führen

wir los, sagte er dann. In einem noch ganz brauchbaren Zweisitzer, einem DKW. Und Lotte? Sie würde, in ihrer Eigenschaft als Dramaturgin der Ufa, von Liebeneiner, dem Produktionschef, nach Innsbruck geschickt werden, um mit einem dort wohnhaften Schriftsteller einen Filmstoff zu erörtern. Dazu bedürfe es keiner Camouflage. Und von Innsbruck nach Mayrhofen sei es ein Katzensprung.
Den nächsten Tag verbrachte ich auf Ämtern. Ich ging zur Polizei, zur Lebensmittelkartenstelle und ins Büro des Volkssturms. Und überall erhielt ich, aufgrund der vorgezeigten Ausweise, weitere notwendige Papiere. Es lief wie am Schnürchen. Am unbehaglichsten fühlte ich mich auf der Bank am Olivaer Platz. Denn hier hatte mich die Gestapo zum ersten Male verhaftet. Hier war, länger als ein Jahr, mein Konto gesperrt gewesen. Hier wußte man, daß mir der Staat nicht grün sei. Deshalb traute ich mich nicht, mein Geld bar zu beheben, sondern verlangte einen Reisescheck. Als der Angestellte wiederkam und erklärte, er könne mir keinen Scheck ausstellen, hielt ich den Atem an. Als er hinzufügte, sie hätten keine Scheckformulare in der Filiale, wurde mir wohler. Ob mir mit dem Barbetrag gedient sei, wollte er wissen. Ich zeigte mich einverstanden, ließ mir die Summe an der Kasse auszahlen und entfernte mich gemessenen Schrittes.
Am Tage darauf, zehn Uhr abends, fuhren Eberhard und ich davon. Hinter Potsdam wurden wir zum ersten Mal von Feldgendarmen kontrolliert. Eberhard zeigte unsere Papiere. Sie wurden geprüft. Wir durften passieren. Manchmal zuckten Scheinwerfer auf und prüften den Nachthimmel. Manchmal bemerkten wir neben der Autobahn von Tiefffliegern zerschossene Fahrzeuge. Manchmal zirkelten Taschenlampen, ein paar hundert Meter voraus, glühende Kreise, und das hieß immer wieder: ›Halt, wer da? Hier Feldgendarmerie!‹ Man prüfte die Papiere. Die Posten gaben den Weg frei. Und weiter ging's.

Als es zu dämmern begann, kletterte der kleine Wagen den Fränkischen Jura hinan. Plötzlich fiel mir auf, daß neben uns ein rötlicher Schein herlief. Er wich uns nicht von der Seite. Etwas später roch es nach versengtem Gummi. Unsere klammen Füße wurden erstaunlich warm. Nun sprangen wir aus dem Auto. Es war höchste Zeit. Unterm Vordersitz züngelten Flammen. Funken sprühten aus dem Auspuff. Das Chassis schmorte. Erst schmissen wir die Benzinkanister auf die Straße. Dann zerrte Eberhard Wolldecken aus dem Wagen, warf sich zu Boden und versuchte, das Feuer zu ersticken. Das half nichts. Nun brannten auch die Decken. Ich stand ratlos daneben und blickte mich nach Hilfe um. Es war zwecklos. Kein andres Auto. Kein Gehöft. Kein Mensch. Kein Wasser. Doch da entdeckte ich einen Schneehaufen, und nun rannte ich los. Nachdem ich den letzten Schnee weit und breit zusammengekratzt und im Dauerlauf herangeschleppt hatte, kroch Eberhard, verrußt und zufrieden, unterm Auto hervor. Das Feuer war tot. Wir fuhren langsam weiter.
Gegen acht Uhr morgens roch es wieder nach Gummi und glimmendem Sperrholz. Diesmal fanden wir Bauern und Eimer mit Wasser. Und so trafen wir zwölf Stunden nach der Abfahrt aus Babelsberg, ziemlich pünktlich und wohlbehalten, bei Eberhards Freunden, einer Familie Weiß, in P. ein. Der Gutshof liegt, nicht weit von Fürstenfeldbruck, mitten im Moos. Der Frühstückstisch war schon gedeckt. Mit hausschlachtener Wurst und geräuchertem Speck. Wir hatten Hunger und ließen uns nicht lange bitten.

Mayrhofen, 23. März 1945

Eberhard hat seine Schäfchen beisammen und die Apparaturen auch. Harald Braun ist der Regisseur. Er hat die Frau und den Sohn mitgebracht. Kyrath, der nette Kerl mit dem Hörapparat, fungiert als Produktionsassistent. Seine Braut, die ihn begleitet, ist Halbjüdin. Vom Architekten Hasler war schon die Rede. Baberske wird an der Kamera stehen. Herbert Witt, der lustige Mitstreiter aus der ›Katakombe‹ und dem ›Tingeltangel‹, den verstorbenen Berliner Kabaretts, korrigiert, im Hinblick auf Landschaftsmotive, das Drehbuch, wenn er nicht gerade, denn er ist enragierter Rohköstler, über die Wiesen schreitet und Nahrung pflückt. Die Besprechungen des Filmgeneralstabs finden teils im Gasthof ›Brücke‹, teils beim Moigg, im ›Hotel Neuhaus‹, statt. Dort essen wir auch zu Mittag, mehr schlecht als recht, und überhaupt nur, weil Eberhard die Wirtsleute kennt und ein wenig tyrannisieren darf.

Als Hauptdarsteller stehen Hannelore Schroth und Ulrich Haupt zur Verfügung. Ihr Stichwort ist noch nicht gefallen. Mittags liegen sie auf dem Balkon und nehmen Sonnenbäder. Die Handwerker und Beleuchter spielen Skat, lassen sich vom Maskenbildner Schramm die Haare schneiden, untersuchen den Ort und die Gegend mit dem nötigen Scharfblick und fangen an, sich in den Schwarzhandel einzuschalten. Alle miteinander wissen, daß ich nicht zum Team gehöre, sondern von der Spree bis zum Ziller als ›Unterseeboot‹ mitgefahren bin. Niemand läßt sich etwas anmerken. Keiner verliert ein Wort darüber. Ich stehe auf ihrer Liste, das genügt, basta. Vorhin habe ich zum ersten Mal den Titel des Films gehört. ›Das verlorene Gesicht‹ soll er heißen. Ein hübscher Einfall.

Daß uns der Großteil der Einheimischen nicht eben gewogen ist, läßt sich mit Händen greifen, und die Aversion läßt sich verstehen. Wer vom Fremdenverkehr lebt, kann die Fremden nicht leiden, damit fängt es an. Sie benutzen seine Stuben, seine Höhenluft, seine Panoramen, seinen Sonnenschein, seine Toilette und seine Wiesenblumen, es muß ihn ärgern. Weil diese Tagediebe Eintrittsgeld, Pachtgebühr und Sporteln bezahlen, muß er seinen Widerwillen zu verbergen trachten, und das macht die Sache noch schlimmer. Wenn sie, statt selber zu erscheinen, die Gelder per Post überwiesen, wäre Eintracht möglich. Doch sie kommen, als Anhängsel ihrer Brieftaschen, persönlich, und das geht ein bißchen weit.

Daß die Fremden, wie der Name sagt, Fremde sind, wäre Ärgernis genug. Aber es sind zumeist Großstädter, vielleicht sogar Berliner, vorlaut und überheblich, fürs schlichte Bauernherz das reinste Gift. Heute mehr denn je. Sie wollen, als Reichsdeutsche, ganz einfach nicht begreifen, daß die Tiroler, also die Österreicher, nach 1933 mit der liberalen Welt und deren Presse noch fünf Jahre lang in engem Kontakt, d. h. sehenden Auges, 1938 dem Hitler zujubeln konnten. Jetzt, 1945, begreifen es die ›Ostmärker‹ selber nicht mehr. Und was fangen sie mit ihrem sträflichen und irreparablen Irrtum an? Sie nehmen ihn uns übel. Nicht sie sind schuld, daß sie den Krieg mitverlieren und daß ihre Söhne mitfallen, sondern wir.

Und was tun wir mitten im Untergang, auch dem ihrigen, was tun wir, statt sie an der Neiße und am Scharmützelsee und in Schlachtensee zu verteidigen? Wir kommen, eine Kabinettsorder vorzeigend, in ihre Bergwelt und drehen einen Film! Eine solche Unverfrorenheit verschlägt ihnen den Atem. Der Großteil der Hiesigen ist uns nicht gewogen? Er haßt uns! Und es ist ein ohnmächtiger Haß. Denn unsere Frivolität ist unangreifbar. Die Obrigkeit hat sie uns aufgetragen. Sie hat sie verbrieft und gesiegelt.

Es gibt einen einzigen schwachen Punkt, wo sich der Hebel gegen uns ansetzen ließe, und der schwache Punkt ist meine Person. Ein kurzes Telefongespräch mit dem Propagandaministerium oder auch nur mit dessen Innsbrucker Filiale würde ausreichen, Eberhards gewagtes Spiel zu durchkreuzen. Wir können nur hoffen, daß die örtlichen Amts- und Würdenträger meinen Namen niemals gehört oder längst wieder vergessen haben. Beide Fälle sind denkbar, und der zweite Fall wäre so vorteilhaft wie der erste. Wenn ein Schriftsteller lange genug verboten ist, vergessen die Leute mit dem Namen auch das Verbot. Wer hier oben weiß, wer ich bin? Und daß ich geblieben bin, wer ich war? Drei Männer aus dem Ort wissen es, ein Arzt, ein Architekt, der Besitzer einer Sägemühle und sechzig Berliner. Sie wissen auch, daß ich ihre Achillesferse bin. Sie lassen es mich nicht fühlen. Dadurch wird das Vergnügen, die Achillesferse von sechzig Berlinern zu sein, nicht größer.

Das Haus der Familie Steiner in Mayrhofen

In den meisten Hotels wohnen, von der ebenen Erde bis unters Dach, junge Mädchen. Es sind die Schülerinnen der Lehrerinnenbildungsanstalten Österreichs. Man hat sie nach Mayrhofen umgesiedelt, da hier ihr Leben und der kontinuierliche Unterricht weniger gefährdet sind als in den Städten. Sie sonnen sich auf den Balkons. Sie stehen in den Glasveranden an der Wandtafel. Sie üben Chorgesang und Zitherspiel. Die Ältesten machen in der Gaststube das schriftliche und mündliche Schlußexamen. Der Direktorin wird nachgesagt, daß sie eiserne Disziplin halte, zu den ›alten Kämpfern‹ und zum engsten Freundeskreis des Tiroler Gauleiters Hofer gehöre und daß sie nahezu nichts unversucht gelassen habe, die Einquartierung der Berliner Filmleute zu hintertreiben. Daß ihr das mißlungen sei, habe sie erst recht zu unserer Feindin gemacht. Was wird sie tun? Wird sie in Innsbruck Lärm schlagen? Oder in Bozen, wo sich Hofer neuerdings aufzuhalten pflegt?

Heute mittag hatten wir, bei strahlendem Sonnenschein, Alarm. Da das Elektrizitätswerk gerade Strom sparte, rannte ein Mann mit einer jaulenden Handsirene, einer Art Kinderspielzeug, durch die Straßen und jagte, wie ein vom Blutrausch besessener Amokläufer, die erstaunten Berliner in die umliegenden Hausflure. Viele traten nur, wie bei einem Platzregen, unter die vorspringenden Dächer. Und kaum war er um die Ecke, standen sie wieder mitten auf der Straße. Wenige Minuten später tauchten, im Süden, kleinere Bomberverbände über den Schneebergen auf und flogen, blitzend und in Paradeformation, am blauen Himmel über unsere Köpfe hinweg. Die Berliner unterhielten sich, als alte Routiniers, über englische und amerikanische Bombertypen. Aus weiter Ferne hörten wir Detonationen. Da die deutschen Truppen in Norditalien zurückgehen, bombardiert man planmäßig die Brücken über den Inn und wichtige Eisenbahnknotenpunkte wie Wörgl.

Mayrhofen, 11. April 1945

Gestern kam der Ortsgruppenleiter, Niederwieser heißt der Mann, mit einem Gendarmen bewaffnet zu Kyrath und erklärte, er habe aus Schwaz den dienstlichen Auftrag erhalten, uns alle zu verhaften, weil wir nicht zur Musterung erschienen seien. Auch am Abend vorher hatte ihn die Kreisleitung mit einem Auftrag versehen. Er möge sich, früh um 5 Uhr, zum Bahnhof verfügen und nachschauen, ob die Berliner auch ganz gewiß in die Kleinbahn stiegen. Niederwieser war, samt seinem Gendarmen, sehr aufgeregt. Kyrath, dessen Schwerhörigkeit, trotz Hörapparat, Unterhaltungen sehr spannend gestaltet, gelang es, die beiden bis zu einem gewissen Grade davon zu überzeugen, daß der Befehl, uns einzusperren, auf einem Irrtum beruhen müsse. Es könne sich nur um eine mangelhafte Verständigung zwischen Gau- und Kreisleitung handeln. Die Angst, es mit der Gauleitung zu verderben, machte den Ortsgruppenleiter wankelmütig. Er will sich in Innsbruck erkundigen. Und so sitzen wir noch nicht hinter Tiroler Gardinen. ›In den Bergen ist Freiheit.‹ Büchmann weiß alles.

Ich beschäftige mich wieder einmal mit Nietzsche, anhand zweier Kröner-Auswahlbände. ›Dem bösen Menschen das gute Gewissen zurückgeben — ist das mein unwillkürliches Bemühen gewesen? Und zwar dem bösen Menschen, insofern er der starke Mensch ist?‹ Welch unheimliche Frage Nietzsches an sich selbst, und fast schon die Antwort!

Mayrhofen, 12. April 1945

Gestern hat, in Schwaz, eine Rücksprache mit dem Kreisleiter stattgefunden. Das Ergebnis läßt sich hören. Man will uns weder ins Gefängnis sperren noch in Uniformen stecken. Statt dessen sollen wir, vorzüglich an Regentagen, den Einwohnern bei der Feldbestellung helfen. Und warum, wenn es regnet? Weil man dann nicht filmen kann. Es grenzt an Courtoisie. Außerdem will man, mit Hilfe unserer Schauspieler, in den umliegenden Lazaretten Unterhaltungsabende organisieren, an denen auch Willy Birgel aus Kitzbühel und Hans Moser aus Zell am Ziller mitwirken werden. O wie gut, daß niemand weiß, daß ich Rumpelstilzchen heiß!

Königsberg ist gefallen. Der Kommandant ist zum Tode verurteilt worden, weil er seine ›Festung‹ ohne Genehmigung des Oberkommandos der Wehrmacht übergeben hat. Im Anschluß an den Wehrmachtsbericht wurde allen Kommandanten noch nicht in Feindeshand befindlicher Städte bei Todesstrafe untersagt, ohne ausdrückliche Ermächtigung des Oberkommandos zu kapitulieren. Sonst? Die amerikanischen Panzer stehen in Braunschweig, belagern Erfurt und stoßen ›südöstlich von Würzburg‹ vor. In Wien wird am Donaukanal gekämpft. Im hiesigen Postamt sind heute weder Briefschaften noch Zeitungen eingetroffen.

Mayrhofen, 19. April 1945

Eberhard ist aus München zurück, hat Berlin telefonisch erreichen können und erhofft Rückendeckung, denn er traut dem Frieden nicht, und er hat gar nicht so unrecht. Die Seminardirektorin, der Ortsgruppenleiter und ihr Anhang haben die Anweisungen aus Innsbruck und Schwaz geschluckt, aber nicht verdaut. Man ignoriert uns, ›den Dolch im Gewande‹. Deshalb zog heute, denn die Sonne schien, die Ufa, mit den geschminkten Schauspielern an der Spitze, geschäftig durch den Ort, hinaus in die Landschaft, und drehte, was das Zeug hielt. Die Kamera surrte, die Silberblenden glänzten, der Regisseur befahl, die Schauspieler agierten, der Aufnahmeleiter tummelte sich, der Friseur überpuderte die Schminkgesichter, und die Dorfjugend staunte. Wie erstaunt wäre sie erst gewesen, wenn sie gewußt hätte, daß die Filmkassette der Kamera leer war! Rohfilm ist kostbar. Bluff genügt. Der Titel des Meisterwerks, ›Das verlorene Gesicht‹, ist noch hintergründiger, als ich dachte.

Obwohl wir hier oben, an Berlin gemessen, im toten Winkel leben, geht es bunt zu. Wir hören, daß im Südosten und Westen von Leipzig gekämpft wird, und wir spazieren durch den Bergfrühling. Flüchtlinge nächtigen in Heuböden. Wir pflücken auf dem Weg nach Lanersbach Blumensträuße fürs Herz und Brennnesseln für den Magen. (Frische Brennnesseln schmecken, gekocht, wie Spinat!) Die Damen schenken den Bäuerinnen Blusen mit Spitzen aus Valenciennes, und die Bäuerinnen schenken den Damen ein paar Brotmarken. Wir helfen dem Hauswirt, die Maikäfer aus den Bäumen zu schütteln und in den Ofen zu schaufeln, und kaum haben wir die Flugzeuge über unseren Köpfen gezählt, donnern im Inntal die Reihenwürfe.

Mayrhofen, 21. April 1945
Das Konzentrationslager Buchenwald ist befreit worden, und der amerikanische General nötigte die Parteimitglieder der Goethestadt Weimar zu einem Lagerbesuch. Beim Anblick der halbverhungerten Insassen, der Verbrennungsöfen und der gestapelten Skelette seien, hieß es, viele Besucher ohnmächtig geworden.

Mayrhofen, 26. April 1945
Gestern hatte, neben Babelsberg und Nauen, auch L. an der Havel seine historische Sekunde, als der Rundfunk meldete, die drei Ortschaften seien von den Russen besetzt worden. Wir saßen in Steiners Wohnstube, dachten bei Babelsberg an Lottes Möbel in Eberhards Wohnung, bei L. an der Havel an meine Bücherkisten in Karls Landhaus und erst recht an seine Frau und an ihn selber. Sind sie rechtzeitig, mit ein paar tausend Anzügen und Mänteln, auf einem Kahn davongeschwommen? Oder haben sie den anderen Plan verwirklicht, die Freunde von der dänischen Gesandtschaft ins Haus genommen und deren Flagge am Gartentor aufgezogen, in der vagen Hoffnung, die einmarschierenden Russen nähmen darauf Rücksicht? Sollte Karl diesen Plan verfolgt und damit auch nur ein paar Stunden Zeit gewonnen haben, kann ich mir das übrige ausmalen. Dann nämlich sitzt er jetzt mit seinen Dänen und ein paar russischen Offizieren um den exterritorialen Tisch und traktiert die Freunde und die Eroberer mit Kognak, Genever und Himbeergeist. Womöglich steht schon ein russischer Soldat als Wachtposten am Tor, kaut westfälischen Schinken und behütet die Schwelle!

Mayrhofen, 28. April 1945

Vorgestern gab es, jedenfalls bis zum späten Abend, keinen Wehrmachtsbericht, und seit gestern informiert uns eine mindestens dem Namen nach völlig neue Station, der ›Großdeutsche Rundfunksender Gruppe Süden‹.

Ebenso interessant wie unübersichtlich sind seit zwei Tagen die Nachrichten über die Vorgänge in Oberitalien. Nur das Resultat der dortigen Entwicklung dürfte feststehen: Verona, Trient, der Gardasee, Mailand, Como, Turin, Parma und Mantua sind von unseren Truppen geräumt worden und befinden sich in den Händen ›der italienischen Patrioten‹. Es dürfte sich um einen von höchster Stelle befohlenen Rückzug der deutschen Südarmee handeln, in einigen Fällen allerdings eher um unbefohlene Kapitulation. So hat sich die Besatzung Genuas ergeben, bevor feindliche Truppen überhaupt in der Nähe waren. Daß die ›italienischen Patrioten‹ allein den deutschen Kommandanten gezwungen haben könnten, samt der Garnison zu kapitulieren, ist nicht sehr wahrscheinlich. Er wird.es gewollt haben. Vielleicht hat auch die Mittelmeerflotte gedroht, die Stadt zu beschießen, und er wollte das Bombardement nicht verantworten.

Mayrhofen, 1. Mai 1945

Hitler, erzählt man, liege im Sterben. Göring amüsiere sich, in einer Alpenvilla irgendwo, mit Kinderspielzeug und brabble vor sich hin. Himmler verhandle erneut mit Bernadotte. Und in Oberitalien hätten sich hundertzwanzigtausend Mann ergeben. Sonst? Die Amerikaner haben, anscheinend ohne Kampf, München besetzt, und ihre schnellen Verbände stehen schon bei Mittenwald. Daß sie, in der anderen Stoßrichtung, Innsbruck erreicht hätten, wurde vorhin in einer Rundfunkdurchsage heftig bestritten. Sie seien erst in Bregenz. Wer gegenteilige Behauptungen verbreite, schade nicht nur der Heimat, sondern auch sich selber.

Gestern wurden die Lebensmittelkarten für den Monat Mai verteilt. Und heute gibt es schon keine Lebensmittel mehr, kein Brot, keine Butter, keine Teigwaren. Die Läden sind leer. »Die Preußen haben die Geschäfte gestürmt«, behaupten die erbitterten Bauern. Aber nicht wir haben die neuen Marken auf einen Schlag in Ware umgesetzt, sondern die Flüchtlinge aus Wien. Die Geschäftsleute hatten keine Handhabe, den panischen Ausverkauf zu verhindern. Es war eine legale Plünderung. Sie mußten am ersten Tag alles hergeben, was wochenlang reichen sollte. Da Brot die Angewohnheit hat, altbacken zu werden, wurde auch sehr viel Mehl gekauft. Und nun gibt es weder Brot noch Mehl. Die Bitte ›Unser täglich Brot gib uns heute!‹ wird sich, mindestens während der nächsten vier Wochen, auch für fromme Leute kaum erfüllen lassen, sie seien denn Müller oder Bäcker.
Auch wir sind, wenn man es wortwörtlich nimmt, brotlos. Butter und Käse lassen sich immer einmal wieder für teures Geld beschaffen, und ich habe noch Geld. Wie lange es reichen wird, steht auf einem anderen Blatt. Das hängt von der Entwicklung der Preise und der Weltgeschichte ab. Wenn die Kühe im Zillertal außer Milch auch Mehl gäben, wäre auch die Brotbeschaffung nichts mehr und nichts weniger als eine Geldfrage. Doch die Kühe sind eigensinnig. Und weil hier oben kein Getreide wächst, ist Brot teurer als Geld. Da muß man schon mit soliden Werten winken als mit Reichsmarkscheinen. Zum Exempel mit geräuchertem Speck. Deshalb habe ich vorhin, wehen Herzens, mit dem alten finnischen Dolch etwa ein halbes Pfund Speck von der eisernen Ration heruntergesäbelt und bei einer Frau aus Wien, die heute morgen zuviel Brot gehamstert hat, in ein Zweipfundbrot umgewechselt. Damit ist die ›Ernährungslage‹ bis morgen früh gesichert.

Mayrhofen, 3. Mai 1945

Das alliierte Hauptquartier teilt mit, Himmler habe dem Grafen Bernadotte am 24. April, also vor zehn Tagen, berichtet, Hitler leide an Gehirnblutungen und mit seinem Ableben sei in den nächsten achtundvierzig Stunden fest zu rechnen. Viele schenkten der Meldung keinen Glauben. Ihnen gefällt die Version, daß er vorm Feind gefallen sei, bei weitem besser. Sie entspricht ihrem Wunsch. Sie halten einen solchen Heldentod für eine Heldentat.

Ein neues Gerücht: Hans Fritsche sei in Gefangenschaft geraten und habe versichert, Hitler und Goebbels hätten Selbstmord begangen. Das ist die bis jetzt einleuchtendste Version. Vorhin verbreitete der Sender ›Oberdonau‹ die Anordnung, im Gedenken an den Führer halbmast zu flaggen. Anschließend wurde empfohlen, die Fahnentücher nachts einzuholen. Warum? Hat man Angst vor Andenkensammlern? Die Leute interessieren sich nachts nicht für Hakenkreuzfahnen, sondern für den Londoner Sender. Aus fast allen Häusern dringt, wenn es dunkel geworden ist, sein Pausenzeichen. Man ist nicht mehr zimperlich. Es klingt, als spalte man überall Holz.

Mayrhofen, 4. Mai 1945

Die Ostmark heißt wieder Österreich. Die Agonie ist vorüber. Klio hat den Totenschein ausgestellt. Das Regime, das nicht leben konnte und nicht sterben wollte, existiert hierzulande nicht mehr. Gestern nachmittag hat sich, mit einem Dr.-Ing. Gruber an der Spitze, die Österreichische Widerstandsbewegung konstituiert. Die Sender Vorarlberg, Innsbruck und Salzburg bestätigten die Waffenstreckung der Südarmee, auch für Tirol, Vorarlberg und Reutte, und verbreiteten die ersten zwei Erlasse der provisorischen Regierung.

Der eine Erlaß hob ab sofort die Verdunklung auf, fand ungeteilten Beifall und wurde am Abend weithin sichtbar befolgt. Die Fenster waren erleuchtet! Ein paar Straßenlaternen brann-

ten zwinkernd! Wir gingen spazieren und freuten uns wie die Kinder. Uns war, mitten im Mai, weihnachtlich zumute. Das jahrelang entbehrte Licht in den Häusern erschien uns schöner als Millionen Christbäume.
Auch der zweite Erlaß wurde gehorsam befolgt. Freilich nicht mit der gleichen Begeisterung. Er befahl die sofortige Beflaggung in den Farben Österreichs, also Rot-weiß-rot, oder in den Tiroler Farben Rot-weiß. Die Schwierigkeit, unter der die Bevölkerung leise seufzte, bestand nicht etwa, wie man denken könnte, in dem über Nacht zu vollziehenden Gesinnungswandel. Auch nicht in der bedenklichen Zumutung, ihn vor aller Augen meterlang aus den Fenstern zu hängen. Die Schwierigkeit lag ausschließlich darin, sich in so kurzer Zeit, noch dazu nach Ladenschluß und bei der herrschenden Stoffknappheit, das geeignete Fahnentuch zu beschaffen.
Künftige Usurpatoren sollten daraus lernen. Man kann die Menschen, nicht nur die Österreicher, natürlich dazu nötigen, vom Abend zum Morgen ihre Gesinnung wie einen Handschuh umzukehren. Und man kann sie mühelos dazu bewegen, diese Wandlung öffentlich zu bekennen. Am guten Willen wird nicht zu zweifeln sein. Man muß nur die Grenzen beachten, die ihm gezogen sind. Für die politische Kehrtwendung selber genügen zehn Minuten. Die befriedigende Lösung der Flaggenfrage ist viel zeitraubender. Schon wegen des Ladenschlusses. Denn es genügt nicht, die Fahne nach dem Wind zu hängen. Es muß ja die neue Fahne sein!
Immerhin bot Dr.-Ing. Grubers Flaggenerlaß keine unüberwindlichen Schwierigkeiten. Es wurde von der Nation bis heute früh weder Marineblau noch Schweinfurter Grün verlangt und auch kein Kanariengelb. Rot und Weiß waren, bei einiger Phantasie, über Nacht beschaffbar, und sie wurden beschafft. Als wir, die Entdunklung feiernd, die Straßen und Gassen entlanggingen, konnten wir uns mit eignen Augen – einem weinenden und einem

lachenden Auge – unterrichten, wie man aus alten und soeben verbotenen Fahnen neue, aufs innigste zu wünschende schneidert. Wir blickten in die Stuben und sahen, in jedem Fensterrahmen, das nahezu gleiche lebende Bild. Überall trennte man das Hakenkreuz aus den Hitlerfahnen. Überall zerschnitt man weiße Bettlaken. Überall saßen die Bäuerinnen an der Nähmaschine und nähten die roten und weißen Bahnen fein säuberlich aneinander. »Doch drinnen waltet die züchtige Hausfrau«, zitierte einer von uns. Und ein andrer sagte: »Sie ziehen sich die Bettücher unterm Hintern weg. Das nenn ich Opfermut!«

Auch sonst glich der Spaziergang einer politischen Exkursion. Farbsatte Rechtecke an den Wänden erzählten uns, wie leicht Tapeten zu verschießen pflegen und wie groß die Hitlerbilder gewesen waren. In dem einen und anderen Zimmer standen die Hausväter vorm Rasierspiegel, zogen Grimassen und schabten, ohne rechten Sinn für Pietät, ihr tertiäres Geschlechtsmerkmal, das Führerbärtchen, von der Oberlippe. (Obwohl, historisch betrachtet, sein Emblem unter der Nase, wie vieles andre auch, nicht von Hitler, sondern vor ihm erfunden worden ist.) Kurz und gut, es war ein lehrreicher Rundgang. Seit das Licht wieder aus den Häusern fällt, fällt auch wieder Licht hinein.

Heute früh wehten die Fahnen der Freiheit, daß es eine Pracht war. Die neuen Ordnungshüter, mit rot-weiß-roten Armbinden, konnten auf Mayrhofen stolz sein. Mitunter bemerkte man freilich Kreise und Segmente in unausgeblichenem Rot, die bis gestern vor Wind und Wetter durchs Hakenkreuz geschützt worden waren. Zuweilen hatten die Bäuerinnen wohl auch die roten und weißen Bahnen in der verkehrten Reihenfolge zusammengenäht. Doch das blieben kleine Schönheitsfehler, über die man großzügig hinwegsah.

Die Fahnen sind nicht nur aus Angst und Lüge zusammengestoppelt. Vor manchem Fenster flattert auch die Wahrheit, die ganze oder die halbe, trotz der zerschnittenen Bettlaken. Wir aus Berlin kennen hier nur die Eckfälle. So wußten wir seit den ersten Tagen, daß der Kramerwirt, ein feister Mann mit Kropf, zur katholischen Opposition und zu Schuschniggs Freunden gehöre. Die Einheimischen, auch er selber, rechnen mit ihm als dem neuen Bürgermeister.

Die Seminardirektorin, die alte Kämpferin und Freundin des Tiroler Gauleiters Hofer, hat die Fahne nicht gewechselt, sondern wurde heute früh in Hippach, auf dem Hügel neben der Kapelle, tot aufgefunden. Neben ihr lagen die Leichen ihrer Mutter, ihrer Freundin, eines Kindes und eines Lehrers sowie ein zweiter Lehrer, der nur verwundet war und, mit einem Kopfverband, abtransportiert worden ist. Sechs Schüsse und fünf Tote, darunter ein Kind. Ein blutiger, letzter Akt, mit Selbstmord und Mord im Einverständnis. Ein schlimmes Ende schlimmer Erzieher. Der Pfarrer hat angeordnet, daß sie außerhalb der Friedhofsmauer begraben werden.

Die dreiundzwanzigjährige BDM-Führerin der Anstalt habe sich anderswo erschossen, und der Ortsgruppenleiter sei, auf dem Rückweg vom Achensee, in Jenbach umgebracht worden. Diese zwei Nachrichten sind nicht verbürgt.

Vorhin fuhr eine Kette von Autos, worin höhere Offiziere saßen, durch den Ort. Als sie anhielten, um den Weg nach Hintertux zu erfragen, stellte sich heraus, daß sie, trotz der deutschen Uniformen, Russen waren und zum Stab der Wlassow-Armee gehörten. Ein radebrechender Dolmetscher erzählte, sie hätten noch vor kurzem in Babelsberg gekämpft und sich im letzten Augenblick nach Süden durchgeschlagen. Die Erzählung klang unwahrscheinlich. Sollte sie zutreffen, so hieße es, daß man die ukrainischen Partisanen regimenterweise den Sowjets ans Messer geliefert hat. Wlassow und seine Offiziere ziehen es jedenfalls vor, droben in Hintertux auf die Amerikaner zu warten.

Auch Lastautos der deutschen Südarmee fahren, mit Maschinengewehren bestückt und mit Lebensmitteln beladen, in der gleichen Richtung bergauf. Einzelne kleinere Trupps absolvieren die letzten Kilometer ihrer Flucht zu Fuß. Hintertux ist Endstation. Dort ist die Welt mit Gletschern vernagelt.

Mayrhofen, 5. Mai 1945, nachts
Heute gegen Abend trafen die ersten Amerikaner ein. In zwei Panzerspähwagen und zwei Kübelwagen mit Maschinengewehren. Sie hatten deutsche Offiziere mit Armbinden der Widerstandsbewegung bei sich und hielten beim Kramerwirt. Auf einem der Panzer lagen ein deutscher Offiziersdegen und ein deutscher Stahlhelm. Der Wirt begrüßte den Lieutenant Colonel mit jovialer Würde und führte ihn und die deutschen Begleiter in die Gaststube. Unmittelbar danach fuhr, aus entgegengesetzter Richtung, ein Auto mit weißem Wimpel und Parlamentären des Stabs der Wlassow-Armee vor, und auch sie wurden vom Wirt ins Haus geführt.

Während in der Gaststube verhandelt wurde, warteten die Panzerfahrer und MG-Schützen neben ihren Fahrzeugen, rauchten und ließen sich von der Menge bestaunen. Es waren kräftige Burschen mit schmalen Ordensschnallen und breiten Boxergesichtern. Während die Dorfjugend auf den Panzern herumturnte, meinte ein Sergeant, der ein deutsches Sportabzeichen als Siegestrophäe an der Mütze trug, Tirol sei a beautiful country. Ein Kamerad nickte, warf seine kaum angerauchte Chesterfield achtlos auf die Straße und merkte gar nicht, wie wir dabei zusammenzuckten. Später tauchte Uli Haupt auf und verwickelte die Boys, da er in Chikago großgeworden ist, in ein längeres Gespräch, das ihnen viel Freude machte. Von der Zigarette, die man ihm anbot, trat er mir zwei Züge ab. Kyrath stand, den Hörapparat in der Hand, lächelnd dabei, hatte seinen ältesten Trachtenhut auf dem Kopf und rechnete damit, daß sich unter den Helden aus Übersee ein Andenkenjäger fände. Doch sie interessierten sich, fast zu seinem Verdruß, nicht für alte Hüte.

Sie interessierten sich nicht einmal sonderlich für die vielen kleinen Trupps deutscher Soldaten, die, von den verschneiten Pässen herunterkommend, ohne Orden und Rangabzeichen, fußkrank und schneeblind, auf Zweige gestützt vorüberhumpelten oder stehenblieben, um sich gefangennehmen zu lassen. Die Amerikaner zeigten nur mit dem Daumen talabwärts, und so zogen die Reste der geschlagenen Armee weiter. Viele Kameraden, erzählten sie uns, seien im Po ertrunken und andere droben auf den Pässen erfroren.
Ein einziges Mal hoben die Amerikaner erstaunt die Brauen. Als ein junger Leutnant, mit umgeschnalltem Revolver und sechs Mann, auf sie im Gleichschritt losmarschierte, die Abteilung halten ließ und, mit der Hand an der Mütze, einem der Sergeants Meldung erstattete. Auch dieses Grüppchen kam von den Pässen herunter. Auch sie kamen aus der Po-Ebene. Doch sie sahen aus, als hätten sie höchstens einen mittleren Gepäckmarsch hinter sich. Die Amerikaner hielten Kriegsrat und gaben dem Leutnant und seinen sechs Mann schließlich einen ihrer MG-Schützen mit. Er verschwand mit ihnen, nicht als sei er ihr Aufpasser, sondern eine Ehrengarde.
Später rollten die Panzer wieder nach Schwaz hinunter, und das Auto mit dem weißen Fähnchen kletterte wieder nach Hintertux hinauf. Wir hatten ein kleines Stück Geschichte gesehen, als wären es ein paar Meter Bergfilm gewesen, und waren wieder unter uns. In den nächsten Tagen werden andere Amerikaner kommen und die Ortsverwaltung übernehmen.

Mayrhofen, 8. Mai 1945

Jodl hat die bedingungslose Kapitulation unterzeichnet. In Reims. Der Rundfunk überträgt die Siegesfeiern und den Jubel, der draußen herrscht. Alle miteinander sind stolz darauf, was sie in fünf Kriegsjahren geleistet haben. Und sie haben Grund, sich zu rühmen. Aber sie werfen uns vor, daß es ihrer Anstrengungen bedurfte. Was sie getan hätten, sei unsere Aufgabe gewesen. Wir, die deutsche Minorität, hätten versagt. Das ist ein zweideutiger Vorwurf. Er enthält nur die halbe Wahrheit. Sie verschweigen die andere Hälfte. Sie ignorieren ihre Mitschuld. Was sie verschweigen, macht das, was sie aussprechen, zur Phrase, und wir sind im Laufe der Zeit gegen Phrasen sehr empfindlich geworden. Auch gegen liberale Phrasen. Auch gegen Phrasen aus Übersee. Die Sieger, die uns auf die Anklagebank verweisen, müssen sich neben uns setzen. Es ist noch Platz.

Wer hat denn, als längst der Henker bei uns öffentlich umging, mit Hitler paktiert? Das waren nicht wir. Wer hat denn Konkordate abgeschlossen? Handelsverträge unterzeichnet? Diplomaten zur Gratulationscour und Athleten zur Olympiade nach Berlin geschickt? Wer hat denn den Verbrechern die Hand gedrückt statt den Opfern? Wir nicht, meine Herren Pharisäer!

Sie nennen uns das ›andere‹ Deutschland. Es soll ein Lob sein. Doch Sie loben uns nur, damit Sie uns desto besser tadeln können. Beliebt es Ihnen, vergessen zu haben, daß dieses andere Deutschland das von Hitler zuerst und am längsten besetzte und gequälte Land gewesen ist? Wissen Sie nicht, wie Macht und Ohnmacht im totalen Staat verteilt sind? Sie werfen uns vor, daß wir nicht zu Attentaten taugen? Daß noch die Trefflichsten unter uns dilettantische Einzelmörder unübertrefflicher Massenmörder waren? Sie haben recht. Doch das Recht, den ersten Stein gegen uns aufzuheben, das haben Sie nicht! Er gehört nicht in Ihre Hand. Sie wissen nicht, wohin damit? Er gehört, hinter Glas und katalogisiert, ins Historische Museum. Neben die fein säuberlich gemalte Zahl der Deutschen, die von Deutschen umgebracht worden sind.

Der Äther ist geduldig. Stalin hat erklärt, Deutschland solle nicht zerstückelt werden. Doch es müsse sich selbst ernähren, haben englische Minister geäußert. Man werde nur eingreifen, falls Hungerepidemien aufträten. Hauptmann Gerngroß hat mitgeteilt, daß die unverbesserlichen Anhänger Hitlers nur nördlich des Mains lebten. Und der Sender Vorarlberg pries die engelhafte politische Unschuld der Österreicher. Das künftige Schicksal des Altreichs gehe sie nichts an. Es interessiere sie nicht. Ihre Freunde wohnten hinter anderen Grenzen. Die Unschuld grassiert wie die Pest. Sogar Hermann Göring hat sich angesteckt. Er sei von Hitler zum Tode verurteilt und von der SS inhaftiert worden. Erst Angehörige der Luftwaffe hätten ihm das Leben gerettet. Man sieht, der Engel der Unschuld hat sich mit fast jedem eingelassen, und nun wollen sie alle ins Krankenhaus.

Prag und Dresden sind eingenommen worden. Mayrhofen verwaltet sich selber. Nach 21 Uhr darf niemand mehr auf der Straße sein. Und ein Anschlag besagt, daß wir, die Flüchtlinge, wegen der angespannten Ernährungslage, ausgewiesen werden sollen.

Mayrhofen, 9. Mai 1945

Der gestrige Anschlag für die Flüchtlinge, der ein Anschlag auf die Flüchtlinge war, ist abgeändert worden. Man will uns nicht auf die Landstraße setzen, sondern erwartet, daß wir freiwillig gehen. Man packt uns beim Portepee, aber wir haben keins. Der Wunsch, uns loszuwerden, ist verständlich. Man möchte ohne Gäste am Hungertuche nagen. Das ist ganz gut und schön, doch wo sollen wir hin? Ins nächste amerikanische Lager? Zu Fuß und aus freien Stücken? Da sind wir schon lieber unhöflich.

Mayrhofen, 17. Mai 1945

Vorgestern ist Rauter, der Architekt, wieder aufgetaucht. Er war noch in letzter Kriegsminute nach Landeck eingezogen worden, sieht reichlich mitgenommen aus und hat alle Ursache, so auszusehen. Vor ein paar Wochen zeigte er uns noch, nichts Böses ahnend, Zillertaler Dörfer und Bauernhöfe und erläuterte höchst sachkundig deren Stil und Anlage. Wenn er nun berichtet, was ihm seitdem widerfahren ist, glaubt man, das Referat über einen Schnellkursus in Abenteuern zu hören.

Als man ihn und die andern, lauter ungediente Leute und vorwiegend Schüler und halbe Kinder, in Uniformen steckte und mit Gewehren und Handgranaten versah, war im Rundfunk bereits von Kapitulation die Rede. Trotzdem wurden sie losgeschickt, um den Fernpaß zu verteidigen. Schon beim ersten Zusammenstoß mit den schwerbewaffneten und kampferfahrenen Amerikanern blieb von ihnen kaum die Hälfte übrig. Mit diesem Ergebnis war aber die höhere Führung noch lange nicht zufrieden. Immer wieder wurden sie in neuen Widerstandslinien aufgefangen, obwohl sie gar nicht fähig waren, Widerstand zu leisten. Man hätte den von Etappe zu Etappe dahinschmelzenden Rest ebensogut mit Benzin übergießen und anzünden können. Nur die Stabskompanie, alte Frontkämpfer, machte den Amerikanern acht Stunden zu schaffen. Dann zog sich die Kompanie, noch drei Mann stark, in die nächste Stellung zurück. Schließlich fanden sogar einige Generäle, daß es genug sei, und wollten den Kampf einstellen. Da aber kam der Kreisleiter, verhandelte mit ihnen, und so nahm das abscheuliche Schlachtfest, fast schon ohne Opfer, seinen Fortgang.

Nachdem der Regimentskommandeur in Gefangenschaft geraten war, unterschrieb ein barmherziger Major die Entlassungspapiere der knapp Davongekommenen, und nun stiegen ein Dutzend Kinder in Uniform und ein paar Männer in den Bergen hin und her, bis sie einer amerikanischen Patrouille in die Arme liefen und nach Innsbruck gebracht wurden. Hier in der Stadt, die Rauter wie seine Westentasche kennt, fand sich alles Weitere sehr rasch: ein Zivilanzug, ein Krankenschein, ein Sanitätsauto bis Jenbach und ein für Bargeld nicht unempfänglicher Chauffeur, der nicht in Jenbach, sondern erst in Mayrhofen hielt, vorm Haus des Arztes, mit dem Rauter befreundet ist.

Was er am Fernpaß erlebt hat, hätten wir, als Tiroler Standschützen, am Brenner erleben können. Ob so zählebig wie er und mit so viel Glück im Unglück, ist die Frage.

Mayrhofen, 22. Mai 1945

Vorhin unterhielten wir uns kurz mit zwei italienischen Arbeitern, die auf Rädern aus Berlin kamen und sieben Tage unterwegs waren. Die Russen versähen alle Italiener mit Ausweisen und wiesen sie an, ihre Zone zu verlassen. Der Ausweis habe bis München gegolten, wo ihnen die Amerikaner neue Ausweise in die Hand gedrückt hätten. Die Lebensmittelzuteilung in Berlin fanden die beiden erträglich und in jedem Fall auskömmlicher als beispielsweise in Nürnberg. Bevor sie wieder aufbrachen, verkaufte der eine sein Fahrrad. Für tausend Lire. Er war zu müde, um es bis zum Paß hinaufzuschieben.

Das Rad kaufte übrigens ein Ufa-Handwerker. Er will, wenn er einen Ausweis erhält, nach Berlin radeln und die Direktion in Babelsberg, falls es Babelsberg und die Direktion noch geben sollte, nötigen, die Mayrhofener Belegschaft heimzuholen. Denn die Arbeiter wollen, im Gegensatz zu Harald Braun und den Schauspielern, so schnell wie möglich nach Hause. Daß Braun, mit ihrem Beistand und mit Unterstützung der Amerikaner, einen Film drehen möchte, interessiert sie nicht. Eberhard, der bei der Bavaria in München Lohngelder holen wollte, ist nicht zurückgekommen. Wo er steckt, wissen wir nicht. Das Geld, das die Arbeiter verdienen, stammt nicht aus Berlin und nicht aus München. Einige haben sich, findig und pfiffig, in den schwarzen Zwischenhandel mit Butter und Käse eingeschaltet. Damit halten sie sich über Wasser. Aber sie wollen heim.

Mayrhofen, 5. Juni 1945

Wir erhalten Kennkarten. In einem Klassenzimmer der Dorfschule. Der ›Lehrer‹ ist ein Sergeant, der als Kind bestimmt in einem deutschen Klassenzimmer gesessen hat. Seine Bemühung, die Muttersprache zu radebrechen, ist unverkennbar. Die Camouflage hat etwas Rührendes. Mit seinem Mißtrauen gerät er, glaub ich, oft an die Verkehrten. Er hat kein Talent zum Dorfkommissar. Die erstbeste Blondine wird ihn um den Finger wickeln. Und auch da wird er hereinfallen. Ich habe ihn beobachtet. Die Blondine, die ihm den Finger hingehalten hat, um den sie ihn spätestens morgen wickeln wird, ist gefärbt. Sie ist von Haus aus brünett. Und ihr Mann, der in Gefangenschaft geraten sein dürfte, war zwölf Jahre lang braun. Der Sergeant ist farbenblind.

Wir stehen an, wenn wir Milch kaufen. Wir stehen im Flur des Gasthofs und bis auf die Straße, wenn wir aufs Mittagessen warten. Wir stehen an, wenn wir die Lebensmittelkarten abholen. Und nun stehen wir in und vor der Schule, um Kennkarten zu erhalten. Das Schlangestehen überdauert Krieg und Niederlage und Regierungsform. Die ersten Menschen standen vor der Schlange, die letzten stehen in der Schlange. Mit der Schlange fing es an. Und als Schlange hört es auf.

Spaziergänge sind erlaubt. Man darf sich sechs Kilometer weit vom Ort entfernen. Es empfiehlt sich, die Kilometersteine zu beachten. Denn Militärstreifen durchstreifen die sommerliche Landschaft und kontrollieren die Spaziergänger und die Ausweise. Und es ist nicht jedermanns Sache, sich auf der Landstraße und im Abendsonnenschein anschnauzen zu lassen. Man muß sich fest einprägen: Die Natur ist zur Zeit sechs Kilometer lang. Dann beginnt die Geschichte.

Dann erst beginnt die Geschichte? Nicht einmal das stimmt. Die Natur ist noch viel kürzer. Auch innerhalb der Spazierzone trifft der poetisch gestimmte Naturfreund Bekannte, die ihn am Jackettknopf festhalten und, trotz Feld, Wald und Wiese ringsum, in durchaus naturferne Gespräche verwickeln, und ehe er sich's recht versieht, wird der Dialog zum Monolog, zum politischen Plädoyer. »Ich habe mich zwar von meiner jüdischen Frau scheiden lassen«, erklärt ihm einer, »aber die Trennung wäre auch in normalen Zeiten unvermeidlich gewesen. Unglückliche Ehen gibt es ja schließlich nicht nur unter der Diktatur. Außerdem habe ich ihr, solange es möglich war, Geld geschickt.« Der Mann steht zwischen hohen Bäumen, als seien sie der Hohe Gerichtshof. Er verteidigt sich ungefragt. Er übt. Er trainiert sein Alibi. Er sucht Zuhörer, um die Schlagkraft seiner Argumente zu kontrollieren. Die Bäume und der Spaziergänger, den er trifft, müssen ihm zuhören. Er beantragt Freispruch. Dann geht er weiter. Die Angst und das schlechte Gewissen laufen hinter ihm her.

Der Nächste, dem man begegnet, versichert, daß er, obwohl er kürzlich noch das Parteiabzeichen getragen habe, nicht in der Partei gewesen sei. »Ich war nur Anwärter«, sagt er, »Mitglied bin ich nie geworden, obwohl sich dann vieles für mich einfacher gestaltet hätte. Wenn Sie wüßten, was ich alles versucht habe, um nicht Mitglied zu werden! Es war, weiß Gott, nicht leicht, sich aus der Geschichte herauszuhalten!« Wir stehen auf einem Feldweg. Und drüben in einem Bauernhof kräht der Hahn. Es ist nicht leicht, sich aus der Geschichte herauszuhalten...

Der Dritte, und auch ihn kennt man nur flüchtig, wird noch zutraulicher. Er öffnet nicht nur sein Herz, sondern, bildlich ausgedrückt, auch die Hose. Er hat, trotz der Nürnberger Gesetze, zuweilen mit einem jüdischen Mädchen geschlafen, und nun hört er sich um, ob dieser Hinweis auf seine damals strafbaren Vergnügungen den nötigen politischen Eindruck erweckt. Schließlich hat er ja, als es verboten war, mit einer Jüdin gemeinsame Sache gemacht! Ja, hat er sich denn da nicht, wenn auch nur in der Horizontale, als Staatsfeind betätigt? Könnte ihm, überlegt er, die sündige Vergangenheit künftig nicht viel-

leicht von Nutzen sein? Er sucht in meinem Blick zu lesen, wie ich den Fall und die Chancen beurteile. Daß ich ihn für ein Ferkel halte, läßt ihn kalt.
Die Wege durch Wald und Feld ähneln Korridoren eines imaginären Gerichtsgebäudes. Die Vorgeladenen, mehr oder weniger kleine Halunken, gehen nervös hin und her, warten, daß der Polizeidiener ihren Namen ruft, und ziehen jeden, der vorbeikommt, ins Gespräch. ›Wer weiß, wozu es gut ist‹, denken sie.

Mayrhofen, 15. Juni 1945
Vor einem Vierteljahr verließ ich Berlin. Sechs Wochen später, also eine Woche vor der allgemeinen Kapitulation, gab die Südarmee den Kampf auf. Seitdem macht der Frieden die ersten Gehversuche. Er lernt laufen. Wie ein kleines Kind. Wir dürfen an den Gehversuchen teilnehmen. Vor ein paar Tagen wurde die Spazierzone erweitert. Auf zehn Kilometer im Umkreis. Und seit heute dürfen wir sogar, ohne besondere Genehmigung, das gesamte Zillertal durchqueren. Das ist, um so vor sich hinzugehen und nichts zu suchen, mehr als genug. Am Käferdasein zwischen Baum und Borke ändert es nichts. Mein Versteckspiel hat seinen Zweck, das Dritte Reich zu überleben, überlebt. Ich werde ungeduldig.
Daß meine Ungeduld wächst, hat zwei entgegengesetzte Gründe. Ich weiß nicht nur, wie schwer es ist, aus dem lieblichen Zillertal herauszukommen, sondern ich weiß auch, wie leicht es ist. Die Schwierigkeiten kenne ich, weil ich die Verordnungen kenne. Daß die Verordnungen nicht immer gelten, weiß ich durch Harald Braun und Ulrich Haupt. Sie waren dieser Tage in München! Noch dazu im Jeep, mit einem amerikanischen Unteroffizier als Chauffeur! Und bevor sie nach München fuhren, waren sie in Straßburg!

P. in Bayern, 18. Juni 1945

Seit vorgestern bin ich für ein paar Tage bei Familie Weiß, Eberhards Freunden, auf dem schönen Gutshof im Moos. Es ergab sich ganz plötzlich. Ulrich Haupts Kumpan, der tätowierte Oberstleutnant, hatte wieder einmal einen Jeep samt Fahrer übrig. Am Donnerstag läßt er uns zurückholen. Womöglich kommt er selber.

Da er Uli zwei Flaschen Himbeergeist als Wegzehrung mitgab, kann ich mich nur noch an die Abfahrt in Mayrhofen und an den ersten Teil des Ausflugs erinnern. Uli, der neben dem Fahrer saß, reichte, in nobler Regelmäßigkeit, die erste und später die zweite Flasche nach hinten. Trinkgefäße hatten wir nicht bei der Hand. Wenn ich trank, muß es ausgesehen haben, als wollte ich Trompete blasen. Der Jeep hüpfte auf seinen harten Reifen wie ein Füllen zu Tal, und ich, im Fond, hüpfte unfreiwillig mit. Meine Bemühungen, mir beim Trinken nicht die Zähne einzuschlagen, mögen daran schuld gewesen sein, daß der eine und der

München, das Siegestor

andere Schluck das bekömmliche Maß überschritten. Es ging lustig zu. Uli und der Fahrer sangen amerikanische Lieder. Und ich selber freute mich wie ein Kind, seit einem Vierteljahr zum ersten Male wieder unterwegs zu sein. Kein Krieg, keine Spazierzone, keine Polizeistunde, statt dessen Getreidefelder und Fachwerkstädtchen, im Hui vorbei, es war herrlich.
Von der Ankunft auf dem Gut weiß ich nur, daß mich zwei kräftige Männer aus dem Jeep hoben, ins Haus bugsierten und, am hellichten Tag, in irgendein Bett legten. Am Abend war ich wieder bei Verstand und, obwohl ich mich nun schämte, bei bestem Appetit.

Eberhard will am Donnerstag mitkommen, aber nur, um seine Siebensachen abzuholen. Das Kapitel Mayrhofen ist für ihn erledigt. Für die Belegschaft kann er nichts tun. Die Lastwagen und Kameras hat ihm der Amerikaner mit dem Hörbügel weggeschnappt. Jetzt kommt es ihm drauf an, München im Auge zu behalten. Wie ein Jäger. Mit der Hand am Drücker. Wer zuerst kommt, schießt zuerst. Das Ziel, das er aufs Korn genommen hat, heißt Kennedy. Denn Kennedy soll und will Geiselgasteig wieder flottmachen. Dafür wird er deutsche Filmfachleute brauchen. Am ehesten solche, die, wie Eberhard, Amerika kennen und Kennedys Muttersprache beherrschen. Ich zähle in der Kalkulation zu den Aktivposten. Denn ich bin politisch unbescholten, kann Filmstoffe und Drehbücher liefern, schulde Eberhard Dank und halte es ja selber für notwendig, die Tiroler Zelte abzubrechen. Das Gescheiteste, meint Eberhard, sei, daß ich gar nicht erst nach Mayrhofen mitkäme, sondern mich bei seiner Mutter in Schondorf einquartiere. Dort werde er Lotte und unser ›zweimal Fünferlei‹, auf der Rückfahrt nach P., gewissenhaft abliefern. Am Ammersee seien wir gut untergebracht, und München, die nächstliegende Zukunft, liege dann auch räumlich in der Nähe.

Eberhard und Uli waren vormittags nach München gefahren, hatten sich mit Kennedy unterhalten und erwähnt, daß ich seit zwei Tagen vorübergehend in P. sei. Diese Tatsache interessierte einige andere Amerikaner sehr und machte sie mobil. Als Eberhard und Uli zurückfuhren, folgte ihnen ein Jeep mit drei Männern des CIC. Sie nahmen auf der Gartenterrasse Platz, lehnten Getränke ab und ließen mich holen. Es wurde eine Vernehmung. Die zwei, zwischen denen ich am Tisch saß, stammten aus Deutschland. Der Wortführer stellte Fragen, als stelle er Fallen, und schrieb meine Antworten in ein Notizbuch. Der zweite sprach wenig, rauchte viel und spielte mit dem Schießgewehr, das an seinem Knie lehnte. Der dritte, ein Sergeant, hockte, sich und die Maschinenpistole sonnend, auf der halbhohen Terrassenmauer. Er verstand kein Deutsch, unterhielt sich mit einem Kaugummi und spuckte häufig in den Garten. Es handelte sich ganz offensichtlich um außermilitärische Zielübungen.

Das Mißtrauen des Wortführers, eines Leutnants, war mit Händen zu greifen. Über meine Bücher wußte er, mindestens was den Inhalt anlangt, einigermaßen Bescheid. Den ›Fabian‹ bezeichnete er als jenen ›Berliner Roman, worin Bordelle vorkommen‹, und er hätte gar zu gern gewußt, ob es seinerzeit, wie das Buch andeute, tatsächlich außer ›normalen‹ Bordellen auch solche mit männlicher Bedienung für weibliche Kundschaft gegeben oder ob ich das nur erfunden hätte. Meine lichtvollen Ausführungen über den Unterschied von Wirklichkeit und Wahrheit befriedigten den Leutnant nicht sonderlich.

Auch meine anderen Auskünfte stellten ihn nicht zufrieden. Er bohrte an mir herum wie ein Dentist an einem gesunden Zahn. Er suchte eine kariöse Stelle und ärgerte sich, daß er keine fand. Was ich zwölf Jahre lang getan und wovon ich gelebt hätte? Ich unterrichtete ihn in großen Zügen. Er hörte skeptisch zu und machte Notizen. Und warum war ich, unmittelbar nach dem Reichstagsbrand, nach Berlin zurückgekommen, statt in der

Schweiz zu bleiben, wo ich meine Ferien verbracht hatte? Um Augenzeuge zu sein? Wovon denn Augenzeuge? Als verbotener Schriftsteller und unerwünschter Bürger? Wie hätte ich denn hinter die Kulissen blicken dürfen? Ich antwortete, mir wäre der Blick hinter die Kulissen weniger wichtig gewesen als das auf offener Bühne zu erwartende Drama. Darüber hätte ich mich, meinte er, auch im Ausland informieren können, beispielsweise in der Schweiz, etwa durch gründliche Zeitungslektüre. Ich widersprach. Schon bei unbedeutenderen Uraufführungen verließe ich mich nicht gern auf Korrespondenzberichte, geschweige bei der drohenden Tragödie des Jahrhunderts. Ob ich geglaubt hätte, mir könne nichts zustoßen? Ich fragte, warum ich das hätte glauben sollen. Ob ich denn keine Angst gehabt hätte. Selbstverständlich hätte ich Angst gehabt, sagte ich. Wir kamen nicht voran. Einen Helden hätte er vielleicht verstanden. Die Wahrheit verwirrte ihn. Die Verwirrung wuchs, als ich meine Auslandsreisen aufzählte. Ich sei 1937 in Salzburg gewesen? Warum? Um mit Walter Trier, dem Illustrator meiner Bücher, einen Buchplan zu besprechen, ein Salzburg-Buch. Wer hätte die Reise offiziell genehmigt? Niemand. Ich hätte mich des nicht genehmigungspflichtigen Kleinen Grenzverkehrs bedient. Zwischen Reichenhall und Salzburg mehrere Wochen lang täglich hin und zurück. Aber Walter Trier sei doch Jude, oder nicht? Doch. Ich hätte mich auch mit anderen jüdischen Freunden täglich getroffen, die damals in Salzburg waren. Und dann sei ich wieder nach Berlin gefahren? Ja, dann sei ich wieder nach Berlin gefahren.
Und wer hätte 1938 meine Reise nach London befürwortet? Die Reichsschrifttumskammer? Nein, sie hätte den Antrag abgelehnt. Wer also? Ein alter Bekannter, der früher Vertragsjurist bei der Ufa und später Angestellter der Reichsfilmkammer gewesen sei. Was hätte ich in London getan? Ich hätte mich mit Cyrus Brooks, meinem englischen Übersetzer und Agenten, über Geschäfte unterhalten. Ich hätte aber auch andere Leute gesprochen, zum

Beispiel Lady Diana, Duff Coopers Frau, und Brendan Bracken, Churchills Sekretär. Hätte ich in England bleiben können? Wahrscheinlich. Warum sei ich nicht geblieben? Weil, kurz vor Chamberlains Flug nach München, akute Kriegsgefahr bestanden habe. Deshalb hätte ich meine Reise sogar vorzeitig abgebrochen. Deshalb? Ja, deshalb.
Als ich schließlich sagte: »Und 1942 war ich ein paar Tage in Zürich«, da holte er dreimal Luft. Dann fragte er ungläubig: »In Zürich? Mitten im Krieg?« »Ja.« »Zu Fuß? Bei Nacht und Nebel?« »Nein, per Flugzeug. Bei schönem Wetter.« »Was wollten Sie dort?« »Ich sollte mir einen Garbo-Film anschauen, den es, infolge des Krieges, in Deutschland nicht zu sehen gab. Eigentlich sollten wir nach Stockholm fliegen. Doch dort war der Film gerade vom Spielplan abgesetzt worden.« »Wir?« »Ja, Jenny Jugo, Klagemann und ich. Die Jugo hätte gern eine Doppelrolle in einer Filmkomödie gespielt, und sie und die Ufa wollten, daß ich das Drehbuch schriebe. Es war in dem merkwürdigen Dreivierteljahr, in dem ich, obwohl nach wie vor als Schriftsteller verboten, bis auf Widerruf Drehbücher schreiben durfte. Diese ›Sondergenehmigung‹ hatte mich, wie ich Ihnen schon eingangs gesagt habe, außerordentlich überrascht. Als wir nach Zürich flogen, galt sie wohl noch.«
Der amerikanische Leutnant senkte den Kopf und schien seine Gedanken zu ordnen. Sein Kollege rauchte. Die Sonne schien auf die Terrasse. Und der Sergeant spuckte in den Garten. »Der Film«, sagte ich, »hieß ›The Twofaced Woman‹, die Garbo spielte eine lustige und eine seriöse Schwester, Melvyn Douglas war der irritierte Partner, und der Film war spottschlecht.« »Woher wußten Sie, daß es diesen Film überhaupt gab?« »Aus einer Zeitungsnotiz irgendeines Korrespondenten im neutralen Ausland.« »Und warum wollten Sie den Film sehen? Um sich Anregungen für das geplante Drehbuch zu holen?« »Nein. Um es nicht schreiben zu müssen. Die Aufgabe interessierte mich nicht

sonderlich.« »Deshalb wollten Sie nach Zürich?« »Aber ich wollte ja gar nicht nach Zürich! Und auch nicht nach Stockholm!« »Warum bestanden Sie dann darauf?« »Weil ich es für völlig ausgeschlossen hielt, daß man mitten im Zweiten Weltkrieg einen suspekten Autor ins neutrale Ausland schicken werde, nur damit er sich dort einen schlechten Garbo-Film anschaue. Ich erklärte dem Ufa-Chef Jahn und dem Chefdramaturgen Brunöhler, daß Filmdoppelrollen unweigerlich von gleichen und ähnlichen Lustspielsituationen lebten. Diese gelte es möglichst zu vermeiden! Deshalb müsse ich den Film sehen. Denn ich hätte keine Lust, mich eines Tages als Plagiator anpöbeln zu lassen. Damit hielt ich die Angelegenheit für erledigt. Statt dessen drückte man uns ein paar Tage später die Flugkarten in die Hand und Schweizer Franken als Diätgelder und natürlich die amtlichen Reisepapiere!« »Sahen Sie den Film?« »Ja. Im Vorführraum der Schweizer Filiale der amerikanischen Firma Metro-Goldwyn-Mayer. Es war alles geregelt.« »Haben Sie dann das Drehbuch für Jenny Jugo geschrieben?« »Nein. Es war nicht nötig.« »Warum nicht?« »Weil die Reichsfilmkammer meine Sondergenehmigung zurückzog.« »Weswegen?« »Auf Betreiben des Führerhauptquartiers. Da sich die Reichsschrifttumskammer beschwert hatte.« »Und warum blieben Sie nicht in Zürich? Mitten im Krieg? Dachten Sie, Hitler werde ihn gewinnen?« »Nein«, sagte ich. »Wenn ich das geglaubt hätte, wäre ich womöglich doch in der Schweiz geblieben!«

Zum Neuen Jahr

»Wird's besser? Wird's schlimmer?«
fragt man alljährlich.
Seien wir ehrlich:
Leben ist immer
lebensgefährlich.

Wiedersehen mit den Eltern, 1946

5

Es war einmal ein Land, in dem gab es keine Zündholzer

München 1945–1952

Talent und Charakter

Oktober 1945, Neue Zeitung

Als ich ein kleiner Junge war – und dieser Zustand währte bei mir ziemlich lange –, glaubte ich allen Ernstes folgenden Unsinn: Jeder große Künstler müsse zugleich ein wertvoller Mensch sein. Ich konnte mir überhaupt nicht vorstellen, daß bedeutende Dichter, mitreißende Schauspieler, herrliche Musiker im Privatleben sehr wohl Hanswürste, Geizhälse, Lügner, eitle Affen und Feiglinge sein könnten. Die damaligen Lehrer taten das Ihre, diesen holden »Idealismus« wie einen Blumentopf fleißig zu begießen. Man lehrte uns zusätzlich die Weisheit des alten Sokrates, daß der Mensch nur gescheit und einsichtsvoll genug zu werden brauche, um automatisch tugendhaft zu werden. So bot sich mir schließlich ein prächtiges Panorama: Ich sah die Künstler, die gleichzeitig wertvolle Menschen und kluge Köpfe waren, ich sah sie dutzend-, ja tausendweise in edler Vollendung über die Erde wallen. (Damals beschloß ich, Schriftsteller zu werden.)
Später boten sich mir dann in reichem Maße vortreffliche Gelegenheiten, meinen schülerhaften Köhler- und Künstlerglauben gründlich zu revidieren. Es dauerte lange, bis ich den damit verbundenen Kummer verwunden hatte, und noch heute, gerade heute, bohrt er immer wieder, wie der Schmerz in einem Finger oder einer Zehe bohren soll, die längst amputiert worden ist.
Als mich im Jahre 1934 der stellvertretende Präsident der Reichsschrifttumskammer, ein gewisser Doktor Wißmann, in sein Büro zitierte und sich erkundigte, ob ich Lust hätte, in die Schweiz überzusiedeln und dort, mit geheimen deutschen Staatsgeldern, eine Zeitschrift gegen die Emigranten zu gründen, merkte ich,

daß er über den Zusammenhang von Talent und Charakter noch rigoroser dachte als ich. Er schien, durch seine Erfahrungen im Ministerium gewitzigt, geradezu der Ansicht zu sein, Talent und Charakter schlössen einander grundsätzlich aus.
Glücklicherweise hatte dieser goldene Parteigenosse nicht recht. Es gab und gibt immer begabte Leute, die trotzdem anständige Menschen sind. Nur eben, sie sind selten und seltener geworden. Die einen verschlang der Erste Weltkrieg. Andere flohen ins Ausland, als Hitler Hindenburgs Thron bestieg. Andere blieben daheim und wurden totgeschlagen. Viele fraß der Zweite Weltkrieg. Manche liegen noch heute, zu Asche verbrannt, unter den Trümmern ihrer Häuser. – Der Tod, der den Stahlhelm trägt und die Folterwerkzeuge schleppt, gerade dieser Tod hat eine feinschmeckerische Vorliebe für die aufrechten, begabten Männer. Und nun, wo wir darangehen wollen und darangehen dürfen und darangehen müssen, neu aufzubauen, sehen wir, daß wir angetreten sind wie eine ehemals stattliche Kompanie, die sich, acht Mann stark, aus der Schlacht zurückmeldet.
Aber wir bemerken noch etwas. Wir beobachten Zeitgenossen, die der frommen Meinung sind, der Satz: »Es gibt Talente mit Charakter!« ließe sich abwandeln in einen anderen, ebenso schlüssigen Satz, welcher etwa lautet: »Aufrechte Männer sind besonders talentiert!« Das wäre, wenn es häufig zuträfe, eine musterhafte, meisterhafte Fügung des Schicksals. Der Satz ist nur leider nicht wahr. Wer ihn glaubt, ist abergläubisch.
Und dann gibt es einen weiteren gefährlichen Irrtum. Einen Irrtum, der, von vielen begangen, vielerlei verderben könnte, auch wenn man ihn gutgläubig beginge. Ich meine die Mutmaßung, gerade diejenigen, die mit eiserner Beharrlichkeit auf ihre besondere Eignung für wichtige Stellungen im Kulturleben hinweisen, seien tatsächlich besonders geeignet! Man darf solchen Leuten nicht unbedingt glauben. Sie täuschen sich womöglich in sich selber. So etwas kommt vor. Oder sie gehören zu den

Konjunkturrittern, die, wenn ein Krieg vorbei und verloren ist, klirrend ins Feld zu ziehen pflegen!

Nicht so sehr ins Feld wie in die Vor- und Wartezimmer. Sie hocken auf den behördlichen Stühlen wie sattelfeste, hartgesottene Kavalleristen. Nicht jeder Künstler ist ein solcher Stuhl- und Kunstreiter. Gerade viele der Besten haben weder die Zeit noch die Neigung, Rekorde im Sich-Anbieten aufzustellen. Es widert sie an, vor fremden Ohren ihr eigenes Loblied zu singen.

Sie pfeifen aufs Singen und arbeiten lieber daheim als im Schaufenster. Das ist aller Ehren wert und dennoch grundfalsch und eine Sünde.

Die weiße Weste soll für uns keine Ordenstracht sein und auch keine neue Parteiuniform, sondern eine Selbstverständlichkeit. So wenig wie die Qualität des Sitzfleisches ein Gesichtspunkt für die Verleihung verantwortlicher Stellungen sein darf, so wenig darf Heinrich Heines Hinweis unbeachtet bleiben, daß es auch unter braven Leuten schlechte Musikanten gibt. Denn schlechte Musikanten, und wenn sie noch so laut Trompete blasen, können wir nicht brauchen. Man soll ihnen meinetwegen die weiße Weste 2. Klasse oder die weiße Weste 1. Klasse verleihen, oder die weiße Weste mit Eichenlaub, an einem weißen Ripsband um den Hals zu tragen! Das wird sie freuen und tut keinem weh.

Aber mit wichtigen Schlüsselstellungen darf man ihre saubere Gesinnung und Haltung nicht belohnen. Für solche Späße ist die Zeit zu ernst. Nicht die Flinksten, nicht die Ehrgeizigsten, auch die nicht, die nichts als brav sind, sollen beim Aufbau kommandieren, sondern die tüchtigsten Kommandeure! Menschen, die außer ihrer weißen Weste das andere, das Unerlernbare, besitzen: Talent!

Sie müssen ihr Zartgefühl überwinden. Erwürgen müssen sie's. Vortreten müssen sie aus ihren Klausen. Aufspringen müssen sie von ihren Sofas. Hervorschieben müssen sie sich hinter ihren Öfen, in denen das selbstgeschlagene Holz behaglich knistert.

Jetzt geht es wahrhaftig um mehr als um privates Zartgefühl oder gar ums Nachmittagsschläfchen! Es ist Not am Mann. Es geht darum, daß auf jedem Posten der tüchtigste Mann steht.

Es geht darum, daß die tüchtigsten Männer Posten stehen!

»Die Schaubude« 1946–1948

Das Kabarett hatte literarischen Ehrgeiz. Jedes der Programme wurde trotzdem durchschnittlich von fünfzigtausend Menschen besucht.

Marschlied 1945

Prospekt: Landstraße. Zerschossener Tank im Feld. Davor junge Frau in Männerhosen und altem Mantel, mit Rucksack und zerbeultem Koffer.

1 In den letzten dreißig Wochen
zog ich sehr durch Wald und Feld.
Und mein Hemd ist so durchbrochen,
daß man's kaum für möglich hält.
Ich trag Schuhe ohne Sohlen,
und der Rucksack ist mein Schrank.
Meine Möbel hab'n die Polen
und mein Geld die Dresdner Bank.
Ohne Heimat und Verwandte,
und die Stiefel ohne Glanz –
ja, das wär nun der bekannte
Untergang des Abendlands!

Links, zwei, drei, vier,
links, zwei, drei –
Hin ist hin! Was ich habe, ist allenfalls:
links, zwei, drei, vier,
links, zwei, drei –
Ich habe den Kopf, ich hab ja den Kopf
noch fest auf dem Hals.

Ursula Herking

2 Eine Großstadtpflanze bin ich.
Keinen roten Heller wert.
Weder stolz, noch hehr, noch innig,
sondern höchstens umgekehrt.
Freilich, als die Städte starben...
als der Himmel sie erschlug...
zwischen Stahl- und Phosphorgarben –
damals war'n wir gut genug.
Wenn die andern leben müßten,
wie es uns sechs Jahr geschah –
doch wir wollen uns nicht brüsten.
Dazu ist die Brust nicht da.

*Ursula Herking
singt das »Lied vom
Warten«*

Links, zwei, drei, vier,
links, zwei, drei –
Ich hab keinen Hut. Ich habe nichts als:
links, zwei, drei, vier,
links, zwei, drei –
Ich habe den Kopf, ich habe den Kopf
noch fest auf dem Hals!

3   Ich trage Schuhe ohne Sohlen.
Durch die Hose pfeift der Wind.
Doch mich soll der Teufel holen,
wenn ich nicht nach Hause find.
In den Fenstern, die im Finstern
lagen, zwinkert wieder Licht.
Freilich nicht in allen Häusern.
Nein, in allen wirklich nicht...
Tausend Jahre sind vergangen
samt der Schnurrbart-Majestät.
Und nun heißt's: Von vorn anfangen!
Vorwärts marsch! Sonst wird's zu spät!

Links, zwei, drei, vier,
links, zwei, drei –
Vorwärts marsch, von der Memel bis zur Pfalz!

Spuckt in die Hand und nimmt den Koffer hoch.

Links, zwei, drei, vier,
links, zwei, drei –

Denn wir hab'n ja den Kopf, denn wir hab'n ja den Kopf
noch fest auf dem Hals!

Marschiert ab.

Das Leben ohne Zeitverlust

Tangorhythmen, langsam, sinnlich

Der Vortrag der sehr elegant und ebenso offenherzig gekleideten Chansonette muß sein: blasiert bis zum Zynismus; wenn angebracht, von parodistischer Innigkeit; von der Mitte der letzten Strophe ab von kalter, fast zu Bewunderung nötigender Ehrlichkeit.

1   Manche Frauen lieben kranke, blasse Dichter.
    Dagegen hab ich nichts.
    Manche Frauen glühn beim Anblick roter Mordgesichter.
    Dagegen hab ich nichts.
    Andre Frauen lodern auf bei jungen Männern.
    Wieder andre ludern gern mit kalten Kennern.
    Dagegen hab ich nichts.
    Mein Herz hat mehr als eine offne Tür.
    Deshalb hab ich nichts dagegen,
    doch ich hab auch nichts – dafür!
    Ich hab mein Leben lang
    nur einen Mann geliebt.
    Und ich hab Glück gehabt,
    daß es ihn gab und noch gibt.
    Ihm bin ich zugetan,
    ob es Tag oder Nacht ist.
    Ich liebe stets den Mann,
    der gerad an der Macht ist!
    Ob er nun Staatsmann ist, ob Börsenheld, ob Krieger –
    ich liebe den Sieger!
    Drum kann geschehn, was will:

Ich liege immer richtig!
Und bei der Liebe
ist das besonders wichtig!
Man hat mich im Verdacht,
ich liebte das Neue.
O nein – ich lieb nur die Macht
und halt ihr die Treue!

2 Wen ich liebe, der kann schön sein wie ein Wandbild.
Dagegen hab ich nichts.
Oder er kann groß und schwer sein wie ein Reiterstandbild.
Dagegen hab ich nichts.
Er kann alt und kahl und sparsam im Verbrauch sein.
Bös und bauchig kann er selbstverständlich auch sein.
Dagegen hab ich nichts.
Er darf auch wild sein wie ein junger Stier.
Ich hab wirklich nichts dagegen,
doch ich hab auch nichts – dafür!

Nur, mächtig muß er sein!
Dann steigt in mir die Flut...
Dann wirft ein einz'ger Blick
mir rote Fackeln ins Blut...
Ich brenne wie ein Wald,
wenn mein Herz erst entfacht ist...
Dann hab ich Temp'ratur,
ob es Tag oder Nacht ist!
Er mag ein Henker sein, ein Teufel oder Tiger –
dann ist er der Sieger!

Drum kann geschehn, was will:
Ich liege immer richtig!
Und heutzutage

ist das besonders wichtig!
Ich bin ein schwaches Weib.
Ich kenne keine Reue.
Und wer die Macht verliert,
verliert meine Treue!

3 Wer die Macht verloren hat, soll untergehen.
Dagegen hab ich nichts.
Wenn er will, kann er auch zitternd um Erbarmen flehen.
Dagegen hab ich nichts.
Meinetwegen kann er Memoiren schreiben
oder sich erschießen oder leben bleiben.
Dagegen hab ich nichts.
Die neuen Männer träumen schon von mir!
Deshalb kann's mir einerlei sein,
ob er tot ist oder hier.

Nun ja, die Erde ist
ein großer Wandelstern.
Und nach den neuen Herrn
kommen noch neuere Herrn ...

Bis schließlich *Jener* kommt,
welcher stets an der Macht ist!
Er reißt mich in den Arm,
ob's dann Tag, ob's dann Nacht ist!
Er wird kein Staatsmann sein,
kein Schieber und kein Krieger,
und trotzdem der Sieger.

Und auf dem Stein soll stehn:
»Nun liegt sie wieder richtig!
In dieser Lage

Bühnenbildentwürfe für die »Schaubude«

    ist das besonders wichtig!
    Es war nicht angebracht,
    daß sie etwas bereute.
    Sie liebte nichts als die Macht
    und tut es noch heute!«

Die Chansonette blickt noch kurze Zeit kalt und ironisch lächelnd geradeaus; dann geht sie langsam und stolz ab.

Kleines Solo

Einsam bist du sehr alleine.
Aus der Wanduhr tropft die Zeit.
Stehst am Fenster. Starrst auf Steine.
Träumst von Liebe. Glaubst an keine.
Kennst das Leben. Weißt Bescheid.
Einsam bist du sehr alleine –
    und am schlimmsten ist die Einsamkeit zu zweit.

Wünsche gehen auf die Freite.
Glück ist ein verhexter Ort.
Kommt dir nahe. Weicht zur Seite.
Sucht vor Suchenden das Weite.

Ist nie hier. Ist immer dort.
Stehst am Fenster. Starrst auf Steine.
Sehnsucht krallt sich in dein Kleid.
Einsam bist du sehr alleine –
    und am schlimmsten ist die Einsamkeit zu zweit.

Schenkst dich hin. Mit Haut und Haaren.
Magst nicht bleiben, wer du bist.
Liebe treibt die Welt zu Paaren.
Wirst getrieben. Mußt erfahren,
daß es *nicht* die Liebe ist ...
Bist sogar im Kuß alleine.
Aus der Wanduhr tropft die Zeit.

Gehst ans Fenster. Starrst auf Steine.
Brauchtest Liebe. Findest keine.
Träumst vom Glück. Und lebst im Leid.
Einsam bist du sehr alleine –
    und am schlimmsten ist die Einsamkeit zu zweit.

Münchener Bilderbogen

Es kommt immer öfter vor, daß alte Freunde und Bekannte aus Berlin, Düsseldorf, Baden-Baden, Hamburg und Wien, ja sogar schon aus Zürich und Basel auftauchen, um sich »in München einmal umzusehen«. Nachdem sie sich in München einmal umgesehen haben, kreuzen sie wieder auf und verabschieden sich. »Sind Sie einigermaßen zufrieden?« pflege ich dann zu fragen. »Wie waren die werten Eindrücke?«

»Nun«, erwidern die Besucher zögernd, »aller Anfang ist schwer. Es wird schon werden. Nur weiter so! Theater, Konzerte, Kabaretts in ehemaligen Turnhallen, Kneipen, Speisesälen, Aulen und Wohnzimmern – allen Respekt! Und eine Reihe Ensembles auf Tournee rings in der Provinz – allerhand Achtung! Nur eins ist uns nicht ganz klar: Warum sind denn die Staatlichen Schauspiele noch nicht eröffnet worden?«

»Sie bauen noch«, sage ich. »In der zerstörten Residenz. Einen kleinen und einen großen Theatersaal.«

»Das haben wir auch gehört«, erklären meine Besucher. »Aber wieso dauert es, wenn der Staat Theatersäle baut, so viel länger, als wenn es Privatleute tun?«

»Ganz einfach«, antworte ich. »Ein Privatmann kann sich aufs Fahrrad schwingen und versuchen, ein paar Tüten Nägel zu ergattern, auch wenn es nirgends Tüten noch Nägel gibt. Oder er erwischt insgeheim mehrere Dutzend Holzbalken, oder einige Zentner Gips. Aber stellen Sie sich vor, der Generalintendant oder der Kultusminister stiege aufs Rad und versuchte, dem Holzlieferanten zwei Päckchen Zigaretten in die Hand zu drücken...«

»Aha«, sagen die Besucher. »Und wie steht es mit modernen Kunstausstellungen?«

»Der Verleger Freitag«, berichte ich nicht ohne Lokalpatriotismus, »hat eben in seinen Büroräumen eine gelungene Ausstellung neuer Graphik eröffnet: ein kleines, sehr gut gewähltes Panorama vom Expressionismus über die Neue Sachlichkeit bis zu einigen Münchener Zeichnern von heute. Der Maler Fritz Burckhardt hat einen höchst instruktiven Katalog beigesteuert. Und das Verlagsbüro findet, wenn ich nicht irre, mittlerweile in der Küche statt.«

»Wir meinen große Ausstellungen«, erklären die Besucher, »Gemäldeausstellungen!«

»Oh«, rufe ich aus, »daran fehlt es wahrhaftig nicht. Es gab und gibt welche in Augsburg, Prien, Traunstein, Regensburg und...« »... und in München?« Pfui Teufel, sind diese Leute hartnäckig. Einer sagt: »In München ist doch seit alters her jeder zwanzigste Einwohner Maler oder Bildhauer oder Kunsthändler!«

»Ich bedaure. Moderne Gemäldeausstellungen haben wir in München leider noch keine gehabt. Das müßten schon die städtischen oder staatlichen Behörden arrangieren; denn dazu wären große Säle erforderlich. Mit heilen Fensterscheiben. Und viele Bilderrahmen brauchte man, und...«

»... und bei den einschlägigen Behörden kann keiner der Herren radfahren«, meinen die Besucher freundlich, »das sagten Sie bereits, lieber Kästner. Übrigens, hat die Tatsache, daß die Münchener Universität noch nicht eröffnet worden ist, auch mit der Kunst des Radfahrens zu tun?«

Solche Leute können einem zusetzen! »Nein«, erwidere ich. »Das hängt wohl mit dem notwendigerweise recht umständlichen Zulassungsverfahren für die Studenten und mit der Schwierigkeit zusammen, genügend Professoren zu finden, die präsentabel und repräsentabel zugleich sind.«

»Andere Universitäten, die längst in Betrieb sind, hatten die gleichen Probleme zu lösen«, behaupten meine Besucher unnachsichtig. »Daran kann es also nicht gelegen haben. Außerdem, mein Lieber, nirgendwo saßen nach dem Kriegsende so viele Wissenschaftler auf ›Warten‹ wie gerade in Bayern.«

Ich blickte ungeduldig auf meine Armbanduhr und sage: »Nach dem eben erfolgten Rektorenwechsel wird es gewiß schneller vorangehen als bisher. Geheimrat Voßler genießt hohes Ansehen. Und der vor kurzem ernannte Staatskommissar, ich kenne ihn, ist ein energischer Mann mit klarem Blick und unorthodoxen Methoden...«

»Fein«, meinen die Besucher. »Dann besteht also die Hoffnung, daß das erste Münchener Semester immerhin begonnen haben wird, bevor es endet!«

Jetzt gehe ich dazu über, die Armbanduhr aufzuziehen. Mein Lächeln ist dünn und fadenscheinig geworden.

»Und nun noch eine Frage«, erklären die Besucher ungerührt. »Warum liegen hier so viele Trümmer auf den Trottoirs und mitunter sogar auf den Fahrstraßen bis dicht an die Trambahngleise heran?«

»Tja«, sage ich ironisch, »das ist auf die Tatsache zurückzuführen, daß bei den Luftangriffen viele Häuser nicht lotrecht einstürzten, sondern sich neigten und quasi mit dem Gesicht auf die Straße fielen!«

»Herzlichen Dank«, antworteten die Besucher, »das war uns seit längerem bekannt. Uns interessiert, wieso die Trümmer *noch immer* herumliegen!«

»Keine Ahnung. Im vorigen Sommer und Herbst wurden ungarische Kriegsgefangene zum Aufräumen herangezogen, dann aber...«

»Mußte die Bevölkerung nicht zugreifen? Mußten die ehemaligen Parteigenossen nicht anpacken?«

»Mir ist nichts davon bekannt«, sage ich. »Doch seit ein paar

Tagen sollen sechstausend Arbeiter eingesetzt worden sein...«
»Es gibt doch in der Umgebung große ss-Lager. Hätte man nicht wenigstens diese Leute heranziehen können? Was tun sie denn den ganzen lieben Tag?«
»Ach, die haben Arbeit genug! Im Dachauer ss-Lager haben sie sich beispielsweise eine eigene Lagerkirche gebaut, die dreißig Meter lang, zwölf Meter breit und sieben Meter hoch ist! Und einen ss-Männerchor haben sie gegründet, der trefflich geschult sein soll, und überdies...«
Mitten im Satz brechen meine Besucher plötzlich auf. Kaum daß sie Zeit finden, mir zum Abschied die Hand zu geben. Ein bißchen wundere ich mich ja. Erst wanken und weichen sie nicht, und dann rennen sie davon, als sei ihnen übel geworden? Menschen sind komische Leute.

Nun, ich glaube, daß solche Besucher, wenn sie über die Fortschritte in anderen Städten berichten, zart aufschneiden. Es wird bei ihnen daheim wohl auch nicht alles glatt gehen. Außerdem

stellen sie natürlich die Eigenarten der Münchener nicht in Rechnung. Der Bayer hat einen gemächlichen, gemütlichen Puls. Was tut's? Man kann dabei sehr alt werden.
Und wenn die Behörden gelegentlich einzelne Projekte auffällig zögernd entwickeln, so handelt es sich, auch dahinter bin ich gekommen, um eine nur scheinbare Unentschlossenheit. Man will dadurch, daß man die öffentliche Hand in den Schoß legt, zur Privatinitiative aufreizen. Und man tätigt diese Untätigkeit so echt, so fein, so diplomatisch, daß Ortsunkundige dem Anschein auf den Leim gehen und von »Bummelei« und ähnlichen Untugenden sprechen. Ich aber falle den Behörden nicht herein. Ich weiß, worauf sie raffinierterweise hinauswollen.
Nehmen wir ein beliebiges Beispiel. Bis zum Ende des Dritten Reiches besaß die Münchener Universität ein Zeitungswissenschaftliches Institut. Bis heute wurde nichts wieder von einem solchen Institute laut. Kein Professor wurde berufen. Wie raffiniert! Denn was geschah daraufhin? Daraufhin gründeten die bayerischen Journalisten in Verbindung mit den Zeitungsverlegern eine Berufsschule für ihren Nachwuchs. Wenn alles gutgeht, kann sich, in Jahren, aus dieser Verlegenheitsgründung durchaus eine beachtliche Fachschule entwickeln. Nun, und an wem wird es dann im Grunde gelegen haben? An jener staatlichen Behörde, die im Jahre 1946 das Zeitungswissenschaftliche Institut der Münchener Universität nicht wieder aufleben ließ!
Ja, das sind feingewobene, diplomatisch äußerst kunstvolle Nachlässigkeiten, die doch nur der Erweckung der privaten Initiative gelten. Und es gehört eine geradezu klassische Seelengröße dazu, sich auf entscheidendem Posten womöglich Trägheit, Ängstlichkeit und Rückschrittlichkeit vorwerfen zu lassen, zu schweigen und zu wissen, auf welch großen kulturellen Nutzeffekt diese herb kritisierten Untugenden insgeheim abzielen.
Hut ab vor solch kühnen Männern!

Die einäugige Literatur

Februar 1946, Neue Zeitung

In Anbetracht des heutigen Themas habe ich mir meinen besten weißen Vollbart umgeschnallt. Nicht nur um den Lesern, sondern, wenn mein Blick zufällig in den Spiegel fallen sollte, auch mir selber jenen Respekt einzujagen, der geboten erscheint, so oft es profunde Banalitäten in aller Öffentlichkeit auszusprechen gilt. Banalitäten und ähnliche Selbstverständlichkeiten erregen, da sie, wie das Familiensilber, nur selten in Gebrauch genommen werden, jedesmal Unbehagen und Verblüffung, womöglich Ärger. Solchen Regungen entgegenzutreten, bedarf es des Respekts. Um Respekt einzuflößen, bedarf es der Würde. Um würdig zu erscheinen, bedarf es eines weißen Bartes.

Als ich neulich, in aller Harmlosigkeit, in dieser Zeitung den Vorschlag machte, die großen Männer der Geschichte ab und zu von den Sockeln der Legende herunterzuholen – natürlich nur leihweise und nicht, um sie zu zertrümmern, sondern bloß, um sie etwas abzustauben und dabei näher und genauer als bisher zu betrachten –, bekam ich von verschiedenen Lesern ausgemachte, hausgemachte Unfreundlichkeiten zu hören. Etwas Selbstverständliches vorzuschlagen, ist immer gefährlich. Von den Menschen unbillige Dinge zu fordern, wie ihr Vermögen, ihre Freiheit, ihr Leben und das ihrer Kinder, ist eine Kleinigkeit. Aber zu verlangen, sie möchten einmal nachdenken, und zwar, wenn möglich, mit dem eigenen Kopfe, statt mit dem üblicherweise dazu verwandten, jahrhundertealten Kopf aus dem Familienwappen, das bringt die Gemüter zur Weißglut. Mein alter Lehrer, der Eckensteher Sokrates, hat es erlebt. Soweit er es erlebt hat ...

Dieser äußerst behutsamen und milden Einleitung schien ich mich heute bedienen zu müssen. Denn es geht wieder um eine Selbstverständlichkeit! Es gilt, vom ernstesten Thema der Welt zu sprechen: vom Humor. Vom Humor und seinen kleineren Geschwistern, wie der Satire, der Komik, dem Scherz, der Heiterkeit, der Ironie. Vom Humor also. Es gibt ihn bei allen Völkern und bei ganz wenigen Menschen; es gibt ihn in allen Literaturen und fast nirgends. Am rarsten jedoch ist er in der deutschen Literatur. Und in der deutschen Literaturgeschichte ist man darauf stolz.

Sehr geschätztes Publikum, lassen Sie uns mit einem kleinen, einfachen, ungefährlichen Experiment beginnen! Mit einem netten, die Freizeit gestaltenden Gesellschaftsspiel! Also, fragen Sie, bitte, die fünfköpfige Familie, die in Ihrer Küche wohnt, sowie den einsamen Herrn, der mutterseelenallein in der gegenüberliegenden Villa haust, fragen Sie sich selber, Ihre Verwandten und alle übrigen Landsleute: »Wieviel deutsche Lustspiele kennt Ihr, und wie heißen sie?« Das Endresultat kann ich Ihnen schon jetzt prophezeien. Man wird Ihnen nennen: Lessings »Minna von Barnhelm«, Kleists »Zerbrochenen Krug«, Grillparzers »Weh dem, der lügt«, Büchners »Leonce und Lena«, Freytags »Journalisten« und Hauptmanns »Biberpelz«.

Wie gesagt, nach einigem Hängen und Würgen wird dieses klägliche halbe Dutzend schon voll werden. Da bin ich ganz ohne Sorge. Einer wird mit Curt Goetz herausrücken. Aber den nehmen wir nicht. Der ist noch nicht im literaturbiblischen Alter. Es werden die namentlich aufgezählten sechs klassischen Lustspiele genannt werden. Ich habe es prophezeit. Woher ich es weiß? Ich bin kein Gedankenleser. Ich arbeite nicht mit doppeltem Boden. Es handelt sich um keinen Zufall. Es handelt sich vielmehr um eine Seitenansicht des deutschen Schicksals: Wir haben nur diese sechs Lustspiele! Ich finde wenige Dinge auf der Welt so gräßlich wie zwei Ausrufungszeichen hintereinander – trotzdem: Wir be-

sitzen sechs deutsche Lustspiele!!
Jeder halbwegs Gebildete müßte es wissen. Es weiß auch jeder. Es ist ihm nur noch nicht eingefallen. Es ist selbstverständlich. Ist es selbstverständlich? Es ist unerhört! Die Literatur eines angesehenen, wegen seiner Dichtung mit Recht verehrten Kulturvolkes hat auf der einen Seite Tausende von Tragödien, Schauspielen, Epen, Erziehungsromanen, Meisternovellen, Oden, Hymnen, Sonetten und Elegien – und auf der anderen gleich großen Waagschale ängstigen sich sechs einsame Lustspiele, von denen noch nicht einmal alle sechs »Feingold« gestempelt sind! Wir haben kaum einen humoristischen Roman; kaum ein Gedicht, das lachen machen kann; keinen echten Satiriker; keinen Dichter, den es aus fröhlichem Herzen verlangt hätte, ein Buch für die Kinder zu schreiben; nur einen Gottfried Keller, doch der stammt aus der Schweiz; einen einzigen Wilhelm Busch, und dessen Verse werden auf Aschenbecher gemalt! Sträuben sich Ihnen, nun Sie dieses Mißverhältnis, das Sie immer gekannt haben, endlich wissen, die Haare?
Ich sitze seit zirka fünfundzwanzig Jahren mit gesträubtem Haar vor meinen Bücherregalen. So lange sage ich mir und anderen: »Da stimmt doch etwas nicht!«
Sehr geschätztes Publikum, da stimmt noch manches andere nicht. Haben Sie einmal auf deutschen Universitäten Literaturgeschichte und Ästhetik gehört? Bücher von Professoren, Dramaturgen und ähnlich erwachsenen Männern gelesen? Mit denkenden Dichtern gesprochen? Nein? Aha! Lassen Sie sich in Kürze folgendes sagen: Diese Herren schreiben und sprechen zwar von tragischen Verwicklungen, von heroischen Stoffen, von Pflichtkonflikten, vom epischen Drama, von Mitleid und Furcht, vom historischen Roman, vom Ödipuskomplex und ähnlichen Dingen so hurtig und fließend, wie die Bäcker Brötchen backen – aber von der heiteren Kunst?
Von der heiteren Muse, vom Humor gar, dem höchsten Kleinod

der leidenden und dichtenden Erdkrustenbewohner, sprechen die deutschen Dichter und Denker allenfalls am 29. Februar, sonst nicht. Sie verachten solche Kindereien. Sie nehmen nur das Ernste ernst. Wer ins deutsche Pantheon hinein will, muß das Lachen an der Garderobe abgeben. Jean Paul war ungefähr der letzte große Deutsche, der über das Komische ernstlich nachgedacht hat.

Wenn man sich die Zeit und den Mut nähme, in einem Kreise solch »tierisch« ernster Tragödiendichter schüchtern zu erklären, daß es wohl zwar gleich schwer sein mag, ein ernstes wie ein heiteres Meister-Stück zu liefern, daß es aber dreimal schwieriger sei, ein durchschnittliches Lustspiel zu schreiben als eine durchschnittliche heroisch aufgezäumte Tragödie, in welcher der Held so lange zwischen der Vaterlandsliebe und seiner Hulda hin- und hergerissen wird, bis sich schließlich der Schlußvorhang wohltätig über seiner und Huldas Leiche senkt ... Wenn man, begann ich diesen Satz vor fünf Minuten, sich Mut und Zeit dazu nähme ... Doch soviel Zeit hat nicht einmal ein Humorist.

Und noch etwas: Es ist schon schwerer, ein mittelmäßiges Lustspiel zu schreiben als ein entsprechendes, möglichst historisches Trauerspiel. Wieviel mühsamer ist es nun erst, sich selber, den Herrn Dichter persönlich, zur inneren Heiterkeit zu erziehen, statt ein Leben lang, mit den Dackelfalten der Probleme auf der Stirn, herumzurennen und die gleiche Verzweiflung auf stets neues Papier zu bringen! Es ist leicht, das Leben schwer zu nehmen. Und es ist schwer, das Leben leicht zu nehmen. Das gilt, heute mehr denn je, für alle Menschen. Für uns Deutsche im besonderen. Und ganz speziell für unsere tragischen Barden und ihre theoretisierenden Herolde und Stabstrompeter.

Daß unsere großen klassischen Dichter in ihren Werken dem Lachen abgewandt waren, müssen wir fatalistisch hinnehmen. Nur ganz, ganz leise wollen wir murren und fragen: »Warum schenkte uns der gütige Dichterhimmel keinen Zwillingsbruder

Mozarts?« Aber an den weniger großen Toten und Lebendigen wollen wir uns ein wenig reiben. Ihnen und den Literaturaposteln, den Deutschlehrern und den Snobs des »tierischen« Ernstes wollen wir auf den Knien etwas mehr Sinn für die heitere Kunst wünschen. Etwas weniger Dünkel der lichteren, sonnigeren Hälfte der Kunst gegenüber. Die deutsche Literatur ist einäugig. Das lachende Auge fehlt. Oder hält sie es nur krampfhaft zugekniffen?

Der auf die Heiterkeit verächtlich hinunterblickende Hochmut unserer Dichter und Eckermänner wirkt sich, Böses fortzeugend, im täglichen Kunstbetrieb folgerichtig aus. Der Regisseur inszeniert als nächstes Stück »nur« ein Lustspiel. Der Filmproduzent geht diesmal »nur« mit einer Filmkomödie ins Atelier. Der Ver-

Carl Zuckmayer, Raymond Stover (Verlagsleiter der »Neuen Zeitung«), Werner Buhre und Erich Kästner bei der Gründungsfeier der Internationalen Jugendbibliothek in München, 1949

leger bringt kommende Ostern von seinem Spitzenautor »nur« ein leichtes, heiteres Buch heraus. Der Redakteur arbeitet an keiner seriösen, sondern »nur« an einer humoristischen Zeitschrift. Der Kapellmeister studiert diesmal »nur« eine Operette ein. Der Schauspieler tritt »nur« in einem Kabarett auf. Von ihnen allen wird die leichte Muse »nur« auf die leichte Achsel genommen, und dann wird mit dieser Achsel auch noch entschuldigend gezuckt!

Da gäbe es künftig vieles gutzumachen. Und, darüber hinaus, gut zu machen ... Wer mir einwenden wollte, die Geringschätzung sei lediglich eine Reaktion auf die unzureichende Qualität der angebotenen leichten Ware und unsere leichte Kunst tauge nichts, dem müßte ich erwidern: Unsere Tragödien und Oden von gestern und heute taugen größtenteils genauso wenig, und ihr nehmt sie trotzdem wichtig! Es ist schon so: Der dem Humor erwiesene deutsche Dünkel ist angeboren und wird seit je gehegt und gepflegt, als sei er eine Tugend.

Handelt es sich hierbei nun nur um eine vererbte, künstlich und künstlerisch entwickelte Mangelkrankheit unserer Dichter, oder ist etwa das deutsche Volk im ganzen weniger zum Lachen und zur Sehnsucht nach Heiterkeit und Harmonie aufgelegt als andere Völker? Wer den kometenhaften Aufstieg des Nationalsozialismus und den Einbruch dieser konzentrierten, unbändigen Humorlosigkeit in die Weltgeschichte aus eigener Anschauung kennt, könnte, besonders an regnerischen Tagen, glauben, der Humormangel gehöre zu unserem Volkscharakter. Doch wer die jüngste deutsche Vergangenheit miterlebt hat, kennt ja auch unsere verschiedenen Volksstämme, ihren Mutterwitz, ihre sprichwörtlich »komischen Figuren« und den damit verbundenen Anekdotenschatz, und so wird er, besonders an schönen, sonnigen Tagen, das deutsche Volk für nicht weniger lachlustig und freudedurstig halten als andere Völker auch. So wird ihm nichts anderes übrigbleiben, als an die »Mangelkrankheit unserer Dichter« und ihrer gebildeten Hintermänner zu glauben und mit mir im Verein um deren Einsicht und Besserung zu beten. Ernst ist das Leben, heiter sei die Kunst!

Hoffentlich klettern nun aber unsere Hymniker und Tragödiendichter nicht gleich schwadronenweise vom hohen Roß, um sich auf ihre nachdenklichen Hosen zu setzen und uns mit Lustspielen zu beschenken. Denn dann, o Freunde, hätten wir nichts zu lachen.

Zur Entstehungsgeschichte des Lehrers

Juni 1946, Pinguin

Eine der schwierigsten und dringendsten Aufgaben ist, wie wir alle wissen, die Reform des Unterrichts. Denn es fehlt nicht nur an intakt gebliebenen Schulgebäuden, sondern auch an intakt gebliebenen Lehrern. Zahlreiche Opfer forderte der Krieg. Zahllose Opfer forderte die Diktatur. Ihr fielen diejenigen zum Opfer, die sich wehrten. Ihr fallen jetzt die zum Opfer, die sich nicht gewehrt haben.
Es ist ja, wie auch anderswo, bei den deutschen Lehrern nicht etwa so gewesen, daß nur die Betreffenden Nationalsozialisten geworden wären, die allen Ernstes an Hitlers Programmpunkte glaubten. Deren Zahl ließe sich gewiß verschmerzen. Entscheidend war die Zahl derer, die, als es riskant wurde, ihre bisherigen Anschauungen ohne großes Federlesen auf den Müll warfen. Sie hatten – ich greife zu einem handlichen Beispiel – gelehrt und gelernt, daß Karl der Große europäisch weitblickend gedacht, geplant und gehandelt habe. Spätestens Anno 1934 predigten sie plötzlich, ohne ihre Meinung de facto auch nur um einen Zentimeter geändert zu haben: daß Karl der Franke ein Unglücksmann gewesen sei, der insbesondere durch das Sachsenmassaker in Verden an der Aller Deutschlands Entwicklung grundsätzlich zum Schlimmen gewandt habe. Und heute? Heute wären sie liebend gerne bereit, sich erneut hinters Katheder zu klemmen und, wie einst im Mai, mit präzeptoraler Würde zu erklären, daß Karls europäische Sendung und die »karolingische Renaissance« nicht hoch genug veranschlagt werden können. Heute behaupten sie auch, sie hätten damals, ob sie wollten oder nicht, Parteimit-

glieder werden müssen. Dabei steht fest, daß sie das nicht werden mußten. Fest steht nur, daß sie nicht fest standen. Daß sie umfielen, bevor man sie anblies. Daß sie zwar ein respektables Wissen besaßen, aber nicht den entsprechend respektablen Charakter. Ich schreibe so etwas nicht leichtfertig hin, noch leichten Herzens. Und schon gar nicht, um Männer, denen man jetzt die Ausübung ihres Berufes untersagt, zum Überfluß auch noch madig zu machen. Sondern ich schreibe es nieder, weil ich nicht nur den Tatbestand kenne, sondern auch die Ursachen. Und auf die Ursachen hinzuweisen, ist dringend geboten. Die Lehrer haben im Dritten Reich versagt, weil, vor 1933, die Lehrerbildung versagt hat. Es kann nicht früh genug darauf hingewiesen werden, daß man die Kinder nur dann vernünftig erziehen kann, wenn man zuvor die Lehrer vernünftig erzieht.

Als ich in den letzten Jahren der Wilhelminischen Ära ein »Seminar« besuchte – so hießen damals die Lehrerbildungsanstalten –, war die Situation folgendermaßen: Da der Staat die Seminare finanziell unterstützte, bot deren Besuch für die begabten, bildungshungrigen Söhne des Handwerkerstandes, der Arbeiterschaft und des Kleinbauerntums die billigste, im Grunde die einzige erschwingbare Fortbildungsmöglichkeit. Die Folge war, daß wir Seminaristen in aller Augen, besonders in denen der übrigen »höheren« Schüler, »second class« waren. Der Staat tat das Seine. Wir kosteten ihm Geld, und so vermauerte er uns eine andere, vor allem eine akademische Berufswahl. Deshalb war unser Abgangszeugnis dem Abitur nicht gleichgestellt. Man tat das, obwohl unser Begabungsdurchschnitt und unser Wissensniveau unleugbar über dem Mittelwert der anderen Schulen lagen. Die uns eines Tages erwartenden bescheidenen Gehälter gaben unserem Ansehen den Rest. Sie unterhöhlten schließlich auch unsere Selbsteinschätzung, soweit davon noch die Rede sein konnte.

Auch unsere Professoren genossen geringeren Respekt als die Gymnasiallehrer, obwohl sie diesen an Wissen und Können

völlig das Wasser reichten. Endlich war – und das ist das Ärgste – unsere Charakterbildung auf bedenkliche Ziele gerichtet. Am deutlichsten wurde dies im Internatsleben. Der Staat lenkte unsere Erziehung dorthin, wo er den größten Nutzeffekt sah. Er ließ sich in den Seminaren blindlings gehorsame, kleine Beamte mit Pensionsberechtigung heranziehen. Unser Unterrichtsziel lag nicht niedriger als das der Realgymnasien. Unsere Erziehung bewegte sich auf der Ebene der Unteroffiziersschulen. Das Seminar war eine Lehrerkaserne.

So war es nur folgerichtig, daß die Schüler, wenn sie auf den Korridoren einem Professor begegneten, ruckartig stehen blieben und stramm Front machen mußten. Daß sie in den Arbeitszimmern, wenn ein Lehrer eintrat, auf das zackige Kommando des Stubenältesten hin aufspringen mußten. Daß sie zweimal in der Woche nur eine Stunde Ausgang hatten. Daß nahezu alles verboten war und daß Übertretungen aufs strengste bestraft wurden. So stutzte man die Charaktere. So wurde das Rückgrat geschmeidig gemacht und, war das nicht möglich, gebrochen. Hauptsache war: Es entstand der gefügige, staatsfromme Beamte, der sich nicht traute, selbständig zu denken, geschweige zu handeln.

Wer sich nicht fügen wollte oder konnte, suchte, wenn sich ihm ein Ausweg bot, das Weite. Ich gehörte zu den Glücklichen. Ich besuchte, als ich nach dem Ersten Weltkrieg heim kam, ein Reformgymnasium und bekenne, nie im Leben wieder so gestaunt zu haben wie damals, als ich plötzlich Professoren erlebte, die sich während des Unterrichts zwischen ihre Schüler setzten und diese, auf die natürlichste Weise von der Welt, wie ihresgleichen behandelten. Ich war überwältigt. Zum erstenmal erlebte ich, was Freiheit in der Schule war, und wie weit sie gestattet werden konnte, ohne die Ordnung zu gefährden. Die anderen, die wieder ins Seminar zurückgemußt hatten, wurden weiter zu Gehorsamsautomaten gedrillt. Dann wurden sie Volksschullehrer und taten blind, was ihnen zu tun befohlen war. Und als dann eines Tages, nach 1933, die Befehle entgegengesetzt lauteten, hatten die meisten nichts entgegenzusetzen. Ihre Antwort war auch dann – blinder Gehorsam.

Der tägliche Kram

Juli 1946, Pinguin

Nun ist es ungefähr ein Jahr her, daß würdig aussehende Männer in mein Zimmer traten und mir antrugen, die Feuilletonredaktion einer Zeitung zu übernehmen. Da erinnerte ich mich jener Studentenjahre, die ich auf einem Redaktionsstuhl verbracht und nach deren Ablauf ich mir hoch und heilig geschworen hatte, es ganz bestimmt nicht wieder zu tun. Denn zum Abnutzer von Büromöbeln muß man geboren sein, oder man leidet wie ein Hund. Es gibt nun einmal Menschen, für welche die gepriesene Morgenstunde weder Gold noch Silber im Munde hat. Man kann von ihnen fordern, daß sie hundert Stunden am Tage arbeiten statt acht – wenn man sie nur morgens im Bett läßt. Und sie schuften tausendmal lieber zu Hause, statt hinterm Schalter mit dem Butterbrotpapier zu rascheln. Wie oft paßte mich der Herr Verlagsdirektor ab, wenn ich, statt um neun, gegen elf anrollte! Mit welch bitterem Genuß zog er die goldene Repetieruhr aus der Westentasche, obwohl ja die Korridoruhr groß genug war! Wie vitriolsüß war seine Stimme, wenn er, nach einem kurzen Blick auf die Taschenuhr, sagte: »Mahlzeit, Herr Kästner!« Der Mann wußte genau, daß ich länger, schneller und gewissenhafter arbeitete als andere. Trotzdem verbreitete er die Ansicht, daß ich faul sei. Ihm lag nichts an den drei Stunden, die ich abends länger im Büro saß; und an den Nachtstunden, in denen ich für sein Blatt Artikel schrieb, lag ihm schon gar nichts. Er wollte nur eins von mir: Pünktlichkeit! Er war unerbittlich wie ein Liebhaber, der seiner innig geliebten blauäugigen Blondine einen einzigen Vorwurf macht: daß sie

keine Brünette mit Haselnußaugen ist! Es war kein Vergnügen. Für mich nicht. Und für ihn auch nicht. Aber er hatte doch wenigstens einen schwachen Trost: er war im Recht!
Dieser meiner prähistorischen Büroschemelepoche entsann ich mich also, als mir vor einem Jahr würdig aussehende Männer eine Feuilletonredaktion antrugen. Und an noch etwas anderes dachte ich. Daran, daß ich zwölf Jahre lang auf den Tag gewartet hatte, an dem man zu mir sagen würde: »So, nun dürfen Sie wieder schreiben!« Stoff für zwei Romane und drei Theaterstücke lag in den Schubfächern meines Gehirns bereit. Zugeschnitten und mit allen Zutaten. Der bewußte Tag war da. Ich konnte mich aufs Land setzen. Zwischen Malven und Federnelken. Wenn ich auch recht gerupft und abgebrannt aus der »großen Zeit« herausgekommen war. Papier und Bleistifte hatte ich noch und, was die Hauptsache war, meinen Kopf! Herz, was willst du mehr? Jetzt konnte ich, wenn ich nur wollte, mit Verlegervorschüssen wattiert durch die Wälder schreiten, sinnend an Grashalmen kauen, die blauen Fernen bewundern, nachts dichten, bis der Bleistift glühte, und morgens so lange schlafen, wie ich wollte. Was tat ich statt dessen? Die würdig aussehenden Männer sahen mich fragend an, und ich Hornochse sagte kurz entschlossen: »Ja.« Wer, wenn er bis hierher gelesen hat, bei sich denkt: »Herrje, ist der Kerl eingebildet!« hat mich nicht richtig verstanden. Ich habe die Geschichte eigentlich aus einem anderen Grunde erzählt. Ich wollte darlegen, daß mich meine Neigung dazu trieb, Bücher zu schreiben und im übrigen den lieben Gott einen verhältnismäßig frommen Mann sein zu lassen. Und daß ich das genaue Gegenteil tat, daß ich nun in einem fort im Büro sitze, am laufenden Band Besuche empfange, redigiere, konferiere, kritisiere, telefoniere, depeschiere, diktiere, rezensiere und schimpfiere. Daß ich seitdem, abgesehen vom täglichen Kram, noch nicht eine Zeile geschrieben habe. Daß ich, zum Überfluß, ein literarisches Kabarett gründen half und für den dortigen »Sofortbedarf« Chansons, Lieder und Couplets fabri-

ziere. Daß ich mein Privatleben eingemottet habe, nur noch schlückchenweise schlafe und an manchen Tagen aussehe, als sei ich ein naher Verwandter des Tods von Basel.

Warum rackere ich mich ab, statt, die feingliedrigen Händchen auf dem Rücken verschlungen, »im Walde so für mich hin« zu gehen? Weil es nötig ist, daß jemand den täglichen Kram erledigt, und weil es zu wenig Leute gibt, die es wollen und können. Davon, daß jetzt die Dichter dicke Kriegsromane schreiben, haben wir nichts. Die Bücher werden in zwei Jahren, falls dann Papier vorhanden ist, gedruckt und gelesen werden, und bis dahin – ach du lieber Himmel! – bis dahin kann der Globus samt Europa, in dessen Mitte bekanntlich Deutschland liegt, längst zerplatzt und zu Haschee geworden sein. Wer jetzt beiseite steht, statt zuzupacken, hat offensichtlich stärkere Nerven als ich. Wer jetzt an seine Gesammelten Werke denkt statt ans tägliche Pensum, soll es mit seinem Gewissen ausmachen. Wer jetzt Luftschlösser baut, statt Schutt wegzuräumen, gehört vom Schicksal übers Knie gelegt.

Das gilt übrigens nicht nur für die Schriftsteller.

Große Zeiten

Die Zeit ist viel zu groß, so groß ist sie.
Sie wächst zu rasch. Es wird ihr schlecht bekommen.
Man nimmt ihr täglich Maß und denkt beklommen:
So groß wie heute war die Zeit noch nie.

Sie wuchs. Sie wächst. Schon geht sie aus den Fugen.
Was tut der Mensch dagegen? Er ist gut.
Rings in den Wasserköpfen steigt die Flut.
Und Ebbe wird es im Gehirn der Klugen.

Der Optimistfink schlägt im Blätterwald.
Die guten Leute, die ihm Futter gaben,
sind glücklich, daß sie einen Vogel haben.
Der Zukunft werden sacht die Füße kalt.

Wer warnen will, den straft man mit Verachtung.
Die Dummheit wurde zur Epidemie.
So groß wie heute war die Zeit noch nie.
Ein Volk versinkt in geistiger Umnachtung.

Der Handstand auf der Loreley

Nach einer wahren Begebenheit

Die Loreley, bekannt als Fee und Felsen,
ist jener Fleck am Rhein, nicht weit von Bingen,
wo früher Schiffer mit verdrehten Hälsen,
von blonden Haaren schwärmend, untergingen.

Wir wandeln uns. Die Schiffer inbegriffen.
Der Rhein ist reguliert und eingedämmt.
Die Zeit vergeht. Man stirbt nicht mehr beim Schiffen,
bloß weil ein blondes Weib sich dauernd kämmt.

Nichtsdestotrotz geschieht auch heutzutage
noch manches, was der Steinzeit ähnlich sieht.
So alt ist keine deutsche Heldensage,
daß sie nicht doch noch Helden nach sich zieht.

Erst neulich machte auf der Loreley
hoch überm Rhein ein Turner einen Handstand!
Von allen Dampfern tönte Angstgeschrei,
als er kopfüber oben auf der Wand stand.

Er stand, als ob er auf dem Barren stünde.
Mit hohlem Kreuz. Und lustbetonten Zügen.
Man fragte nicht: Was hatte er für Gründe?
Er war ein Held. Das dürfte wohl genügen.

Er stand, verkehrt, im Abendsonnenscheine.
Da trübte Wehmut seinen Turnerblick.
Er dachte an die Loreley von Heine.
Und stürzte ab. Und brach sich das Genick.

Er starb als Held. Man muß ihn nicht beweinen.
Sein Handstand war vom Schicksal überstrahlt.
Ein Augenblick mit zwei gehobnen Beinen
ist nicht zu teuer mit dem Tod bezahlt!

P. S. Eins wäre allerdings noch nachzutragen:
Der Turner hinterließ uns Frau und Kind.
Hinwiederum, man soll sie nicht beklagen.
Weil im Bezirk der Helden und der Sagen
die Überlebenden nicht wichtig sind.

Patriotisches Bettgespräch

Hast du, was in der Zeitung stand, gelesen?
Der Landtag ist mal wieder sehr empört
von wegen dem Geburtenschwund gewesen.
Auch ein Minister fand es unerhört.

Auf tausend Deutsche kämen wohl pro Jahr
gerade 19 Komma 04 Kinder.
04! Und sowas hält der Mann für wahr!
Daß das nicht stimmen kann, sieht doch ein Blinder.

Die Kinder hinterm Komma können bloß
von ihm und anderen Ministern stammen.
Und solcher Dezimalbruch wird mal groß!
Und tritt zu Ministerien zusammen.

Nun frag ich dich: Was kümmert das den Mann?
Er tut, als käm er für uns auf und nieder.
Es geht ihn einen feuchten Kehricht an!
Mir schläft der Arm ein. So. Nun geht es wieder.

Geburtenrückgang, hat er noch gesagt,
sei, die Geschichte lehrt es, Deutschlands Ende,
und deine Fehlgeburt hat er beklagt.
Und daß er, daß man abtreibt, gräßlich fände.

Jawohl, wir sollen Kinder fabrizieren.
Fürs Militär. Und für die Industrie.
Zum Löhnesenken. Und zum Kriegverlieren!
Sieh dich doch vor. Ach so, daß war dein Knie.

Na, komm mein Schatz. Wir wollen ihm eins husten.
Dein Busen ist doch wirklich noch famos.
Ob unsere Eltern, was wir wissen, wußten . . .
Wer nicht zur Welt kommt, wird nicht arbeitslos.

Der Kinderreichtum ist kein Kindersegen.
Deck uns schön zu. Ich bild mir ein, es zieht.
Komm, laß uns den Geburtenrückgang pflegen!
Und lösch die Lampe aus. Des Landtags wegen.
Damit er es nicht sieht.

Elegie nach allen Seiten

Die bunten Astern winken durch die Gitter.
Die Gärten schminken sich. Das Jahr ist alt.
Der Herbst stimmt nur die Optimisten bitter.
Normale Menschen läßt er kalt.

Die Blätter an den Bäumen kann man zählen.
An manchen Zweigen schaukeln nur noch drei.
Der Wind wird kommen und auch diese stehlen.
Er stiehlt und findet nichts dabei.

Ein blinder Mann verkauft verwelkte Rosen.
Er kann nicht sehen, wie verwelkt sie sind.
Auf einer Bank, umringt von Arbeitslosen,
sitzt singend ein vergnügtes Kind.

Im Pflaster zittern Pfützen aus der Frühe.
Das Himmelblau ist wieder repariert.
Die Sonne scheint. Sie gibt sich große Mühe.
Man merkt die Absicht, und man friert.

Ein alter Mann, welcher vorüberwandelt,
spricht mit sich selber wie ein Wiederkäuer.
Es klingt, als ob er mit dem Tod verhandelt.
Wahrscheinlich ist der Sarg zu teuer.

Die Blätter flattern wie die Schmetterlinge.
Die Straße glüht und leuchtet und verfällt.
Der Herbst beschert uns den Verfall der Dinge
und dieses Mal auch den Verfall der Welt.

Das ist ein Jahr, da möchte alles sterben!
Die Welt verliert das Laub und den Verstand.
Der Winter und die Dummheit sind die Erben.
Und was sich Hoffnung nannte, wird verbrannt.

Vom andern Straßenufer wehen Lieder.
Das ist die Heilsarmee. Man singt zu sechst.
Die Blätter wachsen eines Tages wieder.
Doch ob auch die Vernunft von neuem wächst?

Hans Meyer
Beim Wiederlesen des »Fabian«

1947

Wir vergessen immer wieder, daß wir altern. Im Schlußband von Marcel Prousts großem Romanfresko von der verlorenen und wiedergefundenen Zeit trifft der Erzähler, der Marcel heißt wie sein Autor, auf die Tochter seiner Jugendfreundin; er will mit ihr spazierengehen, vorausgesetzt, daß sie kein Bedenken trage, »mit einem jungen Manne« gesehen zu werden. Ihr munteres und unbefangenes Lächeln macht ihm plötzlich klar, wieviel Zeit inzwischen verstrichen ist: an der Reaktion der anderen erfährt man, wie man selber alterte.

Bücher können zu ähnlichen Erlebnissen verhelfen. Man empfiehlt jüngeren Menschen mit bestem Gewissen ein Buch, das man einst heiß liebte und dem man ohne weiteres zutraut, auch einer neuen Jugend zum Erlebnis zu werden. Auch ist diese neue Jugend willig, aufgeschlossen, auf der Suche nach dem großen, beglückenden Werk, das zu ihr spräche – allein die erwartete Wirkung bleibt aus.

Wie soll man nun den Eindruck beschreiben, den Erich Kästners *Fabian* auf uns macht, da er jetzt wieder auftritt, gezeichnet mit einem Erscheinungsjahr, das den Zweiten Weltkrieg hinter sich ließ. Wir fanden noch einen »echten« *Fabian* unter den Büchern, die ein Freund sich retten konnte: das war ein schöner Leinenband aus dem Jahre 1931, mit blauen und roten Buchstaben. Der Name Kästner war rot unterstrichen, und auch »Fabian« ragte rot aus dem Titel hervor; er hob sich gleichsam durch die Drucktype von seiner Umgebung ab als ein Einzelgänger. *Die Geschichte eines Moralisten* war der Untertitel, und damit war die

Sonderstellung dieses Mannes Fabian erst recht angedeutet, denn ein Moralist ist zweifellos keine alltägliche Erscheinung. Aber was ist ein Moralist? Man darf ihn keinesfalls mit einem Moralprediger verwechseln, im Gegenteil. Das Leben Fabians im Buch Erich Kästners ist wahrhaftig nicht mit den Maßstäben offizieller Sittsamkeit zu messen. Die französische Literatur kennt den Begriff des »Moralisten«. Sie bezeichnet damit jene großen und großartigen Beurteiler menschlicher Verhältnisse, die in Wirklichkeit Philosophen waren, wenn sie auch darauf verzichteten, nach dem Muster deutscher Philosophieprofessoren große Systeme zu entwickeln, und lieber ein paar gültig geprägte Anmerkungen von wenigen Zeilen hinterließen, die genauso dauerhaft waren wie die umfangreichen Systeme. In unserer Literatur war Lichtenberg ein solcher Moralist; aber der wirkliche Lichtenberg gehört ja auch bei uns in die Rubrik der unbekannten Klassiker. Kästners Fabian ist nun gewiß kein Lichtenberg, wenn er auch ein bißchen von der Schwermut, dem Humor und der Wunderlichkeit des großen Göttingers abbekam. Aber Fabian, der Moralist Fabian, hatte keinen Buckel: er war offenbar ein wohlgewachsener junger Mann, dem die erotischen Erfahrungen nicht fehlten. Leider allerdings konnte er nicht schwimmen, und darum ertrank er schließlich.

Das war 1931, und wir alle hielten damals den ersoffenen Fabian, der nicht schwimmen konnte und darum unterging, für tief symbolisch. Es war keine schöne Zeit, dieses Jahr 1931, und so geht es auch nicht schön zu in Erich Kästners Buch: Liebe in allen Arten und Abarten, und eben darum gar keine richtige Liebe; Trägheit des Herzens in allen Klassen der Bevölkerung; das ist eine Welt, in der jeder nur für den Tag und die Stunde lebt, um das Grauen vor der Unsicherheit des morgigen Tages zu übertönen. Ein Panoptikum der Gier und der Dummheit: so stellt sich dem Moralisten Fabian die deutsche Provinz und die Stadt Berlin im Jahre 1931 dar. Zwischen Rummel und Arbeitslosigkeit, zwischen

sinnlosen Schießereien unter Arbeitern und Kleinbürgern, zwischen den Redakteuren eines deutschnationalen Generalanzeigers und dem apokalyptischen Katzenjammer einer Berliner Weltstadtredaktion war es schwer, ein anständiger Mensch zu bleiben, besonders, wenn man nicht bereit war, irgendeine Brillenmode des Tages mitzumachen. Und das wollte Fabian eben nicht.
Die Geschichte dieses einsamen Moralisten ließ sich damals beliebig fortsetzen: es war jene Zeit, da die modernsten Professoren auf den Universitäten entdeckt hatten, es gäbe überhaupt keine Wahrheit, alles Denken des Menschen sei »standortgebunden«, also interessiert und darum insgeheim verlogen. Es war jene Zeit, da die Wirtschaftsredaktion im *Berliner Tageblatt* ihrer großbürgerlichen Tradition untreu wurde und in metaphysischem Sozialismus machte. Es war 1931, als der Professor Carl Schmitt, nachmals ein Staatsrat Görings, zum Entzücken der fortgeschrittenen Intelligenz nachwies, die wahre Demokratie bestehe in der Identität der Herrschenden und Beherrschten, und das Wesen der Politik liege in der Grenzziehung zwischen Freund und Feind, also im Krieg. In dieser Umgebung lebte Jakob Fabian. Auch er konnte mit Brecht sagen: »So verging meine Zeit, die auf Erden mir gegeben war.«
Fabian ertrank. Er wollte ein Kind retten und konnte nicht schwimmen. Das Kind konnte schwimmen. Es war eine schlechte Zeit für Moralisten.
Und heute? Diese ganze Welt ist inzwischen untergegangen. An Herzlähmung, an Herzensträgheit. Ist Fabian nun eine historische Gestalt geworden? Fast möchte man es meinen. Erich Kästners Geschichte ist sicherlich für unsere Zeit so etwas wie ein »document humain«. Das ist ein typisches Buch, und es ist gut, daß man es neu verlegt hat, um einer jungen Generation, die alles nicht mehr gesehen hat, zu zeigen, wie wir verkamen und wie alles möglich wurde.
Bleibt das literarische Urteil. Der *Fabian* ist natürlich kein Ro-

man; es ist eine »Geschichte«, und zwar eine Geschichte mit dem Stil Erich Kästners. Eigentlich eine Geschichte in Epigrammen und Aphorismen. Man kann die Stichprobe machen und das Buch an beliebiger Stelle aufschlagen: immer wird man auf eine zugespitzte Formel stoßen, die sich allenfalls auch außerhalb des Zusammenhangs selber genügen könnte. Man kämpft mit der Versuchung, jetzt einzelne Absätze zu zitieren, aber dann hörte man nicht wieder auf... Auf heutige Leser, besonders junge, muß das alles natürlich ganz anders wirken als einst auf uns. Damals spürten wir den Zusammenbruch, der auch pünktlich eintraf. Heute ist diese Welt vergangen (es sind allerdings noch Spuren zurückgeblieben!). Muß man sich nun nicht fragen, ganz im Stile der »zeitnahen« Kritiker, ob dieser Fabian »uns noch etwas zu sagen habe«? Sicherlich. Allein wir erwähnten ja bereits, daß Kästner die Geschichte eines Moralisten schrieb – und Moralisten sind eben immer Einzelgänger; dafür können sie es sich allerdings leisten, nicht »zeitnahe« zu sein. Und damit erhält diese Geschichte, wie alle guten Bücher, auch unter ganz veränderten Umständen eine ganz neue Bedeutung. Darum empfiehlt es sich sogar, die Geschichte eines solchen Moralisten zu lesen, selbst wenn sein Lebenslauf bereits historisch wurde. Der Moralist Fabian ist vor allem einmal ein anständiger Mensch – und die Geschichte eines anständigen Menschen hat heute nichts an Aktualität verloren. Dann ist dieser Fabian ein Mensch, der nicht »mitmacht«, der keine Patentlösung liebt, sondern selbständig denken will – und auch das ist nicht unwichtig. Bleibt allerdings die Frage, ob der heutige Moralist, auch ein neuer Fabian Erich Kästners, nicht anders handeln müßte als der 1931 ertrunkene Fabian. Man könnte sagen, daß ein heute lebender Fabian sich nicht aus der Gesellschaft wegstehlen sollte, sondern die Aufgabe hätte, laut mitzureden. Es wäre furchtbar, wenn auch die Welt von 1947 wieder die Moralisten versinken sähe, da sie nicht schwimmen konnten und nicht schwimmen wollten. Aber das wäre ja bereits ein Thema für einen »Fabian 1947«.

Gleichnisse der Gegenwart

1. Das Märchen von den kleinen Dingen

Es war einmal ein Land, in dem gab es keine Zündhölzer. Und keine Sicherheitsnadeln. Und keine Stecknadeln. Und keine Nähnadeln. Und kein Garn zum Stopfen. Und keine Seide und keinen Zwirn zum Nähen. Und kein Seifenpulver. Und kein Endchen Gummiband weit und breit, und schmales auch nicht. Und keine Kerzen. Und keine Glühbirnen. Und keine Töpfe. Und kein Glas und keinen Kitt. Und kein Bügeleisen. Und kein Bügelbrett. Und keinen Nagel. Und keine Schere. Und keinen Büstenhalter. Und keine Schnürsenkel. Und kein Packpapier. Und keinen Gasanzünder. Da wurden die Einwohner des Landes ziemlich traurig. Denn erstens fehlten ihnen alle diese kleinen Dinge, die das Leben bekanntlich versüßen und vergolden. Zweitens wußten sie, daß sie selber daran schuld waren. Und drittens kamen immer Leute aus anderen Ländern und erzählten ihnen, daß sie daran schuld wären. Und sie dürften es nie vergessen. Die Menschen in dem Land hätten nun furchtbar gern geweint. Aber Taschentücher hatten sie auch nicht.

Da faßten sie sich endlich ein Herz und sagten: »Wir wollen lieber arbeiten statt zu weinen. Zur Arbeit braucht man keine Taschentücher.« Und nun gingen sie also hin und wollten arbeiten. Das hätte ihnen bestimmt sehr gut getan, denn die meisten von ihnen besaßen keine Phantasie. Und wenn Menschen ohne Phantasie nichts mehr haben und auch nicht arbeiten dürfen, kommen sie leicht auf dumme Gedanken.

Aber es war leider nichts zum Arbeiten da. Kein Handwerkszeug. Kein Holz. Kein Eisen. Keine Maschinen. Kein Geld. Da gingen sie wieder nach Hause, setzten sich auf ihren zerbrochenen Stuhl und warteten. Nebenan lief ein Radio. Sie konnten gut mithören, denn in der Wohnung nebenan gab es keine Fensterscheiben und bei ihnen auch nicht, und der Radioapparat war kaputt und konnte nicht mehr auf »leise« eingestellt werden. Sie hörten also mit und erfuhren durch einen gelehrten Vortrag, daß das Land so zerstört sei, daß dreißig Kubikmeter Schutt auf den Kopf der Bevölkerung kämen. »Dreißig Kubikmeter Schutt auf meinen Kopf?« sagte da ein alter Mann in der kahlen, kalten Stube. »Ein Filzhut wäre mir lieber. Oder eine Schaufel Erde.« Und das Radio erzählte dann noch, daß sie selber alle daran schuld wären. Und sie dürften es nie vergessen. Die Leute nickten müde mit dem Kopf und den dreißig Kubikmetern Schutt darüber...

Als sie zweiundeinhalbes Jahr auf dem zerbrochenen Stuhl gesessen, eine Menge Radiovorträge gehört und keine Arbeit gefunden hatten, kam ihnen der Gedanke, daß sich ihr Leben vielleicht nicht lohne und daß sie es fortwerfen sollten. Außer der Schuld besaßen sie nichts. Und eine Schuld kann so groß sein, wie sie will – so sehr hängt man nicht an ihr, daß man lediglich deswegen weiteratmen möchte. Nun wollten sie sich also umbringen. Sie freuten sich richtig darauf. Erst dachten sie daran, den Gashahn aufzudrehen. Aber es war Gassperre. Da wollten sie sich am Fenstergriff aufhängen. Aber es gab keinen Bindfaden in dem Lande. Und einen Fenstergriff gab's auch nicht. Da wollten sie sich erschießen. Doch man hatte ihnen das Gewehr weggenommen, damit sie keinen Unfug anrichteten. Nun wollten sie ja keinen Unfug stiften, sondern nur sich umbringen! Doch so ganz ohne Gewehr kann man nicht einmal auf sich selber schießen. Als sie das eingesehen hatten, liefen sie in die Apotheken, um Gift zu holen. Aber die Apotheken hatten nichts zu verkaufen, nichts fürs Leben und nichts für den Tod...

Da gingen sie wieder nach Hause und gaben, nach dem Leben, auch noch das Sterben auf. Das war ein schwerer Entschluß für

sie. Sie weinten diesmal sogar ein wenig. Obwohl sie immer noch kein Taschentuch besaßen. Ein Fremder, der ihnen durchs Fenster zusah, sagte ärgerlich, sie sollten sich bloß nicht bedauern. Sie seien an allem selber schuld, und sie dürften das nie vergessen. Da hörten sie auf zu weinen und blickten zu Boden. Der Fremde ging. Sie setzten sich nun wieder auf ihren Stuhl und betrachteten ihre leeren Hände.
Und wenn sie nicht verhungert sind, leben sie heute noch ...

2. Das Gleichnis von den Knöpfen

Es war einmal ein Mann, der hatte großes Unrecht getan. Er hatte andere überfallen, geschlagen und geplündert, und als ihn die anderen dann doch überwältigt hatten, war er sich nicht im Zweifel, daß sie das Recht und die Macht besaßen, sich an ihm schadlos zu halten. Aber er war arm und elend und wußte nicht recht, was er ihnen an Nützlichem geben könnte, und die anderen umstanden ihn prüfend und wußten nicht, was nehmen.
Sie hielten Rat, machten Vorschläge und kamen nicht zu Rande, bis einer von ihnen sagte: »Er mag uns seinen Anzug geben. Er hat zwar ein paar Löcher und Flicken. Doch vielleicht kann ihn einer von uns zur Arbeit tragen. Oder wir geben einem die Jacke, einem zweiten die Weste und mir die Hose.« – »Nein«, meinte darauf ein anderer, »den Anzug müssen wir ihm lassen. Es ist sein letzter. Nehmen wir ihm den, so ist das weder klug noch christlich gehandelt. Auch schön aussehen wird er im bloßen Hemde nicht. Und dann – eines Tages wird er wieder ein wenig Geld haben. Dann können wir ihm eine Krawatte verkaufen, oder einen Strohhut oder einen Stock. Aber natürlich nur, wenn er noch seinen Anzug hat! Ohne Anzug wird er sich nicht für den Schlips interessieren und für einen Strohhut auch nicht.«
Sie versanken in Nachdenken, bis einer ausrief: »Ich hab's! Wir

nehmen ihm seine Knöpfe. Knöpfe kann man immer einmal brauchen, und leicht zwischen uns teilen lassen sie sich außerdem!« Dieser Vorschlag gefiel allen ausnehmend. Sie gingen zu ihm hin und sprachen: »Wir wollen von deinem Anzug nur die Knöpfe. Da hast du eine Schere. Schneide die Knöpfe für uns ab! Eine nützliche Beschäftigung kann dir sowieso nichts schaden!«
Da fiel der arme Mann vor ihnen auf die Knie und bat, man möge ihm die Knöpfe lassen. Sie seien doch für ihn und seinen Anzug und den ferneren Lebensweg notwendig, viel notwendiger als für sie. Die anderen blickten ihn unwillig an. »Daß wir nur deine Knöpfe wollen«, sagten sie, »ist recht großmütig von uns. Du solltest das einsehen. Mach dich an die Arbeit.«
Nun ging der Mann in eine Ecke und fing an, sämtliche Knöpfe abzuschneiden. Die Knöpfe an den Ärmeln und vorn an der Jacke, alle Westenknöpfe und zum Schluß, mit Zittern und Zagen, die für die Hosenträger und die anderen, kleinen, die schon aus Gründen des Takts so notwendig sind – die auch!
Als er mit dem schmerzlichen Geschäft fertig war, brachte er alle seine Knöpfe – und die Schere natürlich auch – zu den anderen hinüber. »Nun also«, sagten sie, »das ist recht. Jetzt sind wir mit dir quitt. Und wenn du fleißig arbeitest, verkaufen wir dir später auch einmal eine hübsche, bunte Krawatte.« – »Ich werde nicht viel arbeiten können«, antwortete der Mann, »und Krawatten werde ich mir auch nie wieder binden können.« – »Warum denn nicht?« fragten sie erstaunt. »Weil ich meine Hände«, erwiderte er bekümmert, »für den Rest meines Lebens nur noch zu einem Zwecke werde brauchen müssen – mir die Hosen festzuhalten!« – »Fängst du schon wieder an?« fragten sie spitz und dann gingen sie, mit der Schere und den Knöpfen, ihres Wegs.
Der Mann aber stand bis in seinen Lebensabend hinein am gleichen Fleck und hielt sich krampfhaft die Hosen. Das sah nicht sehr schön aus, und die Vorübergehenden blickten jedesmal zur Seite ... Ja, und die Knöpfe! Die Knöpfe lagen bei den anderen in

einem Schubfach, in das man Dinge tut, die man sich aus unbegreiflichen Gründen nicht entschließen kann fortzuwerfen.

Die Verlobung auf dem Seil

Juli 1948, Neue Zeitung

Das Gebiet des Vergnügens unterteilt sich in die unschuldigen Arten und die Unarten. Warum hier von den unartigen Möglichkeiten nicht die Rede sein soll, liegt auf der Hand – sie sind zu bekannt. Um so verdienstlicher dürfte der Hinweis auf etliche besonders artige Vergnügungsweisen sein, die viel zuwenig im Schwange und darüber hinaus außerordentlich preiswert sind. Die meines Wissens billigste Form des aktiven Behagens ist das Ausdemfenstersehen. Mein Vater zog in jüngeren Jahren dem Ausdemfenstersehen das Aufdembahnhofstehen vor. Später gab er dann dem Ausdemfenstersehen immer unzweideutiger den Vorzug und ist bis zum heutigen Tage dabei geblieben. Gewiß, eines schickt sich nicht für alle. Das Ausdemfenstersehen mag nicht jedermanns Sache sein. Für sanft genüßliche Naturen aber wird es ein unversiegbarer Born reiner Freude bleiben. Die profunden, ausgepichten Kenner und Fachleute beschränken sich übrigens auf die Wohnungsfenster. Sie begnügen sich, als Meister in der Beschränkung, mit dem, was der Zufall und die Notwendigkeit unten auf der Straße vorüberschicken. Andere, weniger gefestigte Temperamente schätzen, im Gegensatz hierzu, das bewegliche Fenster, also den schweifenden Blick aus dem Kutschwagen, der Eisenbahn und dem Automobil. Ihre Fähigkeit des Schauens ist noch nicht so entwickelt wie bei den Anhängern des stationären Fensters. Auch auf diesem Gebiete zeigt sich der zunehmend schädliche Einfluß der Technik auf die echten menschlichen Gaben.

Eine weitere Spielart harmloser Vergnügungen besteht im Lesen

der kleinen vermischten Zeitungsnachrichten. Auch hier ließe sich von einem Fenster reden. Von einem Fenster, durch das der Lesende, hingeräkelt und in betulicher Neugierde, den Strom des Alltags mit seinen Steinpilzen, die drei Kilo wiegen, mit den zweiköpfigen Kälbern und den betrunkenen Einbrechern im Weinkeller, geruhsam vorm inneren Auge vorübergleiten sieht. Diese Art stillen Vergnügens kostet freilich etwas mehr als das Ausdemfenstersehen. Und gerade jetzt, in den ersten Wochen nach der Währungsreform, wird mit gutem Grund gespart und gerechnet. Andrerseits, wer findet schon, wenn er gleich tagelang auf die Straße starrt, Gelegenheit, den Diebstahl einer Atombombe zu erleben oder von einer Trauung zu erfahren, durch die der Ehemann sein eigener Onkel wird! Ich glaube, das Geld ist gut angelegt und das Vergnügen nicht überzahlt. Ich für mein Teil möchte die vermischten Nachrichten nicht missen. Ihre Lektüre stimmt heiter. Ihre Lektüre stimmt nachdenklich. Man liest ein paar Zeilen und spinnt sie aus. Es gibt viel mühsamere Arten, sich zu unterhalten. Und kostspieligere obendrein.
Da lese ich eben in der Zeitung: »Bei der Eröffnungsvorstellung der Camilla-Mayer-Schau verlobten sich die bekannten Artisten Gisela Lenort und Siegwart Bach auf dem dreihundert Meter langen und in sechzig Meter Höhe gespannten Seil zum Turm der Dortmunder Reinoldi-Kirche.« Man sitzt, dies lesend, auf dem Balkon, läßt verblüfft das Blatt sinken, blinzelt in die Sonne und überläßt sich den Assoziationen und Gedanken, die wie kleine Wellen den Rand des Bewußtseins bespülen. »Tüchtige junge Leute!« denkt man beispielsweise. »Donnerwetter! Fast ein bißchen zu tüchtig, wie? Und voller Ideen. Neulich konnte man in der Wochenschau denselben Herrn Bach bewundern, wie er, damals noch unverlobt, zwischen einigen Gipfeln des Zugspitzmassivs von Deutschland nach Österreich ging. In zweitausend Meter Höhe und quer durch die leere Luft. Ich erinnere mich des Ereignisses noch genau, weil es, bei aller Sehenswürdig-

keit, im Grunde meinen Ordnungssinn empfindlich verletzte. Ich vermißte auf dem Seil die Grenz- und Zollbeamten. Eine so sorglich gehütete Grenze – und nun diese Nachlässigkeit! Außerdem könnten seiltanzende Grenzer und Zöllner ganz gewiß sehr apart wirken! Sich schneidig auf dem Draht wiegend, die Pässe lässig stempelnd, in den Koffern und Balancierstangen nach verfemter Ware wühlend, schnurrbärtige Elfen, Sylphiden in Uniform, pensionsberechtigte Grenzfälle der Menschheit – der Anblick wäre den niedergedrückten Steuerzahlern wahrlich zu gönnen! Nun, es ist nichts vollkommen auf der Welt. Inzwischen macht wenigstens die Camilla-Mayer-Truppe, von Grenzen unbehindert, ihren Weg. Nächstens gehen sie nach Amerika. (Übrigens nicht per Seil.) Drüben wollen sie, was sie zwischen Ruinen und Bergspitzen gelernt haben, über den Cañons der Wolkenkratzerstraßen demonstrieren.

Zuvor haben sich also Gisela Lenort und Siegwart Bach auf dem Seile, über der Stadt Dortmund, verlobt . . . Wie macht man so etwas? Wenn ich präzisieren sollte, was meiner Meinung nach eine Verlobung ist, käme eine Summe feierlicher und unfeierlicher Handlungen heraus, die ich mir, auch beim besten Willen, sechzig Meter über Dortmund, noch dazu auf dem Seil, ganz einfach nicht vorzustellen wage. Immerhin, die Zeitung meldet's; damit ist die Möglichkeit von Luftverlobungen erwiesen, und ich finde, man sollte diesen neuen Brauch, nach Einholung der Erlaubnis der Militärregierungen, gesetzlich verankern. Verlobungen, die nicht auf dem Seil stattgefunden haben, wären künftig rechtsungültig. Auf diese Weise würden viele unüberlegte Verlobungen vermieden. Eheschließungen, Hochzeitsnächte, Flitterwochen, Kindstaufen, Scheidungsprozesse, Lieferungsabschlüsse, Exportklauseln, Aufbaupläne – aufs Seil, Freunde, aufs Seil!

Es ist kein Zufall, daß der Gedanke, unsere Zukunft liege auf dem Seil in der Luft, gerade jetzt und gerade in Deutschland das Licht der modernen Welt erblickt hat. Zwischen den Ruinen Seile,

zwischen den Zonen Seile, zwischen den Staaten ringsum Seile, und, auf ihnen balancierend, der neue Menschenschlag! Nietzsches leichtfüßig tänzelnden Übermenschen, da haben wir ihn! Da haben wir's! Von Zarathustra über die Camilla-Mayer-Schau zur neuen, uns gemäßen Existenzform: zum Leben auf dem Seil!«
Solche und ähnliche Gedanken plätschern leise am Rande des Bewußtseins, als es draußen klingelt. Es wird die Zeitung sein. Mit vielen neuen und kleinen vermischten Nachrichten.

Wahres Geschichtchen

August 1948, Neue Zeitung

Voraussetzungen, die eine zwingende Schlußfolgerung zulassen, nennt man, wie jeder Mittelschüler in und außer Dienst gern bestätigen wird, Prämissen. Die folgende wahre Geschichte hat der Prämissen zwei. Erstens: Kunst und Wirklichkeit sind in der Lage, die seltsamsten chemischen Verbindungen einzugehen. Zweitens: Die Tiroler sind lustig. Das Subjekt der zweiten Prämisse ließe sich beliebig erweitern. Aber im vorliegenden Falle, den mir eine uns allen bekannte Schauspielerin erzählte, handelt sich's nun einmal um die Tiroler. Wahre Geschichten soll man nicht durch Phantasie – zehn Tropfen auf einen Liter Tatsachen – verwässern. Was ich hier erzähle, ist die ungepanschte Wahrheit.

Neulich – im Jahre 1948 – drehte man in Tirol einen Film. Der Film war, wie sich das gehörte, »zeitnahe«. Weil der Film zeitnah war, das heißt: weil er im Dritten Reiche spielte, brauchte man etliche ss-Männer. Weil es keine echten ss-Männer mehr gibt und weil wenig echte Schauspieler zur Hand waren, suchte der Regisseur unter den männlichen Dorfschönen die acht Schönsten, Herrlichsten, Athletischsten, Größten, Gesündesten, Männlichsten aus, ließ ihnen vom Kostümfritzen prächtige schwarze Uniformen schneidern und benutzte beide, die Schönen und die Uniformen, für seine Außenaufnahmen. Er war mit beiden recht zufrieden. Die Alpenbewohner haben ja einen natürlichen Hang zur, sagen wir, Schauspielerei. Die Rauhnächte, das jesuitische Barocktheater, die Bauernbühnen – die Lust am Sichverstellen und die Fähigkeit dazu, es liegt den Leuten im Blut.

In einer Drehpause, vielleicht waren zuviel oder zuwenig Wolken am Himmel, schritten nun die acht falschen ss-Männer fürbaß zum Wirtshaus. Tiroler Landwein ist etwas sehr Hübsches. Die Filmgage auch. Die acht sahen gewisse Möglichkeiten. Indes sie so schritten, kam ihnen der Autobus entgegen, der dort oben im Gebirg den Verkehr und die Zivilisation aufrechterhält. Und weil die Tiroler so lustig sind, stellten sich unsere acht ss-Männer dem Vehikel in den Weg. Der Bus hielt. Einer der acht riß die Wagentür auf und brüllte: »Alles aussteigen!« Und ein zweiter sagte, während er die zitternd herauskletternden Fahrgäste musterte: »Da samma wieda!« Ich weiß nicht, ob ich bei diesem Satze die richtige phonetische Schreibweise anwende. Auf alle Fälle wollte der zweite zum Ausdruck bringen, daß nunmehr die ss und das Dritte Reich wiedergekehrt seien.

Es geht nichts über den angeborenen Trieb, sich zu verstellen, und die diesem Trieb adäquate Begabung. Die Fahrgäste schlotterten vor soviel Echtheit, daß man's förmlich hören konnte. Die acht begannen, barsche Fragen zu stellen, Brieftaschen zu betrachten und die Pässe zu visitieren. Tirol gehört ja zu Österreich, und in Österreich hat man bekanntlich schon wieder Pässe. Während die acht nun ihre schauspielerische Bravour vorbildlich zum besten gaben, kam der Herr Regisseur des Weges, sah den Unfug, rief seine Film-ss zur Ordnung, schickte sie ins Wirtshaus und entschuldigte sich zirka tausendmal bei den blaßgewordenen Reisenden, die nervös und schnatternd auf der Landstraße herumstanden. Bei einem der Fahrgäste mußte sich der Regisseur sogar drinnen im Omnibus entschuldigen. Es war ein alter, kränklicher Herr, dieser letzte Fahrgast. Er hatte vor Schreck nicht aussteigen können. Er stammte aus der Gegend. Er war das gewesen, was man heutzutage einen »Gegner des Dritten Reiches« nennt. Er hatte das seinerzeit gelegentlich zum Ausdruck gebracht und infolgedessen mit der ss Bekanntschaft machen müssen. Nun saß er also, bleich wie der

Tod, in der Ecke, unfähig, sich zu rühren, stumm, entsetzt, ein Bild des Jammers. »Aber, lieber Herr«, sagte der Filmregisseur, »beruhigen Sie sich doch, bittschön. Wir drehen einen zeitnahen Film, wissen Sie. Dazu braucht man ss-Männer. Die Szene, die Sie eben erlebt haben, hat weder mit dem Film noch mit der Wirklichkeit etwas zu tun. Es war eine Lausbüberei, nichts weiter. Die Buam sind Lausbuam, und Jugend hat keine Tugend, und nehmen Sie's doch nicht so tragisch. Es sind harmlose, muntere Skilehrer und Hirten aus dem Dorf hier!«

Da schüttelte der alte Herr den Kopf und sagte leise: »Ich habe in dieser Gegend mit der ss öfter zu tun gehabt, Herr Regisseur. Sie haben gut ausgewählt, Herr Regisseur. Es sind . . . *dieselben!*«

Trostlied im Konjunktiv

Wär ich ein Baum, stünd ich droben am Wald.
Trüg Wolke und Stern in den grünen Haaren.
Wäre mit meinen dreihundert Jahren
noch gar nicht sehr alt.

Wildtauben grüben den Kopf untern Flügel.
Kriege ritten und klirrten im Trab
querfeldein und über die Hügel
ins offene Grab.

Humpelten Hunger vorüber und Seuche.
Kämen und schmölzen wie Ostern und Schnee.
Läg ein Pärchen versteckt im Gesträuche
und tät sich süß weh.

Klängen vom Dorf her die Kirmesgeigen.
Ameisen brächten die Ernte ein.
Hinge ein Toter in meinen Zweigen
und schwänge das Bein.

Spränge die Flut und ersäufte die Täler.
Wüchse Vergißmeinnicht zärtlich am Bach.
Alles verginge wie Täuschung und Fehler
und Rauch überm Dach.

Wär ich ein Baum, stünd ich droben am Wald.
Trüg Sonne und Mond in den grünen Haaren.
Wäre mit meinen dreihundert Jahren
nicht jung und nicht alt . . .

Das Zeitalter der Empfindlichkeit

Wenn am kommenden Sonntag ein Fußballkapitän erklärte: »Wir spielen ab heute mit fünfzehn Mann«, würde man ihn zunächst auslachen. Beharrte er auf seinem Standpunkt, so brächte man ihn in die psychiatrische Klinik. Nehmen wir nun an, auf Grund von Überlegungen und Zufällen setzte sich, etwa in fünfzig Jahren, das Fünfzehn-Mann-System durch und es erklärte dann ein Fußballkapitän: »Wir spielen ab heute mit elf Mann«, würde man ihn zunächst auslachen. Beharrte er auf seinem Standpunkt, so brächte man ihn in die psychiatrische Klinik.

Dieses Beispiel soll zweierlei veranschaulichen. Einmal: Spielregeln sind unantastbar. Zum andern: Spielregeln wandeln sich, indem man sie antastet. Das gilt nicht nur für Fußballklubs, sondern für jede Gemeinschaft. Das Zusammenleben – im Staat, in der Sippe, in der Partei, in der Kirche, in der Zunft, im Verein – ist ohne Spielregeln unmöglich. Deshalb haßt man die Spielverderber weit mehr und fanatischer als die Falschspieler. Denn die Falschspieler betrügen zwar, aber sie tun es »regelrecht«. Doch taucht jemand auf und behauptet, die Monarchie sei eine überholte, abgetakelte Staatsform oder gar, die Erde drehe sich um die Sonne, muß er gewärtigen, daß man ihn verbrennt. Eines Tages werden dann seine Thesen die neuen Spielregeln bestimmen.

Die Gemeinschaften merken nicht, wenn und wann ihre Konventionen altern. Sie merken's auch nicht, wenn diese mausetot sind. Und die Repräsentanten der Gemeinschaften? Sie *wollen* es nicht merken. Sie verteidigen die Totems und Tabus mit Krallen und Klauen, mit Bann und Acht. Jene Männer, die mit dem Finger auf das Welken und Sterben der alten Regeln zeigen und neue, lebendige Regeln fordern, sind ihre natürlichen Feinde. Luther, Swift, Goya, Voltaire, Lessing, Daumier und Heinrich Heine waren solche Spielverderber. Sie gewannen den Kampf. Aber erst nachdem sie gefallen waren.

Von Lessing gibt es ein paar Sätze, die das Spannungsverhältnis zwischen den Wortführern der reaktionären Kräfte und dem Spielverderber, den einzig sein Gewissen treibt, unübertrefflich kennzeichnen. »Ich habe auf kein gewisses System schwören müssen. Mich verbindet nichts, eine andere Sprache als die meinige zu reden. Ich bedaure die ehrlichen Männer, die nicht so glücklich sind, dieses von sich sagen zu können. Aber diese ehrlichen Männer müssen nur andern ehrlichen Männern nicht auch den Strick um die Hörner werfen wollen, mit welchem *sie* an die Krippe gebunden sind. Sonst hört mein Bedauern auf, und ich kann nichts, als sie verachten.«

Solche ehrlichen Männer, die nichts als ihre eigene Sprache reden, sind rarer als vierblättriger Klee. Die Lessings gibt es nicht im Dutzend. Da müssen sich erst Ehrlichkeit, Verstand, Mut, Talent und kaltes Feuer in ein und demselben Menschen mischen, ehe halbwegs ein echter Spielverderber zustande kommt. Und wie oft vereinigen sich diese fünf Gaben schon in einem einzigen Manne? Luthers Satz »Hier stehe ich, ich kann nicht anders!« gehört ins Deutsche Museum. Ins Raritätenkabinett.

Nun gibt es auch kleinkalibrige Spielverderber. Sie sind die »Unruhe« des konventionellen Alltags. Man nennt sie Journalisten. Es gibt nicht nur Journalisten der Feder, sondern auch des Zeichenstifts. Und es gab sie! Erinnern Sie sich noch jener kräftigen Beiträge, die von einigen Spielverderbern unseres Jahrhunderts herrühren und aus frühen Jahrgängen des Münchner »Simplicissimus« stammen? Also aus jenen guten alten und aschgrauen Tagen, die man sich ehestens mit Stichworten wie »Reisekaiser« und »Affäre Zabern«, »Boxeraufstand« und »Prozeß Eulenburg«,

»Schlotbarone« und »Ostelbier«, »Bülow« und »Hertling«, »Wehrvorlage«, »Peterspfennig« und »Sittlichkeitsvereine« ins müde Gedächtnis zurückruft? Wer in den vergilbten Bänden blättert und liest, studiert nicht nur die Geschichte des deutschen Jugendstils, erlebt nicht nur den gewittrigen Vorabend des Ersten Weltkrieges, sondern erfährt in Bild und Text, an zahllosen Beispielen, wie Polemik aussehen kann, auch wenn sie nicht eben von lauter Daumiers und Lessings geführt wird. Wenn sich heutzutage jemand erdreistete, staatliche und kirchliche Mißstände, Justizwillkür und Kunstschnüffelei so anzuprangern, wie es etwa Ludwig Thoma als »Peter Schlemihl« getan hat, man briete den Kerl am Spieß!
Die Publizisten und das pp. Publikum sind mittlerweile ins Zeitalter der Empfindlichkeit hineingetreten. Wir haben vor lauter Aufregungen, und es gab ja genug, »total« vergessen, den Maulkorb abzunehmen, den man uns 1933 umgebunden hatte. Die einen können nicht mehr schreiben. Die anderen können nicht mehr lesen. Versuchen sie's trotzdem, so lesen sie, statt mit den Augen, versehentlich mit den Hühneraugen. Man kann ohne Übertreibung von einer Hypertrophie des Zartgefühls sprechen. Schon in den zwanziger Jahren schrieb Kurt Tucholsky, auch so ein rastloser Spielverderber, in einem satirischen Gedicht:

>»Sag mal, verehrtes Publikum:
>bist du wirklich so dumm?
>Ja, dann ...
>Es lastet auf dieser Zeit
>der Fluch der Mittelmäßigkeit.
>Hast du so einen schwachen Magen?
>Kannst du keine Wahrheit vertragen?
>Bist also nur ein Grießbreifresser?
>Ja, dann ...
>Ja, dann verdienst du's nicht besser!«

Was schriebe er erst, wenn er noch lebte? Über das Publikum? Und gar über unsere Repräsentanten? Ganz besonders über unsere Rrrrrepräsentanten und -onkels, die, faßt man sie am Knopf, Hilfe schreien, weil sie ihre Knöpfe mit den heiligsten Gütern der Nation verwechseln? Und was schließlich schriebe er über seine lieben Kollegen? Ehrlichkeit, Verstand, Mut, Talent und kaltes Feuer, noch dazu in Personalunion, wie selten sind sie geworden! Dort bricht einer mit gewaltigem Getöse und Handgepäck zu einem fulminanten Leitartikel auf und nach den ersten Sätzen wieder zusammen! Hier schleicht ein Kritiker mit seiner abgerüsteten Armbrust hinters Gebüsch und legt vorsichtig an. Wenn das nicht Tells Geschoß wird! Man wartet und wartet. Blickt endlich hinter den Busch, und siehe – der Brave ist überm Zielen eingeschlafen! Da wieder verspricht uns einer, er träfe mit jedem Pfeil ins Schwarze. Statt dessen knallt er dann mit einer veritablen Kanone mitten ins Blaue!

Kritik, Kontroverse, Pamphlet und Polemik sind mehr denn je Fremdwörter. Die Leser müssen wieder lesen und wir Publizisten müssen wieder schreiben lernen. Es sei denn, wir entschlössen uns, dem Ratschlag eines zeitgenössischen Epigrammatikers zu folgen, der in seiner »Großdeutschen Kunstlehre« schreibt:

>»Die Zeit zu schildern, ist eure heilige Pflicht.
>Erzählt die Taten! Beschreibt die Gesinnungen!
>Nur – kränkt die Schornsteinfeger nicht!
>Kränkt die Jäger und Briefträger nicht!
>Und kränkt die Neger, Schwäger, Krankenpfleger und
>   Totschläger nicht!
>Sonst beschweren sich die Innungen.«

Das Epigramm ist übrigens ironisch gemeint. Es wäre schade, wenn einige Leser den Autor womöglich mißverstünden.

Wolfgang Harich
Erich Kästner wird fünfzig

Die Fünfzigjährigen von heute haben sich selbst vor Jahr und Tag auf den Nenner der »Verlorenen Generation« gebracht. In der Tat hat es mit ihnen seine besondere Bewandtnis. Von Hause aus an Katastrophen und Schrecknisse durchaus nicht gewöhnt, sind sie von einem Zeitalter überrumpelt worden, das in der Weltgeschichte seinesgleichen sucht. Als Babies wurden sie noch von königlichen Hofphotographen bäuchlings aufs Eisbärfell gepackt und im Zustande entzückenden Strampelns fürs Familienalbum abkonterfeit. Als Kinder waren sie brave, kleine Sonntagsspaziergänger, an der Hand gutsituierter Eltern, in Samtkitteln und Matrosenanzügen. Mit naiver Selbstverständlichkeit waren sie eigentlich auf Verhätschelung eingestellt wie Fische aufs Wasser, und sie hatten keine Ahnung, die wohlgekämmten Bürschchen, daß ihre schillernden Brummkreisel auf vulkanischem Boden tanzten. Sie wußten nichts von Bezugscheinen, Lebensmittelkarten und Luftschutzkellern, nichts von »kv« und »HKL«. Und wie sollten sie auch? Wie hätten sie sich's träumen lassen sollen, was sie da alles noch erwartete?
Aber dann kam der Weltkrieg, der die verwöhnten Knaben plötzlich und unvermutet mit Tod und Leid und Gefahr überfiel und sie aus dem Gewohnten, das sie für unveränderlich gehalten hatten, grausam herausriß. Die Weltgeschichte übergoß sie mit höllischen Wechselbädern, siedend heiß und eisig kalt. Krieg und Revolution, Inflation und Hunger, Familienzerrüttung und Freikorpskrakeel, Schwindelblüte und Arbeitslosigkeit, Stempeln und Dienstverpflichtetsein, Faschismus und wieder Krieg – das

war ihr Leben. Leicht haben sie's nicht gehabt. Und an der Wiege ist es ihnen bestimmt nicht gesungen worden.

Dieser »verlorenen Generation« (um das wehleidige Wort zu gebrauchen), diesen Fünfzigjährigen von heute habe ich mich immer besonders verbunden gefühlt. Als Hitler den Zweiten Weltkrieg vom Zaune brach, war ich so alt wie sie im Jahre 14. Bei ihnen habe ich mir Rat holen können: Wie man Gallenleiden vor der Musterungskommission simuliert; wie man vom lieben Leben mitnimmt, was man noch kriegen kann, bevor man nächstens zur Schlachtbank gezerrt wird; welche Bücher man unbedingt kennen muß, ehe man sich zum pflichtgemäßen Sterben begibt; wie man Feldwebel versöhnlich stimmt, Urlaub herausschindet usf. Die Fünfzigjährigen – sie waren damals vierzig – kannten sich aus und hatten Verständnis. Sie wußten, wie einem zumute ist, wenn der Gestellungsbefehl per Einschreiben gebracht wird: Wie in einem Glasgefäß, aus dem langsam die Luft herausgepumpt wird. Sie kannten das alles, und sie halfen mit Rat und Tat. (Sofern sie keine Nazis waren; doch das waren sie leider meistens.)

Die Schriftsteller der deutschen Linken, die zu dieser »verlorenen Generation« gehören, haben auf mich eine starke Anziehungskraft ausgeübt. Gläsers »Jahrgang 1902« (zu meiner Schande sei es gesagt!) und Remarques »Im Westen nichts Neues« studierte ich mit einem Eifer, den ich von Rechts wegen Ciceros Reden hätte widmen sollen. Und am meisten fesselte mich Erich Kästner. Das lag nicht nur an der Parallelität und Ähnlichkeit der Situation, in der Kästner sich im Ersten Weltkrieg befunden hatte. An Kästners Kinderroman »Emil und die Detektive« hatte ich so quasi das Buchstabieren erlernt. Mit seinen Kinderbüchern hatte Kästner mir, als ich sieben oder acht Jahre alt war, in vorsichtiger, unaufdringlicher, aber äußerst wirksamer Dosierung jene moralisch-humanistischen Gegengifte verabreicht, die später der faschistische Staat unter allen Umständen von uns, von den

»Garanten der Zukunft«, fernzuhalten wünschte. Trotzdem hätte ich für meinen Antifaschismus keine Garantie übernehmen mögen, wären mir nicht rechtzeitig Kästners »zersetzende« Gedichte gegen Krieg und Militarismus in die Hände gefallen, die mir sehr zu denken gaben.

Auch die Verse von Weinert, Tucholsky und Brecht gaben mir damals zu denken, auch Feuchtwangers »Erfolg« und »Der Krieg« von Ludwig Renn. Aber Kästner genoß, wegen des »Emil«, die größte Autorität. Der Lieblingsdichter meiner Abc-Schützenzeit, der mich nicht etwa zu den Indianern und Trappern und auf Robinsons Insel entführt, sondern mich in meinen eigenen, alltäglichen Kindernöten und Kinderproblemen zutiefst verstanden und ernst genommen hatte (ohne eine Spur erwachsener Herablassung), der gleiche freundlich-weise Erzähl-Onkel, der mit Pony Hütchen und Gustav mit der Hupe, also mit meinesgleichen, auf Du und Du stand, der machte mir nun in ebenso witzigen, wie nüchtern-vernünftigen Versen die Lächerlichkeit des Strammstehens und die Unsinnigkeit des gegenseitigen Mordens klar.

Ja, Kästners Verse hatten es in sich. Sie waren genau das, was wir brauchten, was uns dringend nötig war. In einem seiner Gedichtbände hat Kästner sich zur »Gebrauchslyrik«, zu den »seelisch verwendbaren Versen« bekannt. »Verse, die von den Zeitgenossen nicht in irgendeiner Weise zu brauchen sind, sind Reimspielereien, nichts weiter... Mit der Sprache seiltanzen, das gehört ins Varieté.« Wie recht hatte er! Mit Rilkes lyrischem Schmaus im Ohr konnte man ohne innere Schwierigkeit bei der Waffen-SS landen, und wer sich an Georges gestelztem Pathos oder an dem brünstig-instinkthaften Wortgestrotze der Miegel berauschte, der war zum Morden und Plündern im Dienste des »Tausendjährigen Reiches« geradezu geschaffen. Es war erschütternd, wie die Dichter, die nicht auf die praktische Brauchbarkeit ihrer Werke bedacht waren, die Menschen in der ärgsten

Gefährdung ihres Gewissens und ihrer Vernunft im Stich ließen. Denn was brauchten wir in dieser Zeit: Wiegende Rhythmen, marmorgemeißelte Metaphern, dunklen Tiefsinn oder einen klaren Kopf, der sich das Denken nicht verbieten ließ? Kästner weckte das Bewußtsein und das Gewissen, die abzustumpfen drohten. Kästner schärfte den Verstand. Und das war viel, sehr viel wert. »Wenn wir den Krieg gewonnen hätten...«, »Kennst Du das Land, wo die Kanonen blühn...«, – wer das las und dann nicht Vernunft annahm und den Schwindel der Herrschenden durchschaute, dem war nicht zu helfen.

Ich erinnere mich noch genau, wie damals – wir waren Sekundaner eines nazistischen Provinzgymnasiums, das uns den Krieg als »Vater aller Dinge« plausibel machen wollte –, wie damals ein Mitschüler den »Gesang zwischen den Stühlen«, »Herz auf Taille«, »Ein Mann gibt Auskunft« und »Lärm im Spiegel« aus der verbotenen Ecke der väterlichen Bibliothek herbeischleppte, wie wir uns – eine kleine Gruppe aufsässig gesinnter Pennäler – auf einer Waldlichtung das Gedicht vom Sergeanten Waurich, das »Patriotische Bettgespräch«, »Das letzte Kapitel« und die »Fantasie von übermorgen« vorlasen. Wir waren nur fünf oder sechs an der Zahl, und zwei davon sind gefallen. Aber vielleicht wären wir alle bei Tobruk oder Stalingrad verscharrt, wenn wir uns nicht immun gemacht hätten gegen die völkischen Montagsandachten unseres Direktors, immun gegen die Aussicht, als Offiziersanwärter das Abitur mit der linken Hand erledigen zu können. Später fiel mir Kästners Novelle von dem bestialischen Feldwebel in die Hand, den ein geschundener Rekrut nach dem Kriege zum Duell fordert. Die Sache geht tragisch aus: Der Mann, der sich jahrelang im Schießen übte, um sich rächen zu können, stirbt durch Herzschlag, bevor er den Feldwebel niederknallen kann. Trotzdem hat mir diese Geschichte, die mir im Kasernenmilieu immer wieder einfiel, im Umgang mit Feldwebeln ein Gefühl unbezwinglicher Zuversicht gegeben. Kästner, der Schlaraffenlandzauberer des »35. Mai«, der Demiurg von Justus und dem »Nichtraucher«, der Intimus Emil Tischbeins und Gustavs mit der Hupe, fungierte jetzt als der gleichaltrige Kamerad aus dem Jahre 1916, der sich auf dem Kasernenhof einen Herzknacks fürs Leben zugezogen hatte und Trost zu spenden vermochte, indem er Haß erzeugte. Zwischen meiner eigenen Generation und jener »verlorenen«, zu der Kästner gehört, bestand – so empfand ich – tatsächlich jene »Gleichzeitigkeit«, wie sie Spengler in seine »Kulturkreise« hineinkonstruiert. Wir waren Brüder gleichen Schicksals, ausgeliefert an die gleichen hassenswerten Mächte.

Lottes Traum

Aus »Das doppelte Lottchen«

Lotte ist zum erstenmal von der mürrischen Resi ins Bett gebracht worden. Anschließend ist sie heimlich wieder aufgestanden und hat den Brief geschrieben, den sie morgen früh zum Postamt bringen will. Dann hat sie sich leise in Luisens Bett zurückgeschlichen und, bevor sie das Licht ausknipste, das Kinderzimmer noch einmal in Ruhe betrachtet.
Es ist ein geräumiger, hübscher Raum mit Märchenfriesen an den Wänden, mit einem Spielzeugschrank, mit einem Bücherbord, einem Schreibpult für die Schularbeiten, einem großen Kaufmannsladen, einer zierlichen altmodischen Frisiertoilette, einem Puppenwagen, einem Puppenbett, nichts fehlt, bis auf die Hauptsache!
Hat sie sich nicht manchmal – ganz im stillen, damit Mutti es nur ja nicht merke – so ein schönes Zimmer gewünscht? Nun sie es hat, bohrt sich ihr ein spitzer, von Sehnsucht und Neid scharfgeschliffener Schmerz ins Gemüt. Sie sehnt sich nach dem kleinen, bescheidenen Schlafzimmer, wo jetzt die Schwester liegt, nach Muttis Gutenachtkuß, nach dem Lichtschein, der aus dem Wohnzimmer herüberzwinkert, wo Mutti noch arbeitet, danach, daß dann leise die Tür geht, daß sie hört, wie Mutti am Kinderbett stehen bleibt, auf Zehenspitzen zum eigenen Bett hinüberhuscht, ins Nachthemd schlüpft und sich in ihre Decke kuschelt.
Wenn hier, wenigstens im *Neben*zimmer, Vatis Bett stünde! Vielleicht würde er schnarchen. Das wäre schön! Da wüßte man, daß er ganz in der Nähe ist! Aber er schläft nicht in der Nähe, sondern in einem anderen Haus, am Kärntner Ring. Vielleicht schläft er

»Doppeltes Lottchen gesucht!« Kästner und Josef von Báky in der Schar der Bewerberinnen, 1950

überhaupt noch nicht, sondern sitzt mit dem eleganten Pralinenfräulein in einem großen, glitzernden Saal, trinkt Wein, lacht, tanzt mit ihr, nickt ihr zärtlich zu, wie vorhin in der Oper, *ihr*, nicht dem kleinen Mädchen, das glücklich und verstohlen aus der Loge winkte.

Lotte schläft ein. Sie träumt. Das Märchen von den armen Eltern, die, weil sei kein Brot hatten, Hänsel und Gretel in den Wald schickten, mischt sich mit eignen Ängsten und eignem Jammer.

Lotte und Luise sitzen in diesem Traum, mit erschrockenen Augen, in einem gemeinsamen Bett und starren auf eine Tür, durch die viele weißbemützte Bäcker kommen und Brote hereinschleppen. Sie schichten die Brote an den Wänden auf. Immer mehr Bäcker kommen und gehen. Die Brotberge wachsen. Das Zimmer wird immer enger. Dann steht der Vater da, im Frack, und dirigiert die Bäckerparade mit lebhaften Gesten. Mutti kommt hereinge-

Isa und Jutta Günther

stürzt und fragt bekümmert: »Aber Mann, was soll denn nun werden?«

»Die Kinder müssen fort!« schreit er böse. »Wir haben keinen Platz mehr! Wir haben zuviel Brot im Hause!«

Mutti ringt die Hände. Die Kinder schluchzen erbärmlich.

»Hinaus!« ruft er und hebt drohend den Dirigentenstab. Da rollt das Bett gehorsam zum Fenster. Die Fensterflügel springen auf. Das Bett schwebt zum Fenster hinaus.

Es fliegt über eine große Stadt dahin, über einen Fluß, über Hügel, Felder, Berge und Wälder. Dann senkt es sich wieder zur Erde herab und landet in einem mächtigen, urwaldähnlichen Baumgewirr, in dem es von unheimlichem Vogelgekrächz und vom Gebrüll wilder Tiere schauerlich widerhallt.

Die beiden kleinen Mädchen sitzen, von Furcht gelähmt, im Bett.

Da knackt und prasselt es im Dickicht!

Die Kinder werfen sich zurück und ziehen die Decke über die Köpfe. Aus dem Gestrüpp kommt jetzt die Hexe hervor. Es ist aber nicht die Hexe von der Opernbühne, sondern sie ähnelt viel eher der Pralinendame aus der Loge. Sie blickt durch ihr Opernglas zu dem Bettchen hinüber, nickt mit dem Kopf, lächelt sehr hochmütig und klatscht dreimal in die Hände.

Wie auf Kommando verwandelt sich der dunkle Wald in eine sonnige Wiese. Und auf der Wiese steht ein aus Konfektschachteln gebautes Haus, mit einem Zaun aus Schokoladetafeln. Vögel zwitschern lustig, im Gras hüpfen Hasen aus Marzipan, und überall schimmert es von goldenen Nestern, in denen Ostereier liegen. Ein kleiner Vogel setzt sich aufs Bett und singt so hübsch Koloratur, daß sich Lotte und Luise, wenn auch zunächst nur bis zu den Nasenspitzen, unter ihrer Decke hervortrauen. Als sie nun die Wiese mit den Osterhasen, die Schokoladeneier und das Pralinenhaus sehen, klettern sie schnell aus dem Bett und laufen zum Zaun. Dort stehen sie nun in ihren langen Nachthemden und staunen.

»Spezialmischung!« liest Luise laut vor. »Und Krokant! Und Nougatfüllung!« »Und bittere Sonderklasse!« ruft Lotte erfreut. (Denn sie ißt auch im Traum nicht gerne Süßes.)

Luise bricht ein großes Stück Schokolade vom Zaun. »Mit Nuß!« meint sie begehrlich und will hineinbeißen.

Da ertönt Hexenlachen aus dem Haus! Die Kinder erschrecken! Luise wirft die Schokolade weit weg!

Und schon kommt Mutti mit einem großen Handwagen voller Brote über die Wiese gekeucht. »Halt, Kinder!« ruft sie angstvoll. »Es ist alles vergiftet!«

»Wir hatten Hunger, Mutti.«

»Hier habt ihr Brot! Ich konnte nicht früher aus dem Verlag weg!« Sie umarmt ihre Kinder und will sie fortziehen. Doch da öffnet sich die Pralinentür. Der Vater erscheint mit einer großen Säge, wie Holzhauer sie haben, und ruft: »Lassen Sie die Kinder in

Ruhe, Frau Körner!«

»Es sind *meine* Kinder, Herr Palfy!«

»Meine *auch*«, schreit er zurück. Und während er sich nähert, erklärt er trocken: »Ich werde die Kinder halbieren! Mit der Säge! Ich kriege eine halbe Lotte und von Luise eine Hälfte, und Sie auch, Frau Körner!«

Die Zwillinge sind zitternd ins Bett gesprungen.

Mutti stellt sich, mit ausgebreiteten Armen, schützend vor das Bett. »Niemals, Herr Palfy!«

Aber der Vater schiebt sie beiseite und beginnt, vom Kopfende her, das Bett durchzusägen. Die Säge kreischt so, daß man friert, und sägt das Bett Zentimeter auf Zentimeter der Länge nach durch.

»Laßt euch los!« befiehlt der Vater.

Die Säge kommt den ineinandergefalteten Geschwisterhänden immer näher, immer näher! Gleich ritzt sie die Haut!

Mutti weint herzzerbrechend.

Man hört die Hexe kichern.

Da endlich geben die Kinderhände nach.

Die Säge schneidet zwischen ihnen das Bett endgültig auseinander, bis zwei Betten, jedes auf vier Füßen, daraus geworden sind.

»Welchen Zwilling wollen Sie haben, Frau Körner?«

»Beide, beide!«

»Bedaure«, sagt der Mann. »Gerechtigkeit muß sein. Na, wenn Sie sich nicht entscheiden können – ich nehm die da! Mir ist es eh gleich. Ich kenn sie ja doch nicht auseinander.« Er greift nach dem einen Bett. »Welche bist du denn?«

»Das Luiserl!« ruft diese. »Aber du darfst das nicht tun!«

»Nein«, schreit nun Lotte. »Ihr dürft uns nicht halbieren!«

»Haltet den Mund!« erklärt der Mann streng. »Eltern dürfen alles!« Damit geht er, das eine Kinderbett an einer Schnur hinter sich herziehend, auf das Pralinenhaus zu. Der Schokoladenzaun springt von selber auf.

Luise und Lotte winken einander verzweifelt zu.
»Wir schreiben uns!« brüllt Luise.
»Postlagernd!« schreit Lotte. »Vergißmeinnicht München 18!«
Der Vater und Luise verschwinden im Haus. Dann verschwindet auch das Haus, als würde es weggewischt.
Mutti umarmt Lotte und sagt traurig: »Nun sind wir beide vaterseelenallein.« Plötzlich starrt sie das Kind unsicher an. »Welches meiner Kinder bist du denn? Du siehst aus wie Lotte!«

Autogramme für die Luisen und Lotten

»Ich *bin* ja Lotte!«
»Nein, du siehst aus wie Luise!«
»Ich bin doch Luise!«
Die Mutter blickt dem Kind erschrocken ins Gesicht und sagt, seltsamerweise mit Vaters Stimme: »Einmal Locken! Einmal

Zöpfe! Dieselben Nasen! Dieselben Köpfe!«
Lotte hat jetzt links einen Zopf, rechts Locken wie Luise. Tränen rollen ihr aus den Augen. Und sie murmelt trostlos: »Nun weiß ich selber nicht mehr, wer von uns beiden ich bin! Ach, die arme Hälfte!«

Über den Tiefsinn im Parkett

Vor längerer Zeit sah und hörte ich in einem Berliner Theater das Schauspiel eines berühmten englischen Zeitgenossen, das auf fast allen namhaften Bühnen gespielt worden ist, obwohl es nichts taugt. Ich werde weder den Titel noch den Verfasser nennen, da mir's um etwas anderes zu tun ist, als mich darüber zu mokieren, daß gute Autoren gelegentlich schlechte Stücke schreiben. Erstaunlicher finde ich, daß es niemand merkt! Voltaire fand es nicht erstaunlich und sagte zu einem jungen Mann, dessen Erstlingswerk er gelesen hatte:
»So schlechte Sachen dürfen Sie erst schreiben, wenn Sie berühmt sind.«
Ein solches Stück sah ich also vor längerer Zeit in Berlin. Und da es nicht sehenswert war, betrachtete ich das Publikum, und was sah ich? Ehrfürchtig umflorte Augen, bedeutsam und jalousiengleich hochgezogene Brauen, Stirnen voller Falten, zahlreich wie die Geleise vor großen Bahnhöfen, atemlos geöffnete Lippen, in die Hand versenkte Grübelköpfe, fasziniert klappernde Lider – als wanke auf den Brettern König Lear über die Heide. Statt dessen kam ein junger Lord von einer ausführlichen Reise zurück und eröffnete den versammelten Verwandten, daß er nicht wisse, ob er seine Frau über die Reling ins Meer gestoßen habe oder ob sie von selbst hineingefallen und ertrunken sei. Manchmal lüftete er den Fenstervorhang und erblickte dahinter einen Voraustrupp katholischer Erinnyen. Die Verwandtschaft, eine Tante ausgenommen, sah nichts, auch die Kusine nicht, die er eigentlich hätte heiraten sollen. Da ihn ihre Kurzsichtigkeit

verdroß, reiste er im letzten Akt ab, um Missionar zu werden. Dabei wäre es, hätte er schon büßen und tätige Reue zeigen wollen, viel lohnender und auch billiger gewesen, er wäre geblieben. Aber so entsetzlich büßen wollte er nun auch wieder nicht, sondern floh, ein wenig feige, zu den Menschenfressern.

Verdrießlich war nicht die im Dialog vorgetäuschte Tiefe, sondern der Taschenspielertrick, womit sie vorgetäuscht wurde. Der Kniff war stets derselbe: Jedesmal, wenn die Trivialität faustdick zu werden drohte, und dies geschah unentwegt, sagte eine Bühnenfigur zu irgendeiner anderen mit elegischer Stimme: »Du kannst mich nicht verstehen.« Oder: »Ich kann es dir nicht erklären.« Oder: »Auch wenn ich's dir zu erklären versuchte, du verstündest mich nicht.« Oder: »Erklärung führt nur zu schlimmeren Mißverständnissen.« Oder: »Ich glaube zu ahnen, was du meinst. Vielleicht werde ich's später einmal verstehen.« Und jedesmal war die Situation für kurze Zeit gerettet. Denn die Zuhörer dachten: Es muß sich um ein tiefes, bedeutendes Stück handeln. Nicht einmal die Mitspieler verstehen's.

Während ich die ergriffenen Premierengäste musterte, fiel mir die klassische Antwort ein, die ein Dresdner Polizist dem Gründer des Sächsischen Heimatmuseums, Hofrat Seyffert, gegeben hatte. Die Behörde hatte ihm zugesagt, daß die Verkehrspolizei, vor allem an den Bahnhöfen, die Fremden künftig nicht nur auf die Gemäldegalerie und das Grüne Gewölbe, sondern auch auf sein Heimatmuseum hinweisen werde. Seyffert war skeptisch, zog den Havelock an, stülpte sich den Kalabreser auf, ergriff einen leeren Koffer, fuhr mit der Straßenbahn zum Hauptbahnhof, tat, als käme er von auswärts, und fragte einen Polizisten: »Können Sie mir, bitte, sagen, wie ich zum Heimatmuseum komme?« Der Polizist blickte ihn verdutzt an und meinte: »Ja, Herr Hofrat, wenn Sie's nicht wissen – wer soll's denn dann wissen?«

Das Publikum saß also im Theater und ließ sich zu hohen Eintrittspreisen für dumm verkaufen. Es ließ sich weismachen, ein

Stück, das flach war, sei tief. Und der Autor, übrigens ein gescheiter Mann, dem ganz gewiß ein eleganterer Kunstgriff hätte einfallen können, hatte sich gar nicht erst die Mühe genommen. Er wußte, was man den Leuten zumuten kann, und er mutete es ihnen zu.

In der ersten Pause »verriet« ich meiner Begleiterin den Trick. Ich muß das wohl ziemlich laut getan haben. Denn als das Stück weiterging, lachte etwa ein Dutzend Menschen links, rechts, vor und hinter uns jedesmal hellauf, wenn schon wieder jemand jemandem etwas nicht erklären konnte, was er sowieso nicht verstünde. Die bis zum Schluß äußerst vergnügte kleine Gruppe wurde von den übrigen scheel angesehen, es wurde gezischt, und an der Garderobe hätte einer der Verkicherten von einem düsteren Tiefdenker beinahe eins hinter die Ohren gekriegt.

Am nächsten Tage kaufte ich die Buchausgabe des Stückes und machte eine statistische Erhebung. Nun, auf hundert Druckseiten kam der erwähnte Trick achtundachtzigmal vor! Er war demnach durchschnittlich in jeder Spielminute einmal angewandt worden. Und die Leute hatten es nicht gemerkt. »Wer Ohren hat, zu hören, der höre!« heißt es im Buch der Bücher. Doch wer richtet sich danach? Die meisten Menschen haben ihre Ohren wohl nur, damit ihnen der Hut nicht über die Nase rutscht.

Es scheint angebracht, das mehr oder weniger offene »Geheimnis« zu lüften: Das Stück, von dem die Rede ist, heißt »The Family Reunion«, zu deutsch »Der Familientag«, und stammt von T. S. Eliot.

Vom wohltätigen Einfluß des Staates auf das Individuum

Kleine Freiheit 1950

Auf der Bühne stilisierte Trümmerszene. Auf dem Schutt, schief aufgepflanzt, ein großes, sehr leserliches Schild: »Gebt mir zwölf Jahre Zeit, und Ihr werdet Deutschland nicht wiedererkennen!« Es tritt auf: Ein völlig abgerissener Großstädter, mit Hut, überm Arm hängt ein elegant gerollter Schirm. Der Mann geht zur Rampe, lüftet grüßend den Hut.

Schon beim ersten Blick merkt jeder,
wenn er mich hier oben sieht:
Zwischen Urmensch und Kulturmensch
ist ein Riesenunterschied!
Noch vor kaum zehntausend Jahren
war der Mensch das schwächste Tier.
Das hat sich dann sehr geändert,
und das Resultat – steht hier!
Einstens hauste er in Höhlen,
ohne Bibliothek und Bad,
und es ging auf Tod und Leben,
wenn er in den Urwald trat.
Tausend Mächten ausgeliefert,
runzelte er seine Stirn;
und so formte sich allmählich,
was ihm fehlte – das Gehirn!

Plötzlich wußte er sich Rat:
Es entstand der erste *Staat!*

Anfangs war das Staatsgebilde
selbstverständlich primitiv.
Denn die Bürger war'n noch Wilde.
Immerhin, die Sache lief!
Man begab sich mancher Rechte,
zog in corpore ins Feld,
aus den Freien wurden Knechte –
aber »staatlich angestellt«!
Steuern gab es bald und Zölle.
Selbst ein Steinzeit-Staat braucht Geld.
Und auch Raub und Überfälle
wurden – »staatlich angestellt«.
Einzeln gab's nun nichts zu fürchten.
Nur den Staat traf die Gefahr.
Auch der Dümmste wird verstehn, daß
dieser Schritt ein Fortschritt war.

Welch ein Aufstieg! Welche Tat!
Ach, was wär'n wir ohne *Staat!*

Jede bessere Erfindung
braucht, wie alles Gute, Zeit.
Und so gab's auch diesbezüglich
Unordnung und frühes Leid.
Aber zwischen solchen Staaten
und dem großen deutschen Reich,
wie's die Älteren von uns kannten,
ist natürlich kein Vergleich!
Immer weiter auf der Leiter
kletterten die Dynastien.
Und der Bürger goß die Blumen;
denn es ging auch ohne ihn.
Alles war für ihn geregelt

durch des Staates Apparat.
Und der Mensch war sozusagen
ein vergnügter Automat.

Hände an die Hosennaht!
Alles andre tat der *Staat!*

Dann war Krieg in Ost und Westen,
den man unsrerseits verlor.
So etwas kommt in den besten

Ensemble und Gäste der »Kleinen Freiheit«, von links nach rechts: Maria Nicklisch, Bum Krüger, Oliver Hassencamp, Erich Kästner, Robert Gilbert, vorne: Ursula Herking, dahinter die Regisseurin Trude Kolman, Per Schwengen, Bettina Moissi, Helmut Krüger, Mady Rahl, Walter Kiaulehn

Staaten und Familien vor.
Immerhin, die Bürger klagten,
schimpften auf die Monarchie,
stampften mit dem Fuß und sagten:
»Wir versuchen's ohne sie!«
Man probierte dies und jenes.
Mancher Unfug schoß ins Kraut.
Doch dann ward ein neues, schönes
Staatsgebäude aufgebaut.
Kaiser, Kirche, Adel, Kenner
wichen vor dem neuen Geist.
Aus dem *Volke* zeigten Männer,
was ein Volk regieren heißt!

Mächtig griff die Zeit ins Rad.
Welch ein Fortschritt! Welch ein *Staat!*

Alles wurde jetzt verstaatlicht:
Kunst und Recht und Religion
und die sch...öne braune Farbe
und die Freiheit der Person!
Das Gewissen wurde staatlich,
der Charakter, die Moral,
selbst die Ahnen und die Kinder –
endlich war der Staat ›total‹!
Folgend diesem größten Siege,
den der Staat errang, entstand
der totalste aller Kriege,
Weltkrieg römisch Zwo genannt!
Krieg nach außen, Krieg nach innen,
Krieg von oben ward geführt.
In dem Buche der Geschichte
sind zwölf Seiten reserviert!

Das war der totale Staat –
und nun hab'n wir den Salat!

(Der Mann stößt mit dem Schirm auf. Der Schirm zerbricht. Der Mann geht ab.)

Die literarische Provinz

1950

Das ist nun gut fünfzehn Monate her. Damals unterhielten sich, in einer kleinen deutschen Universitätsstadt, Schriftsteller und Studenten über dies und jenes und natürlich auch über Literatur. Vor allem wollten die vom Krieg und seinen Folgen noch arg zerzausten Musensöhne wissen, was **wir** von unserer »jungen« Literatur hielten. Man spürte, wie ihnen Frage und Antwort am Herzen lagen. Nachdem ich mich kurz und skeptisch geäußert und einige zureichende Gründe für diese Skepsis angeführt hatte, erhob sich einer meiner Kollegen in Apoll und richtete das Auditorium mit kernigen Worten wieder auf. Er verhielt sich nicht nur allgemein, sondern er schüttelte, neben einigen auch mir bekannten jüngeren Talenten, mühelos ein weiteres Dutzend »berechtigter Hoffnungen« locker aus dem Ärmel. Es waren Namen, die ich an diesem Abend zum erstenmal erfuhr und von denen ich seitdem nichts wieder gehört habe.

In der Zwischenzeit, also im vergangenen Jahr, waren nun viele deutsche Schriftsteller, die 1933 in die Verbannung gingen, im Heimatland ihrer Muttersprache zu Besuch. Mit ihnen, alten Freunden und Bekannten, kam es begreiflicherweise zu lebhaften Diskussionen über das gleiche Thema. Manche dieser Gäste blieben viele Monate, nicht zuletzt, um sich an Ort und Stelle von der »daheimgebliebenen« Literatur ein Bild zu machen. Einige gingen mit einem Eifer an die Sache heran, als planten sie, trotz ihrer angegrauten Haare, zumindest eine Dissertation. Da sie aber Doktorarbeiten und ähnliche Fleißaufgaben schon vor mehr als fünfundzwanzig Jahren hinter sich gebracht hatten, konnte es

Mit Johannes R. Becher auf der Gründungsversammlung der deutschen Abteilung des PEN-Clubs in Göttingen, 18. November 1949

daran nicht liegen. Sie trieb das lautere Interesse, nichts anderes. Ihre angeborene Staatsbürgerschaft und ihre wohlerworbenen Titel hatte man ihnen, wenigstens vorübergehend, stehlen können. Nicht aber ihre leidenschaftliche, tätige und kritische Anteilnahme an der ihnen und uns gemeinsamen Sprache und Literatur. Sie hatten inzwischen »die Welt gesehen«. Sie waren aus einem Land ins andere geflohen. Sie hatten Teller und Leichen gewaschen. Ihre Liebe zur deutschen Sprache und Literatur war echt und rein geblieben. Sie war, nach alledem, eher noch größer als zuvor. Einen von ihnen – einst bei uns, heute in der ganzen Welt angesehen, dafür zu Hause fast vergessen – fragte ich nach seinen Eindrücken. Zweifellos gäbe es, sagte er, einige Bücher von Belang, vielleicht gar eine Handvoll neuer Talente. Das habe ihn nicht überrascht, sondern gefreut. Nicht gefreut, sondern überrascht habe ihn etwas anderes: der fast überall ins Auge springende »Provinzialismus«.

Ich glaube und befürchte, mein alter Freund, der Deutschland und den ich nach sechzehn Jahren wiedersah, hatte recht. Für diesen bedauerlichen Zustand – daß wir von einem Zweige der Weltliteratur ins Provinzielle heruntergefallen sind – gibt es eine Anzahl ebenso bekannter, wie plausibler Ursachen. Nun vermögen zwar gute Gründe einen schlechten Zustand nicht zu beheben. Sich ihrer ohne Schönfärberei und Gedächtnisschwäche zu erinnern, kann immerhin von einigem Nutzen sein. Rechtschaffene Rechenschaft hat noch niemals und noch niemandem geschadet. Diagnose und Therapie sind ganz gewiß nicht dasselbe. Immerhin kann der erste Schritt zum zweiten führen. Auf keinen Fall kann man mit einem zweiten Schritt antreten. Die Diagnose des uns teuren Patienten ergibt folgendes Krankheitsbild ...

1

Nahezu alle namhaften Autoren, die seinerzeit emigrierten, im Ausland starben, Selbstmord begingen oder trotz ihrer abenteuerlichen Schicksale weiterlebten, sind hierzulande so gut wie unbekannt. Wer kennt, beispielsweise, die alten oder gar die neuen Werke von Lion Feuchtwanger, Bruno Frank, Leonhard Frank, A.M. Frey, Hermann Kesten, Annette Kolb, Heinrich Mann, Alfred Neumann oder Alfred Polgar? Unsere auslandsdeutsche Literatur und die daheim sind noch immer – fünf Jahre nach dem Kriegsende und trotz mancher Bemühungen – auseinandergerissen. »Man begegnet uns mit Respekt«, sagte einer der eben Genannten, »aber man behandelt uns, recht besehen, auch in den Redaktionsstuben und Literaturbeilagen, als seien wir etwa serbokroatische Nobelpreisträger.« So ist es. Während man, und zwar seit Monaten, keine Zeitung aufschlagen kann, ohne die mindestens dreispaltige Elefantiasis unserer Redakteure, die Ernst Jüngerei, zu bestaunen, werden bedeutende Bücher aus der Emigration meist am Rande »erledigt«. Die beiden Teile unserer Literatur müssen wieder zu einem Ganzen zusammengefügt werden. Zum Nutzen unserer Leser, unserer an Vorbildern und Tradition verarmten jungen Schriftsteller und somit unserer Literatur selbst.

2

Weil man im Dritten Reich tabula rasa gemacht hatte, aber repräsentieren wollte und mußte, lobte man zahlreiche mittelmäßige und belanglose Autoren in die Höhe, soweit sie ins Regime paßten oder sich ihm anzupassen wußten. In der Autarkie ist alles möglich. Die Einäugigen wurden König, und der Geschmack wurde blind. Urteil und Empfinden nicht nur breiter Schichten, sondern gerade der heranwachsenden Jugend und der werdenden Talente wurden »total« irregeleitet. Dieses Blindekuhspiel gelang um so gründlicher, als auch in Deutschland verbliebene und vordem geachtete Schriftsteller verfemt wurden, als Muster fortfielen und während der zwölf Jahre genauso vergessen wurden wie ihre ausgewanderten Freunde.

3

Die künstliche Erblindung befiel nicht nur die Literatur im engeren Sinne. Sie ergriff auch die Nachbargebiete: die Buch- und Theaterkritik, die Lektorate, die Dramaturgie, die Literaturgeschichte, den Film, den Rundfunk, die Verlage und den Buchhandel. Auch hier warf man den Mantel des Schweigens und Vergessens auf die eigenwilligen Anreger, Förderer, Kenner und Kritiker. Wer weiß heute noch von Rudolf Arnheim, Julius Bab, Friedrich Gundolf, Fritz Mauthner, Kurt Pinthus, Fritz Strich, Kurt Wolff? Soweit die talentierte Jugend nicht im Krieg umkam, stand sie, nach seinem Ende, verwirrt und ratlos zwischen den Trümmern nicht nur der Städte und Existenzen, sondern auch inmitten zerbrochener Wegweiser, Ziele, Ideale und Urteile. Wir Älteren versuchten und taten, was wir konnten. Wir waren zu wenige, die Aufgabe war zu umfangreich. Der Kontakt mit der Emigration wurde von den Siegern, aus falschen taktischen Erwägungen heraus, eher erschwert als begünstigt oder gefördert. Nur die Russen gingen anders vor: Sie holten eine große Zahl Emigranten, oft auf recht abenteuerlichen Wegen, sofort zurück. Becher, Brecht, Renn, Anna Seghers, Friedrich Wolf und Arnold Zweig haben ihr Wirkungsfeld.

4

Dem unheilvollen Riß zwischen der auslandsdeutschen und der »daheimgebliebenen« Literatur folgte, nach 1945, der zweite. Die politische Spaltung West- und Ostdeutschlands hatte auch für unsere zeitgenössische Literatur, für das Niveau, die Vielfalt und den Charakter unseres Theaters höchst abträgliche Konsequenzen. Um nur ein Beispiel herauszugreifen: Wir haben unsere kulturelle Hauptstadt eingebüßt, und keine andere deutsche Stadt ist willens oder fähig, den Verlust zu ersetzen. Noch in den dunkelsten Augenblicken des letzten Jahrzehnts hatten wir nicht daran gezweifelt, Berlin werde eines Tages wieder jene Metropole der Künste werden, ohne die etwa meine Generation ihre Talente nicht hätte entwickeln können und ohne die wir nicht erfahren hätten, was Theater bedeuten und wie vielfältig es sein kann. Ein politischer Zankapfel, im Berliner Format, wirft auch die stärkste Muse um.

5

Man hat unsere jungen Autoren – einige sind immerhin schon 35 bis 40 Jahre alt – zwar nicht mit den Werken der jetzt im Ausland lebenden Deutschen und Österreicher vertraut gemacht, um so ausgiebiger aber mit Büchern und Stücken aus Amerika, England, Frankreich und Rußland. Diese Begegnung mit fremden Literaturen wäre noch viel nützlicher und weniger einseitig gewesen, wenn ihr das Rendezvous mit der eigenen Literatur vorausgegangen wäre. Das erste Stelldichein ist bekanntlich das eindrucksvollste, auch im geistigen Gefilde. Unter dem Einfluß besonders des amerikanischen Romans und der »short story« entstanden einige Bücher, die als Talentproben gelten dürfen. Ob und wieweit es sich um erste Bücher echter Schriftsteller handelt, wird die Zeit lehren. Sicher sind – nach Katastrophen wie diesem Kriege – auch Werke darunter, die eher in das Gebiet der psychotherapeutischen Eigenbehandlung gehören. Ihre vordringliche Aufgabe war, den Verfasser von einem Schock zu befreien. Ob er, nach dieser Selbstbefreiung, noch immer ein Schriftsteller ist, geeignet, in unserem zur Zeit schwach besuchten Pantheon Stammgast zu werden, muß sich erst zeigen. Vorbestellungen sind überflüssig. Es sind noch ein paar Tische frei.

Darf ich's am Schluß noch einmal wiederholen? Das Notwendigste ist: unsere zerstückelte Literatur wieder zusammenzufügen. Das Ganze, das dann entstünde, wäre wesentlich mehr als

Mit Bertolt Brecht, Zürich 1947

Mit den PEN-Kollegen Ernst Penzoldt, Hermann Friedmann und Rudolf Schneider-Schelde, 1949

die Summe seiner einzelnen Teile. Es handelt sich um kein schöngeistiges Puzzlespiel für den deutschen Feierabend, sondern um unseren kulturellen Auftrag Nummer eins.

Marktanalyse

Der Kunde zur Gemüsefrau:
»Was lesen Sie denn da, meine Liebe? Ein Buch von Ernst Jünger?«
Die Gemüsefrau zum Kunden:
»Nein, ein Buch von Gottfried Benn.
Jüngers kristalline Luzidität ist mir etwas zu prätentiös.
Benns zerebrale Magie gibt mir mehr.«

Der Zweck und die Mittel

oder
Religion als Politik und Politik als Religion

Der Zweck, sagt ihr, heiligt die Mittel?
Das Dogma heiligt den Büttel?
Den Galgen? Den Kerkerkittel?
O schwarzumflortes Kapitel!
Fest steht trotz Schrecken und Schreck:
Die Mittel entheiligen den Zweck!

Die Maulwürfe

oder
Euer Wille geschehe

1 Als sie, krank von den letzten Kriegen,
tief in die Erde hinunterstiegen,
in die Kellerstädte, die druntenliegen,
war noch keinem der Völker klar,
daß es der Abschied für immer war.
Sie stauten sich vor den Türen der Schächte
mit Nähmaschinen und Akten und Vieh,
daß man sie endlich nach unten brächte,
hinab in die künstlichen Tage und Nächte.
Und sie erbrachen, wenn einer schrie.

Ach, sie erschraken vor jeder Wolke!
War's Hexerei, oder war's noch Natur?
Brachte sie Regen für Flüsse und Flur?
Oder hing Gift überm wartenden Volke,
das verstört in die Tiefe fuhr?

Sie flohen aus Gottes guter Stube.
Sie ließen die Wiesen, die Häuser, das Wehr,
den Hügelwind und den Wald und das Meer.
Sie fuhren mit Fahrstühlen in die Grube.
Und die Erde ward wüst und leer.

2 Drunten in den versunkenen Städten,
   versunken, wie einst Vineta versank,
   lebten sie weiter, hörten Motetten,
   teilten Atome, lasen Gazetten,
   lagen in Betten und hielten die Bank.

   Ihre Neue Welt glich gekachelten Träumen.
   Der Horizont war aus blauem Glas.
   Die Angst schlief ein. Und die Menschheit vergaß.
   Nur manchmal erzählten die Mütter von Bäumen
   und die Märchen vom Veilchen, vom Mond und vom Gras.

   Himmel und Erde wurden zur Fabel.
   Das Gewesene klang wie ein altes Gedicht.
   Man wußte nichts mehr vom Turmbau zu Babel.
   Man wußte nichts mehr vom Kain und vom Abel.
   Und auf die Gräber schien Neonlicht.

   Fachleute saßen an blanken, bequemen
   Geräten und trieben Spiegelmagie.
   An Periskopen hantierten sie
   und gaben acht, ob die anderen kämen.
   Aber die anderen kamen nie.

3 Droben verfielen inzwischen die Städte.
   Brücken und Bahnhöfe stürzten ein.
   Die Fabriken sahn aus wie verrenkte Skelette.
   Die Menschheit hatte die große Wette
   verloren, und Pan war wieder allein.

   Der Wald rückte vor, überfiel die Ruinen,
   stieg durch die Fenster, zertrat die Maschinen,
   steckte sich Türme ins grüne Haar,

griff Lokomotiven, spielte mit ihnen
und holte Christus vom Hochaltar.

Nun galten wieder die ewigen Regeln.
Die Gesetzestafeln zerbrach keiner mehr.
Es gehorchten die Rose, der Schnee und der Bär.
Der Himmel gehörte wieder den Vögeln
und den kleinen und großen Fischen das Meer.

Nur einmal, im Frühling, durchquerten das Schweigen
rollende Panzer, als ging's in die Schlacht.
Sie kehrten, beladen mit Kirschblütenzweigen,
zurück, um sie drunten den Kindern zu zeigen.
Dann schlossen sich wieder die Türen zum Schacht.

6
Kopernikanische Charaktere gesucht
Ein Moralist wird ein unbequemer Klassiker,
München, bis zum 29. Juli 1974

Kästner über Kästner

Es ist ein hübscher Brauch des Zürcher PEN-Clubs, den jeweiligen Gast, bevor er selber zu Worte kommt, durch jemand anderen, der seine Arbeiten, womöglich auch *ihn* einigermaßen kennt, kurz einzuführen. Diesem Brauche folgend, hat man mich gefragt, ob ich heute Erich Kästner einleiten wolle. Man wisse, daß ich ihn kenne. Vielleicht nicht so gut und so genau wie etwa ein Literaturhistoriker. Aber diese Gilde habe sich nicht sonderlich mit ihm beschäftigt, und zu ein paar mehr oder weniger treffenden Sätzen werde es bei mir schon reichen.

Nun, solche Versuche einer knappen Charakteristik haben ihre mißliche Seite. Wer kennt den anderen so, daß er sich vermessen könnte, *wenig* über ihn mitzuteilen? So gut, meine Herrschaften, kennt man sich nicht einmal selber. Trotzdem habe ich den Anlaß beim Schopfe genommen und mir über unseren Gast, diesen Journalisten und Literaten aus Deutschland, ein bißchen den Kopf zerbrochen. Sollte es *ihm* nicht nützen, so wird es doch *mir* nicht geschadet haben. Sich am anderen selber klar zu werden, ist nicht das schlechteste Verfahren. Das mag, in Hinblick auf die mir gestellte Aufgabe, unangemessen und egoistisch klingen – in jedem Falle heißt es: mit offenen Karten spielen. Und wenn Offenheit – die man nicht mit Unverfrorenheit verwechseln wird – vielleicht auch keine Tugend ist, so ist sie immerhin der erträglichste Aggregatzustand der Untugenden. Ich muß um Entschuldigung bitten, daß ich zuviel von mir und zuwenig von unserem Gaste spreche, und will mich bemühen, den Fehler, wenn auch nicht völlig zu vermeiden, so doch aufs mindeste zu reduzieren.

Ich kenne Leute, die behaupten, über Kästner besser Bescheid zu wissen als gerade ich: ein paar Freunde, ein paar Frauen, ein paar Feinde. Nun könnte ich zwar für mich anführen, daß wir die Kindheit gemeinsam verlebt haben, daß wir in und auf dieselben Schulen gegangen sind, daß wir, Auge in Auge, im Guten wie im Bösen, die gleichen Erfahrungen machen durften und machen mußten, wenn auch er als Schriftsteller und ich nur als Mensch – aber am Ende haben die anderen wirklich recht. Vielleicht war ich

tatsächlich zu oft und zu lange mit Kästner zusammen, um über ihn urteilen zu können? Vielleicht fehlt mir der nötige Abstand? Denn erst die Distanz vereinfacht, und die echte Vereinfachung ist ja die einzige Methode, jemanden zu zeichnen und zu kennzeichnen. Man darf dem Nagel, den man auf den Kopf treffen will, nicht zu nahe stehen, und lieben darf man ihn schon gar nicht . . .
Nun, er soll's, vor Ihnen als Zeugen, ruhig hören: Ich bin keineswegs so vernarrt in ihn, daß ich seine Grenzen, Mängel und Fehler nicht sähe und in einem Werturteil über ihn nicht einzukalkulieren wüßte. Da er unser Gast und Gästen gegenüber Rücksicht am Platze ist, möchte ich mein Urteil höflicherweise *bildlich* äußern. Er wird mich schon verstehen . . . Da er das Tennis kennt und liebt, will ich diesen Sport zum Vergleiche heranziehen und sagen: Kästner war von den nationalen und internationalen Konkurrenzen zu lange ausgeschaltet, als daß man über seine derzeitige Form genau Bescheid wissen könnte. Trotzdem ist eines so gut wie sicher: zur A-Klasse gehört er nicht. Nach Wimbledon würde ich ihn nicht schicken. Und auch für die deutsche Daviscup-Mannschaft würde ich ihn nicht nennen. Höchstens als Ersatzmann. Er wird meiner Meinung, vermute ich, beipflichten. In seinem Alter hat man entweder die Überheblichkeit abgestreift, oder man ist ein hoffnungsloser Fall. (Außerdem soll es in Wimbledon schon sehr langweilige Spiele und in Klubturnieren die spannendsten Fünfsatzkämpfe gegeben haben.)
So einfach ist es, ihn dem *Werte* nach zu klassieren, so schwierig scheint es auf den ersten Blick, ihn zu katalogisieren. Welches Etikett soll man ihm aufkleben? Bei vielen anderen ist das viel leichter. Der eine rangiert als neuromantischer Hymniker, der zweite als Bühnenspezialist für komplizierte Ehebrüche, der dritte als reimender Voraustrompeter einer neuen Weltordnung, der vierte als zivilisationsfeindlicher Südsee- oder Chinanovellist, der fünfte als Verfasser historischer oder katholischer Erzählungen, der sechste als Meister des Essays in Romanform, der

siebente als beseelte Kinderbuchtante mit sozialem Einschlag, der achte als nihilistischer Dramatiker mit philosophischem Hosenboden, der neunte als Epiker der Schwerindustrie und Eisenverhüttung, der zehnte als psychologischer Kunstseidenspinner, der elfte als Heimatdichter, Abteilung Bergwelt über 1500 Meter – man kommt bei einigem bösen Willen fast jedem bei. Schließlich wird nahezu jeder – ob er will oder nicht, und wer wollte schon – ein Fläschchen mit einem hübsch leserlich beschrifteten Schild auf dem Bauch.

Was aber soll man nun mit jemandem anfangen, der neben satirischen Gedichtbänden, worin die Konventionen der Menschheit entheiligt und »zersetzt« werden, wie es seinerzeit offiziell hieß und gelegentlich auch heute noch heißt – der neben solchen gereimten Injurien Kinderbücher geschrieben hat, denen die Erzieher Anerkennung und die Erzogenen Begeisterung entgegenbringen? Mit einem Schriftsteller, bei dessen »Fabian« Bardamen, ja sogar Mediziner noch rot werden, dessen humoristische Unterhaltungsromane hingegen in manchen Krankenhäusern verordnet werden wie Zinksalbe und Kamillenumschläge? Mit jemandem, der, wenn er's für notwendig hält, für Zeitungen kulturpolitische Leitartikel und für Kabaretts Chansons und Sketsche schreibt, letzthin zweiundeinhalbes Jahr lang, ohne abzusetzen, und dessen nächstes Projekt – in einer zutraulichen Minute hat er mir's verlegen gestanden – einem für ihn neuen Gebiete gilt: dem Theater? Wie soll man dieses Durcheinander an Gattungen und Positionen zu einem geschmackvollen Strauße binden? Wenn man es versuchte, sähe das Ganze, fürchte ich, aus wie ein Gebinde aus Gänseblümchen, Orchideen, sauren Gurken, Schwertlilien, Makkaroni, Schnürsenkeln und Bleistiften. Und so erhebt sich die fatale Frage, ob seine Arbeiten und Absichten überhaupt untereinander im Bunde sind. Ob nicht das ziemlich heillose Durcheinander höchstens in ein Nach- und Nebeneinander verwandelt werden kann. Vielleicht sind seine Produkte wirklich nur mit

Erbsen, Reiskörnern, Bohnen und Linsen zu vergleichen, die aus Zufall und Versehen in ein und dieselbe Tüte geraten sind? Wenn das stimmte, hätte ich das Thema besser nicht anschneiden sollen. Es wäre nicht sonderlich fein, einem Schriftsteller nach einem gemeinsamen Abendessen, quasi zum Nachtisch, die Meinung zu servieren, daß man ihn für einen Trödler und Gelegenheitsmacher hält. Sie, ich und er – wir alle sind somit aus Gründen der Gastfreundschaft daran interessiert, für seine Bücher einen gemeinsamen Nenner zu finden, schlimmstenfalls zu *er*finden! Noblesse oblige...
Nun denn: Als ich ihn einmal fragte, warum er neben seinen bitterbösen Satiren Bücher für kleine Jungen und Mädchen schreibe, gab er eine Antwort, die uns aus der Klemme helfen kann. Die Attacken, sagte er, die er, mit seinem als Lanze eingelegten Bleistift, gegen die Trägheit der Herzen und gegen die Unbelehrbarkeit der Köpfe ritte, strengten sein Gemüt derartig an, daß er hinterdrein, wenn die Rosinante wieder im Stall stünde und ihren Hafer fräße, jedesmal von neuem das unausrottbare Bedürfnis verspüre, Kindern Geschichten zu erzählen. Das täte ihm über alle Maßen wohl. Denn Kinder, das glaube und wisse er, seien dem Guten noch nahe wie Stubennachbarn. Man müsse sie nur lehren, die Tür behutsam aufzuklinken . . . Und als er immer wieder von »gut« und von »böse«, von »dumm« und »vernünftig«, von »erziehbar« und von »unverbesserlich« daherredete, ging mir ein Licht auf. Ich hatte ihm eine verkehrte Mütze aufgesetzt und mich gewundert, daß sie ihm nicht passen wollte! Hier lag der Grund begraben! Unser Gast, meine Damen und Herren, ist gar kein Schöngeist, sondern ein Schulmeister! Betrachtet man seine Arbeiten – vom Bilderbuch bis zum verfänglichsten Gedicht – unter diesem Gesichtspunkte, so geht die Rechnung ohne Bruch auf. Er ist ein Moralist. Er ist ein Rationalist. Er ist ein Urenkel der deutschen Aufklärung, spinnefeind der unechten »Tiefe«, die im Lande der Dichter und Denker nie aus der Mode kommt,

untertan und zugetan den drei unveräußerlichen Forderungen: nach der Aufrichtigkeit des Empfindens, nach der Klarheit des Denkens und nach der Einfachheit in Wort und Satz.
Er glaubt an den gesunden Menschenverstand wie an ein Wunder, und so wäre alles gut und schön, wenn er an Wunder glaubte, doch eben das verbietet ihm der gesunde Menschenverstand. Es steckt jeder in seiner eigenen Zwickmühle. Und auch unser Gast hätte nichts zu lachen, wenn er nicht das besäße, was Leute, die nichts davon verstehen, seinen »unverwüstlichen und sonnigen Humor« zu nennen belieben.
Ich hoffe, die mir zugebilligte Sprechzeit einigermaßen nützlich ausgefüllt und Erich Kästner nach Wert und Art, so gut ich's vermochte, charakterisiert zu haben. Für jene unter Ihnen, die es nicht wissen, wäre allenfalls noch nachzutragen, daß er während des Dritten Reiches, obwohl verboten, freiwillig in Deutschland geblieben ist und daß die Meldung der »Basler Nationalzeitung« aus dem Jahre 1942, er sei bei dem Versuch, in die Schweiz zu entkommen, von Angehörigen der SS erschossen worden, nicht zutraf. Meine Damen und Herren, er lebt. Er weilt in unserer Mitte. Und so darf ich ihn bitten, das Wort zu ergreifen!

Hierauf erwiderte ich mir mit angemessener Bescheidenheit:

Meine Damen und Herren!
Ich danke Ihnen aufrichtig für den freundlichen und freundschaftlichen Empfang. Zum dritten Male bin ich nun seit Kriegsende in der Schweiz und möchte Ihnen gestehen, daß mir diese Besuche und die Begegnungen mit Ihnen von Grund auf wohltun. Das Leben hier und das Leben draußen unterscheiden sich recht deutlich voneinander, und der periodische Wechsel zwischen beiden wirkt ungefähr wie eine ärztlich verordnete Badekur; er erhält elastisch. Und Elastizität ist ja nicht nur ein wünschbarer Zustand an sich, sondern wir alle werden sie, fürchte ich,

in Zukunft recht nützlich gebrauchen können ...

Insbesondere danke ich meinem verehrten Herrn Vorredner für die teilnehmenden Worte, die er mir gewidmet hat. Ich war, wie sich leicht denken läßt, völlig überrascht davon, am heutigen Abend einer so sorgfältigen und behutsamen Würdigung unterzogen zu werden. Die Gelegenheit trifft mich somit ganz unvorbereitet. Improvisieren ist meine Stärke nicht. Ich muß sein Lob wohl oder übel auf mir sitzen lassen. Nur soviel möchte ich ihm antworten: Sich von anderen so einfühlsam verstanden zu wissen, gewährt nicht nur eine leise Befriedigung, sondern ermuntert den Autor auch, den von ihm eingeschlagenen Weg – diesen einen Weg unter hundert anderen – unverdrossen weiterzugehen. Und sollte ich mich hierbei dem gesteckten Ziele auch nur ein paar Schritte nähern, so wird es nicht nur mein Verdienst, sondern ebenso das meines Vorredners gewesen sein.

Kopernikanische Charaktere gesucht

Wenn der Mensch aufrichtig bedächte:
daß sich die Erde atemlos dreht;
daß er die Tage, daß er die Nächte
auf einer tanzenden Kugel steht;
daß er die Hälfte des Lebens gar
mit dem Kopf nach unten im Weltall hängt,
indes sich der Globus, berechenbar,
in den ewigen Reigen der Sterne mengt –
wenn das der Mensch von Herzen bedächte,
dann würd er so, wie Kästner werden möchte.

Erich Kästner gibt Autogramme, Wien 1954

Briefwechsel in Sachen PEN

Hermann Kesten an Erich Kästner
Zürich, 10. Januar 1950

Lieber Kästner,
(...) Ich las mit Interesse den Schund- und Schmutzartikel von W. E. Süskind, den antizipatorischen Protest von Mr. Bolds und die Nachrichten der Bayerischen und Bundes-Regierung ... caveant consules ... und der PEN-Club?
A propos: Heute rief mich Wilhelm Herzog aus Basel an, nur um mich aufzufordern, in die Zentralbibliothek zu gehen und den 1937 erschienenen Abriß der Weltliteratur von Prof. Hans W. Eppelsheimer, Member of the German PEN-Club, zu lesen – was ich hiermit noch nicht getan habe.

Kästner an Kesten
München, 14. Januar 1950

Lieber Kesten,
(...) Es wäre besser, wenn der gute Wilhelm Herzog mit dem »Handbuch der Weltliteratur« nicht allzu sehr in die Öffentlichkeit schritte, vor allem nicht im Zusammenhang mit unserem PEN-Zentrum Deutschland. Ich habe ihn dieser Tage informiert, daß mittlerweile, nach einer Anfrage Penzoldts, Eppelsheimer von sich aus seinen Austritt aus dem PEN-Club erklärt hat. Damit ist unser Fauxpas einigermaßen ausgebügelt, und es dürfte sich nach meiner Meinung empfehlen, den ganzen Vorgang in den

PEN-Akten ruhen zu lassen, statt durch Debatten darüber unsere polnischen Freunde auf den Edinburgher Plan zu rufen.
Hinsichtlich des »Schmutz- und Schundgesetzes« haben wir neulich auf einer Vorstandssitzung und anschließend allerlei repariert, viele Briefe geschrieben, eigene Artikel werden auch bald erscheinen, so daß im Augenblick »zu tun uns nichts mehr übrigbleibt«.

Kesten an Kästner
Zürich, 18. Januar 1950

Lieber Kästner,
... was für eine geschwinde Lösung das war, zwischen Herzog und Eppelsheimer; dabei machte der Herr Eppelsheimer einen so netten Eindruck, nur schwärmte er in Frankfurt am Main von Hamsun und Hauptmann – das wird man doch dürfen –, ich verriß beide – das wird man doch dürfen.

Da wir noch viele Reiseabsichten in Europa und Kleinasien haben, so beschloß Toni – und weil es im Hochsommer in New York so entsetzlich heiß ist und am Meer recht teuer –, daß wir erst im September nach New York heimfahren, unmittelbar nach dem Edinburgher PEN-Kongreß, an dem wir hochvergnügt teilzunehmen hoffen. Da will ich Ihnen also gegen unsere polnischen Freunde beistehn, indem ich mal als Amerikaner auftrete und mal als Deutscher.

Von der deutschen Vergeßlichkeit

Gesprochen am 12. Mai 1954 in den Münchener Kammerspielen, zur Erinnerung an den 20. Juli 1944

Als Friedrich Wilhelm I. von Preußen, der Soldatenkönig, eben jener Hohenzoller, der den Sohn und präsumptiven Nachfolger beinahe hätte hinrichten lassen, ein Regiment inspizierte, schlug er, aus geringem Anlaß, einen Major mit dem Krückstock. Daraufhin zog der Major, angesichts der Truppe, die Pistole und schoß, knapp am Könige vorbeizielend, in den Sand.

»Diese Kugel«, rief er, »galt Ihro Majestät!« Dann jagte er sich, unter Anlegen der bewaffneten Hand an die Kopfbedeckung, die zweite Kugel in die eigne Schläfe.

Es lohnte sich nicht, diese kleine Geschichte zu erzählen, wenn es in unserer Großen Geschichte viele ihresgleichen gäbe. Aber es ist eine verzweifelt einsame, eine zum Verzweifeln einsame kleine deutsche Geschichte. Noch der Schuß in den Sand, noch der symbolische Widerstand, ist »nicht statthaft« und »findet«, schon deshalb, »nicht statt«. Wir stehen vor jeder Autorität stramm. Auch vor dem Größenwahn, auch vor der Brutalität, auch vor der Dummheit – es genügt, daß sie sich Autorität anmaßen. Unser Gehorsam wird blind. Unser Gewissen wird taub. Und unser Mund ruft: »Zu Befehl!« Noch im Abgrund reißen wir die Hacken zusammen und schmettern: »Befehl ausgeführt!« Wir haben gehorcht und sind es nicht gewesen. Der Mut, bar des Gefühls der Verantwortung und ohne jede Phantasie, ist unser Laster. Und Courage bleibt ein Fremdwort. Die Frauen und Männer des deutschen Widerstands haben versucht, haben wieder einmal versucht, dieses Wort einzudeutschen. Sie setzten

Ehre und Leben aufs Spiel, und sie verloren beides. Ihr Leben konnte man ihnen durch kein Wiedergutmachungsverfahren rückvergüten. Stellen Sie sich vor, man hätte es gekonnt! Stellen Sie sich die allgemeine und amtliche Ratlosigkeit nur vor! Diese Frauen und Männer, als Heimkehrer aus dem Jenseits, mitten unter uns! Welch ein Drama! Was für eine deutsche Tragikomödie!
Sie opferten Leben und Ehre. Hat man ihnen wenigstens ihre Ehre wiedergegeben? Nicht ihre Offiziersehre, nicht ihre Pastorenehre, nicht ihre Gewerkschaftsehre, nein, ihre mit Gewissensqualen und dem Tod besiegelte, mit Folter und Schande besudelte, am Fleischerhaken aufgehängte menschliche Ehre und wahre Würde? Ich denke dabei nicht an die Umbenennung von Straßennamen, die Niederlegung von Behördenkränzen und ähnliche Versuche, den Dank des Vaterlands nach dem Muster des Teilzahlungssystems in bequemen Raten abzustatten. Sondern ich frage: Hat man versucht, diese Männer und Frauen in unserer vorbildarmen Zeit zu dem zu machen, was sie sind? Zu Vorbildern?
Wer an die Zukunft glaubt, glaubt an die Jugend. Wer an die Jugend glaubt, glaubt an die Erziehung. Wer an die Erziehung glaubt, glaubt an Sinn und Wert der Vorbilder. Denn die Jugend will und braucht auf ihrem Weg in die Zukunft keine noch so gut gemeinten vaterländischen, europäischen oder weltbürgerlichen Redensarten, keinen Katalog, keinen Baedeker, sondern weithin sichtbare, im Lande der Zeit Richtung und Ziel zeigende Wegweiser, sie will und braucht: Vorbilder. Für den Marsch in die Vergangenheit, die unsere Politiker mit der Zukunft verwechseln, für diesen pompösen Rückzug ins Vorgestern bedarf es freilich keiner Wegweiser. Es sei denn präziser Anweisungen, ob man bei besagtem Marsch alle drei Strophen der alten Hymne oder nur die dritte zu singen habe. Für den blinden Gehorsam, für die Treue als das Mark der Ehre, für die Pflichterfüllung bis zur

überletzten Minute bedarf es keiner neuen, ja überhaupt keiner Vorbilder hierzulande. Das und dergleichen gehört seit alters zum deutschen Abc. Treusein, auch wenn darüber die Welt zugrunde geht, das kann man bei uns bekanntlich auswendig.
Die Frauen und Männer des Widerstands wollten, als Freiwillige, im Namen des Volkes dessen physischen und moralischen Untergang verhindern. Im Namen des Volkes kämpften sie mit ihrem Gewissen, das zwischen Gehorsam und Verantwortung schwankte, um den Sieg des sittlicheren Wertes. »Im Namen des Volkes« wurden sie angespuckt, gequält und ermordet. Und im Namen des Volkes wäre es, als der Alptraum vorüber war, nur selbstverständlich gewesen, diese Nothelfer des deutschen Wesens gegen das deutsche Unwesen zu kanonisieren. Hier wäre Heldenverehrung »zukunftspolitisch wertvoll« gewesen, statt vor den Memoiren und Pensionsansprüchen überlebensgroßer Befehlsempfänger.
Im Drange der Geschäfte, der Staatsgeschäfte, wurde diese Pflicht und Schuldigkeit versäumt. In der Hast, das Mögliche zu erreichen, wurde das Not-Wendige – das, was die Not hätte wenden können – vergessen. Es wurde »verdrängt«. Der psychoanalytische Jargon ist am Platze. Denn so mancher derer, die heute regieren, gehörte ja selber zum Widerstand! Als es eine neue Staatsautorität zu schaffen galt, empfand man plötzlich die Vorbildlichkeit jener Männer und Frauen als unbequem. Man mißtraute der Widerstandsfähigkeit der von fremder Hand gepflanzten Autorität. Man fürchtete die beispielhafte Kraft des vorgelegten echten und beschritt den Weg des geringsten Widerstands.
Diesen Weg gehen sie nun und murren über die Apathie der Jugend. Noch einmal: die Jugend braucht Vorbilder. Es gibt sie. Man richte sie nur, weithin sichtbar, auf! Man braucht ja, außer dem Weltuntergang, nichts zu befürchten. Die Autorität des Staats, die parlamentarische Zweidrittelmehrheit und die Gold-

deckung sind ja gesichert. Außerdem: die Sorge, die Zivilcourage und der politische, mit Lebensgefahr verbundene Gewissenskonflikt könne, mit Hilfe bewundernswerter Vorbilder, Mode oder gar epidemisch werden, ist in unserm Vaterland unbegründet.

Man gedenke ernstlich der Beispiele! Man schaffe die Vorbilder! Und man tue es, bevor der Hahn zum dritten Male kräht!

Begegnung auf einer Parkbank

Ein bezaubernd buntes Pfauenauge
setzte sich, damit es Honig sauge,
auf Herrn Lehmanns Feiertagskrawatte,
die ein schönes Blumenmuster hatte.

Selbst Krawattenseide, schwer wie diese,
ist noch lange keine Honigwiese!
Als der Schmetterling verdutzt entschwebte,
lachte Lehmann, daß die Weste bebte.

Ein deutscher Kleinmeister aus Prag

Mit dem rühmenden Beiwort »unersetzlich« wird, vornehmlich in Nachrufen auf verdienstvolle Zeitgenossen, sehr freigebig umgegangen. Trauer macht nachsichtig. Pietät macht großzügig. Und in vielen Fällen war die Wortwahl ein Fehlgriff, ein Griff zu hoch hinaus. Unersetzlichkeit ist ein rarer Artikel. Oft genug stehen die Nachfolger schon unter den Hinterbliebenen am Grabe des angeblich Unersetzlichen. Selten genug bereitet die Wachablösung Schwierigkeiten. Die Kontinuität bleibt auch dann noch gewahrt, wenn die Hinterlassenschaft imposanter sein sollte als das künftige Werk der Nachfolger. Unersetzlichkeit folgt ja nicht aus dem Wert eines Werks, sondern aus der Eigenart, aus der Einzigartigkeit dessen, der es schuf. Es ist keine Frage der Qualität, sondern der Originalität.

Nach dieser Vorbemerkung wird mir der Leser vielleicht glauben, daß ich nicht unüberlegt und nicht aufs Geratewohl den Satz hinschreibe: Walter Trier ist unersetzlich. Daß dem so sei, spürte ich schon, als wir einander 1927 in Berlin kennenlernten und er mein erstes Kinderbuch, »Emil und die Detektive«, illustrierte. Ich empfand es während des Vierteljahrhunderts unserer Zusammenarbeit stets von neuem und in steigendem Maße. Und seit er tot ist, weiß ich's erst recht. Sein Platz ist leergeblieben. Und man ist keiner von den großen Propheten, wenn man hinzufügt: Der Platz wird auch in Zukunft leerbleiben.

Trier stammte aus Prag – aus dem Prag von Kafka, Werfel, Kisch und Max Brod –, und er war ein deutscher Künstler wie kaum einer, wenn »deutsch« überhaupt einen Sinn haben und

Sinn und Verstand behalten soll. Er war ein stiller, ernster Mann mit Kinderaugen. Alles, was er zeichnete und malte, lächelte und lachte, sogar der Schrank und der Apfel, die Wanduhr und der Damenhut. Alles war und machte heiter. Er sah die Bosheit und wurde nicht böse. Er sah die Dummheit und blieb gelassen. Er sah die Welt, wie sie war, und lächelte sie sich zurecht. Es gibt den sprichwörtlich bösen Blick. Trier hatte den »guten Blick«, und der ist selten. Das Erdenrund wurde zur Spanschachtel, und alles, was drinlag, war Spielzeug. Auch häßliches und boshaftes, zorniges und albernes, gieriges und blutgieriges Spielzeug lag darunter. Aber, kann man auf Spielzeug böse sein? Nur weil es nicht aus Zinn oder Blei gegossen und nicht aus Holz geschnitzt ist? Nur weil es atmet, liebt und haßt und Junge kriegt?

Ich erinnere mich eines Titelbilds der Zeitschrift »Die Dame«, das es mir besonders angetan hatte, und die Erinnerung an das Blatt, das ich vor rund dreißig Jahren sah und seitdem nicht wieder, erwärmt und erheitert noch heute mein Herz. Mitten in einer blumenübersäten Sommerwiese hielt, mit qualmender Lokomotive, eine Eisenbahn. Die Fahrgäste, groß und klein, stauten sich, ob des fahrplanwidrigen Aufenthalts, neugierig an den Coupéfenstern und freuten sich und lachten herzlich über den Zugschaffner, der, im Grase hockend, Blumen pflückte und schon einen stattlichen bunten Strauß in der Faust hatte.

Es war ein Zwinkerblick ins Paradies. In ein Paradies mit Eisenbahn. In ein Paradies trotz Schaffneruniform und Dampf und Fahrplan. In ein Paradies ohne Zank und Hast und Kursbuch. Es bedarf keiner großen Gedankensprünge, um an Spitzwegs Stadtsoldaten zu denken, die diensttuend am Tor sitzen und Strümpfe stricken. Es ist der gleiche fröhliche Entschluß zur Idylle. Es ist dieselbe unbeugsame und unbeirrbare Naivität, die sich, statt die ärgerliche Welt zu bekämpfen, eine eigne Welt schafft: die Welt ohne Ärger. Spitzweg starb 1885. Trier wurde 1890 geboren. Er war »unser« Spitzweg. Und er hatte es, von den schlimmen Zumutungen des 20. Jahrhunderts umzingelt und umzüngelt, wahrhaftig schwerer als der Ahnherr, das Land des Lächelns zu verteidigen.

Wir wissen, welch gefährliche Angriffswaffen Tuschfeder und Pinsel sein können. Walter Trier griff nicht an. Er verteidigte

die Grenzen. Er überschritt sie nicht. Er respektierte seine Grenzen. Nie wäre er etwa auf den Gedanken verfallen, meine satirischen Gedichte zu illustrieren. Und ich wäre niemals auf die Idee gekommen, ihn darum zu bitten. Es wäre absurd gewesen. Er war empfindsamer als die meisten, und die Zeit verwundete ihn schwerer als die meisten. Er antwortete nicht wie sie, sondern lächelte »trotzdem«. Seine Meisterschaft zeigte sich auch und gerade in der Beschränkung.

Er liebte die Welt, so arg sie sein mochte, und machte sie zu seiner Spielzeugschachtel. Und er liebte das Spielzeug und machte es zu einem Teil seiner Welt. Er sammelte Hampelmänner, Nußknacker, Rauschgoldengel, Puppen aus Zucker, Menagerien aus Glas, hölzerne Förster aus dem Erzgebirge, die Räucherkerzen rauchten, Krippengruppen, bunte Schachteln und Häuschen, und natürlich den Kasper und den Teufel und andere Handpuppen aus alten Kasperletheatern.

Als Trier, mit der Frau und der Tochter, sein Haus in Lichterfelde verließ und emigrierte, nahm er das Spielzeug mit. In London, in der Charlotte Street, sah ich es 1938 wieder. Und schließlich begleitete es ihn nach Kanada, nach Toronto und in das Blockhaus in den Bergen, dorthin also, wo er 1951 starb.

Ein Mann, der, wohin er auch kam, Freude verbreitete, floh mit seinem Spielzeug, um den halben Erdball, vor einem anderen Mann, der Schrecken und Grauen verbreitete, wohin er auch kam. Das, finde ich, wäre eine passende Geschichte für die deutschen Lesebücher! Es ist eine deutsche Geschichte aus der Deutschen Geschichte!

Als ich Trier zu seinem sechzigsten und letzten Geburtstag gratulierte, erinnerte ich uns beide daran, wie selten wir eigentlich zusammengewesen seien. In fast fünfundzwanzig Jahren, so taxierte ich, kaum vier Wochen lang, auch wenn man jede noch so flüchtige Viertelstunde mitrechne. In Berlin hatten wir einander kennengelernt und ab und zu gesehen. Zuerst bei der Verlegerin Edith Jacobsohn, die aus uns ein Paar machte. Dann in seinem schönen Haus. Und, als er es schweren Herzens aufgegeben hatte, in der Keithstraße, wo er, schon zwischen Koffern hausend, die Auswanderung vorbereitete. Die Vorbereitungen traf, genauer gesagt, Helene Trier, seine resolute Frau. Er selber zeichnete und malte. Er wollte nicht mit leeren Händen, sondern mit vollen Mappen in der Fremde ankommen. 1937, ein Jahr vor Hitlers Einmarsch in Österreich, feierten wir in Salzburg Wiedersehen. Während der Festspiele. Dieses Wiedersehen fand zwei Wochen lang tagtäglich statt. Jeden Morgen kam ich im Omnibus aus Reichenhall, also aus Hitlerdeutschland, herüber. Und

allabendlich fuhr ich dorthin zurück. Wir planten ein Salzburgbuch. Es wurde auch eines. Ursprünglich hieß es »Georg und die Zwischenfälle«. Heute heißt es »Der kleine Grenzverkehr«. 1938 besuchte ich Trier in London. Wir trugen uns mit neuen Plänen. Wir spielten in Regent Park Tennis. Doch wenige Tage später fuhr ich Hals über Kopf nach Berlin zurück. Denn es drohte Krieg. Als das Boot in Hoek van Holland einlief, wurden Extrablätter verkauft. Die akute Kriegsgefahr war abgewendet. Chamberlain war auf dem Wege nach München. Sollte ich umkehren? Ich kehrte nicht um und habe Trier nicht wiedergesehen. Denn ein Jahr später brach der Krieg schließlich aus, und als er zu Ende war, lebte der Freund längst in Kanada.
Der Freund? Trotz der seltenen und flüchtigen Begegnungen, fast immer unter den Gewitterwolken und dem Donnergrollen der Politik? Das war für das Wachstum einer Freundschaft nicht die beste Zeit und kaum das gesündeste Klima. Vielleicht waren wir zwei nur eben ein Vierteljahrhundert auf dem Wege, Freunde zu werden, und meist fand sich nicht einmal ein Weg.
Als ich ihm 1947 den Text zur »Konferenz der Tiere« schickte, waren neun Jahre seit unserer letzten Begegnung vergangen. Meine dilettantischen Skizzen, die ich beilegte und die ihm andeuten sollten, wie das fertige Bilderbuch aussähe, das mir vorschwebte, konnten ihm ganz gewiß nur wenig helfen. Trotzdem entstand, dank seines Kunstverstands und seiner unermüdlichen Phantasie, ein Buch aus einem Guß. Zwischen seinem und meinem Arbeitstisch lag der Atlantische Ozean. Und zwischen 1938 und 1947 lag sehr viel Weltgeschichte. Wir waren Nachbarn geblieben.

Er sammelte Spielzeug. Er malte Spielzeug. Das allerschönste seiner schönen Bücher heißt »Spielzeug«. Es enthält, auf vierzig Farbtafeln, vierzig alte Kinderspielzeuge aus dem Erzgebirge. Er hat sie porträtiert. Es ist ein Meisterwerk geworden. Nicht

nur Walter Triers Meisterwerk, sondern ein Meisterwerk überhaupt. Es ist nicht wieder aufgelegt worden, und das ist ein echter Verlust.
Während der Salzburger Festspieltage saßen wir, eines Abends, im Stieglbräu und warteten aufs Essen. Der Saal war überfüllt. Trier rauchte eine Virginia, eine jener langen, dünnen Zigarren der Österreichischen Tabakregie, die als Mundstück einen Strohhalm besitzen. Der schmale, mit einem Cellophanfenster versehene Pappkarton, dem er die Virginia entnommen hatte, lag vor ihm auf dem Tisch. Wir waren müde, hatten Hunger und schwiegen. Plötzlich nahm er den im oberen Drittel durchsichtigen Deckel der Schachtel in die Hand, betrachtete ihn nachdenklich, legte ihn auf die Tischplatte zurück und begann zu spielen. Er drehte mit Brotkügelchen, tunkte rote Schwefelholzkuppen in eine kleine Bierlache, brannte andere Streichhölzer ab, daß sie schwarz wurden, und begann nun, ein Miniaturpuppentheater zu improvisieren. Mit Köpfen und Körpern aus Brot, mit roter Streichholzfarbe, mit verkohltem Kuppenschwarz, mit zerzupftem Serviettenpapier, mit Bleistift und Füllfedertinte, mit Brotrinde und bunten Bierfilzpartikeln. Manchmal legte er probeweise den Pappdeckel mit dem Cellophanfenster drüber, nahm ihn wieder weg, ergänzte und veränderte die Szene, und schließlich war er mit seinem Werk zufrieden. Es war ein komplettes Kasperletheater entstanden! Die um-

sitzenden Gäste, die Kellnerinnen, der Zahlkellner und der Geschäftsführer waren hingerissen. Am liebsten hätten sie einen Glassturz über das Ganze gestülpt und das kleine Kunstwerk, denn das war es geworden, ins Museum gebracht. Doch dazu hätten sie den Tisch mitnehmen müssen, worauf das Opus der Muße und der Muse lag, und der Tisch war, während der Festspielzeit, unabkömmlich. Endlich kam der Tafelspitz mit Kren. Wir aßen, zahlten und gingen. Und noch in der Tür sah ich, wie sich die Leute, nun erst recht, staunend und vergnügt um unsre Tischecke drängten.

Genauso freuten sich, auch damals noch, die Besucher des Kabaretts der Komiker, in Berlin am Kurfürstendamm, wenn sie das Foyer betraten und Triers lustige Varieté-Fresken erblickten. Da gab es, beispielsweise, eine Kapelle zu bewundern, die ohne Instrumente musizierte. Der Klarinettist, entsinne ich mich, spielte auf seiner Nase! Und als Girltruppe warf eine Reihe Flamingos die Beine in die Luft! Man konnte sich an der bunten Heiterkeit kaum sattsehen.

Aber Hitler eroberte nicht nur Österreich, sondern auch das Foyer des Kabaretts der Komiker. Eines Tages kamen Handwerker und kratzten die heitere Herrlichkeit von den Wänden. Ein Künstler mit dem richtigen Ahnenpaß gab sich dazu her, mit dem Pinsel staatlich genehmigte Heiterkeit zu verbreiten. Das Resultat war trostlos. Doch wer auch immer sich zum Ersatzmann hergegeben hätte – Trier war unersetzlich.

Er verbreitete mit seinem Talente Glück, und weil das so selten ist, hatte er Glück mit seinem Talent. Schon als junger Mann in München. Als Schüler in der Malklasse Franz von Stucks. Der »Simplicissimus« und die »Jugend« veröffentlichten Arbeiten von ihm. 1910 holten ihn die »Lustigen Blätter« nach Berlin. Dann griff der Ullstein-Konzern zu, mit dem »Heiteren Fridolin«, der »Dame«, dem »Uhu«. Aus Walter Trier wurde, unaufhaltsam und ohne Rückschläge, einer jener populären Künstler,

deren Ruhm den Vornamen ersetzt. Er wurde »der Trier«.
Als er nach England ging, machte er zum zweiten Male Karriere. Zehn Jahre lang brachte das Magazin »Liliput«, Nummer für Nummer, einen seiner farbigen Umschläge, also hundertzwanzig Titelbilder, und auf jedem waren, in immer neuer lustiger Variation, drei Figuren zu sehen: eine Dame, ein Herr und ein Hund. Und wieder wurde er »der Trier«. In seiner Londoner Wohnung zeigte er mir zwei ganzseitige humoristische Zeichnungen. Die eine entstammte der alten Berliner Zeit. Die andere war eben in der »Picture Post« erschienen. Beide Bilder, die einen komischen Verkehrswirrwarr in der Großstadt darstellten, waren haargenau das gleiche Bild. »Nein«, sagte er. »Eine der vielen Figuren ist nicht dieselbe.« Ich schaute näher hin. Er hatte recht. Aus dem Berliner Verkehrsschutzmann hatte er einen Londoner Bobby gemacht. »Die Engländer finden«, sagte er, »daß das Blatt typisch englisch sei. Sie bewundern mein für einen nichtenglischen Zeichner geradezu unheimliches Einfühlungsvermögen.« Wir lächelten. Das Lob war ein Irrtum. Doch der Irrtum war nur zu begreiflich. Das Blatt war keine gezeichnete Reportage voller spezifischer Nebensachen, sondern es zeigte, bei auswechselbaren Polizisten, die karikierte Hauptsache: die Hypertrophie des Großstadtverkehrs und die Unmöglichkeit, das Chaos auf menschliche Weise zu bewältigen.
Nach Kanada gingen Trier und seine Frau, weil Gretl, die Toch-

ter, geheiratet hatte und in Toronto lebte. Nur deshalb unterbrach er, 57 Jahre alt, seine zweite Karriere und begann, jenseits des Ozeans, die dritte. Auch der dritte Versuch glückte. Er stellte seine Talente und seinen Fleiß in den Dienst eines Lebensmittelkonzerns. Nun schmunzelte Kanada! Wieder wurde er »der Trier«. Und schon nach kurzer Zeit ließ er sich in den Bergen, in Collingwood, hundert Meilen von Toronto entfernt, ein Haus nach seinem Geschmack bauen. Ein Haus im Wald, ein ländliches Haus auf einem kleinen Hügel, nicht weit von der Tochter – doch wie weit von Europa! Nun hatte er wieder ein Haus und war doch weiter denn je von zu Hause fort. Seine Wünsche spielten mit dem Gedanken, aus der Neuen in die Alte Welt heimzukehren. In die Schweiz zu gehen. In Bern zu wohnen. Zum vierten Male zu beginnen. Er dachte an Europa. Er dachte an die Tochter. Und er dachte an den Tod.

Am 18. April 1950 schrieb er an seinen Verleger nach London: »I wonder – ob Sie – der Sie ja doch wohl ein paar Jahre jünger sind als ich – auch so viel an den Tod denken. Ich tue das aus purer Lebensfreude – aus dem Bedauern, daß es doch bald zum Abschiednehmen kommt. Wenn ich sage ›bald‹ – kokettiere ich nicht mit einem frühen Tod – aber ist man 60, so ist ja jede Spanne, die noch zu erwarten ist, *bald!* Und obzwar ich gerade jetzt – seitdem wir dieses wundervoll gesunde Leben am Hügel führen – mich besonders gesund fühle, erwarte ich doch nicht Shaws Alter zu erreichen, und *nur* 20 weitere Jahre nenne ich *bald.*«

Nur zwanzig Jahre noch? Am 8. Juli 1951, nicht viel mehr als ein Jahr nach diesem Briefe, starb er. Unerwartet. Und unersetzlich. Auf seinen Grabstein, hatte er einmal lächelnd gesagt, solle man die Worte schreiben: »Grad als ich beginnen wollte...«

Der Juni

Aus »Die dreizehn Monate«

Die Zeit geht mit der Zeit: Sie fliegt.
Kaum schrieb man sechs Gedichte,
ist schon ein halbes Jahr herum
und fühlt sich als Geschichte.

Die Kirschen werden reif und rot,
die süßen wie die sauern.
Auf zartes Laub fällt Staub, fällt Staub,
so sehr wir es bedauern.

Aus Gras wird Heu. Aus Obst Kompott.
Aus Herrlichkeit wird Nahrung.
Aus manchem, was das Herz erfuhr,
wird, bestenfalls, Erfahrung.

Es wird und war. Es war und wird.
Aus Kälbern werden Rinder
und, weil's zur Jahreszeit gehört,
aus Küssen kleine Kinder.

Die Vögel füttern ihre Brut
und singen nur noch selten.
So ist's bestellt in unsrer Welt,
der besten aller Welten.

Spät tritt der Abend in den Park,
mit Sternen auf der Weste.
Glühwürmchen ziehn mit Lampions
zu einem Gartenfeste.

Dort wird getrunken und gelacht.
In vorgerückter Stunde
tanzt dann der Abend mit der Nacht
die kurze Ehrenrunde.

Am letzten Tische streiten sich
ein Heide und ein Frommer,
ob's Wunder oder keine gibt.
Und nächstens wird es Sommer.

Kästners Haus in der Münchner Flemingstraße, vom Garten gesehen

Der dreizehnte Monat

Wie säh er aus, wenn er sich wünschen ließe?
Schaltmonat wär? Vielleicht Elfember hieße?
Wem zwölf genügen, dem ist nicht zu helfen.
Wie säh er aus, der dreizehnte von zwölfen?

Der Frühling müßte blühn in holden Dolden.
Jasmin und Rosen hätten Sommerfest.
Und Äpfel hingen, mürb und rod und golden,
im Herbstgeäst.

Die Tannen träten unter weißbeschneiten
Kroatenmützen aus dem Birkenhain
und kauften auf dem Markt der Jahreszeiten
Maiglöckchen ein.

Adam und Eva lägen in der Wiese,
Und liebten sich in ihrem Veilchenbett,
als ob sie niemand aus dem Paradiese
vertrieben hätt.

Das Korn wär gelb. Und blau wären die Trauben.
Wir träumten, und die Erde wär der Traum.
Dreizehnter Monat, laß uns an dich glauben!
Die Zeit hat Raum!

Verzeih, daß wir so kühn sind, dich zu schildern.
Der Schleier weht. Dein Antlitz bleibt verhüllt.
Man macht, wir wissen's, aus zwölf alten Bildern
kein neues Bild.

Drum schaff dich selbst! Aus unerhörten Tönen!
Aus Farben, die kein Regenbogen zeigt!
Plündre den Schatz des ungeschehen Schönen!
Du schweigst? Er schweigt.

Es tickt die Zeit. Das Jahr dreht sich im Kreise.
Und werden kann nur, was schon immer war.
Geduld, mein Herz. Im Kreise geht die Reise.
Und dem Dezember folgt der Januar.

Glückwünsche für Carl Zuckmayer

1956

Lieber Zuck,
erinnerst Du Dich an »Schwannecke«? Was für eine Frage! Erinnerst Du Dich an Dein Stück für Kinder, »Kakadu Kakada«, und an die Aufführung in der Nürnberger Straße? Wahrscheinlich. Und erinnerst Du Dich an meine Kritik darüber in der »Weltbühne«? Wohl kaum. Seitdem ist viel Wasser in den Atlantik geflossen. Seitdem wurde viel Wasser in unsern Wein geschüttet. Es war vor einem Vierteljahrhundert.
Wenige Tage nach der Premiere und dem Erscheinen der Kritik saß ich bei Schwannecke und plagte mich mit meinem obligaten Wochengedicht für den »Montag Morgen« herum. Da kamst Du, mit einer fröhlichen Gesellschaft und selber sehr vergnügt, ins Lokal. Jonny – erinnerst Du Dich noch an ihn? – kletterte mit Eurer Garderobe in den Keller. Ihr nahmt Platz und bestelltet bei Charlie – erinnerst Du Dich noch an ihn? – geistige Getränke.
Euer Tisch befand sich nicht weit von meinem, und mir war ein bißchen unbehaglich zumute. Du kanntest mich zwar nicht von Ansehen. Denn Du warst jung und berühmt, und ich war nur jung. Aber wenn nun einer aus Deiner Runde gesagt hätte: »Dort sitzt Erich Kästner«... Ich war zwar nach Berlin gekommen, um das Fürchten zu lernen. Aber doch nicht bei Schwannecke! Und meine Theaterkritik war, dezent ausgedrückt, das akkurate Gegenteil einer Lobeshymne gewesen!
Und da sagte jemand aus Deiner Runde: »Dort sitzt Erich Kästner!«
Du drehtest Dich um, sahst mich an, und ich kam mir vor wie

bei einem Fotografen, der mit Kopfstütze arbeitet. Es gibt gemütlichere Situationen. Schließlich standst Du auf, tratst an meinen Tisch und meintest, nach einigem Schweigen: »Ihnen hat mein Stück nicht gefallen. Mir hat Ihre Kritik nicht gefallen. Beides kann vorkommen. Ich glaube, wir sind quitt.« Dann gingst Du an Deinen Tisch zurück, setztest Dich, hobst das Glas und trankst mir lächelnd zu.
Das, lieber Zuck, war unsre erste Begegnung. Eine kleine Erinnerung an Dich. Ein wichtiges Erlebnis für mich. Wer es ehrlich meinte, den ließ man gelten. Wer Talent hatte, wurde akzeptiert. Man verletzte, wenn es sein mußte, einander. Man verletzte niemals die Spielregeln. Es war eine schöne Zeit. Und es ist lange her. Unsre Generation kommt in die Jahre. Heute gratulier ich Dir zum Sechzigsten. In drei Jahren, wenn alles gutgeht, gratulierst Du mir. Was ich Dir wünsche? Halte die Ohren steif!
Von ganzem Herzen und immer   Dein Erich

Kinder lesen anders

Zur Jugendbuchwoche 1956

Als die Möbelträger einen letzten Blick in die leere Wohnung warfen, entdeckten sie noch eine Kohlenschaufel, einen Azaleentopf und den kleinen Fritz, der in der Küche auf dem Fensterbrett hockte und ein Buch las. Sie trugen den Topf, die Schaufel und das lesende Fritzchen zum Tafelwagen hinunter und fuhren quer durch die Stadt, bis zu Müllers neuer Wohnung. Fritz Müller, zehn Jahre alt, las. Die Möbelpacker schleppten die Schränke, Betten, Tische, Stühle, Kisten, Besen und Eimer nach oben, zum Schluß trugen sie den Blumentopf, die Kohlenschaufel und den kleinen Fritz mit seinem Buche hinauf. Als sie dann einen letzten Blick in die neue Wohnung warfen, nickten sie zufrieden. Alles lag und stand, wohin es gehörte. Herr Müller schenkte jedem drei Zigarren. Und Fritz hockte in der Küche auf dem Fensterbrett und las. Er hatte von dem Umzug überhaupt nichts gemerkt.«
Das ist natürlich eine erfundene Geschichte, und ein bißchen übertrieben klingt sie außerdem. Aber diese Übertreibung ist legitim. Sie bewegt sich auf die Wahrheit zu. Man versuche einmal, den Jungen durch den Vater zu ersetzen! Herr Müller hockt während des Umzugs in einem Stuhl und liest. Die Männer tragen ihn treppab. Er liest. Sie fahren mit ihm quer durch die Stadt. Er liest. Sie tragen ihn in die neue Wohnung hinauf. Er liest. Fritzchen gibt jedem der Möbelräumer drei Zigarren. Und Herr Müller sitzt und liest und hat von dem Umzug überhaupt nichts gemerkt. Diese zweite Geschichte wäre nicht übertriebener als die erste – aber sie wäre nicht mehr wahr.

Kinder lesen anders als wir. Die durch Buchstaben heraufbeschworene Welt ist für sie auf andre Weise, aber im gleichen Maße wirklich wie die Welt der greifbaren Dinge. »Kinder buchstabieren noch mit dem Herzen«, hab ich früher einmal geschrieben, und ich darf es hier wiederholen, weil ich sonst meine Ansicht nur schlechter formulieren könnte, als ich es seinerzeit versucht habe. Der Junge, der sich über ein Buch beugt, sitzt nur scheinbar in der Küche. Im Grunde hockt nur sein Anzug auf dem Fensterbrett. Er selber entert gerade ein Piratenschiff. Oder er wandert mit Aladins Wunderlampe durch geheimnisvolle Gewölbe. Oder er trifft – in dem Augenblicke, da ihn die Mutter ruft – auf der unbewohnten Insel jenen Wilden, den er später Freitag nennen wird. Die Mutter rüttelt Fritzchen und fragt ärgerlich: »Kannst du denn nicht hören?« Er erwacht wie aus einem Traum. Eben noch hörte er das Meer rauschen. Der Kapitän fluchte. Das Gewölbe war stumm wie ein Grab. Oder Zweige knickten und knackten unter braunen Fußsohlen. Wie hätte der Junge die Stimme seiner Mutter hören können? Mit welchen Ohren denn?

Wenn jene Wörter, Sätze und Kapitel, die wirklich und gründlich gelesen wurden, durch Zauberei aus den Büchern verschwänden, dann wären die Kinderbücher leer, und ihr Papier wäre weiß wie am ersten Tag. Und die Verleger müßten in einem fort nachdrucken.

Der Autor spielt sich selber. Aufnahmen zu »Das fliegende Klassenzimmer«, 1954

Die Schule der Diktatoren

Eine Komödie
Vorbemerkung und Erstes und Zweites Bild

Dieses Buch ist ein Theaterstück, und der Plan hierzu ist zwanzig Jahre alt. Damals wurden viele, mit ihnen der Autor, um alle Hoffnungen ärmer und um eine Erfahrung reicher. Sie erfuhren, am deutschen Beispiel, daß sich der Mensch, unter Beibehaltung seiner fotografischen Ähnlichkeit, bis zur Unkenntlichkeit verunstalten läßt. Dressierte Hunde, auf den Hinterbeinen hüpfend und in Puppenkleidern, wirken abscheulich genug – aber der dressierte, seine Würde und sein Gewissen apportierende, der als Mensch verkleidete Mensch ist der schrecklichste Anblick. Und obwohl er jeder Beschreibung spottet, wurde versucht, ihn zu beschreiben.
Dieses Buch ist ein Theaterstück und könnte für eine Satire gehalten werden. Es ist keine Satire, sondern zeigt den Menschen, der sein Zerrbild eingeholt hat, ohne Übertreibung. Sein Zerrbild ist sein Porträt. Kann ein solches Stück herkömmlich dankbare Rollen haben? Nein. Einen nuancierenden, die Figuren unterscheidenden Dialog? Nein. Eine Entwicklung der Charaktere? Nein. Tragische Konflikte? Nein! Dergleichen läßt der degradierte, der auf den Hinterbeinen tanzende Mensch nicht zu. Größe und Schuld, Leid und Läuterung, Wahrzeichen einer edlen Dramaturgie, liegen im Staub. Man muß es beklagen, doch zuvor muß man es bemerken.
Dieses Buch ist ein Theaterstück, und zwar, wollte man es etikettieren, eine Haupt- und Staatsaktion. Eine blutig burleske Diktatur wird durch eine tugendhafte Rebellion beseitigt. Dann wird der Rebell ermordet, und die nächste Diktatur etabliert sich. Er

war für sie nur das Vehikel. Er war ihr Trojanischer Esel. – Zwei Regierungen werden gestürzt, und beide nach den klassischen Regeln des Staatsstreichs. Doch zu den alten gesellen sich neue Methoden. Auch der Bürgerkrieg kennt moderne Waffen. Sprach früher ein Tribun zu fünftausend Männern, so sprach er zu fünftausend Männern. Spricht er heute zu zehn Millionen, so spricht er entweder zu zehn Millionen oder, wenn in der Tonkabine an einem Knopf gedreht wird, zu niemandem. Er ist besiegt und weiß es nicht. Er glaubt zu leben und ist tot. Die Technik des Staatsstreichs hat mit dem Staatsstreich der Technik zu rechnen. Dieses Buch ist ein Theaterstück und hat ein Anliegen. Der Plan ist zwanzig Jahre alt, das Anliegen älter und das Thema, leider, nicht veraltet. Es gibt chronische Aktualitäten.

München 1956   Erich Kästner

Mit Hans Schweikart, dem Regisseur der Uraufführung

Saal in modernisiertem Palast. Feierlicher Staatsakt. Mikrophone. Blumen. Embleme. Auf thronähnlichem Sessel der Präsident, mit Gehrock, Ordensband, Schnurr- und Backenbart. (Nötiger Hinweis: Haar- und Barttracht dürfen, um von Sache und Sinn nicht abzulenken, keinesfalls Erinnerungen an Figuren der neueren Geschichte wachrufen.) In angemessenem Abstande, nicht erhöht, sitzen die Gattin des Präsidenten und der Sohn. Sie: üppig, späte Reize, in Pose. Er: jung, gebildet, scheinbar uninteressiert, ernst.
Auf der einen Bühnenseite, stehend, livrierte Diplomatie. An ihrer Spitze der Doyen und der Nuntius.
Auf der anderen Bühnenseite der Kriegsminister, im Rollstuhl, voller Orden, ohne Beine. Neben ihm, stehend, der Leibarzt und, in Galauniform, der Stadtkommandant. Der Leibarzt: rundlich, jovial. Der Stadtkommandant: kühler Generalstäbler.
Neben den offenen Flügeln des Balkons der Inspektor, Majordomus des Präsidialhaushalts, Herr der Diener, Diener jedes Herrn. Vor dem Präsidenten, in der Bühnenmitte, an einem der Mikrophone, der Premier- und Innenminister. Man hört seine Ansprache, wie später die Antwort des Präsidenten, zwiefach: einmal direkt, zweitens, leicht nachklappend, vom offenen Balkon her, durch die Lautsprecher auf dem Großen Platz. Der Premier spricht ohne Konzept.

PREMIER *am Schlusse seiner Rede.* Kabinett, Senat und Volk – das heißt, alle außer einem – bitten ihren Präsidenten – und das heißt, eben diesen Einen – bitten und bestürmen ihn, den Neugestalter unseres Staates, sein schweres Amt auf Lebenszeit ausüben zu wollen. Dieser bis auf seine Stimme einstimmige Wunsch bedarf, das weiß jeder, keiner Abstimmung und Zählung. Die Wahlurne wartet nur noch auf *ein* Votum, auf das seine. Freilich, die Unabsetzbarkeit, die wir als unwiederholbare Ehrung meinen, ist im Grunde, wir wissen es, eine Bürde ohne Grenze, eine Zumutung bis ans Grab. Wenn wir ihn, den Einen, trotzdem bitten und bestürmen, so nur, weil ohne ihn Volk und Staat ohne Kopf und Hand wären. Im Zeitalter des Absolutismus durfte ein König von sich sagen, der Staat sei *er*. Das war eine Lüge ins Gesicht der Geschichte, und fürstliche Anmaßung war es obendrein. Erst wenn wir den Satz aufgreifen, die Regierten statt des Regenten, empfängt er, endlich, Sinn und Würde. So verstanden, wollen wir unsere allstimmige Bitte, den Artikel über Ihre Unabsetzbarkeit durch Ihr Ja zu ratifizieren, in dem Ruf ausklingen lassen: Der Staat, unser Staat, sind Sie! *verneigt sich tief, tritt zum Kriegsminister, der ihm kernig die Hand drückt.*

INSPEKTOR *hat beizeiten am Balkon ein Zeichen nach draußen gegeben.*

SPRECHCHÖRE *mechanische, einstudierte Begeisterung der Massen auf dem Großen Platz.* Präsident – sag ja! Präsident – sag ja! Der Staat – bist du! Der Staat – bist du!

PRÄSIDENT *zieht langsam sein Manuskript aus der Brusttasche.*

INSPEKTOR *gibt ein zweites Zeichen. Die Sprechchöre verebben. Draußen und im Saal tiefe Stille.*

PRÄSIDENT *liest, sitzend und ins Mikrophon sprechend, die Rede ab. Pausen zwischen den Sätzen. Tonart markig. Bei Steigerungen prahlend.* Ich bin bekanntlich kein Freund vieler Worte. Ich ziehe es vor, Taten sprechen zu lassen. Die Welt weiß das. Ich habe nicht die Absicht, meinen Jargon zu wechseln. Die Weltgeschichte wird es eines Tages wissen. Manches haben wir im Lauf der Jahre durch die knappe, international verständliche Sprache der Taten erreicht. Die Freunde achten uns. Die Feinde fürchten uns. Das ist in unserem verfehlten Jahrhundert keine Selbstverständlichkeit mehr. Nicht *in* den Staaten. Nicht *zwischen* den Staaten. Wir haben unsere Grenzen ausgedehnt. Nicht etwa, um unsere Macht zu beweisen. Wirkliche Macht hält keine Manöver ab. Sondern um abgesprengte Teile unseres Volkes heimzuholen. Im Land herrschen Ruhe und Einmütigkeit. Es bedurfte keiner Überredung. Das Volk wurde überzeugt. Noch gibt es vereinzelte Widersacher. Neinsager aus Profession und Verräter in fremdem Sold und Auftrag. Aber sie hocken im Mauseloch der Angst. Ein Schritt, ein Satz genügt, und sie sitzen in der Falle. Mauseloch oder Mausefalle, die Leute haben die Wahl. Diese und keine andre. Man lasse es sich gesagt sein. Die Arbeit wurde erst halb getan. Ganze Arbeit ist nötig. Wer soll sie leisten? Wer kann sie leisten? Verantwortung ist unteilbar. Pflichtgefühl kennt, außer dem letzten Stündchen, keine Termine. Gegen das Amt und die Ehre, zu denen man mich auf Lebenszeit verurteilt hat, gibt es, vor Volk und Geschichte, keine Berufungsinstanz. Ich danke also für die schwere Last, die man mir hier und heute aufbürdet. Ich nehme Amt, Ehre und Bürde an!

Inspektor gibt einen Wink nach draußen.

SPRECHCHÖRE *wieder in konfektionierter Begeisterung.* Hoch! Hoch! Hoch! Präsident – hab Dank! Präsident – hab Dank!

Von fern Kanonensalut.

Kriegsminister schaut auf die Armbanduhr, nickt dem Stadtkommandanten befriedigt zu. Präsident steckt das Manuskript in die Brusttasche zurück.

SPRECHCHÖRE Wir wollen – den Präsidenten – sehn! Wir wollen – den Präsidenten – sehn! Präsidenten – sehn! ... denten – sehn!

Präsident steht auf und steigt vom Podium. Gattin und Sohn erheben sich. Präsident reicht der Gattin den Arm. Beide, hinter ihnen der Sohn, schreiten dem Balkon zu. Diplomatie verneigt sich konventionell. Inspektor gibt nach draußen ein Zeichen.

Auf dem Großen Platz tritt Totenstille ein.

Präsident geht, um besser gesehen zu werden und um winken zu können, einen weiteren Schritt vor.
Von draußen ein peitschender Schuß. Präsident taumelt, greift sich ins Gesicht. Gleichzeitig: Leibarzt läuft zum Präsidenten, untersucht die Wunde. Auf dem Großen Platz Tumult. Der Kriegsminister blickt den Stadtkommandanten ärgerlich an. Stadtkommandant eilig ab.
INSPEKTOR *ruft in den Saal.* Ein Mann auf dem Dach der Akademie! *Gewehrsalven. Inspektor meldet laut* Er fällt. Hält sich an der Dachrinne fest. *Draußen ein Aufschrei* Erledigt.
LEIBARZT Nur ein Streifschuß. Belanglose Fleischwunde. *Zur Gattin des Präsidenten, sie an ihre Pflichten erinnernd* Es besteht kein Grund zu ernstlichen Besorgnissen.
GATTIN *gespielt teilnahmsvoll.* Gott sei Dank.
DOYEN *zum Nuntius.* Ein schlechter Schütze.
NUNTIUS Das käme auf seinen Auftrag an.
PREMIER *ist zum Präsidenten getreten.* Ich beglückwünsche Sie und uns!
PRÄSIDENT *wütend.* Ein schöner Geburtstag!
DOYEN *zum Nuntius.* Meine Regierung wird sehr betroffen sein.
NUNTIUS Der Vatikan auch.
DOYEN Worüber, Exzellenz?
NUNTIUS Es ist nicht das erste Attentat auf ihn.
DOYEN Er hat die Angewohnheit, die Attentäter zu überleben.
NUNTIUS Eine schlechte Angewohnheit. Für seine Feinde.
LEIBARZT *zum Präsidenten.* Ich verordne Ihnen Bettruhe. Sie müssen sich schonen.
KRIEGSMINISTER *ruft vom Rollstuhl aus.* Der Premierminister sollte kurz zur Menge sprechen!
PREMIER Kurz und unmißverständlich *(will zu einem der Mikrophone).*
Präsident hält ihn zurück, macht sich vom Leibarzt los und tritt selber vor ein Mikrophon.

Premier gibt nur widerwillig nach. Man tauscht hinterm Rücken des Präsidenten betroffene Blicke.
PRÄSIDENT *gar nicht mehr in Stil und Ton seiner vorigen Ansprache.* Hier spricht der Präsident. Es ist nur ein Kratzer. Der Täter ist tot. Nicht ich. Es sollte wohl so sein. Und nicht zum ersten Male. Wäre ja auch ein schlechter Witz gewesen, wenn ich meine Ernennung auf Lebenszeit nur eine Minute überlebt hätte. Und schlechte Witze mag ich nicht. Immerhin, ich will meinem Glück nicht undankbar sein. *(holt tief Luft)* Anläßlich meines Geburtstags, meiner Ernennung, meiner Errettung, sowie im vollen Vertrauen auf die staatlichen Sicherungen amnestiere ich hiermit tausend politische Gefangene. Die näheren Ausführungen wird der Justizminister bekanntgeben.
Draußen spärliche, schüchterne Hochrufe.
PRÄSIDENT *abwinkend.* Schon gut, schon gut! Und geht nach Hause! *(klopft der zusammenzuckenden Gattin auf die Schulter und nimmt ihren Arm.)*
Kriegsminister, Premier und Leibarzt beherrschen sich nach Kräften. Die Balkontüren schließen sich automatisch.
NUNTIUS *zum Doyen.* Seit wann ist er großmütig?
DOYEN Hoffentlich ist es kein Irrtum. *(tritt zum Präsidenten)* Exzellenz, das Ausland beglückwünscht Sie durch mich, den Doyen seiner diplomatischen Vertreter, vierfach – zum Geburtstag, zur Ernennung auf Lebenszeit, zu Ihrer Errettung und zu der von Ihnen verkündeten großherzigen Amnestie.
PRÄSIDENT Ich danke Ihnen, Exzellenz. Ich danke dem gesamten Diplomatischen Corps. Großherzig, sagen Sie? Das ist übertrieben. Tausend Gefangene? Wir haben genug von der Sorte. *gibt dem Doyen die Hand.*
Diplomaten verbeugen sich gemessen und gehen durch die sich automatisch öffnende Tür ab. Die Tür schließt sich hinter ihnen.

Gattin tritt jetzt voller Abscheu vom Präsidenten weg.
KRIEGSMINISTER *wütend.* Eine Seele von Mensch, unser Herr Präsident! Die Güte selbst! Pastor hätten Sie werden sollen!
PRÄSIDENT *ängstlich und ärgerlich zugleich.* Milde nach einem Attentat macht immer Eindruck.
PREMIER Wir danken für die nachträgliche Belehrung.
KRIEGSMINISTER *eiskalt.* Stand die Amnestie in dem Manuskript?
PRÄSIDENT *stampft mit dem Fuß auf.* Das Attentat stand auch nicht auf Ihrem Wisch! Ich bin es nicht gewöhnt, daß man auf mich schießt, während ich auf Balkons stehe!
LEIBARZT *besänftigend.* Aber meine Herren! Seine Erregung ist begreiflich. *zum Präsidenten* Ich mache Ihnen nachher eine Injektion. Mit Wundfieber ist nicht zu spaßen. *mit einer Kopfbewegung zum Inspektor* Bringen Sie ihn fort!
Inspektor packt den Präsidenten resolut am Arm. Präsident zögert.
INSPEKTOR *ironisch.* Nach Ihnen, Herr Präsident!
Beide durch die automatisch regulierten Türen ab.
KRIEGSMINISTER Man sollte den Kerl backpfeifen.
GATTIN Es ist empörend! Nächstens haut er mir, vor aller Welt, eins hintendrauf! Als mein Mann noch lebte...
KRIEGSMINISTER ... waren Sie nicht so empfindlich.
LEIBARZT Die Repräsentationspflichten der letzten Monate waren recht aufreibend. Wir sollten die hochverehrte Gattin unseres hochverehrten Präsidenten wieder einmal in die Natur schikken.
GATTIN *enchantiert.* Bravo, Doktor! Ich möchte nach Nizza.
PREMIER Wir möchten das weniger. Es ist ein bißchen weit.
LEIBARZT Soviel Natur wie im Hotel »Negresco« gibt's hierzulande auch.
KRIEGSMINISTER Ich attachiere Ihnen einen jungen Major von der Kriegsschule, dem man diesbezüglich nichts vorwerfen kann.
GATTIN Sie verspätetes Ferkel! Als mein Mann noch lebte, hätten

Sie mir so etwas nicht ins Gesicht gesagt!
KRIEGSMINISTER Nein, meine Beste! Ins Gesicht nicht.
GATTIN Er hätte das, was von Ihrer Figur übriggeblieben ist, verkehrt aufhängen lassen!
KRIEGSMINISTER Sicher. Er hätte. Aber mir riß es damals nur die Beine ab und ihm den Kopf. Sogar Bomben und Höllenmaschinen sind ungerecht. Man muß sich damit abfinden.
GATTIN Diese nachgemachten Kerle, mit denen ihr mich seitdem garniert! Diese...
PREMIER Das Staatsinteresse verlangte es, daß Ihr Mann seinen Tod überlebte.
GATTIN *lachend.* Das Staatsinteresse?
KRIEGSMINISTER Hören Sie gut zu, Madame! Es war nicht ganz einfach, einen toten Diktator nachzumachen. Seine Frau durchzupausen, dürfte erheblich leichter sein.
PREMIER Das ist anzunehmen.
Präsidentin weicht erschrocken zurück.
LEIBARZT *gemütlich.* Sie lassen die Koffer packen und fahren ins Bad. Das Attentat hat Ihre Nerven angegriffen. Die Presse und die Zeitungsabonnenten haben ein Herz für dergleichen.
KRIEGSMINISTER Der Major reist in Ihrer Suite. Er wird Ihren Nerven guttun. Außerdem hat er aufzupassen, daß Sie keine Dummheiten machen. Außer mit ihm.
Stadtkommandant kommt eilig in den Saal.
KRIEGSMINISTER Nun?
STADTKOMMANDANT Es war ein Student der Technischen Hochschule. Wadenschuß. Fiel vom Dach. Bruch der Schädelbasis. Der Portier der Akademie wurde verhaftet.
PREMIER Die Angehörigen und Freunde des Studenten?
STADTKOMMANDANT Alles Erforderliche wurde angeordnet.
KRIEGSMINISTER Ausnahmezustand?
STADTKOMMANDANT Ich möchte abraten. Die schärfsten Maßnahmen stumpfen am leichtesten ab.

PREMIER *nach kurzem Blick auf den Kriegsminister.* Also gut.
KRIEGSMINISTER Danke, General.
Stadtkommandant salutiert und geht ab.
KRIEGSMINISTER Wieder ein Student! Bildung ist staatsgefährlich.
LEIBARZT *gutgelaunt.* Medizin hat zum Glück nichts mit Bildung zu tun.
PREMIER *zum Sohn des Präsidenten.* Werden Sie Ihre Frau Mutter begleiten?
SOHN Ich bliebe lieber in der Hauptstadt.
PREMIER Wie Sie wünschen.
KRIEGSMINISTER *zum Sohn.* Neulich hab ich geträumt, Sie hätten gegenüber der Universität einen Buchladen eröffnet. Auf dem Schild stand: »Inhaber – der Sohn des Präsidenten«. Ich konnte kaum wieder einschlafen.
SOHN *höflich.* Es war *Ihr* Traum, Herr Minister. Ich träume fast nie.
LEIBARZT Nachts, meinen Sie.
Sohn lächelt konventionell.
PREMIER Die Mutter reist. Der Sohn bleibt.
KRIEGSMINISTER *dreht sein Fahrzeug herum. Die Hebelgriffe stellen Säbelkörbe dar.* Und was wird mit dem Präsidenten? Ich bin seinetwegen in Sorge.
LEIBARZT *zuversichtlich.* Wir werden uns seiner Genesung nicht weniger widmen als dem Wohl des Staats.
PREMIER Gehen wir. *Die Tür öffnet sich.*

Vorhang

Zimmer des Präsidenten. Inmitten kostbaren Palastmobiliars eine Art Schusterwerkstatt. Neben und auf dem großen Arbeitstisch Stiefelschäfte, Sohlenleder, Schuhleisten, Hämmer, Messer, Feilen, Fadenwachs, Ahlen, Nägel. Auf einem Empiresessel Gehrock und Ordensband.

PRÄSIDENT *auf einem Schusterschemel, in Hemdsärmeln, einen Schuh im Knieriemen, ein paar Holzstifte zwischen den Lippen. Er nagelt, Stift um Stift aus dem Munde nehmend, sorgfältig einen Sohlenrand.* Eisennägel mit Köpfen sind härter. Holzstifte ohne Kuppen halten besser. So! *nimmt erst eine Feile, dann Sandpapier. Raspelt den Sohlenrand glatt.*
INSPEKTOR *herumlungernd.* Und warum sind Sie nicht bei Ihrem Leisten geblieben?
PRÄSIDENT Es ergab sich. Nach eurer glorreichen Revolution. Als unsere Gewerkschaft aufgelöst wurde. Der Präsident kam ans *Ruder*. Und ich ins *Gefängnis*. – Sagen Sie, der wievielte Abklatsch unsres »großen Staatsmannes« bin ich eigentlich? Der dritte oder der vierte?
Inspektor schweigt.
PRÄSIDENT Na ja. Politik ist etwas sehr Schönes. Immerhin, im Gefängnis gab's Arbeit. Der Staat brauchte Soldaten. Und Soldaten brauchen Stiefel. Nach der Entlassung war's aus. Polizeiaufsicht. Drohbriefe. Eingeschlagne Fensterscheiben. Boykott. Feige Freunde. Schadenfrohe Nachbarn. Kam ein Kunde, war's ein Spitzel. Die Kinder hatten Hunger. Die Frau wurde krank. Litt an der modernen Krankheit namens Angst. Dagegen gibt's noch kein Serum. *hämmert* Ja, Politik ist etwas sehr Schönes. Als ich nicht mehr weiter wußte, lernte ich den Professor kennen. So ein Zufall, was? *hält den Schuh dicht an die Augen und prüft die Sohle* Und jetzt geht es der Frau und den Kindern gut. Sie leben bei meiner Schwiegermutter auf dem Land. Jeden Monat kriegen sie Post und Geld von mir. *lacht* Aus Casablanca! Weil ich doch geflüchtet bin und in Casablanca eine Werkstatt mit drei Gesellen habe! Der eine heißt Ali und ist ein blonder Berber. Ich kann das wie am Schnürchen. Und sie schreiben mir schöne Briefe. Nach Casablanca! Sie hätten große Sehnsucht nach mir. Aber ich solle um Gottes willen dortbleiben. *legt den Schuh beiseite, nimmt*

einen anderen Politik ist etwas Wunderbares! Nur Pauls linkes Auge macht ihnen Sorge. Das rechte hat man ihm vor drei Jahren in der Schule ausgeschlagen. Weil sein Vater ein Staatsfeind ist.

INSPEKTOR Brauchen Sie ein Taschentuch?

PRÄSIDENT Seit wann sind Sie so frech zu mir?

INSPEKTOR Seit heute, Herr Präsident.

Die Tür geht auf. Der Leibarzt und der Premier kommen. Hinter ihnen, im Rollstuhl, der Kriegsminister. Die Tür schließt sich. Der Premier nimmt in einem Sessel Platz.

LEIBARZT *mit medizinischem Besteck, präpariert eine Injektion.* Krempeln Sie einen Ärmel hoch! *da der Präsident zögert, zum Inspektor* Er möchte, daß Sie ihm helfen.

PRÄSIDENT Ein Kratzer, nichts weiter.

LEIBARZT Trotzdem, mein Bester. Sicher ist sicher. *macht die Einspritzung in die Armbeuge, tupft ab, gibt Spritze, Ampulle und Watte in den Besteckkasten zurück, klopft dem Patienten auf die Schulter* So. Gleich ist alles vorbei. *setzt sich neben den Premier.*

PREMIER Sie wissen, daß Ihre rührende Improvisation auf dem Balkon einen schweren Verstoß gegen den von Ihnen beschworenen Gehorsam bedeutet?

PRÄSIDENT Der Moment war richtig. Und die Amnestie war richtig. Ich kenne die Bevölkerung besser als Sie. Außerdem freut mich die Sache. Sie waren ja wohl noch nicht im Gefängnis? Aber ich! *lachend* Bevor ich Präsident wurde.

KRIEGSMINISTER *kopfschüttelnd.* Er glaubt tatsächlich, daß wir tausend solche Subjekte auf die Straße lassen!

PRÄSIDENT Nein? Sie wollen nicht? Ich warne Sie! Die Welt wird sich sehr wundern, wenn Sie eine Verfügung Ihres Präsidenten hintertreiben!

PREMIER *leicht belustigt.* Er warnt uns!

Präsident greift sich ans Herz.

KRIEGSMINISTER Ein zu dummer Mensch!

LEIBARZT *zum Inspektor.* Ziehen Sie ihm den Rock an! Es macht sich besser. *zum Präsidenten* Und *Sie* sollten sich nicht so aufregen! *während sich der Präsident an den Hals faßt* Da haben Sie's! Herzstiche. Atemnot. Setzen Sie sich hin, und halten Sie den Mund! Es ist gesünder.

PREMIER *zu Kriegsminister und Leibarzt.* Wir müssen mit dem Professor ernsthaft reden. Dergleichen darf nicht wieder vorkommen. Die ausländischen Diplomaten waren wie vor den Kopf geschlagen.

Präsident taumelt, jetzt im Gehrock, auf den Schusterschemel, trocknet sich die Stirn, ringt nach Luft. Nur der Inspektor beobachtet ihn.

PREMIER Man wird aus der Amnestie auf nachlassende Energie schließen. Auf den Versuch, einzulenken, ja, sich anzubiedern!
LEIBARZT *vergnügt.* Womöglich auf beginnende Altersweisheit!
KRIEGSMINISTER *mit der Faust auf die Lehne des Rollstuhls schlagend.* Jeder Erfolg, jeder Rückschlag und jedes Attentat machen den Präsidenten jünger und härter, feuriger und kälter. So lautet unser Katechismus. Die Welt greift schon in die Tasche, ehe er etwas haben will. Wehe dem Esel, der uns dazwischenpfuscht! *Kopfbewegung zum Präsidenten hin* Man sollte seinem Nachfolger die Zunge herausschneiden und im Bauch ein Grammophon einnähen lassen.
PRÄSIDENT *stiert sie an, will sich aufrichten, fällt auf den Schemel zurück.* Noch lebe ich, meine Herren! *Man nimmt von ihm keine Notiz mehr.*
PREMIER Die Amnestie denke ich mir, in großen Zügen, folgendermaßen...
KRIEGSMINISTER Ich bin ganz Ohr.
PREMIER Wir entlassen, für ein paar Tage, aus verschiedenen Gefängnissen und Lagern, hundert unserer zuverlässigsten Spitzel. Bei dieser Gelegenheit Aufnahmen für die Wochenschau und Interviews für Funk und Presse. Über die nahrhafte Anstaltskost, die gute Behandlung, die vielseitige Gefängnisbibliothek und die zufriedenstellenden sanitären Verhältnisse. Das Lob nicht zu dick aufgetragen und nur zögernd, ein wenig widerwillig erteilt. Für die Illustrierten am besten das eine und andere Genrebildchen mit nettem Text. »Wiedersehen mit der braven alten Mutter.« »Glücklicher Vater sieht sein Kind zum ersten Male.« »Endlich wieder an der Drehbank.«
LEIBARZT *zum Kriegsminister.* Er hat die Phantasie einer Waschfrau.
PREMIER Darf ich Ihre Bemerkung für ein Kompliment halten?
LEIBARZT Es ist ja eines!
PREMIER Nach, sagen wir, vier Tagen schicken wir die hundert

Leute in die Gefängnisse zurück. Natürlich keinen in die Anstalt, aus der er vorher entlassen wurde!

KRIEGSMINISTER *schaut auf die Uhr.* Was uns *mit Kopfbewegung zum Präsidenten* der Idiot für Scherereien macht! Ich müßte jetzt die Achte Panzerdivision inspizieren! Statt dessen amnestieren wir Spitzel!

PRÄSIDENT *mit letzter Kraft.* Doktor! *zeigt auf seinen Arm* War es Gift?

PREMIER Die Panzer können warten.

PRÄSIDENT Doktor! Muß ich sterben?

LEIBARZT Ja. Warum?

PRÄSIDENT *greift sich an den Hals. Heiser.* Mörder! Ihr Mörder!

KRIEGSMINISTER Ungehorsam ist eine Krankheit, die hierzulande tödlich verläuft. Das lernt man schon in der Schule.

PREMIER Eine Krankheit, die immer seltener wird.

LEIBARZT Wir haben's eilig. *zum Inspektor* Schreiben Sie! – »Bulletin. Datum. Das empörende Attentat auf den Staatschef ist, zum Glück des Landes, glimpflich abgelaufen. Die Kugel streifte die rechte Gesichtshälfte unterhalb des Jochbogens. Die Wunde ist etwa fünf Zentimeter lang. Vorsichtsmaßregeln wurden sofort ergriffen.«

INSPEKTOR *schreibend.* »... ergriffen.«

PRÄSIDENT *hilflos und jammernd.* Und das Geld? Das Geld aus Casablanca? Für die Frau und die Kinder?

INSPEKTOR *unwillig.* Pst!

LEIBARZT »Dem Präsidenten wurde vorsorglich strikte Bettruhe verordnet. In spätestens einer Woche wird er wieder den Staatsgeschäften nachgehen können. Der Leibarzt. Unterschrift.«

INSPEKTOR »Der Leibarzt. Unterschrift.«

PREMIER Die Erklärung geht sofort dem Pressechef des Innenministeriums zu. Er veranlaßt das Weitere.

PRÄSIDENT *dem Ersticken nahe. Rafft sich auf. Versucht zu ste-*

hen. Torkelt. Schreit: Freiheit! *bricht über seinem Schustertisch zusammen.*

Kriegsminister blickt auf die Armbanduhr.

LEIBARZT *tritt zur Leiche. Untersucht Puls und Auge.* Wir können gehen. *zum Inspektor.* Sie bürgen dafür, daß sich der teure Entschlafene in Rauch und Wohlgefallen auflöst.

KRIEGSMINISTER Und daß niemand seine Abwesenheit bemerkt! Keiner außer Ihnen betritt das Zimmer!

INSPEKTOR Ich lasse die Mahlzeiten für den Präsidenten im Vorzimmer abstellen, serviere sie hier und esse sie selber.

LEIBARZT Guten Appetit!

Herbstliche Anekdote

Als der Alte von einem Begräbnis kam,
blieb er am Tor des Friedhofs stehen
und sagte zögernd zu seinem Sohn:
»Eigentlich lohnt sich's für mich gar nicht,
erst wieder nach Hause zu gehen...«

Letztes Bild mit dem Vater, kurz vor dessen Tod, München 1956

Bei Olaf Gulbransson, 1958

Präzision

Wer was zu sagen hat,
hat keine Eile.
Er läßt sich Zeit und sagt's
in einer Zeile.

Schüler und Schuldner Georg Büchners

Aus der Rede zur Verleihung des Georg-Büchner-Preises 1957

Lassen Sie mich einige Überlegungen anstellen, die sich bei der Wiederbeschäftigung mit Büchners Leben und Werk aufdrängten. Es handelt sich natürlich nicht um neue Erkenntnisse auf den Gebieten der Literaturgeschichte und der Ästhetik, sondern um Einfälle, die man gelegentlich beim Lesen hat und in Stichworten am Buchrande notiert, also um Notizen, um Marginalien, um Randbemerkungen, um Knoten im Taschentuch. Man stockt beim Lesen, kritzelt etwas hin, überlegt, unterstreicht, macht ein Ausrufungszeichen und denkt: »Ein andermal!«
Drei solcher Marginalien möchte ich – nicht »ein andermal«, sondern jetzt – kurz zur Sprache bringen und beginne mit einer Notiz, die
Über die Ungleichzeitigkeit des Gleichzeitigen
heißt. Ich könnte auch sagen: Über die Asynchronität in der Chronologie. Gerade im Falle Georg Büchners stellt sich, wenn und solange man ihn im Rahmen seiner Lebenszeit und der Zeitgenossen zu betrachten versucht, ein nahezu physisches Mißbehagen ein. Man ist bis in die Nervenspitzen irritiert. Trotz Julirevolution und Gutzkow, trotz gemeinsamer Zeitgeschichte, trotz gleicher Empörung und Verfolgung, was hatte er denn mit dem Optimismus und dem Stil des sogenannten »Jungen Deutschland« zu schaffen? Nichts, gar nichts. Was hielt denn dieser Jüngling, obgleich er ein Rebell war, von Revolutionen? Es gäbe keine, wenn der Arme, nach Henri Quatres Rezept, sein Huhn im Topf habe. Was hielt er, der die hohen Herren gleichwohl haßte, von ihrem Übermut und ihrem Ziel? Lebensüberdrüssig seien sie, und

nur eine Neuigkeit könne sie noch kitzeln, der Tod. Glaubte er denn, der sich trotzdem auflehnte, an den Sinn der Empörung, an eine Synthese der sozialen Gegensätze? Er kämpfte dafür und glaubte nicht daran. So steht er, ein streitbarer Fatalist, mitten unter den Fechtern, die an die große Veränderung glauben, und steht doch ganz woanders. Wohin gehört er?

Im gleichen Jahre, in dem er geboren wurde, kamen Hebbel, Richard Wagner, Verdi und Kierkegaard zur Welt, und nur mit Kierkegaard ist er verwandt, in der gleichen und gemeinsamen Angst. Im nächsten Umkreis seines Geburtsjahres wurden Geibel, Adolf Menzel, Karl Marx, Keller, Fontane und Bismarck geboren. Bevor sie ihr Lebenswerk auch nur begonnen hatten, das ins nächste Zeitalter gehört, war Büchner schon berühmt und schon lange tot. Wohin gehört er?

In seinem Todesjahr und in dessen nächstem Umkreis starben Börne, Puschkin, Chamisso, Brentano, Immermann, Caspar David Friedrich, Karl Blechen, Walter Scott und Schleiermacher. Die Romantiker starben, deren Lebenswerk in der Vergangenheit lag. Und unser Klassiker Goethe war erst fünf Jahre tot. Wohin gehört Büchner?

1835, als »Dantons Tod« erschien, und im nächsten Umkreis des Erscheinungsjahres, wurden Balzacs »Père Goriot« und Mörikes »Maler Nolten«, Grillparzers »Traum, ein Leben« und »The Pickwick Papers« von Dickens veröffentlicht. Wieso befällt uns kein Zweifel, daß diese Meisterwerke zu ihrem Erscheinungsjahr gehören? Wieso schickt sich ihre Einzigartigkeit in den Kalender – oder eigentlich: Wieso ergreift uns gerade bei Büchner eine an Verwirrung grenzende Ratlosigkeit, die nicht durch Hinweise auf seine Genialität, auf seine kurze Lebensdauer und auf seine Frühreife besänftigt oder gar beseitigt werden kann? Unsere Ratlosigkeit verschwindet, sobald wir uns zu einer seltsamen Ansicht entschließen. Sobald wir seine literarische Existenz um genau sechzig Jahre zurückdatieren, mildert sich unsere Verwirrung, und je mehr wir uns mit dieser neuen und sonderbaren Zeitrechnung vertraut machen, um so klarer wird, durch diese Rückprojektion, Büchners Bild.

Die Meinung, daß er, der Chronologie zum Trotz, nicht in die Nachbarschaft des »Jungen Deutschland«, sondern inmitten jene Bewegung gehöre, die sich, nach Klingers Drama, »Sturm und Drang« nannte, ist nicht neu. Doch als ich, etwa sechzehn Jahre alt, Büchner zum ersten Male las, kannte ich die merkwürdige Theorie noch nicht, und trotzdem sah ich auch damals den außerordentlichen Jüngling nicht neben dem Burschenschafter Fritz Reuter stehen, der ein Jahr nach dem Erscheinen von »Dantons Tod« zum Tode verurteilt und zu Festungshaft begnadigt wurde, und nicht neben den sieben aufrechten Professoren aus Göttingen, sondern immer neben dem jungen Goethe in Straßburg, von Herder kommend, vorm Münster, von Shakespeare schwärmend, oder wie sie sich brüderlich die Hand drückten und jeder in »sein« Pfarrhaus eilte, der eine zu Friederike Brion, der andre zu Minna Jaeglé. Die Wahlverwandtschaft und die Zeitverwandtschaft der zwei jungen Genies drängte sich auf, und die anderen, Lenz und Klinger und Wagner, der »ungleichzeitige Zeitgenosse« des jungen Goethe, der Sohn Darmstadts, stand für mich und steht tatsächlich dem Sohne Frankfurts ungleich näher als etwa Lenz, der, komisch und tragisch in einem, Goethe bis in dessen Liebschaften »nachzuvollziehen« suchte.

Büchner ist, wenn man es so nennen will, doch ohne daß er dadurch an Substanz und Wert einbüßte, ein Anachronismus – ein Epigone ist er in keiner Zeile. Danton und Woyzeck behaupten neben dem Götz und neben dem Gretchen des »Urfaust« den gleichen Rang und ihren unverwechselbaren Platz. Nur in einem Punkt unterschied sich Georg Büchner von den anderen Straßburger Genies um 1775: Er kannte die europäische Geschichte der folgenden sechzig Jahre! Er wußte von der Französischen Revolution, von Napoleons Herrschaft und Untergang, von der

Restauration, von der Julirevolution, vom Juste-milieu und vom Bürgerkönigtum. Er war um sechzig Jahre klüger als sie, und das heißt, in Anbetracht des Weltgeschehens in dieser Zeitspanne, um sechzig Jahre skeptischer. Er lehnte sich auf wie sie, und er glaubte viel weniger als sie. Er war ein Kämpfer ohne Hoffnung.

Ein anderer großer Sohn Darmstadts, Lichtenberg, hat den Satz notiert: »Ich kann freilich nicht sagen, ob es besser werden wird, wenn es anders wird; aber so viel kann ich sagen: es muß anders werden, wenn es gut werden soll.« – Das ist eine bescheidene Prophezeiung. Sie besagt nichts weiter, als daß man in der Geschichte die Chance, das Große Los zu gewinnen, nur dann hat, wenn man Lotterie spielt. Büchners Zweifel waren nicht geringer. Aber Lichtenberg war ein philosophischer Zuschauer, und Büchner war ein jugendlicher Rebell, der an der Lotterie teilnahm. Er spielte um seinen Kopf und glaubte weder ans Große Los noch an einen anderen nennenswerten Gewinn. Zwischen seinem Genie und seinem Kopf lagen sechzig Jahre. Während er stritt, stritten zwei Epochen in ihm. Um seinen literarischen Ort zu bestimmen, sprach ich von der Ungleichzeitigkeit des Gleichzeitigen. Um seinen inneren Zwiespalt zu bezeichnen, wäre die umgekehrte Formulierung am Platze. Er litt unter der Gleichzeitigkeit des Ungleichzeitigen.

Bevor ich meine zweite Randbemerkung mache und erläutere, wiederhole ich, was ich eingangs der ersten sagte: Ich etabliere keine Neuigkeiten. Ich versuche, mich Naheliegendem auf meine Weise zu nähern. Die zweite Notiz machte ich beim Wiederlesen von »Dantons Tod«, und sie heißt

Über spezifische Eigenschaften historischer Stoffe.

Das historische Drama – für den historischen Roman gilt dasselbe – bringt dem Autor, bei der Eheschließung zwischen sich und seinem Gegenstand, eine stattliche Mitgift ein: den Stoff der Geschichte. Das ist für minderbemittelte Autoren oft genug

Anreiz zur Mitgiftjägerei. Sie heiraten den Stoff und geben Geld aus, das ihnen nicht gehört. Sie lassen Friedrich den Großen »Bon soir, messieurs!« sagen, und das hat zweifellos eine stärkere Wirkung, als wenn eine ihrer selbstgemachten Figuren, welchen Rang sie ihr auch anschminkten, Guten Abend wünschte. Doch von solchen Schmarotzern soll nicht die Rede sein. Immerhin wird auch hier, bei diesem bloßen Seitenblick, ein zusätzlicher Effekt sichtbar, der mit dem Können des Dramatikers nicht das mindeste zu tun hat, sondern den das Sujet frei ins Haus liefert, in unserm Fall ins Bühnenhaus. Die einzige Voraussetzung, die erfüllt sein muß, ist, daß im Parkett Leute sitzen, die, wenigstens bis zu einem gewissen Grad, geschichtskundig sind.

Man könnte sich Schriftsteller ausmalen, denen die Mitwirkung der Geschichte am Drama illegitim erschiene und peinlich wäre. Sie könnten sagen: »Wir verzichten auf fremde Hilfe. Wir engagieren weder Heinzelmännchen noch historische Riesen. Wer in den Tresor der Geschichte greift, stiehlt. Auch er ist ein Plagiator. Wir aber siegen oder fallen ohne Hilfstruppen und mit nichts anderem als unserem Talent.« Solche Sensibilität, solcher Hochmut, ein so heikles Gewissen wären denkbar. Doch solche Schriftsteller, über deren Meinung und Idiosynkrasie sich streiten ließe, gibt es nicht. Die kleinen, die großen und die größten haben tief in den Tresor der Geschichte gegriffen, und als sie ihre Hände voller Gold und Edelsteine wieder herauszogen, hatten sie Handschellen an den Gelenken!

Büchner hat geschrieben, das historische Drama sei »Geschichte zum zweiten Male«, und »Ich betrachte mein Drama wie ein geschichtliches Gemälde, das seinem Original gleichen muß«. Der historische Stoff und die überlieferten Schicksale tragen dazu bei, die Zuschauer zu fesseln, doch zuvor fesseln sie den Autor. Sie knebeln seine Phantasie, seine Hoffnungen und seine Entwürfe. Er muß wollen, was schon einmal geschah. Daß er im Pitaval der Geschichte nach Möglichkeit genau die Fabel, die

Helden und die Schurken sucht, die er braucht, ist sicher. Daß er sie findet, war und ist selten. Er liegt an der Kette. Die künstlerische Freiheit wird, mit der Kugel am Bein, zur Bewegungsfreiheit des Gefangenen degradiert. Er wandert, zwei Schritte hin, zwei Schritte her, in der Zelle seiner Wahl.

Zwei Schritte hin, zwei Schritte her. Lucile Desmoulins darf zur Ophelia werden, und sie darf »Es lebe der König!« rufen, obwohl nicht sie diesen verbrieften Ruf ausgestoßen hat, um aufs Schafott zu kommen. Sie wurde hingerichtet, aber auf Grund einer Denunziation. Und Julie Danton darf sich, während ihr Mann geköpft wird, vergiften, obwohl sie, in Wirklichkeit, drei Jahre nach Dantons Tod einen Baron Dupin geheiratet und selbst Georg Büchner, den Erfinder ihres Selbstmords, überlebt hat. Als er dieser Frau die Treue bis in den Tod andichtete, verletzte er die historische Treue, doch es war kein Treubruch von Belang. So viel Freiheit blieb ihm. Mehr aber nicht.

Die großen Helden und Schurken, die im Vordergrund der Bühne agieren, müssen handeln, leiden und enden, wie es die Geschichte befahl. *Sie* liefert die Schablone. *Sie* liefert die Grundfarben. Dann kann der Historienmaler immer noch zeigen können, daß er Schiller, oder zeigen müssen, daß er Wildenbruch heißt. In beiden Fällen malt er mit gebundenen Händen. Es wird so oft und so hochtrabend darüber gesprochen, wie belanglos, gemessen am Drama, der Gegenstand sei, daß es angezeigt scheint, dieser Schönrederei endlich einmal in aller Nüchternheit zu widersprechen. Es geht ja nicht nur um Shakespeare! Es gibt ja noch andere und nicht ganz so geniale Dramatiker, die im Buch der Geschichte blättern! Solche Anleihen haben ihre Vorteile. Doch alle Vorteile haben ihre Nachteile. Sie sind, bei unserem Beispiel, in der Leihgebühr inbegriffen.

Der größte Nachteil historischer Dramen besteht darin, daß sie keinen Schluß haben. Sie hören nur auf. Bei Büchners Revolutionsdrama wird das besonders augenfällig. Danton ist tot und

Robespierre hat gesiegt. Für Leute, die von der Geschichte Frankreichs und Europas keine Ahnung hätten, fiele mit dem Vorhang auch die Entscheidung. Doch diese Leute sind selten. Die anderen wissen: Auch Robespierre, der vermeintliche Sieger, wird guillotiniert werden. Ein kleiner korsischer Artillerieoffizier wird Kaiser werden, Europa erobern und auf St. Helena sterben. Man wird den Rücksprung in die Vergangenheit versuchen. Zwei Revolutionen werden folgen. Ein anderer Napoleon wird sich Kaiser nennen. »Dantons Tod« hat keinen Schluß und findet kein Ende.
In jedem historischen Drama ist der Schlußvorhang ein Provisorium. Es endet offen. Die Zeit schreibt in einem fort daran weiter, und damit wandelt sich, von Stichtag zu Stichtag, das Stück. Das historische Drama ist tatsächlich kein Ganzes, sondern nur ein »Stück«. Die Helden und ihre Widersacher, ihre Taten, ihre Probleme, ihr Kampf, ihr Sieg, ihr Untergang – alles ist relativ, nichts stimmt, und in jedem Jahr, nachdem der Autor »Finis« geschrieben hat, stimmt es aus neuen und alten und anderen Gründen nicht.
Nur wenigen historischen Dramen gereicht dieser Nachteil fast zum Vorteil, und eines dieser wenigen Stücke ist Büchners »Danton«. Denn Büchner glaubte ja nicht an Helden, so sehr er unter seinem Unglauben litt. Einundzwanzigjährig, den Thiers studierend, schrieb er aus Gießen nach Straßburg: »Ich fühle mich wie zernichtet unter dem gräßlichen Fatalismus der Geschichte.« Insofern ist der Schluß seines Stücks kein Kurzschluß. Das Drama blieb offen, aber die Geschichte widersprach ihm nicht. Trotzdem steht fest, daß die Dramatisierung historischer Sujets, die mehr oder weniger bekannt sind, nicht nur außerliterarische Vorzüge, sondern auch spezifische Nachteile mit sich bringt. Der Autor, der sich mit der Geschichte nicht verbündet, hat zwar einen Bundesgenossen, aber auch einen Feind weniger.
Fast wäre ich, im Hinblick auf historische Stoffe, der Versu-

chung erlegen, darüber nachzudenken, warum es wohl keine *historischen Lustspiele* gibt. Ich denke dabei natürlich nicht an »Madame Sans-Gêne«, und ich weiß natürlich, daß in »Minna von Barnhelm« ein preußischer König, ohne aufzutreten, eine Rolle spielt. Trotzdem dürfte meine Behauptung, daß es viele hervorragende historische Trauerspiele, aber kein historisches Lustspiel gibt, schwer zu widerlegen sein. Ich begnüge mich, bevor ich zu meiner dritten Randbemerkung komme, mit der Vermutung, daß das Buch der Geschichte eine ausgesprochen ernste und traurige Lektüre ist. Da gibt es nichts zu lachen.

Die dritte Randbemerkung – die letzte, die ich vor Ihnen ein wenig interpretieren will – machte ich, als ich den »Woyzeck« wiederlas. Sie heißt:

Über die Tragedia dell'arte,

und der unübliche Komplementärbegriff zur Commedia dell'arte versucht anzudeuten, für wie einzigartig und eigenartig ich dieses fragmentarische Trauerspiel halte, genauer gesagt, etwa die erste Hälfte des Stücks. In den späteren Szenen verändert sich dessen Charakter, es wird mehr und mehr zur klinischen Studie, zum psychologischen Einmann-Drama, zum Seismogramm, worauf sich die wortarmen Erschütterungen Woyzecks bis zur Katastrophe abzeichnen. Auch diese späteren Szenen sind grandios. Sie nehmen den psychologischen Realismus vorweg, sie sind ihm um fast ein halbes Jahrhundert voraus, und sie sind zugleich dessen Meisterwerk. Der Weg zu »Rose Bernd« und »Fuhrmann Henschel« beginnt hier, und das besagt: Der Weg beginnt auf dem Gipfel!

Doch die stilistische Bedeutung Büchners liegt, entgegen der herrschenden Ansicht, nicht im Bezirke des Realismus. Soweit er und so weit er auch in dieses Gebiet vordrang, hielt hier der junge Mediziner und Naturwissenschafter, der er war, den Dramatiker an der Hand. Der Fuß des Schriftstellers folgte dem Auge des Diagnostikers. Büchners »Realismus« ist eine nebenberufliche

Begleiterscheinung und soll weder bestritten noch unterschätzt werden. Aber sein künstlerischer Wille strebte – das beweisen die Szenen mit dem Hauptmann und dem Direktor, wie auch die Großmutter mit ihrem makabren Märchen – in die völlig entgegengesetzte Richtung, in das seinerzeit von Dramatikern nicht nur unbesiedelte, sondern überhaupt noch nicht entdeckte Gebiet der tragischen Groteske.

Die Situationen sind Grenzsituationen, und zwar jenseits der Grenze. Die Bilder auf der Bühne sind Zerrbilder. Die Wirklichkeit und die Kritik an ihr verzehnfachen sich durch die Genauigkeit der Übertreibung. Dieser Doktor und dieser Hauptmann, doch auch der Tambourmajor und der Marktschreier sind Karikaturen. Sie haben eine Maske vorm Gesicht, doch nicht nur das – sie haben auch noch ein Gesicht vor der Maske! Sooft man diese Szenen liest, oder im Theater wiedersieht, verschlägt es einem den Atem. Mit wie wenigen und mit welch wortkargen und scheinbar simplen Dialogen wird hier die Wirklichkeit heraufbeschworen, ohne daß sie geschildert würde! Und wie gewaltig ertönt die Anklage, obwohl und gerade weil sie gar nicht erhoben wird! Nie vorher – und seitdem nicht wieder – wurde in unserer Literatur mit ähnlichen Stilmitteln Ähnliches erreicht.

So ist der »Woyzeck« einerseits ein Fragment, fast zu kurz für einen Theaterabend, und andererseits, in der Geschichte des deutschen Dramas, ein doppeltes Ereignis. Hier wurzeln sowohl der psychologische Realismus, als auch der völlig entgegengesetzte, der groteske Stil. So ist es kein Wunder, daß das Stück, das ja erst 1875 aufgefunden wurde, sehr bald in beiden Richtungen weiterwirkte. Gerhart Hauptmann und Frank Wedekind sind bedeutende und glaubwürdige Zeugen für diese zweisinnige Strahlkraft. Und beide haben sich, an Büchners Grab auf dem Zürichberg, vor dem 23jährigen Genius mit der gleichen Dankbarkeit verneigt.

1875 wurde das Manuskript gefunden, und erst weitere achtunddreißig Jahre später fand die Uraufführung statt, 1913, im Münchner Residenztheater, mit Albert Steinrück als Woyzeck. Dem hartnäckigen Bemühen zweier Schriftsteller, Heinrich Manns und Wilhelm Herzogs, war es endlich gelungen, dem Stück den Weg zur Bühne freizumachen. Erst jetzt, ein Jahr vorm Beginn des Weltkriegs, und erst seitdem konnte sich das außerordentliche Drama auch im deutschen Theaterleben auswirken.

Der dominierende Einfluß Büchners, besonders der ersten Hälfte seines »Woyzeck«, auf den expressionistischen Stil kann gar nicht überschätzt werden. Wieder waren Stück und Autor jung, modern, rebellisch und genial wie am ersten Tage, und wieder huldigte ihm eine neue Generation der Talente. So ist es bis heute geblieben, und so wird es noch lange bleiben. In diesem Zusam-

Tagung des Westdeutschen PEN-Clubs in Hamburg, 1958. Von links: Ernst Schnabel, Hermann Kesten, Ossip Kalenter, Quer: Walter Schmiele, Kasimir Edschmid, Kästner, Fritz Usinger, Richard Friedenthal

menhange wird man es mir nicht als Vermessenheit auslegen, wenn auch ich mich, mit meiner Komödie »Die Schule der Diktatoren«, als Schüler und Schuldner Büchners bekenne.

Über das Verbrennen von Büchern

Ansprache auf der Hamburger PEN-Tagung am 10. Mai 1958

Meine Damen und Herren,
seit Bücher geschrieben werden, werden Bücher verbrannt. Seit es die Erstgeburt gibt, gibt es, als Antwort, den Haß. Und weil Geist, Glauben und Kunst nicht verkauft werden können, nicht für ein Linsengericht und um keinen Preis, wird Esau zum Kain, und Jakob stirbt als Abel. Der Neid, der keinen Weg sieht, begibt sich auf den einzigen Ausweg: ins Verbrechen. Wer den Tempel der Artemis nicht bauen kann – aus gebürtigem Unvermögen, und da er ja schon in der Sonne schimmert, der ephesische Tempel –, der muß zur Fackel greifen und ihn anzünden. Aber alles verstehen heißt keineswegs: alles verzeihen! Und da die Sühne der Schuld zwar im Strafgesetzbuch folgt, nicht jedoch im Buch der Geschichte, muß künftig an die rechtzeitige Verhütung der Schuld gedacht werden. Davon ist die Rede. Davon handelt die Rede. Heute: nun auch die Naturwissenschaften moralische (oder unmoralische) Disziplinen sind, ist es unangebrachter denn je, die Unmoral in Politik und Geschichte als Naturereignis hinzunehmen.
Die Geschichte des Geistes und des Glaubens ist zugleich die Geschichte des Ungeistes und des Aberglaubens. Die Geschichte der Literatur und der Kunst ist zugleich eine Geschichte des Hasses und des Neides. Die Geschichte der Freiheit ist, im gleichen Atem, die Geschichte ihrer Unterdrückung, und die Scheiterhaufen sind die historischen Schnitt- und Brennpunkte. Wenn die Intoleranz den Himmel verfinstert, zünden die Dunkelmänner die Holzstöße an und machen die Nacht zum Freudentag.

Dann vollzieht sich, in Feuer und Qualm, der Geiselmord an der Literatur. Dann wird aus dem »pars pro toto« das »ars pro toto«.

Seit Bücher geschrieben werden, werden Bücher verbrannt. Dieser abscheuliche Satz hat die Gültigkeit und Unzerreißbarkeit eines Axioms. Er galt zur Zeit der römischen Soldatenkaiser und unter Kublai Khan, bei Cromwell und für die Konquistadoren, für Savonarola, Calvin und Jacob Stuart, für die Jesuiten, die Dominikaner und die Puritaner, für China und Rom, für Frankreich, Spanien, England, Irland und Deutschland, für Petersburg, Boston und Oklahoma City. Immer wieder hatten die Flammen ihren züngelnden Wolfshunger, und immer wieder war ihnen das Beste gerade gut genug. Sie fraßen die Werke von Ovid und Properz, von Dante, Boccaccio, Marlowe, Erasmus, Luther, Pascal, Defoe, Swift, Voltaire und Rousseau. Manchmal fraßen sie den Autor oder den Drucker als Dreingabe. Oder sie leuchteten, damit der Henker den Angeklagten um so besser die Ohren abschneiden, die rechte Hand abhacken und das Nasenbein zertrümmern konnte.

Hören Sie sich, bitte, ein paar Sätze aus einem Buch an, und versuchen Sie zu erraten, wer das und wann er es geschrieben haben könnte! »Man hat nicht nur gegen die Autoren, sondern auch gegen ihre Bücher gewütet, indem man besondere Kommissare beauftragte, die Geisteserzeugnisse der bedeutendsten Köpfe auf offnem Markte zu verbrennen. Natürlich meinte man in diesem Feuer die Stimme des Volkes, die Freiheit und das Gewissen töten zu können. Man hatte ja obendrein die großen Philosophen ausgewiesen und alle echte Kunst und Wissenschaft ins Exil getrieben, damit nirgends mehr etwas Edles und Ehrliches anklagend auftrete... Während in fünfzehn Jahren ... gerade die geistig Lebendigsten durch das Wüten des Führers umkamen, sind nun wir wenigen ... nicht nur die Überlebenden von anderen, sondern auch von uns selber, weil ja mitten aus unserem Leben

so viele Jahre gestohlen wurden, in denen wir aus jungen zu alten Männern geworden sind, ... indessen wir zur Stummheit verurteilt waren.« Das hat Tacitus nach der Schreckensherrschaft des Kaisers Domitian geschrieben, der im Jahre 96 n. Chr. ermordet wurde. Achtzehn Jahrhunderte und ein halbes sind vor diesen Sätzen vergangen wie ein Tag und wie eine Nachtwache.
Und Heinrich Heines Verse aus dem »Almansor«: »Dort, wo man die Bücher verbrennt, verbrennt man auch am Ende Menschen«, galten zwar den spanischen Autodafés und wurden dennoch zur Prophezeiung.
Das blutige Rot der Scheiterhaufen ist immergrün.

Einen dieser Scheiterhaufen haben wir, mit bloßem Auge, brennen sehen. Das war auf den Tag genau vor einem Vierteljahrhundert, und deswegen haben wir uns heute versammelt. Es gibt Andachtsübungen, und wie es Andachtsübungen gibt, sollte es, nicht weniger ernsthaft und folgenschwer, Gedächtnisübungen geben. Meine Damen und Herren, wir sind zu einer Gedächtnisübung zusammengekommen.
Politik ist von uns selber erlebte Geschichte, und in prägnanten Augenblicken empfinden wir dies nicht weniger, als es Goethe vor Valmy empfand. Als am 10. Mai 1933 die deutschen Studenten in allen Universitätsstädten unsere Bücher tonnenweise ins Feuer warfen, spürten wir: Hier vollzieht sich Politik, und hier ereignet sich Geschichte. Die Flammen dieser politischen Brandstiftung würden sich nicht löschen lassen. Sie würden weiterzüngeln, um sich fressen, auflodern und Deutschland, wenn nicht ganz Europa in verbrannte Erde verwandeln. Es würde so kommen und kam so. Es lag in der Unnatur der Sache.
Sie machten sich viel mit Fackeln und Feuer zu schaffen, jene Pyrotechniker der Macht. Es begann mit dem brennenden Reichstag und endete in der brennenden Reichskanzlei. Es begann mit

Mit Gustaf Gründgens und Kasimir Edschmid im Frankfurter Römersaal, 1957

Fackelzügen und endete mit Feuerbestattung. Zwischen dem Reichstagsbrand und der Bücherverbrennung, also zwischen dem 27. Februar und dem 10. Mai 1933, arbeiteten sie freilich ohne Streichhölzer und ohne Benzin. Sie sparten Pech und Schwefel. Es ging auch so. Der Feldmarschall und Reichspräsident kapitulierte in der Potsdamer Garnisonskirche. Das geschah am 21. März. Zwei Tage später kapitulierten, mit Ausnahme der Sozialdemokratie, die Parteien in der Krolloper. Eine Woche später wurden die Länder »gleichgeschaltet«. Am 1. April wurde der Judenboykott inszeniert. Es war eine mißglückte Inszenierung, und man setzte das blutige Stück vorübergehend vom Spielplan ab. Am 7. April wurden die Gauleiter als Reichsstatthalter herausstaffiert. Am 2. Mai wurden die Gewerkschaften aufgelöst. Zwei Monate hatte man mit der seidnen Schnur gewinkt, und es ging wie am seidnen Schnürchen. Am 10. Mai

aber brauchte man wieder Feuer. Für die Bücher.
Der kleine hinkende Teufel, nicht der von Le Sage, sondern der aus Rheydt im Rheinland, dieser mißratene Mensch und mißglückte Schriftsteller, hatte das Autodafé fehlerlos organisiert. Eine Münchner Zeitung schrieb am 5. Mai: »Die Hinrichtung des Ungeistes wird sich zur selben Stunde in allen Hochschulstädten Deutschlands vollziehen. In einer großen Staffelreportage zwischen 11 und 12 Uhr nachts wird gleichzeitig der Deutschlandsender ihren Verlauf aus sechs Städten, darunter auch München, mitteilen. Schon einmal weihten deutsche Burschen öffentlich vor allem Volk einen Haufen Bücher dem Feuer. Das war vor nunmehr hundert Jahren auf der Wartburg, und die achtundzwanzig Schriften, die der Zorn der Flammen damals ergriff, ... waren Werke des Muckertums, der Knechtsgesinnung, von Büttelen, Spießern und Dreigroschenseelen im Sold der Herrschenden hingesudelt... Und heute steht abermals das Gericht über sie auf, und abermals schichtet der deutsche Bursch ihnen das Feuer der Vernichtung.«
Die Parallele zum Wartburgfest Anno 1817 zu ziehen, zur Verbrennung einiger preußischer Polizeivorschriften sowie etlicher Bände von Kotzebue und eines Autors namens Schmalz, der Vergleich eines Ulks mit der Verbrennung nicht des »deutschen Ungeistes«, sondern des deutschen Geistes, das war eine Frechheit ohne Beispiel. »Die Lüge hat ein kurzes Bein«, hieß es schon damals. Was hatten denn die Bücher von Heinrich und Thomas Mann, von Döblin und Leonhard Frank, von Werfel und Wassermann, von Brecht und Renn, von Alfred Neumann und Polgar, von Stefan Zweig und Lernet-Holenia, von Heuss und Rathenau, von Sigmund Freud und Lindsay, die Übersetzungen der Bücher von Sinclair, Barbusse und Gorki, von Wells, Jack London, Dos Passos, Hašek, Hemingway und James Joyce mit Muckertum und Knechtsgesinnung und gar mit preußischen Polizeivorschriften zu tun? Die Zahl der Autoren, deren Bücher

verbrannt wurden, geht in die Hunderte. Einige dieser Schriftsteller sitzen heute unter uns. Wir waren Spießer und Dreigroschenseelen?

Der Lügner wußte, wie infam er log. Er nahm sich nicht einmal die Mühe, seinen Haß und Neid gescheiter zu artikulieren, und er hatte recht. Denn »der deutsche Bursch schichtete das Feuer der Vernichtung«, wie es so schön hieß, sowieso. In der Münchner Zeitung vom 5. Mai 1933 steht weiter: »Es mag einen tüchtigen Stoß geben, denn nicht nur die Studenten sind aufgefordert worden, ihre Bücherschränke zu sichten, sondern an die ganze Bevölkerung ging der Ruf, und vor allem aus den Leih- und Volksbüchereien erwartet man kräftigen Zuzug. Und darum stehen heute schon Lastwagen bei der Studentenschaft gerüstet, und sie hat sich für das Werk der Zerstörung sogar schon mit einer pyrotechnischen Firma in Verbindung gesetzt. Am Nachmittag soll der Stapel schon aufgebaut werden. Eine gute Stunde lang dürften die Flammen wohl Nahrung finden.« Eine gute

Mit Franz Theodor Czokor

Stunde lang! Es war für Deutschland und die Welt keine gute Stunde.
Die Feuer brannten. Auf dem Opernplatz in Berlin. Auf dem Königsplatz in München. Auf dem Schloßplatz in Breslau. Vor der Bismarcksäule in Dresden. Auf dem Römerberg in Frankfurt. Sie loderten in jeder deutschen Universitätsstadt. Die Studenten hielten in brauner Uniform die Ehrenwache. Die Sturmriemen unterm akademischen Kinn. In Berlin hatten sie sich vor der Universität und der Bibliothek aufgebaut, sahen zum Scheiterhaufen hinüber und kehrten ihrer »Alma mater« den Rücken. Und den Standbildern der Brüder Humboldt am Haupttor. Sie

Mit Robert Neumann

blickten zackig geradeaus, die Studenten. Hinüber zum Brandmal, wo der kleine »Teufel aus der Schachtel« schrie und gestikulierte und wo die Kommilitonen die Bücher zentnerweise ins Feuer schippten. Meine Damen und Herren, ich habe Gefährlicheres erlebt, Tödlicheres – aber Gemeineres nicht!

»Ein Revolutionär muß alles können!« brüllte der personifizierte Minderwertigkeitskomplex aus Rheydt. »Er muß ebenso groß sein im Niederreißen der Unwerte wie im Aufbau der Werte.« Und die Frankfurter Zeitung vom 11. Mai berichtet: »Niemals, so meinte er, hätten junge Männer so wie jetzt das Recht, mit Ulrich von Hutten auszurufen: ›O Jahrhundert, o Wissenschaften! Es ist eine Lust zu leben!‹«

Was hatte, vom abscheulichen Schauspiel abgesehen, an diesem Abend stattgefunden? Hatte, diesmal auch, der dämonische Gefreite und Obdachlose aus Braunau am Inn gebrüllt? Nein. Hat-

Mit Leonhard Frank

ten seine Marodeure und sein Pöbel die Bücher ins Feuer geworfen? Nein. Viel Schrecklicheres, etwas Unausdenkbares war geschehen: Ein Doktor der Philosophie, ein Schüler Gundolfs, hatte die deutschen Studenten aufgefordert, höchstselbst den deutschen Geist zu verbrennen. Es war Mord und Selbstmord in einem. Das geistige Deutschland brachte sich und den deutschen Geist um, und der Arrangeur, auch und gerade er, war, wie er das zu formulieren pflegte, ein Arbeiter der »Stirn«. Es war nicht nur Mord und nicht nur Selbstmord, es war Mord als Inzest, es war, mathematisch gesagt, Massenmord und Selbstmord hoch drei.

Nun blieb zu tun nichts mehr übrig. Dieses »Nichts nichtete« dann, im November des gleichen Jahres, in seiner Rektoratsrede vor den Freiburger Studenten »der größte deutsche Philosoph unseres Jahrhunderts«, auch er der Schüler eines jüdischen Gelehrten, als er sagte: »Nicht Lehrsätze und ›Ideen‹ seien die Regeln eures Seins. Der Führer selbst und allein ist die heutige und künftige Wirklichkeit und ihr Gesetz.« Ob der bedeutende Mann, als er »euer Sein«, sagte, Sein mit i oder mit y ausgesprochen hat, weiß ich nicht. Möge er der größte Philosoph unseres glorreichen Jahrhunderts sein oder seyn und bleiben! Ich glaube und hoffe, daß ihm, eines Tages im Pantheon, Sokrates und Seneca, Spinoza und Kant nicht die Hand geben werden.

An dieser Stelle möchte ich einem anderen Philosophen meine ehrliche Bewunderung und Verehrung zollen: Eduard Spranger, einem meiner Leipziger Lehrer, das wird er nicht mehr wissen, unserm PEN-Mitglied und, das wissen wir alle, einem aufrechten Mann. Er trat demonstrativ von seiner Berliner Professur zurück und begründete diesen Rücktritt sogar vor einer Pressekonferenz. Auch Alfred Webers, des eben verstorbenen Nestors unseres PEN-Zentrums, dürfen wir an dieser Stelle, trauernd und respektvoll, gedenken.

Doch das Ehrgefühl und der Widerstand im Detail nützten nichts. Auch die Selbstmorde und die Emigration von Professoren konnten nichts helfen. Der inzestuöse, der perverse Coup war geglückt. Man hatte sich an sich selber verraten. Der neue Judas hatte etwas Unmögliches zuwege gebracht: Er hatte, vor den Augen der Menge und der ausgesandten Häscher, sich selbst geküßt.

Meine Damen und Herren, eine Gedenkstunde soll eine Gedächtnisübung sein, und noch etwas mehr. Was hülfe es, wenn sie nur der Erinnerung an arge Zeiten diente, nicht aber der Erinnerung an unser eignes Verhalten? Das heißt, hier und jetzt, für mich nicht mehr und nicht weniger: an mein Verhalten? Ich bin nur ein Beispiel neben anderen Beispielen. Doch da ich mich etwas besser als andere kenne, muß in meiner Rede nun ein wenig von mir die Rede sein.

Ich habe mich, damals schon und seitdem manches Mal gefragt: »Warum hast du, am 10. Mai 1933 auf dem Opernplatz in Berlin, nicht widersprochen? Hättest du, als der abgefeimte Kerl eure und auch deinen Namen in die Mikrophone brüllte, nicht zurückschreien sollen?« Daß ich dann heute nicht hierstünde, darum geht es jetzt nicht. Nicht einmal, daß es zwecklos gewesen wäre, steht zur Debatte. Helden und Märtyrer stellen solche Fragen nicht. Als wir Carl von Ossietzky baten, bei Nacht und Nebel über die Grenze zu gehen – es war alles vorbereitet –, sagte er nach kurzem Nachdenken: »Es ist für sie unbequemer, wenn ich bleibe«, und er blieb. Als man den Schauspieler Hans Otto, meinen Klassenkameraden, in der Prinz-Albrecht-Straße schon halbtotgeschlagen hatte, sagte er, bevor ihn die Mörder aus dem Fenster in den Hof warfen, blutüberströmten Gesichts: »Das ist meine schönste Rolle.« Er war, nicht nur auf der Bühne am Gendarmenmarkt, der jugendliche Held. Gedenken wir dieser beiden Männer in Ehrfurcht! Und fragen wir uns, ob wir es ihnen gleichgetan hätten!

Als ich in jener Zeit, anläßlich der Amateurboxmeisterschaften, im Berliner Sportpalast saß und als zu meiner Überraschung bei jeder Sieger-Ehrung die Besucher aufstanden, den Arm hoben und die beiden Lieder sangen, blieb ich als einziger sitzen und schwieg. Hunderte schauten mich drohend und lauernd an. Nach jedem Boxkampf wurde das Interesse an mir größer. Trotzdem lief dieses Nebengefecht des Abends, zwischen dem Sportpalast

und mir, glimpflich ab. Es endete unentschieden. Was ich getan, genauer, was ich nicht getan hatte, war beileibe keine Heldentat gewesen. Ich hatte mich nur geekelt. Ich war nur passiv geblieben. Auch damals und sogar damals, als unsere Bücher brannten. Ich hatte angesichts des Scheiterhaufens nicht aufgeschrien. Ich hatte nicht mit der Faust gedroht. Ich hatte sie nur in der Tasche geballt. Warum erzähle ich das? Warum mische ich mich unter die Bekenner? Weil, immer wenn von der Vergangenheit gesprochen wird, auch von der Zukunft die Rede ist. Weil keiner unter uns und überhaupt niemand die Mutfrage beantworten kann, bevor die Zumutung an ihn herantritt. Keiner weiß, ob er aus dem Stoffe gemacht ist, aus dem der entscheidende Augenblick Helden formt. Kein Volk und keine Elite darf die Hände in den Schoß legen und darauf hoffen, daß im Ernstfall, im ernstesten Falle, genügend Helden zur Stelle sein werden.
Und auch wenn sie sich zu Worte und zur Tat meldeten, die Einzelhelden zu Tausenden – sie kämen zu spät. Im modernen undemokratischen Staat wird der Held zum Anachronismus. Der Held ohne Mikrophone und ohne Zeitungsecho wird zum tragischen Hanswurst. Seine menschliche Größe, so unbezweifelbar sie sein mag, hat keine politischen Folgen. Er wird zum Märtyrer. Er stirbt offiziell an Lungenentzündung. Er wird zur namenlosen Todesanzeige.

Die Ereignisse von 1933 bis 1945 hätten spätestens 1928 bekämpft werden müssen. Später war es zu spät. Man darf nicht warten, bis der Freiheitskampf Landesverrat genannt wird. Man darf nicht warten, bis aus dem Schneeball eine Lawine geworden ist. Man muß den rollenden Schneeball zertreten. Die Lawine hält keiner mehr auf. Sie ruht erst, wenn sie alles unter sich begraben hat.
Das ist die Lehre, das ist das Fazit dessen, was uns 1933 widerfuhr. Das ist der Schluß, den wir aus unseren Erfahrungen zie-

hen müssen, und es ist der Schluß meiner Rede. Drohende Diktaturen lassen sich nur bekämpfen, ehe sie die Macht übernommen haben. Es ist eine Angelegenheit des Terminkalenders, nicht des Heroismus. Als Ovid sein »Principiis obsta!« niederschrieb, als er ausrief: »Bekämpfe den Beginn!«, dachte er an freundlichere Gegenstände. Und auch als er fortfuhr: »Sero medicina paratur!«, als etwa »Später helfen keine Salben!«, dachte er nicht an Politik und Diktatur. Trotzdem gilt seine Mahnung in jedem und auch in unserem Falle. Trotzdem gilt sie auch hier und heute. Trotzdem gilt sie immer und überall.
Meine Damen und Herren, ich danke Ihnen für Ihre Aufmerksamkeit.

Mit Theodor Heuss, Frankfurt 1959

Die Kinderkaserne

In jener Nacht, in der Rolf Klarus, ein dreizehnjähriger Gymnasiast, den Oberprimaner Windisch erwürgte, starb drüben in der Altstadt Frau Hedwig Klarus, die Mutter des Knaben.
Das Zusammentreffen der beiden Todesfälle, deren einer den anderen zu rächen schien, veranlaßte manchen zu der Bemerkung: Es gebe eben doch so etwas wie eine verborgene Gerechtigkeit. Und besonders rechnerische Naturen mühten sich lebhaft darum, den Zeitpunkt der zwei Ereignisse aufs genaueste zu ermitteln und zu vergleichen. Frau Klarus war gegen neun Uhr des Abends gestorben; und kurz nach Mitternacht hatten die Schüler, die im Schlafsaal A des Schulgebäudes untergebracht waren, jenen mißtönenden Aufschrei gehört, der sie zitternd aus den Betten zu stürzen und Windisch beizuspringen zwang, auf dessen Lager der kleine Klarus im langen Nachthemd hockte und unbeteiligt in die weitgeöffneten Augen des Primaners blickte.
Die Schwierigkeit, eine Art höherer Ordnung in diese Unglücksfolge zu legen, wirkte sich in der nachdrücklichen Strenge aus, mit der fast alle den kleinen Mordgesellen beurteilten. Daran vermochte auch des Arztes Befund nichts zu ändern: daß Windisch vermutlich an einem durch den Schreck verursachten Herzschlag gestorben sei, daß also ein bloßer Mordversuch mit allerdings tödlichem Ausgang vorliege. Man erwiderte allgemein auf solcherlei Einwände: Mit einem regelrechten Morde habe der Vorgang immerhin die Absicht des Täters und den Tod des Überfallenen gemeinsam. In dieser Sache zugunsten des Knaben mit Spitzfindigkeiten zu argumentieren, sei nicht angebracht.

Soviel stellte sich bald heraus: Rolf Klarus hatte sich vor dem Abendessen aus der Schule entfernt, war nicht im Arbeitszimmer und nicht zur Abendandacht erschienen und bestätigte schließlich, als man ihn fragte, durch ein kleinen Kopfnicken, daß er während dieser Zeit zu Hause gewesen sei. Der Tertianer Gruhl erzählte, er habe die beiden zusammen den Schlafsaal betreten sehen, und es müsse spät gewesen sein; die Bettnachbarn hätten jedenfalls fest geschlafen.

Da Windisch gerade Wocheninspektion gehabt hatte, und da die Schüler erklärten, er habe den Knaben nicht nur sehr oft, sondern wohl auch sehr gern bestraft, war die äußere Situation mit einiger Sicherheit zu erraten: Er hatte auf seinen dienstlichen Rundgängen den von dem unerlaubten Ausflug zurückkehrenden Klarus ertappt, zur Rede gestellt und mit der Ankündigung einer der üblichen Strafen geängstigt. Aber alles andere blieb unaufgehellt. Mußte Klarus dem Primaner nicht davon gesprochen haben, daß er vom Totenbett der Mutter komme? Und wenn das nicht zutreffen sollte: Hätte Windisch den Schmerz des Knaben nicht bemerken müssen?

Windisch war tot. Und Rolf Klarus schwieg. Auch als er bald schwer krank wurde und im Fieber lag, schwieg er. Und später, als die Ärzte meinten, eigentlich sei er wieder gesund, und ihn trotzdem in eine Anstalt bringen ließen – später schwieg er noch immer. Doch da vermochte man auch auf seine Mitteilungen zu verzichten. Denn in der Zwischenzeit hatte man sein Pult geöffnet, seine Bücher, Löschblätter und Notizblöcke peinlich durchforscht und auf etlichen Zetteln und in einem Oktavheft, das eine Art primitiven Tagebuchs zu sein schien, manches gelesen, was den Fall aufzuklären geeignet war.

Die Verhandlungen endeten damit, daß Rolf Klarus, wie schon gesagt, bis auf weiteres in einer Heilanstalt untergebracht wurde. Ein glaubwürdiges Gerücht meldet, daß er dort starb; ein weniger wahrscheinliches, daß er noch immer dort lebt. Welche der

Behauptungen richtig ist, bleibt im Grunde gleichgültig. Denn in jener Nacht starben drei Menschen, auch wenn der dritte zu atmen fortfuhr.

Es ist nicht bloß einfacher, es ist auch richtiger, statt einer sorgfältigen seelischen Interpretation des Falles etliche der vorgefundenen Aufzeichnungen folgen zu lassen, die der kleine Klarus in den letzten Wochen vor der Tat niederschrieb. Was ihn damals erschütterte und trieb, zeigen jene fleckigen Zettel am lautersten, auf denen er mit seinen Schmerzen und mit seinem Feinde versteckte Zwiesprache hielt.

»Ich werde den Aufschwung niemals lernen. Aber bis Mittwoch muß ich ihn können, hat der Turnlehrer befohlen. Und in den Freistunden soll ich ihn immer üben. Da haben alle gelacht. Die Kniewelle ist noch viel schwerer. Bertold kann auch die Kniewelle. Mit dem linken Knie, mit dem rechten Knie, zwischen den Händen und seitlich davon. Dann hat Bertold dem W. von dem Aufschwung erzählt. W. hat gesagt, er wollte nachsehen, ob ich übte.

Am Mittwoch mußte ich nachsitzen. Von W. aus. Er ließ mich altes Zeitungspapier in kleine Rechtecke zerschneiden. Fürs Klo. Er ist dabeigestanden und hat gelacht. Muttchen wird auf mich gewartet haben. Und ich wollte ihr mein Aufsatzbuch mit der Eins zeigen.«

»Er hat mich schon wieder nachsitzen lassen. Ich wischte im Klavierzimmer 9 den Staub nicht gut genug weg. Er suchte natürlich den Schmutz, wo ich nicht hinlangen kann. Ich soll auf einen Stuhl steigen. Ich sagte, ich bin kein Dienstmädchen. Das will er dem Rektor melden. Doch er sagt das nur, damit ich ihm wieder mein Taschengeld gebe. Er nennt das: Borgen.

Muttchen habe ich einen Brief geschrieben, ich machte einen Ausflug, damit sie nicht merkt, wie oft ich nachsitzen muß. Sie wird denken, ich besuche sie nicht gern. Dabei ist nur W. daran schuld.«

»Am Sonnabend nachmittag war ich endlich wieder einmal zu Hause. Aber Muttchen ist krank und liegt deshalb zu Bett. Vielleicht weil sie denkt, ich mache Ausflüge. Ich wollte erzählen, daß W. daran schuld ist. Doch jetzt darf ich es ihr erst recht nicht sagen. Man soll Kranke nicht aufregen.

Im Französisch bin ich in dem Gedichte von Béranger steckengeblieben. Kandidat Hoffmann hat geschimpft, und ich habe eine Strafarbeit gekriegt.

Ob sie sehr krank ist und an mich denkt? W. hat gesagt, er bäte sich aus, daß man in seinem Zimmer fröhlich wäre. Mucker wie ich wären schlechte Menschen. Und ich sollte auf der Stelle lachen. Dabei hat er eins, zwei, drei gezählt. Aber es ging nicht. Das ist offene Meuterei, hat er gebrüllt.

Den Aufschwung kann ich noch immer nicht.«

»Samstag hat er mich wieder nachsitzen lassen. Aber abends nach dem Essen bin ich nach Hause gerannt. Straßenbahn konnte ich nicht fahren. Weil er mein Taschengeld hat. Es strengt sehr an. Muttchen machte erst gar nicht auf. Ich habe vor Angst gegen die Tür geschlagen. Da ist sie, auf einen Stuhl gestützt, herausgekommen und hat gefragt, wer da ist. Ich, hab ich ganz laut gerufen.

Sie hatte Angst, aber ich sagte, der Hauslehrer hätte mich zwei Stunden beurlaubt. In der Kaserne hat niemand gemerkt, daß ich weg war.

Jeden Mittwoch verliest man mich zur Gartenarbeit. Ich muß mit einem langen Spieß das Papier aufstechen und einen Wagen ziehen. W. hat mit dem Gartenwart gesprochen, damit ich jeden Mittag drankomme. Warum er mich so haßt?«

»Montag abend bin ich wieder fortgelaufen. Auf dem Rückweg konnte ich nicht mehr vor Herzklopfen. Muttchen kam gleich beim Klingeln heraus. Aber sie ist, glaube ich, sehr krank. Und von unseren Verwandten läßt sich niemand blicken. Da ist sie so allein.

W. hat mich vorm Tor abgefangen, als ich wiederkam, und sagte, ich brauche nicht so zu rennen, zum Nachsitzen käme ich noch zurecht. Ich sagte, meine Mutter ist krank. Er hat gelacht. Das kenne er schon. Und dabei hat mir Muttchen eine ganz zittrige Karte geschickt, sie freue sich so, daß ich Mittwoch wiederkäme.
Ich muß morgen abend fortrennen, auch wenn er mich von neuem erwischt. Ich kann ihr doch nicht wieder sagen, ich würde mit Lambert einen Ausflug in die Heide machen! Wo sie doch die Karte geschrieben hat!
In vier Wochen sind die Prüfungen. In der lateinischen Klassenarbeit habe ich die Vier. Koch hat gefragt, was mit mir los ist. Wenn ich doch zu Hause bleiben könnte und für Muttchen einkaufen und vorlesen und kochen. Aber es geht nicht. Es ist alles verboten.«

»Dienstag wieder zu Hause. Ich habe gesagt, ich müßte nächstens viel für die Prüfungen arbeiten. Muttchen sieht ganz weiß und mager aus. Sie sagt mir nicht, was ihr fehlt.
W. hat mich wieder erwischt. Ich sollte ihn nicht so mit der kranken Mutter öden. Frei bekäme man nur bei Begräbnissen. Der Schuft! Wenn meinem guten Muttchen etwas passiert, dann ist nur er schuld. Ich bin selber wie krank. Und dabei sind Prüfungen. Ich renne heute abend wieder fort. 1. Karte von Italien zeichnen. Mit den Städten über 200 000 Einwohner. Die Gebirge braun schraffieren. 2. Punische Kriege repetieren. 3. E-Konjugation. 4. La cigale et la fourmi lernen. 5. Kniewelle links neben den Händen.«

»Er fing mich ab, als ich gerade fort wollte, und ließ mich nicht weg. Er würde jetzt jeden Abend mit mir in den Garten gehen und aufpassen, daß ich bliebe, und beantragen, daß mir für einen ganzen Monat der Ausgang entzogen würde. Ich wüßte nicht, was Pflichtgefühl sei. Ob ich ihm was borgen könnte. Aber ich hatte wirklich nichts. Bei allem, was er sagt, sieht er mir ins Gesicht, als

warte er, daß ich weine.

Er will Muttchen einen Brief schreiben, das darf er nicht tun! Lieber soll er mich schlagen oder anderes. Aber das nicht. Sie soll ihn mit ihrer Unterschrift wieder zurückschicken. Ich habe nicht einschlafen können.

Ich muß nach Hause. Morgen abend lauf ich wieder fort. Ich habe solche Angst um sie. Wenn er mich einsperrt, springe ich einfach aus dem Fenster.«

An jenem Abend, an dem der kleine Klarus lieber aus dem Fenster springen wollte als in der Schule bleiben, stahl er sich trotz des Primaners fort, rannte wie so oft durch die dunklen Straßen der Vorstadt, über einsame Plätze und Brücken, an jenem Abend sah er seine Mutter sterben, an jenem Abend zerrte man ihn von dem Bette Windischs, als es für beide bereits zu spät war.

Paula vorm Haus

Eigentlich heißt sie Paula Schmidt. Weil sie aber zwischen den Mandelbäumchen, Fliederbüschen und Silbertannen im elterlichen Vorgarten steht, nennt man sie seit siebzehn Jahren, so alt wurde sie im März, gemeinhin Paula vorm Haus. Sie ist bildhübsch, hat frische Farben, lacht gern und war nie ernstlich krank. Das will bei einem Menschen, der, so lange schon, Tag und Nacht und bei jedem Wetter im Freien lebt und nicht vom Flecke kann, einiges bedeuten.

Professor Schwerdtfeger, der bekannte Gelehrte, der das Kind – es wuchs damals schon im Garten – als erster eingehend untersuchte und einwandfrei feststellte, daß es statt der Füße Wurzeln besitze, bezeichnete Paula anschließend, in den Medizinischen Vierteljahrsheften, als die »reizendste Aberration der Natur«. Kirchliche Kreise hingegen empfanden das Ereignis, für das noch die Bezeichnung »negatives Wunder« zu nachsichtig klinge, als einen Skandal. Gleichviel, die Kleine wuchs, zur Freude und Sorge der Eltern, unverdrossen heran.

Sie wurde, begreiflicherweise, zu einer Sensation. Fotos von ihr und Artikel über sie erschienen in allen Zeitungen und Zeitschriften. Das Bild des Kindes, das, erwiesenermaßen festgewurzelt, zwischen den blühenden Büschen stand und mit ihnen um die Wette zu lachen schien, rührte und beschäftigte monatelang die ganze Welt. Einige der Fremden, die damals den Ort überschwemmten, machten dem Ehepaar Schmidt nahezu unwiderstehliche Angebote. Eine Zeitschrift stellt ihnen eine ansehnliche Lebensrente in Aussicht, falls sie sich bereit fänden, Tatsachen

oder wenigstens Vermutungen niederzuschreiben und notariell beglaubigen zu lassen, die geeignet wären, die Neugierde der Leser wenn schon nicht zu befriedigen, so doch erträglich zu gestalten. Ein Impresario bot eine horrende Summe, wenn er das Kind ausgraben, eintopfen und in den Weltstädten gegen Eintritt ausstellen dürfe. Zur Ehre der Eltern sei gesagt, daß sie diesen goldnen Verlockungen, ohne lange zu zögern, einträchtig widerstanden.
Geringfügigeren Versuchungen gaben sie, wenigstens in den ersten Jahren, gelegentlich nach. Da stand dann etwa die Kleine lächelnd vorm Haus, und auf einem Plakat, das sie in den Händen hielt, lasen die sich drängenden Zaungäste: »Auch ich trage Steiners Kinderkleider.« Oder man zog ihr, bei schlechtem Wetter, einen Regenmantel an, und sie rief alle fünf Minuten vergnügt: »Immerdicht hält immer dicht!« Oder sie aß fleißig Marmeladebrote, und ein Schild neben ihr behauptete, Kruses Konfitüren seien die besten. Auch solche vergleichsweise unschuldigen Geschäfte brachten Geld. Und die Eltern verwendeten es, im großen ganzen, für die Beschaffung erstklassiger Gartenerde.
Mit der Zeit rissen andere Sensationen die öffentliche Aufmerksamkeit an sich, und Paula verlebte eine einigermaßen normale Kindheit. Vom Schulbesuch hatte man sie allerdings befreien müssen. Doch Herr Korbgiebel, der grauhaarige Hauptlehrer, kam, wenn es nicht gerade regnete oder schneite, samt der singenden Klasse, den aufgerollten Landkarten, der schwarzen Wandtafel, dem munter klappernden menschlichen Skelett und anderen Lehrmitteln in Schmidts Garten marschiert und erteilte seinen milde trocknen Unterricht zwischen Flieder, Tannen und Jasmin. Der Bezirksschulrat, der gelegentlich nach dem Rechten sah, war zufrieden. Paula lernte leicht und las viel. Reisebeschreibungen hatten es ihr besonders angetan. Bei einem Kinde, dem bereits der Blick um die nächste Straßenecke verwehrt blieb, war das verständlich genug. An den schulfreien Nachmittagen saß die Mutter neben ihr und strickte. Meist wurden es fußlose, mit Reißver-

schlüssen statt mit Rücknähten versehene Wollstrümpfe. Man plauderte miteinander und mit Nachbarn und Bekannten, oder Paula malte. Ihr Vater, ein tüchtiger Schreiner, hatte ihr eine Staffelei gezimmert, und das Kind brachte, mit Wasserfarben und Buntstiften, allerlei zustande. Das Bild »Unser Marktplatz, den ich nie sehen werde«, hängt seit vier Jahren im Büro des Bürgermeisters, und er zeigt es seinen Besuchern nicht ohne Stolz und Rührung.

Heute malt Paula nicht mehr. Sie lächelt den Freundinnen zu, die von der Arbeit kommen oder zum Tanz gehen. Ob sie noch lächelt, wenn es dunkel geworden ist und die Mädchen von ihren Verehrern heimgebracht werden, weiß man nicht. Freilich, des Nachts, in die Erde gebannt, zwischen den schwarzen Sträuchern zu stehen, atmend und atemlos, ein verwunschener Fliederbusch, der die Arme ausbreiten und die Augen mit den Händen bedecken kann, ist doch wohl kein leichtes Los. Wenn die Eulen funkeln, die Hunde schimpfen und der betrunkene Autoschlosser am Zaune rüttelt, dann lächelt sich's schlecht. Und es hilft wenig, daß die Eltern, zum Garten hin, bei offenem Fenster schlafen. Aber wer, außer dem Mädchen selber, weiß es genau?

Am vergangenen Freitag, gegen Mitternacht, glaubte Frau Schmidt, im Halbschlaf, vorm Haus eine zärtliche Stimme zu hören. »O meine Daphne!« flüsterte jemand. Und Paula seufzte. Oder hatte Frau Schmidt geträumt? Als sie, am nächsten Morgen, ihrem Mann davon erzählte, schüttelte er den Kopf. Doch bevor er in die Werkstatt ging, griff er zu dem einbändigen Lexikon, das die Tochter seinerzeit als Schulprämie bekommen hatte, und blätterte darin. Dann winkte er seiner Frau und las, leise und zögernd: »Daphne, griechische Nymphe, zum Schutz vor Apolls Liebe in einen Lorbeerstrauch verwandelt.«

Als sie ans Fenster traten, ging gerade Dr. Meier vorüber, der neue Assessor beim Amtsgericht. Er zog vor dem Mädchen den Hut und lächelte melancholisch. Paula warf die Hände hoch. Einen

Augenblick lang schien es, als wolle sie ihm nacheilen. Sie bewegte sich wie ein Blatt im Winde, das der Zweig nicht losläßt. Dann sanken die Arme herab. Reglos stand sie zwischen den Tannen und Büschen. Und versuchte zu lächeln. Und die Eltern traten ins Zimmer zurück.

Beim Tennisspielen

Eine Feststellung

Wir haben's schwer.
Denn wir wissen nur ungefähr,
woher,
jedoch die Frommen
wissen gar, wohin wir kommen!

Wer glaubt, weiß mehr.

Rudolf Walter Leonhardt
Der angriffstraurige Lehrer-Dichter

Kleines Kolleg über einen Teil unserer Literatur, der in den großen Kollegs selten vorkommt
1959

Wir hatten vor einigen Wochen eine lehrreiche Auseinandersetzung mit den Professoren der Germanistik. Unter anderem ging es dabei auch um die Frage: Was ist gutes Deutsch?

Der Berliner Ordinarius beantwortete die klare und sehr vereinfachte Frage klar und sehr vereinfacht so: *Gutes Deutsch ist jene deutliche, knappe, präzise Art sich auszudrücken, die jeder Briefträger versteht.*

Wenn in dieser Antwort mehr liegen sollte als die Sehnsucht komplizierten Denkens nach dem einfachen Leben, dann müßte sie Anlaß geben zu vielen neuen Fragen – zum Beispiel auch zu dieser: Warum gilt Erich Kästner dann nicht unbestritten als großer deutscher Schriftsteller?

Falls es nur daran läge, daß er noch nicht tot ist, dann wäre freilich zu wünschen, besonders jetzt anläßlich seines sechzigsten Geburtstages zu wünschen, daß er noch auf lange Zeit hinaus nicht als oberseminar-würdiger Autor gelten möge. Er wird sich schließlich mit einem Prädikat begnügen, das für den Lebenden gewisse ausgleichende Annehmlichkeiten mit sich bringt: einer der *erfolgreichsten* deutschen Schriftsteller zu sein.

Wohlgemerkt: ich bin keineswegs sicher, ob Kästner wirklich ein »großer« Schriftsteller ist. Er selber war es schließlich, der uns gelehrt hat, mancherlei »Größe« skeptisch zu betrachten und mit großen Worten sparsam umzugehen. Aber eines weiß ich: Wenn jemals jemand in künftigen Jahrhunderten noch Lust verspüren sollte, unser Zeitalter zu besichtigen – er müßte lange suchen, bis er irgendwo greifbarere Anhaltspunkte dafür fände als im Werk von Erich Kästner.

Jede der 100 992 Zeilen seines Werkes beweist, daß Kästner gutes, ja bestes Deutsch schreibt – falls gutes Deutsch eben jene deutliche, knappe, präzise Art sich auszudrücken ist, die jeder Briefträger versteht. Es ist bekannt, daß Kästners Schriften bevorzugte Lektüre sind für Ausländer, die Deutsch lernen wollen; und es ist leicht einzusehen, warum das so ist.

Niemand, der Kästners satirisches und pädagogisches Temperament hat, kann 100 922 Zeilen schreiben, ohne Leute zu ärgern. Kästner brauchte gar nicht zickzack zu laufen, um überall anzuecken; die Zeit ging zickzack, er immer geradeaus.

Ein Beispiel nur, ein sehr typisches freilich: Erich Kästner hält nicht viel vom Volk in Waffen. Nach dem Ersten Weltkrieg wirkte so etwas gar nicht schlecht: Kästner wurde prominent. Vor dem Zweiten Weltkrieg war es Verrat: Kästners Bücher wurden verbrannt (der Autor stand daneben). Nach dem Zweiten Weltkrieg war es genau das, was alle suchten: Kästner wurde Feuilletonchef der amerikanisch inspirierten *Neuen Zeitung*. Heute ist es, wenn nicht alle Zeichen trügen, schon wieder nicht mehr ganz das Richtige. So ist das mit Erich Kästner...

Er hat Bücher für Kinder geschrieben (wie den Bestseller »Emil und die Detektive«) und Bücher, die vor Kindern sorgfältig weggeschlossen werden (wie den »Fabian«). Die einen haben ihn den Volksverderber genannt und die anderen den »ewigen Volkserzieher«. Manche seiner Gedichte passen in kein Lesebuch und gehörten dennoch in jedes hinein. Er hat große Verse gemacht und kleine Reimereien, Romane für Kinder und Romane für Erwachsene, Filme und Chansons und Essays und Theaterstücke und eine Autobiographie – und er ist immer und in jeder Zeile unverwechselbar der gleiche geblieben: so liebenswert, so anständig, so »gescheit und trotzdem tapfer«.

Erich Kästner gehört durchaus zu den Journalisten. Wobei der geneigte Leser es dem Schreiber ja wohl glauben wird, daß für ihn »Journalist« nichts Schimpfliches oder auch nur literarisch Minderbemitteltes bezeichnet, sondern unter anderem jene Gebrauchs-Dichter, deren Sinnen und Schreiben weniger auf die Ewigkeit als auf ein bißchen mehr Anständigkeit hier und jetzt gerichtet ist: Lehrer-Dichter sie alle, und angriffs-traurige Polemiker viele von ihnen, auch ehe Kästner diese treffende Variante des Angriffslustigen erfand.

Mit *Lessing* fängt diese Reihe an. Fabians Freund Labude, in Kästners Roman, will sich mit einer Arbeit über Lessing habilitieren und scheitert an den Intrigen im Vorzimmer des Ordinarius. Die Germanisten, sie lesen's nicht gerne...

Heinrich Heine gehört in diese Reihe und *Georg Büchner, Theodor Fontane* und *Ferdinand Freiligrath, Frank Wedekind* und *Christian Morgenstern, Karl Kraus* und *Kurt Tucholsky*. Man sieht: Leute, die durchaus noch zu Ruhm und Ehren kommen können, wenn das allzu Irdische erst einmal unsanft von ihnen genommen ist.

Erst haben sie tot zu sein. Das ist eine Regel, und obwohl sie nicht schön ist, so hat sie sich doch eingebürgert. Mancher fühlt sich daher einigermaßen beunruhigt, wenn er sieht, daß diese Regel im Falle Kästners mehr und mehr durchbrochen wird. »Was ist mit unserer Zeit los?« fragen die einen; die anderen: »Was ist mit Kästner los?« »Hat Erich Kästner resigniert?« fragte Walter Gallasch.

Zum Gegenstand von Kollegs und intensiven kritischen Studien sind Kästners Werke freilich inzwischen noch immer nicht geworden. Und dabei eignen sie sich so gut dazu; denn lernen ließe sich noch an den Schwächen dieses großen Handwerkers der Sprache, der das, was von ihm verlangt wurde, auch nach Maß anfertigen konnte: Romane für den Export, Filmdrehbücher garantiert harmlos, Feuilletons für die Zeitung, bei der er Feuilleton-Chef war, Chansons, um der »Kleinen Freiheit« auf die Beine zu helfen... In der Beschränkung zeigte sich da oft ein Meister. Gar nicht zu reden von seinen Versen aus den zwanziger Jahren, die längst unverwechselbarer Teil der deutschen Literatur sind.

Nicht Kästners Werk also hat jene Aufmerksamkeit gefunden, die dem Aufmerksamen nicht schaden könnte. Sondern die Person: der Autor. Ruhm und Ehren, Ämter und Würden haben aus Erich Kästner in den letzten Jahren einen repräsentativen *grand old man of letters* gemacht – einen Mann mit Frack und Terminkalender, wenig Zeit und vielen Pflichten, geheimer Telephonnummer und öffentlichen Auszeichnungen. Ob es – fragen sich manche – der Präsident des PEN-Clubs und Inhaber des Büchner-Preises, der Träger des Großen Bundesverdienstkreuzes, der an Stelle von frech broschierten Versen jetzt sieben stattlich aufgemachte Bände »Gesammelte Schriften« vorweisen kann, ob er es beispielsweise noch fertigbrächte, denjenigen, die sich ihn als Festredner bestellen, etwas aus seinen eigenen Gedichten vorzulesen – den »Hymnus an die Zeit« etwa (»Wem Gott ein Amt gibt, raubt er den Verstand...«) oder »Die Zunge der Kultur reicht weit...«?

Die periodische Wiederkehr »deutschen Schicksals« — 1914 ... 1939 – hat es mit sich gebracht, daß ganze Generationen junger Männer ihren Unmut über diese Welt bei Kästner formuliert fanden. Was für seinen eigenen »Jahrgang 1899« galt, dem Kästners erstes Gedicht der Gesammelten Schriften gewidmet ist, galt

für den Jahrgang 1924 noch einmal:
*Man hat unsern Körper und hat unsern Geist
ein wenig zu wenig gekräftigt.
Man hat uns zu lange, zu früh und zumeist
in der Weltgeschichte beschäftigt —*
und das andere, was vorher und nachher geschrieben steht, auch...
Diese inzwischen nicht mehr ganz jungen Männer haben in letzter Zeit zuweilen Schwierigkeiten, »ihren Kästner« wiederzufinden.

Enttäuschte Liebe ist nicht »objektiv«. Um es an dem Beispiel zu verdeutlichen, das der Zeichner *Henri Meyer-Brockmann* bei der von uns abgebildeten Karikatur vor Augen hatte: Erich Kästner hat sich seinerzeit einen akademischen Doktorgrad erworben mit einer Dissertation über die vielen törichten Dinge, die Friedrich der Große zur deutschen Literatur zu sagen sich nicht gescheut hatte. Kästners Bild des Preußenkönigs war von da an immer ein wenig verzeichnet, so wie ein Bild Mozarts ein wenig verzeichnet sein müßte, das vom Verhältnis Mozarts zum Einsatz schwerer Artillerie ausginge. Aber auch diejenigen, die das Bild korrekturbedürftig finden, sähen es lieber, wenn die notwendigen Korrekturen – nicht just von Kästner selber angebracht würden...

Vielleicht ist der Grund für eine leise Trauer und Melancholie, die sich bei Kästners sechzigstem Geburtstag gerade unter seinen Freunden verbreitet, aber eher in einer ganz anderen Richtung zu suchen: Erich Kästner, das *enfant terrible*, der ewige Junge, der schon ein *angry young man* war, als es das noch gar nicht gab, wird würdig und weise und – nicht jünger. Und wir selber...?

Da ist es denn doch tröstlich, aus so berufenem Munde wie dem von Luiselotte Enderle-Kästner zu hören: Er ist noch ganz der Kästner, den wir lieben. Er hat sich wirklich gar nicht geändert...

Ostermarsch 1961

Ansprache auf dem Königsplatz in München

Das Kuratorium für den diesjährigen Ostermarsch hat mich gebeten, die süddeutsche Marschgruppe und die übrige Versammlung hier in München zu begrüßen, und ich habe ohne Zögern zugesagt. Mit schlechtem Gewissen nur insofern, als ich mich, wie ich weiß und Sie bald gemerkt haben werden, zum Versammlungsredner nicht eigne. Doch wenigstens in *einem* Punkte möchte ich hinter versierten Rednern nicht zurückstehen: Ich werde mit einem Goethe-Zitat beginnen, und zwar mit dem Zwiegespräch zweier selbstzufriedener Bürger in jener Szene aus dem »Faust«, die gemeinhin »Der Osterspaziergang« genannt wird. Da sagt der eine Bürger: »Nichts Bessers weiß ich mir an Sonn- und Feiertagen / Als ein Gespräch von Krieg und Kriegsgeschrei, / Wenn hinten, weit, in der Türkei, / Die Völker aufeinanderschlagen. / Man steht am Fenster, trinkt sein Gläschen aus / Und sieht den Fluß hinab die bunten Schiffe gleiten; / Dann kehrt man abends froh nach Haus / Und segnet Fried und Friedenszeiten.« Und der andre Bürger, dem das aus der Seele gesprochen ist, antwortet: »Herr Nachbar, ja! so laß ichs auch geschehn; / Sie mögen sich die Köpfe spalten, / Mag alles durcheinandergehn; / Doch nur zu Hause bleibs beim alten!«

Der Unterschied zwischen Osterspaziergängen, so beliebt sie noch immer sind, und den neumodischen Ostermärschen in England, in Dänemark, bei uns und anderswo mag groß sein. Doch der Unterschied zwischen dem gemütlichen Köpfespalten »hinten, weit, in der Türkei« und der Kernspaltung ist noch ein biß-

chen größer. Warum marschieren denn Sie, die das Marschieren verabscheuen? Warum wohl setzt sich Bertrand Russell, der Mathematiker, Nobelpreisträger und Philosoph, achtundachtzig Jahre alt, im Schneidersitz demonstrativ vors englische Verteidigungsministerium? Weil ihm und Ihnen und uns allen keine hübschere Art der »Freizeitgestaltung« einfiele? Wir bedienen uns der Demonstration als eines demokratischen Mittels, die Regierungen und Parlamente an ihre Pflicht zu erinnern. Was werfen wir den Wichtigtuern und Tüchtigtuern demonstrativ vor? Lassen wir die großen Vokabeln getrost aus dem Spiel! Reden wir nicht von »Verrat am Christentum« und ähnlich massiven Gegenständen. Wir sind ja keine pathetische Sekte, sondern nüchterne Leute. Deshalb werfen wir ihnen zweierlei vor: Mangel an Phantasie und Mangel an gesundem Menschenverstand. Ihr Mut und ihre Vorstellungen stammen aus Großmutters Handkörbchen. Ost und West spielen einen Dauerskat mit Zahlenreizen, als ginge es um die Achtel. Aber es geht ums Ganze!
Ich versage es mir, mich über die zwei Mangelkrankheiten zu verbreiten, woran die einen leiden und an denen alle anderen sterben könnten. Ich möchte Ihnen statt dessen vorlesen, was ein berufener Mann geschrieben hat. Ein Mann mit Phantasie und gesundem Menschenverstand, der außerdem, im Gegensatz zu mir, ein Fachmann ist. Ich meine Carl Friedrich von Weizsäcker, den in Hamburg lebenden und lehrenden Atomphysiker und Philosophen. Er schreibt im Taschenbuch »Kernexplosionen und ihre Wirkungen«, dessen Vorwort am 18. März, also vor rund vierzehn Tagen, in der Zeitung »Die Welt« abgedruckt worden ist: »Entweder wird das technische Zeitalter den Krieg abschaffen, oder der Krieg wird das technische Zeitalter abschaffen... Die Entwicklung des technischen Zeitalters ist dem Bewußtsein des Menschen davongelaufen. Wir denken und handeln von Begriffen aus, die früheren Zuständen der Menschheit angemessen

waren, den heutigen aber nicht. Wir könnten uns wahrscheinlich sehr viele überflüssige Anstrengungen ersparen, wenn wir etwas mehr Zeit und Kraft darauf verwendeten, uns die Lebensbedingungen unserer Welt in aller Ruhe klarzumachen... Beim Versuch einer sorgfältigen Abschätzung bin ich zu der Vermutung gekommen, daß ein Atomkrieg (mit vollem Einsatz der existierenden Waffen) vielleicht 700 Millionen Menschen töten würde, darunter den größeren Teil der Bevölkerung der Großmächte, die heute als Träger dieses Kriegs allein in Betracht kommen. Er würde wahrscheinlich einige weitere hundert Millionen mit schweren Strahlen- und Erbschäden zurücklassen. Bedenkt man die wahrscheinliche Wirkung eines solchen Vorgangs auf die Überlebenden, so wird man wohl vermuten müssen, daß sie bereit wären, zu jedem Mittel zu greifen, das die Wiederholung einer solchen Katastrophe zu verhindern verspräche. Vermutlich unterwürfen sie sich also einer Weltdiktatur, als deren Träger dann beim Kräfteverhältnis nach der weitgehenden Zerstörung der hochindustrialisierten Weltmächte Amerika und Rußland am ehesten China in Betracht käme. Wer das durchdenkt, wird überzeugt sein, daß dieses Unglück vermieden werden muß, soweit das überhaupt in menschlichen Kräften steht. Er wird insbesondere erkennen, daß die Kultur und die bürgerliche Freiheit, die wir ja doch zu schützen wünschen, durch jenen Krieg aller Voraussicht nach zerstört werden würden! ... Die Zukunft jeder einzelnen Nation wird davon abhängen, daß sich in jeder einzelnen Nation Menschen finden, die begreifen, daß Souveränität im alten Sinn heute unmöglich ist. Zu dem Mißverstehen der Weltlage scheinen mir die vielfach sich regenden Wünsche nach einer nationalen Atomrüstung zu gehören.«

Soweit Carl Friedrich von Weizsäcker. Ein Fachmann. Ein Mann mit gesundem Menschenverstand. Und ein Mann mit Phantasie, die nicht das mindeste mit Phantasterei zu schaffen hat. Ich muß gestehen, daß mir einige seiner Sätze den Atem verschlagen haben. Nicht seine Schätzung, ein solcher Atomkrieg werde an Toten und Verseuchten etwa eine Milliarde Menschen kosten. Ähnliche Ziffern haben auch andere Fachleute genannt. Auch seine Erwartung, Amerika und Rußland würden im Doppelselbstmord enden, mitsamt den Gernegroßmächten in beiden Lagern, teilen wir ja wohl seit langem. Was mir den Atem benahm, war Weizsäckers Schlußfolgerung. Mich erregte die Konsequenz. Mich überwältigte die Logik seiner Phantasie. Viele unter uns, auch ich, haben immer nur das gigantische Leichenfeld vor Augen gesehen, aber niemals den gigantischen Erben! China! Das immense Land! Das riesige Volk! Und dessen Regierung, die Rußland immer wieder zum harten Kurs gegen Amerika auffordert!

Phantasie? Nur Phantasie? Nun, diese Phantasie eines deutschen Atomphysikers ist tausendmal realistischer als der Routinetraum deutscher Generäle, Westdeutschland, wenn nicht gar die westliche Welt bei Hof und Helmstedt mit taktischen Atomwaffen zu retten. Die Herren haben bekanntlich den Ersten und den Zweiten Weltkrieg gewonnen. Denn wo nähmen sie sonst die großen Worte her? Welches Argument könnten sie sonst für ihre dritte Siegeszuversicht ins Treffen führen? Ins Atomtreffen? Ich wüßte keines.

Trotz solcher Sorge, verstärkt durch die Besorgnis, die SPD könne eines Tages in die CDU eintreten, haben wir einen neuen Grund zur Hoffnung. Denn in Washington ist, im Zusammenhang mit der unsinnigen Formel, Kriege ließen sich durch Aufrüstung verhindern, ein für Militärtheoretiker ungewöhnliches Wort gefallen: das Wort »Zufall«! Man hat zwar die alte Formel nicht zum alten Eisen geworfen. Man hat aber verlautbart, daß sie per Zufall ungültig werden könne, und je größer der »Atomclub« werde, um so größer werde die tödliche Gefahr des Zufalls. Den Gegnern der Atomrüstung hat man damit nichts Neues erzählt. Wir haben schon immer gemeint, ein Pilot oder wer immer brauche nicht nur deswegen wahnsinnig zu werden, weil er am Abwurf einer Atombombe schuld ist, sondern auch, weil er die Macht hätte, sie abzuwerfen, jedoch nicht die Erlaubnis hierfür, und daß er gerade deshalb auf den Zauberknopf drücken werde.

Vor ein paar Tagen, am 28. März, hat sich die Frankfurter Allgemeine Zeitung im Leitartikel ihres Militärsachverständigen zum Thema geäußert. Herr Weinstein schreibt: »Offiziell setzt sich Washington weiter für die Abschreckungstheorie ein; aber es ist auch bekannt, daß namhafte Militärtheoretiker die These vertreten, mit der Abschreckung allein ließe sich ein Krieg keineswegs mehr verhindern.« Dann kommt er auf Henry Kissinger, einen wichtigen Berater des Präsidenten, zu sprechen, und damit

auf »eine Regierung, die nicht felsenfest davon überzeugt ist, daß das Gleichgewicht des gegenseitigen Terrors den Schrecken für alle verhindern kann... Die Gefahren sehen Kissinger und die ihm verwandten Geister« – damit wird natürlich nicht zuletzt auf Kennedy angespielt – »in der Möglichkeit, daß ein großer Krieg durch Zufall ausbräche.«
Wenn eine der zwei Atom-Großmächte im Hinblick aufs Jüngste Gericht der Technik das Wort von der zunehmenden Möglichkeit des puren »Zufalls« öffentlich gebraucht, so kann sie dieses Wort nie wieder zurücknehmen. Vor ihrer Nation nicht. Vor keiner Nation, und nicht vor der Geschichte. Man muß in Washington wissen, was man, vernünftigerweise, angerichtet hat, und ich glaube, man wird wissen, daß man in Moskau neuerdings nicht anders, sondern genauso denkt. Sollten sich, vom Worte »Zufall« angeregt, die beiden Zauberlehrlinge ehrlich auf den Spruch besinnen, der allein aus dem Teufelskreis herausführen kann? Sollten sie, wie der deutsche Atomphysiker in Hamburg, an die Zeit nach der Katastrophe denken? Zum Beispiel an die chinesische Erbschaft? Sollten sie rechtzeitig den gesunden Menschenverstand, die Phantasie und den Mut aufbringen, zu den Atombomben und deren Generalvertretern zu sagen: »Besen! Besen! / Seids gewesen!«?
Das ist ein kleiner Lichtblick, aber noch kein Anlaß zu einem feierlichen Dankgebet, zu einem bundesdeutschen Dankgebet schon gar nicht. Unsere Heerführer und deren Wortführer marschieren, wie Kinder nun einmal sind, munter Trompete blasend an der Tête der amerikanischen Wachtparade immer geradeaus. Sie merken in ihrem Feuereifer, in ihrem Atomfeuereifer, gar nicht, daß die Wachtparade um die Ecke biegen will. Daß sie womöglich schon um die Ecke gebogen ist. Werden sich die Kinder umdrehen? Und werden sie sich dann – umschauen?
Es ist ein kleiner Lichtblick, mehr nicht. Immerhin, das Wort Zufall ist nicht zurückzunehmen. Es steht in Feuerschrift an

der Wand, unauslöschbar, ein mächtiges Hilfszeitwort für unsere Sache. Unser friedlicher Streit für den Frieden geht weiter. Im Namen des gesunden Menschenverstands und der menschlichen Phantasie. Resignation ist kein Gesichtspunkt!

Joachim Kaiser
Erich Kästner – herb und reimlos

1961

So beispiellos überfüllt war die Aula der Universität, daß Erich Kästner beinah nicht das Rednerpult hätte erreichen und aus seinen Werken lesen können. Studenten (nicht nur Kultursnobs oder Würdenträger) saßen, standen, hingen auf oder über jedem Quadratzentimeter. Krumm geschlossen, ohne Möglichkeit, sich, etwa für Beifall dankend, zu erheben, hielt Emils Vater den Abend durch. Curt Hohoff, der ebenso zurückhaltend wie klug eingeleitet und Kästners Werk als »Groteske, nicht Satire« klassifiziert hatte, fand danach – vielleicht zur Strafe für diese Kästners Arbeiten ein wenig entschärfende, im übrigen überscharfe Unterscheidung – keinerlei Platz und Stuhl mehr. Ein Mythos also umgibt diesen Schriftsteller. Dabei läßt Kästner doch keine Gelegenheit vorbeigehen, an den Wurzeln seines Ruhmes und seiner Beliebtheit zu sägen. Die hinreißend kessen Sachen aus den zwanziger Jahren, wo sich die Poesie der Frivolität der Verzweiflung, des Angry-Young-Man-Sentiments unwiderstehlich (und unvergessen) niederschlagen, las er an diesem Abend keineswegs. Sondern fast nur strenge Prosa. Aus seiner Rede über das Verbrennen von Büchern (gehalten 25 Jahre nach der Bücherverbrennung durch die Nazis, aber »das blutige Rot der Scheiterhaufen ist immergrün«). Oder über Büchner, den Kästner nicht dem »jungen Deutschland«, sondern der Sturm- und Drangperiode zurechnen möchte. Solche Gedankenexperimente glücken übrigens immer und überzeugen nie, genausogut kann man Büchner als Zeitgenossen der Naturalisten, ja der Expressionisten sehen. Dann folgten nach allen Seiten kritische

Ausschnitte aus »Notabene 45«, endlich durfte der Reim beglaubigend hinzutreten – und die jauchzenden Studenten fingen gierig die Pointen einiger Epigramme und Gedichte auf.

Kaum ein Autor stellt seine Beliebtheit, statt sich wirkungssicher auf sie zu verlassen, so asketisch in den Dienst moralistisch-demokratischer Ermahnung wie Kästner. »Wehrt euch gegen alle intellektuelle oder physische Versklavung«, predigt Kästner, »wartet nicht, bis der Freiheitskampf Landesverrat genannt wird.« Das geht übrigens nicht sekundenschnell. Denn das Gewissen verbrenne, was es anbetete, doch erst in einer Woche...

Es waren Studenten, die einst, braun uniformiert, auch Kästners Bücher in die Flammen beförderten. Es waren Studenten, die ihm 1961 voller Anteilnahme zuhörten – ob er nun, ein letzter Zivilist, zur Zivilcourage aufforderte, oder, ein letzter Romantiker, Verse las. Wer gesehen hat, wie Studenten von heute an Kästner hängen, wird den Autor des »Fabian« nicht mehr leichtfertig nur mit den zwanziger Jahren identifizieren. Gebe Gott, daß diese Studenten angesichts möglicher Zu-Mutungen von morgen nicht vergessen, wie bereitwillig sie 1961 dem Appell an die Liberalität zuklatschten. Sonst wäre es besser, Kästners Traum von einer ruhigen, überwachsenen Erde, in der es keine Menschen mehr gibt (auch Koestlers »Sonnenfinsternis« droht am Ende mit solcher Utopie), erfüllte sich.

Kästner auf englisch
A Dog Holds Forth

Ein Hund hält Reden
Übersetzer: Eva Geisel

Once, in a dream, a dog came up to me
And spoke in Spanish. For he came from Spain.
I do not speak the language, so again
He spoke, in German, somewhat haltingly.

He watched me fold my arms. I was struck dumb.
He said, politely: ›Kästner, do you know
Why animals invariably keep mum?‹
I did not answer. It upset me so.

The dog spoke through his nose, or so it seemed:
›Yes, we can talk, but prefer to hold our peace
And make short work of anyone who speaks
A word to humans, except in a dream.‹

Of course I asked him how this came to be.
(Unless a thing's explained, I do not credit it.)
At this the dreamt-up dog replied to me:
›That's obvious! Man's so discredited
We simply do not meet him socially.‹
He raised his leg, ran down an alleyway…
Imagine it! What a fine thing to say!

Contemporary Fairy Tale

Modernes Märchen
Übersetzer: Gerhard Nellhaus

Their love for each other was as intense
As only is found in books of romance.
She had no money. And he had none.
So they got married and gave not a damn.

He had no position, so they stayed poor,
And supped warm but twice weekly – never more
Still he called her ›My pretty butterfly‹,
And she gave him children at every try.

They rented rooms and their health was the best.
Their children slept in an old clothes chest.
At Christmas they painted, in carefree scrawl,
Presents with crayons upon every wall.

They ate their bread as if it were cake
And played: how good is this goose and steak!
This feeds the imagination, that we agree.
And so he turned genius, one-two-three.

And wrote lovely novels, each worth a large sum.
Soon the earth's richest man he had become.
They were proud at first, but then slowly grew sad,
For wealth, they say, makes no man really glad.

To an orphan they gave all their money away.
And if they're still alive today...

Let's Face It

Es hilft nicht schönzufärben
Übersetzer: John Willet

No child can inherit
Till father's been buried.

James Krüss
Stilist und Menschenfreund

Anmerkungen eines jüngeren Kollegen zu Erich Kästners fünfundsechzigstem Geburtstag 1964

Im Jahre 1949 wartete ich auf dem Odeonsplatz in München auf das Grünlicht für Fußgänger. Mir gegenüber auf der anderen Straßenseite, tat ein Herr dasselbe. Ich hatte Muße, ihn zu betrachten. Dabei versuchte ich (das alte Spiel), seinen Beruf zu erraten. Der Herr trug einen Homburg, einen leichten grauen Mantel zu einem Flanellanzug, leichte italienische Schuhe und über dem Arm einen eingerollten Regenschirm. Die starken schwarzen Brauen hatten schon Spuren von Grau, in den Wangen waren Längsfalten, der Mund schien darin geübt, sich das Lachen zu verbeißen.
Im ganzen wirkte der Herr seriös, aber mit einem Schuß Boheme. Ich taxiere: ein Mensch mit Erfolg und Geschmack, der zu den Schönen Künsten das Verhältnis eines ernsthaften Liebhabers hat, möglicherweise Galeriedirektor, wahrscheinlich Bankdirektor, der altchinesische Keramik oder Fayencen sammelt.
Als wir, in entgegengesetzten Richtungen, die Straße überquerten, sah ich das Gesicht genauer. Es war beweglicher und gekneteter als aus der Distanz. Ich fügte meiner Schätzung hinzu: Er könnte auch mit dem Theater zu tun haben.
Am nächsten Tag erkannte ich in dem Herrn einen Schriftsteller, der mich in seine Schwabinger Wohnung gebeten hatte. Der Bankdirektor, der altchinesische Keramik sammelt, entpuppte sich als der Mann, der den skandalösen »Fabian« geschrieben hatte, als der Mann, von dessen Chansons das Kabarett noch heute lebt, als der Mann, der als Gegner Hitlers zwölf braune Jahre in Deutschland überlebt hatte, als der legendäre Verfasser

des erfolgreichsten Kinderbuches unseres Jahrhunderts, kurz gesagt, als Herr Dr. phil. Erich Kästner. Ich brauchte eine Weile, um meine Vorstellung vom Schriftsteller Erich Kästner mit dieser wirklichen Person in Übereinstimmung zu bringen.
So, wie es mir damals ging, ergeht es heute noch manchen Leuten. Sie bringen Kästner mit Kästner nicht unter einen Hut, schon gar nicht unter einen Homburg. Es scheint da Widersprüchliches

in ihm zu geben. Dieser scheinbare Gegensatz zwischen Kästner und Kästner geht bis in Einzelheiten: Der Mann, der die sogenannte Moderne mit formulieren half, lebt zwischen Empiremöbeln in Weiß und Gold; der Mann, der so leicht und mühelos zu formulieren scheint, macht sich's unendlich schwer beim Schreiben – sogar äußerlich: Er schreibt entweder an einem unbequemen Tisch unter Geräuschen eines gut besuchten Kaffeehauses oder auf der Marmorplatte vor seinem Fenster. Dabei sitzt er auf einem gräßlich unbequemen hölzernen Empiresessel und muß mit den Knien, die er unter den Marmor zwängt, einige Bände Dostojewski in ein Regal drücken.

Bei einer Einladung in Holland wurde mir zum erstenmal bewußt, wie es sich eigentlich mit Kästners vielzitierter leichter Feder verhält. Da fragte ein Literaturkritiker, der in Holland für bedeutend und profund gehalten wird: »Man kann doch wohl sagen, Herr Dr. Kästner, daß Sie nur leichte Bücher schreiben, nicht wahr?«

Da der Rest der Gesellschaft Takt besaß, blieb die Frage unbeantwortet. Kästner gab nur ein Grunzen von sich, merklich amüsiert. Durch dieses kleine Intermezzo wurde mir plötzlich klar, was den Autor Erich Kästner auszeichnet. Was jenem, ach, so profunden Literaturschwätzer fehlte, ist genau das, was Kästners sogenannten leichten Stil ausmacht: Genauigkeit im Umgang mit Gedanken und Wörtern, die Bemühung, einen Gedanken so klar wie möglich zu fassen, dazu Ökonomie in den Themen, die er behandelt, und in den Mitteln, die er verwendet. Das ist, mit einem Wort, Stil. Stil im umfassendsten Sinne.

Nun ist Stil ein sehr formales Kriterium für einen Menschen. Ein Rahmen. (In unserem Fall ein Empirerahmen.) Er bleibt leer, wenn ihn kein Bildnis füllt. Im Falle Kästner füllt das Bild den Rahmen ganz und gar. Es ist das Bild eines Menschenfreundes.

Nicht wenige Leute halten den Autor des »Fabian« für das genaue Gegenteil. Dann wird immer wieder einmal die alte Frage

gestellt: »Wo bleibt das Positive, Herr Kästner?«
Die Leute merken nicht, daß, was Zynismus scheint, Verzweiflung ist, Verzweiflung als enttäuschte Liebe. Kästner liebt die Menschen. (Sonst schriebe er seine Romane für Kinder nicht.) Dieser scheinbare Zyniker besitzt Eigenschaften, die mancher Leser nicht bei ihm vermutet: Redlichkeit, Herzlichkeit, Hilfsbereitschaft, eine ausgeprägte Kollegialität und Treue gegen sich und andere. (Unter den Tieren steht ihm nach dem Menschen das Pferd am nächsten.)
Diese Seite Kästners, die unter der stacheligen Schale des Satirikers nicht unbedingt bemerkt werden muß, tritt mit den Jahren – und inzwischen sind es volle fünfundsechzig Jahre geworden – immer stärker ans Licht, auch ans Licht der Öffentlichkeit. Man lese die letzten Erzeugnisse seiner »kleinen Versfabrik«. Da blühen statt Kanonen melancholische Konjunktive. Und Fragezeichen mehren sich.
Das ist der Utopist und Märchenerzähler Kästner, der Utopist, der verzweifelt hofft, der Märchenerzähler, der mit den Mitteln des glänzenden Stilisten Geschichten mit versöhnlichem Ausgang erzählt, Happy-End-Geschichten: die Welt, wie sie sein könnte, wenn mehr Vernünftigkeit unter den Menschen wäre. In der »Konferenz der Tiere« haben wir beides zusammen: Märchen und Utopie.
Am deutlichsten erkennbar als Menschenfreund ist vielleicht der passionierte Vor- und Nachwortschreiber Erich Kästner. (Er schreibt sie für eigene und fremde Bücher. Kein Buch ohne Vorwort, kein Vorwort ohne Buch, bemerkt er irgendwo.) Was da mit Gescheitheit formuliert worden ist über Arm und Reich, über das Lachen und das Weinen, über Glück und Talent, über das Kind im Manne oder über den Tiefsinn im Parkett, ergäbe einen hübschen Band mit Anmerkungen zur Lebensweisheit. Vielleicht käme dabei sogar ein neues »Über den Umgang mit Menschen« heraus.

Nun werden, am 23. Februar unter dem Zeichen des Fisches, die diversen Kästner miteinander fünfundsechzig Jahre alt. Sie sind bislang gut miteinander ausgekommen. Es ist zu vermuten, daß es weiter so bleibt. Wünschen wir für die »werte Gesundheit« alles Gute und hoffen, daß Kästner noch manches aus seinem Hut hervorzaubert, sei es ein Roman, ein Kinderbuch, ein Stück, ein Tagebuch oder ein Bündel neuer Verse. Wir haben so wenige gute Stilisten, die Menschenfreunde sind, und so wenige Menschenfreunde, die gute Stilisten sind. Gratulieren wir Kästner herzlich zum Fünfundsechzigsten und uns selbst, daß wir ihn haben.

Das Verhängnis

Das ist das Verhängnis
Zwischen Empfängnis
und Leichenbegängnis
nichts als Bedrängnis

Englisch auf kästnersch

Nach einem Gedicht von T. S. Eliot

Wie heißen die Katzen? gehört zu den kniffligsten Fragen
    Und nicht in die Rätselecke für jumperstrickende Damen.
Ich darf Ihnen, ganz im Vertrauen, sagen:
    Eine jede Katze hat *drei verschiedene Namen.*
Zunächst den Namen für Hausgebrauch und Familie,
    Wie Paul oder Moritz (in ungefähr diesem Rahmen),
Oder Max oder Peter oder auch Petersilie –
    Kurz, lauter vernünft'ge, alltägliche Namen.
Oder, hübscher noch, Murr oder Fangemaus
    Oder auch, nach den Mustern aus klassischen Dramen:
Iphigenie, Orest oder Menelaus –
    Also immer noch ziemlich vernünft'ge, alltägliche Namen.
Doch nun zu dem nächsten Namen, dem zweiten:
    Den muß man besonders und anders entwickeln.

Butschi und Pola

Sonst könnten die Katzen nicht königlich schreiten,
    Noch gar mit erhobenem Schwanz perpendikeln.
Zu solchen Namen zählt beispielsweise
    Schnurroaster, Tatzitus, Katzastrophal,
Kralline, Nick Kater und Kratzeleise –
    Und jeden der Namen gibt's nur einmal.
Doch schließlich hat jede noch einen dritten!
    Ihn kennt nur die Katze und gibt ihn nicht preis.
Da nützt kein Scharfsinn, da hilft kein Bitten.
    Sie bleibt die einzige, die ihn weiß.
Sooft sie versunken, versonnen und
    Verträumt vor sich hinstarrt, ihr Herren und Damen,
Hat's immer und immer den gleichen Grund:
    Dann denkt sie und denkt sie an diesen Namen –
    Den unaussprechlichen, unausgesprochenen,
    Den ausgesprochen unaussprechlichen,
Geheimnisvoll dritten Namen.

Frontbericht
Schrankzimmer
_____

Die Mäuse wachsen minütlich.
Die graue wirkt in der Stille.
Die zwei gestromten sind frech.
Die schwarze wird untergebuttert,
wenn wir nicht aufpassen.
Ich hab schon versucht, sie besser
zu legen. Lollo hat nichts da-
gegen. Aber die „Stromer" treten
die Schwarze schnell beiseite. Zur
Zeit, zieht sie den kürzeren."

      Emilchen
      (stud. med. vet.)

P.S. Butschi ist in; Pola im Schmstuhl à la Veranda.

Bericht an Lotte über Lollos Junge

Mit Pola

Erinnerungen an Mademoiselle Kolb

*Gedenkrede zur PEN-Jahresversammlung
am 19. April 1968 in Kassel*

Das Zuverlässigste, was ich über Mademoiselle Kolb zu sagen wüßte, wäre: daß sie eine Persönlichkeit war. Es ist nur schade, daß ich nicht zuverlässig zu sagen weiß, was eine Persönlichkeit ist. Damit befinde ich mich in einer ähnlich fatalen Lage wie der Kadett, der im Examen um nähere Auskunft über den Pythagoreischen Lehrsatz gebeten wurde und, weil er kein Günstling der Geometrie war, zur Antwort gab: »Herr Professor, ich muß den Beweis schuldig bleiben. Doch der Lehrsatz stimmt. Ich gebe Ihnen mein Ehrenwort.«
Nun steht zwar, daß Annette Kolb eine Persönlichkeit war, genauso fest wie die Tatsache, daß beim rechtwinkligen Dreieck, der Flächeninhalt des Quadrats über der Hypotenuse jenem der Summe der beiden Quadrate über den Katheten entspricht – doch mit meinem Ehrenwort wollte ich weder Sie noch mich selber abspeisen.
Deshalb suchte ich Rat in Büchern. Ich suchte Rat beim großen Goethe, und ich suchte Rat im Großen Brockhaus. Zunächst darf ich das altbewährte Lexikon zitieren. Im Band 14, aus dem Jahre 1933, steht zu lesen: »Im allgemeinen wird heute angenommen, daß zwar jede Persönlichkeit eine Person, aber nicht jede Person eine Persönlichkeit ist. Nur Personen einer gewissen Geschlossenheit, Fülle, Reife werden als Persönlichkeit erlebt.« (Ende der Durchsage.)
Viel klüger sind wir dadurch, fürchte ich, nicht geworden. Daß jede Persönlichkeit, neben anderem, eine Person ist, wußten wir schon. Und auch, daß nicht jede Person eine Persönlichkeit ist,

dürfte als bekannt vorausgesetzt werden. Mit zwei solch faustdicken Banalitäten sollte uns Brockhaus der Große nicht kommen. Erst recht nicht mit dem Up to date-Hinweis, beides werde »heute«, also anno 1933, »im allgemeinen angenommen«. Und der letzte Satz, wonach »eine ›gewisse‹ Geschlossenheit, Fülle und Reife« die Persönlichkeit ausmachten, läßt uns doch recht im Ungewissen. Und außerdem: Gibt es etwa keine bizarren, keine zerrissenen, keine extravaganten, gibt es denn keine gefährlichen Persönlichkeiten?
Im besagten letzten Satz scheint eine einzige, die letzte Vokabel, das Wort »erlebt« zu stimmen. Wollte man ihn ins vielleicht Glaubwürdige abändern, dann könnte er lauten: »Nur manche Personen werden als Persönlichkeit erlebt.«
Freilich, unterm Stichwort »Persönlichkeit« nichts als dieser einsame, armselige Satz im 14. Band eines berühmten Lexikons – er hätte keine gute Figur gemacht. Deshalb wurde er ein bißchen aufgeblasen. Doch aufgeblasene Figuren zerplatzen, wie wir eben gehört haben, nur allzu leicht.
Was wäre ratsam gewesen? Nun, man hätte z. B. bei unserer deutschen Persönlichkeit kat exochen, bei Goethe, nachschlagen und ihn im Anschluß an den einsamen Satz zitieren können. Etwa die Bemerkung aus den »Wanderjahren«: »Nicht die Talente, nicht das Geschick zu diesem oder jenem machen eigentlich den Mann der Tat, die Persönlichkeit ist's, von der alles abhängt.« Oder den Satz aus »Dichtung und Wahrheit«: »Der Mensch wirkt alles, was er vermag, auf den Menschen durch seine Persönlichkeit.«
Damit wären Sie und ich und die übrigen Lexikonleser der Definierung des Begriffs »Persönlichkeit« allerdings um kein Jota näher gekommen. Aber mein Mut wäre, d. h. er ist so beträchtlich gewachsen, daß ich die Vermutung zu äußern wage, die ich insgeheim schon immer hegte: Dem Wort »Persönlichkeit« ist kein Begriff angemessen und anzumessen. Es handelt sich um einen

ebenso *un*schätzbaren wie un*schätz*baren Wert. Er ist eine am Objekt selber, also an der Person nicht meßbare Größe. Er besteht, einer Emanation nicht unähnlich, nur aus Wirkung. Wer eine Persönlichkeit ist, empfinden und bestimmen die anderen. Sie wählen ihn aus, und er ist als einziger bei dieser Art Persönlichkeitswahl nicht zugelassen.

Seine Wirkung auf die anderen, die ihn erleben, ist zuweilen unterschiedlich. Womöglich kennen Sie die Anekdote noch nicht, die den Ausspruch eines Leipziger Bürgers überliefert hat, in dessen Haus Napoleon 1813, während der Völkerschlacht, kurz eingekehrt war? Nun also: Der Mann wurde hinterdrein nach dem Eindruck befragt, den ihm der Kaiser gemacht habe. Und er antwortete, ohne zu zögern: »Napoleon? Er war gut, aber dumm.« Gut, aber dumm.

Mir ist die Anekdote seit einem halben Jahrhundert geläufig, und ich weiß bis heute noch nicht genau, welchem der drei Wörter ich den Vorzug geben soll: dem »gut«, dem »dumm« oder dem »aber«. Da fällt einem die Wahl schwer. Obwohl ich mich im Verdacht habe, das »aber« könnte es mir am nachdrücklichsten angetan haben.

Doch vergessen Sie, bitte, unsere spaßige Anekdote, die, ob wahr oder nicht, ja doch nur ins Kuriositätenkabinett gehört, genau wie jene täuschend ähnlichen Wachsfiguren, die bis zum letzten Uniformknopf »echt« sind, sogar bis aufs feinste und letzte Äderchen einer historischen Rotweinnase »stimmen« und, trotz aller Naturtreue, vom Eigentlichen, vom Wesentlichen einer überlieferten Person, von der Persönlichkeit, nicht den leisesten Hauch übermitteln.

Hingegen kann sich die Persönlichkeit, zuweilen und fragmentarisch, in ihrem eignen Œuvre manifestieren. Auch in einzelnen Taten. Oder, selten genug, als Porträt oder Skulptur, im Spiegel der bildenden Kunst. Doch am untrüglichsten erweist sie sich immer wieder in der Begegnung, in der unmittelbaren, ungefilterten Wirkung auf die anderen. Vorhin gebrauchte ich das Fremdwort »Emanation«. Es geht auch auf gut deutsch. Was da auf die anderen wirkt, ist: Ausstrahlung.

Ich habe Annette Kolbs Namen bis jetzt erst einmal erwähnt und trotzdem die ganze Zeit von ihr gesprochen. Der erste Satz lautete: »Das Zuverlässigste, was ich über Mademoiselle Kolb zu sagen wüßte, wäre, daß sie eine Persönlichkeit war.« Dabei muß es und dabei darf es bleiben.
Niemand konnte sich der unwiderstehlichen Ausstrahlung erwehren. Keiner der Schriftsteller, auch wenn sie bedeutender waren als sie, und keiner der Staatsmänner, die sie traf. Wenn sie, auf ihren Stock gestützt, der Tür zuschritt, wo sie erwartet wurde, fühlte man sich durchaus an Friedrich den Großen erinnert und hätte sich nicht gewundert, wenn sie gleich jenem »Bon soir, messieurs!« gesagt hätte. Dabei wäre ihr der Vergleich mit Friedrich gar nicht recht gewesen. Denn ihr waren die Preußen von Herzen zuwider. Und man mußte ihr schon ziemlich sympathisch sein, um, etwa als Sachse, nicht zum Preußen ernannt zu werden. Sie war bayrisch wie der Vater und Französin wie die Mutter. Das waren ihre Landesgrenzen und, bis zu einem gewissen Grade, überhaupt die ihr gezogenen Grenzen.
Auf dem Kopf trug sie eine Toque. Und dieses randlose Hütchen trug sie, wenn man sie besuchte und sie sich gerade ausruhte, auch im Bett. Sie trug es, wenn sie nicht allein war, jederzeit, ob sie nun im Hotel Cayré am Boulevard Raspail für Hausensteins und uns in der Kochnische Tee aufbrühte oder in der Münchener Händelstraße auf ihrem geliebten Flügel ein bißchen Mozart vorspielte. Mozart in der Händelstraße. Nur ein paar Steinwürfe weit vom alten Bogenhauser Friedhof entfernt, wo sie nun begraben liegt, in der Nähe zweier ihrer alten Freunde: Gustl Waldaus und Wilhelm Hausensteins.
Doch zurück zur lebendigen Annette Kolb. Sogar zurück zu ihrer

Toque, die sie nicht abzusetzen pflegte. Warum eigentlich? Sie hatte spärliches Haar, erst recht in den letzten Jahrzehnten. Und die Freunde munkelten, sie ließe sich den Innenrand des jeweiligen Hütchens mit Haarteilen drapieren. Wer diese Munkelei für boshaft hielte, mißverstünde die Freunde. Sie liebten und verehrten »ihre Annette« nicht als Denkmal bei Lebzeiten, sondern als eine Persönlichkeit, mit Haut und Haar, auch wenn es wenig Haar war.

Mit Toque und Stock ausgerüstet saß sie auch, wenn sie eingeladen war, trank ein Gläschen Champagner, rauchte eine Zigarette, streichelte die Katze des Hauses, die auf ihrem Schoß schnurrte, und nannte sie zärtlich »Zuckerlieserl«. War sie vorher bei einem offiziellen Empfang gewesen, prangten an ihrer Bluse oder Mantille die Rosette der Ehrenlegion und die Steckzeichen des Großen Bundesverdienstkreuzes und des Bayrischen Verdienstordens.

Sie blieb, wo sie auch saß und auch wenn sie die schweren Lider gesenkt hielt, so daß man nicht wußte, ob sie schlafe – sie blieb stets der Mittelpunkt. Und wenn sie plötzlich die Augen aufschlug, diese halbblinden Augen, wenn ein verschmitztes Lächeln das alte knochige Gesicht verschönte und sie erzählte, wie sie als Backfisch mit bayrischen Leutnants im Luftballon aufgestiegen und auf einem Feld irgendwo im Ungarischen gelandet war, dann klang die brüchige Stimme so frisch und jung, daß man seinen Ohren nicht trauen mochte. Und auch wenn sie von ihrer Dresdener Friedensrede berichtete, die sie 1915 vor einer Frauenversammlung gehalten hatte, also mitten im Ersten Weltkrieg, schien nicht die uralte Frau zu sprechen, die uns nun, ein halbes Jahrhundert später, lächelnd gegenübersaß. Sie amüsierte sich noch immer königlich über die zu Tode erschrockenen Vorstandsdamen, die sie damals durch eine Hintertür und im Dauerlauf zum Hauptbahnhof gebracht hatten, damit ihr amtlich nichts zustoße.

Sie war ihr Leben lang eine aufrechte Frau. Das zu beweisen, boten ihr die Zeitläufte reichlich Gelegenheit, und sie reiste, so gern sie's tat, nicht immer aus freien Stücken. Sie wurde von vielen verehrt und war solcher Ergebenheit nicht abgeneigt. Doch die Verkehrten durften ihr damit nicht kommen. Ich war dabei, als sie, zu Beginn einer Akademiesitzung, einem anderen weiblichen Akademiemitglied brüsk den Rücken zukehrte. Sie nahm meinen Arm und ließ sich in einen anderen Raum führen. »Der geb i die Hand net«, sagte sie grimmig. »Die war für den Hitler.«

Ja, die Hauptsachen vergaß Mademoiselle Kolb nicht. Um so mehr die Nebensachen, du meine Güte! Der zerstreute Professor aus dem Bilderbuch mußte, mit Annette verglichen, als blutiger Anfänger erscheinen. Sie vergaß, wann und wo auch immer, alle Utensilien, die sie vorübergehend aus der Hand gelegt hatte: den Stock, die Umhängetasche, die Boa, die Mantille, die Zigarettenspitze, die Geldbörse, das Taschentuch, die Brille, die Pelzjacke, das Kuchenpaket, das sie mitnehmen sollte, das Buch, das sie sich eben erst geliehen hatte, und, natürlich, die Handschuhe.

Noch im Garderobenraum ertönten ihre ersten spitzen Hilferufe. Und nun begann, von den Freunden längst erwartet, die Großfahndung. Es ging zu wie beim Ostereiersuchen. Nur daß nicht Kinder auf den Knien rutschten, Tische beiseite rückten und Sessel- und Sofakissen hochschoben, sondern Generalmusikdirektoren, Prinzessinnen, Dichter, Wirtschafterinnen, Chefredakteure, Lohnkellner, Verleger, französische Generalkonsuln, Münchener Maler und bayrische Barone.

Einmal hatte ich die Ehre und das Vergnügen, das vergessene Dutzenderlei ganz allein aufzusammeln, noch dazu auf offener Bühne und vor rund fünfhundert begeisterten Zuschauern. Es war im Cuvilliéstheater, diesem Juwel des Rokoko. Annette Kolb hatte eine »Dichterlesung«, so nannte man das, mit leiser Stimme, aber sehr eindrucksvoll absolviert. Und da ich sie mit einigen

Sätzen eingeführt hatte, durfte ich sie, nach dem lebhaften Applaus, auch wieder abführen. Im Gang hinter der Bühne umklammerte sie plötzlich meinen Arm und stieß verzweifelt hervor: »Meine Sachen!«

So kam es zu meinem Solo auf offener Bühne. Das Publikum, eigentlich im Begriffe, das Theater zu verlassen, setzte sich wieder zurecht und genoß mein stummes Spiel von ganzem Herzen. Ich kann ohne Überheblichkeit behaupten, daß es sich um den größten Heiterkeitserfolg gehandelt haben dürfte, den ich jemals in der Öffentlichkeit erzielt habe.

Als ich dann, bereits beladen wie ein Packesel, auch noch im Sesselpolster die große Leselupe entdeckte und ein Herr aus der ersten Parkettreihe zu mir heraufrief: »Vergessen Sie nicht die langen Handschuhe! Sie liegen unterm Stuhl«, da hatte das Volksvergnügen seinen Höhepunkt erreicht.

Später, an der Theatergarderobe, meinte ein Journalist: »Das nenne ich erstklassige Regie.« Er hatte die Szene für ein abgekartetes Spiel gehalten. Dabei hatte er, freilich in größerem Rahmen, noch dazu im Bühnenrahmen, nur erlebt, was Mademoiselle Kolbs Freunden bei jedem Besuch ins Haus stand. Wer diese Vergeßlichkeit als Alterserscheinung abzutun versuchte, befände sich auf dem Holzweg. Sie hat, auch in ihren Büchern, kein Hehl daraus gemacht, daß sie schon so war, als sie noch Zöpfe trug. Wie weit und ob überhaupt der Hang, Nebensachen zu vergessen, von ihr kultiviert wurde, weiß ich nicht. Ich habe keine rechte Lust, an Absicht zu glauben.

Natürlich hatte sie Anflüge von Koketterie. Sie war ja, obwohl ein männlich charaktervolles Fräulein, eine Frau! Doch der notorischen Vergeßlichkeit als Zuwaage hätte es gewiß nicht bedurft, um ihrer bizarren Persönlichkeit zum nötigen Gewicht zu verhelfen. Lassen wir diesen Punkt also dahingestellt und dahin gestellt, wohin man solche Punkte zu stellen pflegt: ins Ungewisse.

Annette Kolb hatte es schwer. Vielleicht wäre sie viel lieber eine reizvolle Frau als eine bizarre Persönlichkeit gewesen. Vielleicht? Wahrscheinlich! Wenn sie über Liebesbeziehungen im Freundeskreise und wenn sie im Freundeskreis über Liebesbeziehungen sprach, konnte man ihr anmerken, wie sehr ihr die Erinnerungen ans eigene lange und doch wohl recht asketische Leben zusetzten. Dem anspruchsvollen Worte »Liebe« wich sie geflissentlich ins Deutsch-Französische aus. In ein Wort vermutlich Kolbscher Prägung. Sie nannte solche Bindungen »Amourschaften«. (Ein Ausdruck, der unserem Sprachschatz zugute kommen sollte.)
Hinsichtlich ihres Geburtsdatums war sie kapriziös wie eine späte Schönheit. Sie machte sich jünger, als sie war. Das konnte keine Vergeßlichkeit sein. Denn da sie häufig reiste und Grenzen passierte, bot ihr ja der Paß reichlich Gelegenheit, das Gedächtnis aufzufrischen. Und doch spielte auch hier die Vergeßlichkeit ihre Rolle. Annette vergaß schon am Mittwoch, für wie alt sie sich am Dienstag ausgegeben hatte. So kursierten gleichzeitig verschiedene Geburtsjahre. Wenn sie ihren 90. Geburtstag feierte und feiern ließ, wußte man, daß sie 94 Jahre alt war. Und wenn sie einer ihrer besten Freundinnen aufschluchzend ins Ohr flüsterte: »Ich bin ja schon 96 Jahre alt«, wußte die beste Freundin, daß noch diese Ohrenbeichte gemogelt war. Denn im engsten Kreise kannte man ihr Geburtsjahr ganz genau.
Ein einziges Mal habe ich erlebt, daß sie ums Haar die Wahrheit gesagt hätte. Das geschah, als mich im Jahre 1956 mein Vater in München besuchte und wir, ihm zur Freude, einige Freunde eingeladen hatten. Es kam die Rede darauf, daß er 89 Jahre alt sei, und die Gäste priesen seine körperliche und geistige Frische in den höchsten Tönen und Frequenzen. Mein Vater war ein einfacher Mann und genoß die Huldigung, still und heiter.
Aber Annette saß, die Hände auf den Stock gestützt, gekränkt in der Sofa-Ecke. Denn die Huldigung erschien ihr unverdient einseitig. Sie war ja im gleichen Jahre geboren worden wie der

kleine schnurrbärtige Emil Kästner, der, im Lehnstuhl gegenüber, schmunzelnd seine Zigarre rauchte! Wie ungerecht ging es doch auf der schnöden Welt zu! Es riß sie, wir merkten es deutlich, es zwickte und zwackte sie, triumphierend zu rufen: »Ich bin genauso alt wie er! Huldigt gefälligst auch mir!« Doch damit wären, mit einem Schlag, alle von ihr in Umlauf gebrachten falschen Altersangaben außer Kurs geraten. Das wollte sie auch wieder nicht. Sie mußte sich also auf die Zunge beißen, die Niederlage verschmerzen und auch an diesem Spätnachmittag drei bis vier bis fünf bis sechs Jahre jünger bleiben, als sie war.
Ja, Mademoiselle Kolb war nicht nur eine aufrechte und aufrichtige Persönlichkeit, sondern auch eine kapriziöse und kokette Person. Die beiden vertrugen sich, scheint es, im großen ganzen recht gut miteinander. Dergleichen ist ja bei Damen nicht unmöglich. (Und wohl nicht nur bei den Damen.)

Damit wäre ich, verehrte Zuhörer, mit meiner Skizze fast zurande, wenn nicht doch noch eine Linie fehlte. Ich habe lange geschwankt, ob ich sie der Skizze zufügen solle oder nicht, da ich mich für ihre Richtigkeit nicht verbürgen kann. Doch erst sie vollendet Annettes Porträt und macht mancherlei sonst Unverständliches ohne weiteres begreiflich. Ich meine die genealogische Linie, die der Skizze noch fehlt.
Ich unterließe es, sie einzuzeichnen, wenn nicht in einem der ihr gewidmeten Nachrufe ausdrücklich auf Annette Kolbs eigentliche Herkunft hingewiesen worden wäre. Daß mit der standesamtlich verbrieften Herkunft nicht »alles« stimme und daß Annette, »etwas außerhalb der Legalität«, höheren und halbverschleierten Regionen entstamme, war, wenn auch nur ungenau und ungefähr, gelegentlich sogar bis zu unseren bürgerlich-preußischen Ohren gedrungen. Wir waren nicht auf die Details neugierig. Wir begnügten uns mit dem Ungefähr. Was konnte schon »der Gotha«, dieser Adels-Kürschner, an Korrekturen beisteuern,

Mit Annette Kolb und der PEN-Sekretärin Erika Haniel in Wien

die unser Bild von Mademoiselle Kolbs Persönlichkeit maßgeblich verändert hätten?

Doch der Nachruf, den ich erwähnt habe, ließ mich nicht völlig kalt. Ich machte mir seine These, da sie, soviel ich weiß, nicht widerrufen worden ist, wenigstens als Hypothese zu eigen, und nur als solche möchte ich sie von Ihnen, meine Zuhörer, verstanden wissen.

Ihrzufolge war Annette Kolbs Vater, der Königlich-Bayerische Gartenbaudirektor in München, ein Sohn des bayrischen Königs Max II. Joseph. Jeder kennt die nach ihm benannte Maximilianstraße. Jeder kennt das Maximilianeum, also das bayerische Parlament. Und jeder kennt sein Denkmal, das unterm Namen »Max Zwo« als Straßenbahnhaltestelle täglich Tausende von Malen in aller Munde ist. 1848, im Revolutionsjahr, wurde er der Nachfolger Ludwigs I., seines Vaters, der, unter anderem, wegen Lola Montez abdanken mußte.

Das 19. Jahrhundert war für die Wittelsbacher ein romantisches, kunstsinniges und gefährliches Jahrhundert. Otto, der jüngere Bruder Maximilians II., wurde König von Griechenland und 1862 gestürzt und vertrieben. Max' II. ältester Sohn regierte als Ludwig II., wurde geisteskrank und starb im Starnberger See. Das war 1886. Sein jüngerer Bruder, seit 1872 geisteskrank, wurde, als König Otto I., trotzdem sein Nachfolger, freilich ohne auch nur einen Tag zu regieren – sein Onkel Luitpold leitete die Regierungsgeschäfte als Prinzregent bis zu Ottos Tod 1913.

Ein Überblick in Stichworten, so kurz wie makaber. Kein Wort über den zuweilen echten, zuweilen falschen Glanz und Hochglanz jenes Jahrhunderts der Könige von Bayern. Ich halte mich nur eben am schwankenden Geländer der Hypothese fest und taste mich weiter: Wenn Annette Kolbs Vater ein Sohn Max' II. war, dann war er ein Halbbruder Ludwigs II. und Ottos I., der zwei umnachteten Könige. Und Annette, die Deutsch-Französin, wie auch ihr liebenswerter Bruder Paul, ein pensionierter bayrischer Offizier, sie waren – zur linken Hand, wie man das nennt – aufs engste mit dem Hause Wittelsbach verwandt.

Träfe das zu, dann erklärte sich manches noch einfacher und besser als bisher: Annettes selbstbewußtes Auftreten, ihr bayrischer Patriotismus, ihr antipreußischer Affekt, ihre monarchistisch-katholische Dickköpfigkeit und auch die an Devotion und Hofknicks grenzende echte Verehrung im Umkreise des Adels und Hochadels. Als ihr Bruder Paul, der fürsorgliche Kavalier, gestorben war, stellten sich der Greisin zwei adlige Damen zur Verfügung, die sie, einander abwechselnd, Tag und Nacht nicht aus den Augen ließen und von denen Annette, trocken und kurz angebunden, als von ihrer »Nachtgräfin« und ihrer »Tagbaronin« sprach.

Nun, vielleicht war sie also, ganz nebenbei, ein Wildling aus dem Stamme Wittelsbach. Es käme ihrem Porträt zupasse. Es stünde ihr gut zu Gesicht. Doch es wäre, aufs Ganze gesehen, allenfalls der Knopf auf der Mütze. Oder, auf Mademoiselle Kolb angewandt, eine an ihrer Toque heimlich befestigte echte Locke mehr.

Genug davon. Als ich sie zum letzten Mal besuchte, lag sie ohne Hütchen im Bett, müde lächelnd, mit erschöpftem Gedächtnis, dem Ende schon zum Winken nahe. Früher einmal hatte ich von ihr gesagt, sie sei »ein Mensch aus unzerbrechlichem Glas«. Vielleicht altern Vergleiche mit dem Verglichenen. Aber vielleicht ist auch unzerbrechliches Glas zerbrechlich. Ich weiß es nicht. Ich hätte im Großen Brockhaus nachsehen sollen...

Annettes Reise nach Israel war ihre letzte vor der allerletzten gewesen. Niemand hatte ihr die gefährlich späte »Fahrt ins Heilige Land« ausreden können. Sie setzte ihren Willen auch diesmal durch. Womöglich hätte sie, ohne jenen Israel-Flug, die letzte kurze Fahrt von der Händelstraße 1 hinüber zur kleinen Bogenhauser Kirche mit dem grünen Zwiebelturm noch ein wenig aufschieben können.

Doch ich glaube nicht, daß ihr an einer Fahrplanverspätung gelegen war. Wer hundert Jahre alt wird, der weiß, vermute ich, die letzte Pünktlichkeit zu schätzen.

W. E. Süskind

»Als ich ein kleiner Junge war«

Zu Erich Kästners 70. Geburtstag

Man hat schon gefunden, daß er Friedrich dem Großen ähnlich sieht. Und es ist etwas Richtiges daran: im Profil der kühne Vorsprung der Nase, und im En-Face das scharf zupackende, wenn auch verschmitzte preußischblaue Auge unter den graudurchschossenen Brauen. Was er selber zu diesem Porträtversuch sagen würde? Als Liebhaber klassischer Zitate vielleicht: *Lucus a non lucendo* – der Wald heißt darum Wald, weil's drinnen nicht sehr hell ist. Auf ihn bezogen: Wenn er Fridericus ähnlich sehe, so könne das nur bedeuten, daß sich in ihm, Kästner, nach Lessing ein zweites Mal das sächsische Stammeswesen mit dem Preußengeist föderalistisch vermählt habe. Manche biographische Einzelheit bei ihm stimmt dazu. Seine Dissertation handelt von Friedrichs Verhältnis zur deutschen Literatur. Als er im Frühjahr 1945 durch Paradentose einen Backenzahn verliert, notiert er sich, daß dem König im Krieg das gleiche Mißgeschick widerfuhr, und wieder ein Jahr später schreibt er vorausahnungsvoll einen Aufsatz über Fridericus, der als Vorausrezension zu Augsteins Buch gelten kann. In unserer grotesken Unkenntnis über Deutschland wissen wir ja nicht das mindeste davon, ob denn nicht auch in der DDR ein sächsischer oder preußischer Föderalismus überlebt, so wie bei uns in Goppels oder Filbingers Landen, und wie er sich ausdrücken mag. Kästners 70. Geburtstag wäre ein Anlaß, sich darüber Gedanken zu machen; vielleicht unter Mithilfe des Jubilars.

Noch ein anderer Zug rückt Kästner auf eine königliche Höhe – königlich insofern, als er eine Souveränität höchstpersönlicher

Art bezeugt. Kästner hat es vermocht, als rarste Leistung in diesem Jahrhundert, die ihm angetanen Umstände seiner Geburt und seiner Nation ins Freiheitliche zu überspielen. Mit einer förmlich andächtigen Versenkung in seine (kleinbürgerliche) Herkunft verbindet er einen geradezu feudalen Adelsstolz auf eben diese Herkunft. Seine Liebe zu den kleinen Leuten ist nie theoretisch-anonym; immer gepaart mit dem Stolz, daß sie *seine* Eltern, *seine* Vorfahren aus der Familie der Kästner und der Augustin waren – welche letzteren übrigens, à propos, ihren Namen lange ebenso schrieben wie Augstein den seinen. Künstlerisch hat das zur Folge, daß Kästner im sozialen Stoff stets natürlich zu Hause war, aber nie unterging. Mehr noch als bei Leonhard Frank ist das »Links, wo das Herz ist« bei ihm ohne jedes literarische Angebertum, vielmehr eine Sache des menschlichen Selbstverständnisses. Ob er nun friderizianisch aussieht oder nicht, sein Königtum ist aus der Nachbarschaft Till Eulenspiegels und Jean Bérangers, von Volkes Gnaden, könnte man sagen. »Als ich ein kleiner Junge war«, dieser Titel seiner Autobiographie, seines vielleicht schönsten Buches, bildet auch den Einleitungssatz in einem Halbdutzend seiner Feuilletons, ja, man hat den Eindruck, sie würden am liebsten alle so beginnen, und die selbstbewußte Berufung auf die eigene Kindheit wäre der Kraftquell dieses Schriftstellers und zugleich sein theoretisches Vermächtnis, da ja jeder einmal ein kleiner Junge gewesen ist.

Es könnte sogar sein, daß diese selbstbewußte eulenspiegelhafte Nähe zum eigenen Ich und damit, wenn es das gibt, zu einem Volks-Ich Kästner zu seinem wunderbaren Überleben im Dritten Reich befähigt hat. Nicht um seiner schönen Augen willen war er geduldet, und kein Privileg schützte ihn davor, sogar einen Hauptbeitrag zu stellen, als die NS-Studentenschaft von damals ihr Bücher-*Burn-In* betrieb. Aber ein gewisses Privileg galt den Devisen, die seine Buchrechte aus dem Ausland einbrachten, und so war er eine Zeitlang dieser seltenste Vogel: der im Inland

verbotene Schriftsteller, der aber zum Einbringen von Fremdwährung zugelassen war. In seiner Selbstbiographie erzählt er, wie man ihm sogar den Auftrag zudachte, eine Propagandazeitschrift in der Schweiz mit seinem Namen zu decken, und daß er dieses Ansinnen abwies ganz einfältig unter Hinweis auf die Taktlosigkeit und Unglaubwürdigkeit des Vorschlags.

Wenn man ihn damals kennenlernte, im Café Leon am Lehniner Platz, konnte man wirklich an einen Fürsten im Exil denken. Die Kellner flogen um ihn, ihren besten Stammgast; wenn man nach ihm fragte, wußte jeder gleich, welcher Herr Doktor gemeint sei; und nicht nur Verleger Martin Mörike um die Ecke in der Cicerostraße, sondern jeder Angehörige dieses öffentlichen literarischen Generalstabs wußte Bescheid, daß das Stück von *Robert Neuner,* das Mörike vielleicht nächstens freibekommen würde (und dann doch nicht freibekam), von Erich Kästner war. Viel Verrücktheit geisterte in der Stimmung von damals, und Kästner hätte weder seine »Schule der Diktatoren« noch die verrückteren seiner Kinderbücher ohne diesen Anschauungsunterricht ersinnen können.

Brecht vergleichbar, ist hier doch der Punkt, an dem Kästner literaturgeschichtlich zu kurz kommt, obwohl er den andern an unbefangener Natürlichkeit wohl noch übertrifft. Wieder ist der Unterschied der zwischen einer Natur, die den sozialen Stoff als *Anschauung* erlebt hat, und der anderen Natur, die ihn als theoretisches Brett – wenn auch künstlerisch noch so überlegen –

vor der Stirn trägt. In einem Unterton der fast sentimentalen Idylle sind die beiden nicht einmal so grundverschieden, und die Frage bleibt immer noch offen, ob der Weg des linken Kästner nicht besser zum Ziel führt als der des linkeren Brecht. Von den Olympiern mag Büchner die Frage am ehesten entscheiden können – er, von dem Kästner, als er den Büchnerpreis bekam, am meisten zu rühmen wußte, daß er ein Meister der *asynchronen Zusammenhänge,* der historisch quer- und mitunter sogar rückläufigen Geistesverbindungen gewesen sei.

So mag auch heute, an Kästners 70. Geburtstag, die eigentümliche Größe des Mannes, wie wir sie zu sehen und zu lieben glauben, von den Jüngeren nicht mehr so empfunden werden. Kenner versichern jedenfalls, daß er auf dem literarischen Rialto nicht ganz so hoch notiert wird wie ein Menschenalter vorher. Das hieße, ihn auf einen Marktwert herunterdrücken, der – wie 1934 – ausschließlich am Devisenertrag gemessen würde, und hieße außerdem verkennen, daß diese internationale Geltung niemals von ungefähr kommt, vielmehr Achtung verdient, ob man sie literar-tendenziell gutheißt oder nicht. Oder stört das Nebeneinander von Sozialkritik, Jugendschrifttum und humanitärem Idealismus unsere strengen revolutionären Neutöner? Was gegen sie steht, ist die unbestreitbare Tatsache, daß wir an Kästner den einzigen noch lebenden Autor unserer Generation haben, der mit seinen Werken, und seien es nur die Titelzeilen, *sprichwörtlich* geworden ist. *Herz auf Taille, Lärm im Spiegel, Emil und die Detektive, Pünktchen und Anton, Wenn wir den Krieg gewonnen hätten, zum Glück gewannen wir ihn nicht, Die Erde ist ein gebildeter Stern mit sehr viel Wasserspülung* – was das ist, weiß jeder. Sprichwörtlich geworden, nach Morgenstern und Brecht – wer kann das noch von sich sagen? Und ist das vielleicht nichts? Da möchte ein bißchen Heldenverehrung wohl doch erlaubt sein und ein dankbares Hinübernicken zum Fenster des Siebzigjährigen.

Gruß und Dank zum 70. Geburtstag

Hermann Kesten an Erich Kästner

New York, 20. II. 1969

Lieber Erich,
freilich würde ich es Ihnen lieber mündlich sagen, wie sehr es mich freut, daß wir beide an Ihrem siebzigsten Geburtstag da sind und Freunde sind und uns einig sind, in so vielen unserer Sympathien und Ideen, daß nicht einer vor dem andern geniert sein muß, wenn wir von der Leber weg reden. Es ist schon selten, daß einer über vierzig Jahre sich selber treu bleibt, und treu seinen besten Anschauungen, und noch seltener, daß zwei so ausgesprochene Autoren, wie wir es waren und geblieben sind, bis zum heutigen Tag, auch einander treu bleiben konnten und sich weder im Gemüt noch im Gewissen auseinander gelebt haben.
Erich, wir brauchen zu so vorgerückter Stunde einander keine Liebeserklärungen zu machen. Aber mir scheint, ich wäre unglücklich gewesen, ohne meine Freundinnen und ohne meine Freunde, und ich denke, es war ein Glück für mich, daß ich Sie schon am Beginn meiner Berliner Jahre getroffen habe und daß wir einander erkannt haben, in der ersten Stunde, und Freunde wurden. Ich habe einige mir herzensnahe Freunde in jenen frühen Literaturjahren gefunden, aber wiederum welch ein Glück, daß Sie – unberufen – so dauerhaft waren.
Vorgestern las ich im Goethehaus in Boston, und unter mehreren Professoren, die mir zuhörten, war auch Rudolf Arnheim, der uns einst miteinander bekannt gemacht hat, im »Salon« der Witwe Siegfried Jacobsohn. Er sieht nicht mehr so jung aus wie damals, aber noch recht munter, er ist ein Professor bei Harvard

*Hermann und
Toni Kesten*

in Cambridge, und ich besuchte ihn im Carpenter Center, in der Harvard Universität, wo er unterrichtet, visual art, das sehr schöne Haus ist der einzige Bau von Le Corbusier in Amerika, und er zeigte uns eine Farbenausstellung, die er mit vier anderen Professoren gemacht, wo auch u. a. Goethes Farbenlehre ausgestellt, in einem Exemplar, das Goethe selber der Widener Library der Harvard Bibliothek 1819 mit einer Widmung gesandt hatte. Die Ausstellung war recht interessant, wie man Farben sieht, wie Farben auf verschiedenem Untergrund verschieden werden, wie verschiedene Farben unter Umständen gleich aussehn, etc.
Natürlich sprachen wir auch von Ihnen, er erzählte mir, er habe Sie aufgesucht.
Toni und ich umarmen Sie und senden Ihnen unsere herzlichsten und freundlichsten Geburtstagswünsche und hoffen beide sehr, Sie und vielleicht auch Lotte in Mannheim beim PEN wiederzusehn und zu umarmen.
Stets Ihr alter Freund, der Ihnen bisher, von Jahr zu Jahr, sozusagen auf dem Fuße folgte, um ein knappes Jahr nachrückend, und ernstlich hofft, dieses Spiel noch eine gute Weile mit Ihnen fortzusetzen.
Alles Gute und Beste

    Ihr *Hermann Kesten*.

Die Antwort

An die Gratulanten

Man wird älter. Es ergibt sich.
Kürzlich Sechzig. Diesmal Siebzig.
Kurzes Zögern, und man macht sich
auf den Weg in Richtung Achtzig...

Wünsche, wirklich waschkorbweise,
trafen ein aus West und Ost.
Und die Männer von der Post
hatten's schwer und seufzten leise.

Auf den Sofas, Stühlen, Bänken
liegen Berge von Geschenken.
Für mich selbst, im Bunterlei,
blieb grad' noch ein Stehplatz frei.

Herzlich grüß ich die bekannten
samt den fremden Gratulanten.
Bin gerührt und trotzdem heiter.
Danke sehr. Und mache weiter.

1969   Erich Kästner

P. S.

Lieber Hermann, die Bibel hat wieder einmal rechtgehabt: »Die Ersten werden die Letzten sein.« Wochenlang haben wir Kuverts geschrieben und Drucksachen spediert. Nun endlich kommen die Freunde an die Reihe. Es sind nicht sehr viele. Wieso auch, bei einem so ungeselligen Burschen? Nun, Hermann und Toni: Ich könnte das meiste in meinem Leben missen. Eure Freundschaft *nicht!* Euer Erich

EK und HK

Aggregatzustände

Junge Dichter
sind strenge Richter.
Später sind sie dann mitleidiger
und werden Verteidiger.

Marcel Reich-Ranicki
Der Dichter der kleinen Freiheit

Zum 23. Februar 1974

Erich Kästner ist ein wehmütiger Satiriker und ein augenzwinkernder Skeptiker. Nie wollte er aufhören zu glauben, daß die Menschen besser werden könnten »wenn man sie oft genug beschimpft, bittet, beleidigt und auslacht«. Er, der Autor düsterer und resignierter, bissiger und bitterer Gedichte, war in Wirklichkeit Deutschlands hoffnungsvollster Pessimist und der deutschen Literatur positivster Negationsrat.
Er gehört zu den Moralisten, die zugleich Spaßmacher sind. Er ist ein Conférencier, der keine Hemmungen hat zu predigen. Und er ist ein Prediger, der gern und stolz die Narrenkappe trägt. In allem, was er geschrieben hat, dominiert unmißverständlich und dennoch unaufdringlich das Pädagogische. Mithin ein Schulmeister gar? Aber ja doch, nur eben Deutschlands amüsantester und geistreichster.
Er wurde schnell berühmt und nie ganz anerkannt. Ob in Versen oder in Prosa – er drückte sich immer einfach und leicht aus. Also befürchtete man, es sei einfältig und ungewichtig. Was er zu sagen hatte, war immer ganz klar. Also vermißte man die Tiefe. Er war witzig. Also nahm man ihn nicht ganz ernst. Er hatte Anmut und Charme. Also hielt man ihn für etwas unseriös. Er war sehr erfolgreich, ja, er wurde – wie seine Zeitgenossen Tucholsky und Ringelnatz, Fallada und Zuckmayer – ein typischer Volksschriftsteller. Also mißtraute man ihm.
Aber Erich Kästner, dieser Berliner aus Dresden, der seit bald dreißig Jahren in München lebt, ist vom Geschlecht der Lessing und Lichtenberg, der Heine und Fontane. Das seien, ließe sich

sofort einwenden, etwas hohe Sockel und, bei allem Respekt, nun doch nicht ganz geeignet für den Dichter, der von Emil und den Detektiven erzählt hat. Zugegeben. Doch in dem Land, in dem man zwar Bach schätzt, aber Offenbach unterschätzt, wo man die Wagner und Bruckner verehrt und die Nicolai und Lortzing herablassend belächelt, wo die Walzerkönige ebenso gebraucht wie bagatellisiert werden, da kann man nicht oft genug erinnern: Verachtet mir die kleinen Meister nicht!

Seinen ersten Lyrikband (»Herz auf Taille«, 1928) eröffnet das Gedicht »Jahrgang 1899«. Es ist – wie einige Jahre vorher Brechts »Vom armen B. B.« und fast vierzig Jahre später der poetische Bericht »Kleckerburg« von Günter Grass – das Gedicht einer ganzen Generation. Die entscheidende Strophe lautet: *Wir haben der Welt in die Schnauze geguckt / anstatt mit Puppen zu spielen. / Wir haben der Welt auf die Weste gespuckt, / soweit wir vor Ypern nicht fielen.*

So erwies sich auch Kästner als ein Sprecher – um den von Hemingway popularisierten Begriff zu verwenden – der »lost generation«. Daraus ist längst ein Schlagwort geworden. Aber nicht die deutschen Schriftsteller sind schuld, daß sich in Deutschland seit über einem halben Jahrhundert die verlorenen Generationen auf die Hacken treten. Ihre Repräsentanten, auch die intelligentesten und bedeutendsten, sind in der Regel für die Ideale und Losungen der radikalen politischen Bewegungen besonders empfänglich: Brecht, Anna Seghers und zeitweise auch Tucholsky gingen zu den Kommunisten, Benn war zwei oder drei Jahre lang von den Nazis wenn nicht fasziniert, so doch jedenfalls affiziert.

Und Kästner? »Ich hasse Ideologien, welcher Art sie immer sein mögen. Ich bin ein überzeugter Individualist.« Er hat dies 1969 gesagt, doch damit nur ausgedrückt, was schon sein Werk der zwanziger Jahre erkennen läßt. Während andere das Bedürfnis hatten, sich einzureihen, bei einer politischen Organisation Schutz zu suchen oder sich mit ihr gar zu identifizieren, blieb Kästner – wie der Titelheld seines Romans »Fabian« (1931) – zwischen den Fronten und Parteien.

Ich setze mich sehr gerne zwischen Stühle. / Ich säge an dem Ast, auf dem wir sitzen – heißt es in seinem »Kurzgefaßten Lebenslauf« aus dem 1930 erschienenen Band »Ein Mann gibt Auskunft«. Folgerichtig betitelte er seine nächste Lyriksammlung »Gesang zwischen den Stühlen« (1932). Später griff er auf Shakespeares Vergleich der Welt mit dem Theater zurück, um zu sagen: *Ich spiel' nicht mit. In jedem Stück / muß es auch Menschen, die bloß zuschaun geben.*

Dieser schon in Kästners frühen Jahren auffallende Rückzug auf die Position ausschließlich des Zeugen, des kritischen Beobachters und ironischen Kommentators gab seinem Werk von vornherein eine (von ihm freilich kokett betonte) melancholische Note. Er stellte sich gern als Moralist vor, genoß offensichtlich den Gegensatz zwischen der betulichen und feierlichen Aura dieses Terminus und der kessen, schnoddrigen Diktion seiner Verse und des »Fabian« und sprach (wiederum nicht ohne Koketterie) von der Vergeblichkeit der Bemühungen des Moralisten: »Sein angestammter Platz ist und bleibt der verlorene Posten.«

Kästner ist also ein Moralist ohne Illusionen. Und auch ohne Programm? Gewiß, es hieße sein Werk verkennen und überfordern, wollte man ihm mit philosophischen oder politischen Kategorien beikommen. Gleichwohl hat es eine zwar simpel anmutende, doch solide Basis: Es ist Kästners schwermütiger Rationalismus, es ist sein von ihm immer wieder angezweifeltes und doch nie aufgegebenes Vertrauen zur ethischen Kraft der Vernunft und zur moralischen Wirkung der Ordnung.

Ähnlich wie Heinrich Mann, wie Feuchtwanger ist auch er in die Vokabel »Vernunft« geradezu verliebt, sie mutet in seinen Schriften bisweilen wie ein Fetischwort an: »Erkannte man, daß die

Vernunft das Vernünftigste war?« fragt er im »Fabian«. Der Glaube an den gesunden Menschenverstand ist allerdings bei diesem späten Nachfahren der deutschen Aufklärung von Naivität und Treuherzigkeit nicht ganz frei. Doch ist es dieser Glaube, der ihn vor ideologischen Scheuklappen bewahrt und der es ihm ermöglicht hat, nicht nur gegen Heuchelei und Borniertheit zu protestieren, sondern auch gegen »Religion als Politik und Politik als Religion«.

Seine beharrliche Ablehnung der ideologischen Rezepte traf logischerweise in allen Parteien, gelinde gesagt, auf wenig Gegenliebe. Das scheinbar so harmlose Gedicht »Und wo bleibt das Positive, Herr Kästner?« ist in diesem Zusammenhang zu sehen. Aber damit hat es auch zu tun, daß viele seiner Gedichte aus der Weimarer Zeit bis heute überlebt haben und einige sogar überraschend aktuell sind.

In den zwanziger Jahren, als es darum ging, den Lesern, die von traklscher Trauer, vom rilkeschen Rhythmus und vom georgeschen Gepränge begeistert und betört waren und vom expressionistischen Schrei genug hatten, eine Dichtung schmackhaft zu machen, die deutsch und dennoch nützlich wäre, als Poesie für den Alltag das Gebot der Stunde hieß, da war Kästner einer von jenen »Gebrauchspoeten«, die »Gebrauchslyrik« zu liefern entschlossen waren.

Gedichte sollten, meinte er 1929, »seelisch verwendbar« sein, er verstand sie als Notizen »im Umgang mit den Freuden und Schmerzen der Gegenwart«, wogegen ihm »die Bekanntgabe persönlicher Stimmungen« geradezu verwerflich schien.

Das, was er schrieb, war manchmal Dichtung, / doch um zu dichten, schrieb er nie. Er meinte Lessing, aber es gilt auch für ihn selber. Was seine Protokolle aus dem Leben der modernen Großstadt zunächst auszeichnet, ist ihre auf dem Hintergrund der deutschen Lyrik gar nicht so selbstverständliche Unmittelbarkeit und Deutlichkeit, Goethe empfahl spöttisch die Geheimniskrämerei, denn: »Wenn man dem Menschen gleich und immer sagt, worauf es ankommt, so denkt er, es sei nichts dahinter.« Der Lyriker Kästner wagte es, gleich und immer zu sagen, worauf es ihm ankam. Unzählige Leser waren ihm dafür dankbar; nur daß viele Kritiker es ihm nicht verzeihen wollten.

Die kunstvolle Machart dieser melodischen und oft einschmeichelnden Verse ist nie recht anerkannt worden. Gewiß, die formale Erneuerung der Poesie war seine Sache nicht. Es sei bestimmt schwerer – ließ er eine Komödienfigur sagen –, »mit üblichen Mitteln etwas zu sagen als mit Tricks«. Von Stilakrobatik wollte er nichts wissen: »Mit der Sprache seiltanzen, das gehört ins Varieté.« Meist verließ er sich auf die herkömmlichsten und populärsten Formen der deutschen Lyrik, zumal auf die vierzeilige und sechszeilige Strophe mit Reim und regelmäßigem Rhythmus.

Doch die alten Schläuche füllte er mit neuem Wein. In der traditionellen, oft volksliedhaften Strophe tauchte die saloppe Umgangssprache der späten zwanziger Jahre auf: idiomatische Ausdrücke und Alltagsphrasen, Zeitungswendungen und Reklameslogans, auch der Behördenjargon, auch der Slang der Militärs. In dieser Poesie ist die Rede von Schreibmaschinen und Schinkenbroten, von Krediten und Bilanzen, von Bardamen und Klosetts, von Gonokokken und Abtreibungen.

Die stärksten Effekte erzielte Kästner mit persiflierten Zitaten aus den Klassikern und gelegentlich aus Opernlibrettos. *Wir winden keine Jungfernkränze mehr. / Wir überwanden sie mit viel Vergnügen* – heißt es im »Chor der Fräuleins«. Und das berühmteste Beispiel: »Kennst Du das Land, wo die Kanonen blühn?« Die Zitatparaphrasen sind exemplarisch für Kästners am häufigsten angewandtes Prinzip: die Übernahme des Konventionellen für die (möglichst überraschende) Mitteilung des Aktuellen.

Und das Aktuelle – das ist die Krise. »Wir leben provisorisch, die Krise nimmt kein Ende« – klagt der Germanist Doktor Fabian. Dieses Lebensgefühl artikulieren die Gedichte Kästners aus den Weimarer Jahren: Sie lassen die allgemeine Unsicherheit spürbar werden, sie registrieren die Symptome sowohl der politischen als auch der persönlichen, sowohl der wirtschaftlichen als auch der sexuellen Krise. Daraus ergeben sich die wichtigsten Motive seiner Lyrik: die Hilflosigkeit des Individuums und die Enttäuschung der mißbrauchten Generation, Arbeitslosigkeit und Kulturmüdigkeit, Resignation und Abschiedsstimmung.

Kästner hat die »möblierte Melancholie« besungen (»Dreimal husten kostet eine Mark«) und die Langeweile der Ehe (»Man sprach sich aus. Man hat sich ausgeschwiegen«). Er hat die deutschen Nationalisten mit dem Gedicht »Die andre Möglichkeit« herausgefordert; es beginnt mit der Zeile: »Wenn wir den Krieg gewonnen hätten« und schließt mit den Worten: »Zum Glück gewannen wir ihn nicht!« Ihm gelang es, das alte deutsche Sinngedicht wiederzubeleben und zumindest einige vollendete Epigramme zu schaffen, wie etwa dieses mit dem Titel »Moral«:

*Es gibt nichts Gutes
außer: Man tut es.*

Der Titel Falladas »Kleiner Mann, was nun?« ist zugleich das Motto der Lyrik Kästners. Ihr Personal – das sind die kleinen Leute, die verlassenen Mädchen und die einsamen Männer, die braven Muttchen und dummen Nuttchen, die armen Kellner und die müden Stehgeiger, die Zukurzgekommenen und die Benachteiligten, die Verstoßenen und die Enttäuschten, die Erniedrigten und die Beleidigten. Sie erkannten sich in seinen Versen wieder.

Freilich hat ihr außergewöhnlicher Publikumserfolg noch ganz andere Gründe. Kästner wollte die deutsche Innerlichkeit mitten ins Herz treffen. Doch auch viele seiner eigenen Strophen tendieren zu diskreter Innerlichkeit. Er fürchtete das Pathos mehr als die Banalität und die großen Worte mehr als die sanften Töne. In manchen dieser Gedichte näherte er sich der authentischen Larmoyanz und der baren Sentimentalität, die er mit witzigen Pseudozynismen tarnen wollte. Und auch auf Kalauer wollte er bisweilen nicht verzichten: »Nun senkst du deine Lider ohne Worte...«

Daher mag die sich bisweilen aufdrängende Frage, ob man es denn bei vielen dieser Songs und Chansons, Balladen und Bänkellieder, Pamphlete und Zeitgedichte eher mit Kunstgewerbe als mit Kunst zu tun habe, verständlich sein. Aber die Frage ist, scheint mir, falsch gestellt. Denn eine Kunst, die programmatisch auf praktische Anwendbarkeit aus ist, hat immer auch etwas Kunstgewerbliches; und ein Kunstgewerbe von so hoher Meisterschaft ist zugleich immer auch Kunst.

»Dieser linke Radikalismus ist genau diejenige Haltung, der überhaupt keine politische Aktion mehr entspricht« – schrieb Walter

Benjamin 1931 aus Anlaß des Bandes »Ein Mann gibt Auskunft«. Es ist der treffendste Satz in einer sonst von ideologischer Verblendung zeugenden Kritik. Aber was Benjamin für einen unverzeihlichen Makel hielt, scheint heute eher ein Vorzug der Lyrik Erich Kästners.

Den Roman »Fabian« hat man auf der Bauchbinde der ersten Auflage mit dem Segen Hermann Hesses versehen: »Das Zeitgemäße konnte nicht zeitloser gesagt werden.« Gerade dies erwies sich mittlerweile als ein Irrtum. Das satirische Bild der verruchten Stadt Berlin um 1930 (»Im Osten residiert das Verbrechen, im Zentrum die Gaunerei, im Westen die Unzucht und in allen Himmelsrichtungen der Untergang«) war damals eine große literarische Tat und liest sich heute, jedenfalls zum großen Teil, nur noch historisch. Was einst kühn und aggressiv war, wirkt jetzt fast betulich, das Obszöne ist harmlos, die Provokation verpufft. »Dreigroschenoper« etwa? Ja, aber ohne Weills Musik.

Geblieben ist der große Bogen der Parabel: Die Geschichte eines deutschen Intellektuellen, dem auf der Suche nach dem Glück kein Mephisto hilft und der sich ganz allein eine Walpurgisnacht inmitten der Großstadt bereiten will: in Kneipen und Bordellen, auf den Straßen und Rummelplätzen. So museal die satirische

Zeitkritik in diesem Roman, so lebendig und sogar ergreifend, was ebenfalls zeitkritisch, doch mitnichten satirisch ist: Fabians Liebeserlebnis mit der jungen Juristin Cornelia Battenberg, eine der schönsten erotischen Geschichten, die sich in der deutschen Literatur jener Jahre finden läßt. Der ursprüngliche Titel des Buches – »Der Gang vor die Hunde« – bezieht sich übrigens nicht nur auf Fabian, sondern auch auf seine Cornelia.

Der Roman endet mit einer, wie es heute scheint, allzu aufdringlichen parabolischen Pointe: Fabian springt ins Wasser, um einen Ertrinkenden zu retten. Doch kann er nicht schwimmen und geht unter – in einem realen Fluß, der offensichtlich den Strom der Zeit symbolisieren soll. Dieser Schluß kann indes noch anders verstanden werden. Denn jener, der gerettet werden sollte, ist ein kleiner Junge, ein Kind. Schon vorher ließ Kästner eine andere Figur des Romans sagen: »Lehrer hätte ich werden müssen, nur die Kinder sind für unsere Ideale reif.«

Die Sehnsucht nach der Kindheit gehört zu den Leitmotiven auch seiner Lyrik. Es ist die Sehnsucht nach dem verlorenen Paradies. Es ist nichts anderes als eine rückwärts gewandte Utopie. Auf diesem Hintergrund sind die Bücher zu sehen, denen er Weltruhm verdankt – seine Romane für Kinder.

Kästner liebt das Spiel mit vertauschten Rollen. Er hielt es oft für richtig, die Leser seiner Essays und Artikel so zu behandeln, als wären sie noch Kinder. Und er nahm die Leser seiner Kinderbücher immer so ernst, wie Erwachsene behandelt werden wollen. Auch die Romane für Kinder sind zunächst und vor allem poetische Plädoyers für die Vernunft in den Zeiten der Unvernunft.

Doch diejenigen, die in diesen Büchern die Welt vom Standpunkt des gesunden Menschenverstands beurteilen, die sich als zielstrebige Sachwalter der Vernunft und der Ordnung erweisen, das sind eben nicht die Erwachsenen, sondern die Kinder und die

Halbwüchsigen. Sie verfolgen und fassen den Dieb und stellen so die Ordnung wieder her (»Emil und die Detektive«, 1928). Und nicht die Eltern erziehen ihre Kinder, sondern die Kinder ihre Eltern, die sie schließlich zur Räson bringen (»Das doppelte Lottchen«, 1949).

Dieses Prinzip der umgekehrten Perspektive und der vertauschten Rollen hat Kästner einer ganzen Reihe von Kinderbüchern zugrunde gelegt, er hat es mit mehr oder weniger Glück und Geschick paraphrasiert, ohne freilich noch ein so vollkommenes Werk wie »Emil und die Detektive« schaffen zu können.

»Wahr ist eine Geschichte dann, wenn sie genauso, wie sie berichtet wird, wirklich hätte passieren können« – erklärte Kästner in der Einleitung zu »Pünktchen und Anton« (1931). Wenn die Kinder zumindest die besten seiner Bücher als »wahr« empfanden, so unter anderem deshalb, weil sie meist Milieus zeigten, die sie selber kannten, die ihnen längst vertraut waren. Statt der in der Kinderliteratur bevorzugten Exotik zeichnete er die unmittelbare Umwelt seiner Leser. Er ließ seine Geschichten nicht in der Antike oder im Mittelalter spielen, sondern in der Gegenwart. Und ihre Helden waren nicht Winnetou oder Lederstrumpf, Ben Hur oder Sigismund Rüstig, sondern gewitzte Kinder und Halbwüchsige der modernen Großstadt. Was sich in »Emil und die Detektive« ereignet, passiert vor allem auf den Straßen und in den Höfen Berlins.

Neben der außergewöhnlichen Beobachtungsgabe und dem verschmitzten und ironischen und gleichwohl für Kinder immer verständlichen Humor hat zur Glaubwürdigkeit und damit zum Erfolg des »Emil« die Reizbarkeit Kästners für die Sprache viel beigetragen. Ähnlich wie Döblin in »Berlin Alexanderplatz«, wie Horváth in seinen frühen Stücken, wie Fallada in seinen besten Romanen und Tucholsky in seinen treffendsten Feuilletons hat auch Kästner das alte und immer wieder bewährte Rezept befolgt: Er hat dem Volk aufs Maul geschaut. Er hat, wie keiner vor ihm, die Alltagssprache der Großstadtkinder belauscht und fixiert. So gesehen, war dies Buch nichts anderes als die längst fällige Hinwendung der Literatur für Kinder ebenso zu realistischen Ausdrucksmitteln wie zur überprüfbaren Realität. Es entsprach jener damals dominierenden Richtung, für die es nur eine verschwommene und fragwürdige und dennoch nicht überflüssige Bezeichnung gibt: »Emil und die Detektive« – das ist der Kinderroman der »Neuen Sachlichkeit«.

Erich Kästner hat keine gewaltigen Werke geschrieben. Er hat niemanden mit seiner Dichtung zu erlösen versucht. Niemals war es sein Ehrgeiz, die Welt zu verändern. Er hatte nicht mehr und nicht weniger zu bieten als Grazie und Esprit, Humor und Vernunft.

In der Zeit von 1933 bis 1945 hatte er, der Mann zwischen den Stühlen, sich klar entschieden. Wenn er in verschiedenen Nachschlagbüchern der deutschen Exilliteratur angeführt wird, so hat das schon seine Ordnung. Zwar war nicht er emigriert, wohl aber waren es seine Bücher, die damals in der Schweiz erschienen. Kästner ist Deutschlands Exilschriftsteller honoris causa. Er hat in jenen Jahren nichts geschrieben, dessen er sich hätte später zu schämen brauchen. Auch dies gilt es heute, da er fünfundsiebzig Jahre alt wird, dankbar und respektvoll anzuerkennen.

Er, der Sänger der kleinen Leute und der Dichter der kleinen Freiheit, gehört mittlerweile zu den Klassikern der deutschen Literatur unseres Jahrhunderts. Die Leser wissen es längst. Und die Kritiker, die Germanisten, die Literaturhistoriker? Die Kästner-Bibliographie verzeichnet in der Tat neben Äußerungen von Freunden und Zeitgenossen auch einige größere Arbeiten. Sie stammen von Ausländern.

Erich Kästner erhält die Ehrenurkunde der Stadt München. Rechts von OB Georg Kronawitter Luiselotte Enderle

Kinderglückwünsche für Erich Kästner

Grüße aus Bensheim, Darmstadt, Wien und Rodheim v. d. H.

19. 2. 1974

Lieber Erich Kästner! Hier habe ich eine Geschichte für Dich geschrieben:

Mit der Tarnkappe in der Schule
Ich nehme heute meine Tarnkappe mit zur Schule. Niemand kann mich sehen. Kommt Frau Baumann in die Klasse. Sie sieht nur leere Stühle. Wir rufen: „Tag Frau Baumann! Kommen sie! Wollen sie unsere Hausaufgaben sehen?" „Ja natürlich, aber wo seid Ihr denn?" „Auf unserem Platz!" Und Frau Baumann fällt in Ohnmacht. Wir sagen zu Karsten: „Du hattest aber nicht so einen guten Einfall gehabt. Na ja, komm, wir überlegen uns einen anderen Plan. Aber wir müssen Frau Baumann zuerst wieder zum Reden bringen. Komm, hol einen Kübel Wasser! Ja, ja. Frau Baumann ist etwas geschwächt, nicht so aufregen!" Wir rufen Herrn Jung. Herr Jung ist sehr empört. Er schreit.

uns an: "Uter hat die verrückte Idee gehabt?"
"Karsten hatte die Idee. Dafür muß er sehr viel nachmachen," dafür auch noch mit dem Stock bekommen. Inzwischen ist Frau Baumann wieder etwas zu sich gekomen. Herr Jung hat es den anderen Lehrern erzählt. Er ist mit den den anderen Lehrerinnen gekommen. Sie bringen sie ins Lehrerzimmer. Karsten kriegt ordentliche Prügel. Er kommt ganz elend raus.

Herzlichen Glückwunsch zum Geburtstag
    Deine Susanne

Der Nichtraucher liegt in seinem Garten und liest.

Lieber Herr Kästner!

Das Schwein beim Friseur hat mir sehr gut gefallen! Besonders der Autobus, wie er Männchen gemacht hat.
Ich wünsche Ihnen viel Glück zu Ihren 75. Geburtstag und ein weiteres schönes Leben.
  Deine
Mathilde Wöllingseder (7)

Hermann Kesten
Wir, die Erben der Toten

Grabrede auf Erich Kästner

Wenn wir einen Freund begraben, begraben wir ein Stück unseres Lebens. Mit einem großen Mann, der stirbt, stirbt auch ein Teil seines Jahrhunderts.
Freilich, der Schmerz kennt keine sozialen Unterschiede. Vor dem Tod sind wir alle gleich. Eine Mutter weint um ein neugeborenes Kind, obgleich es nicht mehr war als ein wenig Fleisch von ihrem Fleisch. Es ist alles ganz eitel, sprach der Prediger. Es ist alles ganz eitel.
Zu wem sprechen wir, wenn wir einen Toten rühmen, auch wenn der Ruhm so weit und so gerecht war, wie der Ruhm des Dichters Erich Kästner? Der einzige, zu dem wir sprechen wollten, der Tote, er hört uns nicht mehr. Er hat sich jählings fortgemacht, sich abgewandt von uns. Schon hat man ihn verbrannt. Da ist nur ein Häuflein Asche. Es gibt ihn nicht mehr. Er ist nicht da, und ich fürchte, auch nicht dort.
Es gibt keinen Trost, für keinen, doch ist es eine alte Sitte, um die Toten zu klagen, in Nachrufen oder im Geheul der Klageweiber. Die Juden sagen Kaddisch sieben Tage lang. In Bayern, in Sizilien und anderen primitiven Ländern gibt es einen Leichenschmaus. Sie wissen, daß nichts sie trösten kann, und doch verlangen die guten Leute nach Trost, wenn sie nicht gleich die Roßkur des Vergessens wählen. Wer aber seine Toten vergißt, kassiert seine Vergangenheit, das heißt, er vergißt sich selber. Also klammern wir uns an unsere Toten, an ihren Namen, an ihren Nachlaß, an unsere Erinnerung an sie. Wir halten sie in unserem Gedächtnis, das freilich von Tag zu Tag verblaßt. Solange wir

an sie denken, leben sie weiter mit uns, sagen wir zu uns selber, und glauben es nicht.

Da sind die Trophäen der Technik, Photos, Bilder, Filme, Grammophonplatten, Handschriften. Im Tonfilm hören wir noch die Stimmen der Toten, und sehen sie noch. Wir bewahren Reliquien, ihre Uhr, ihre Locke, ihre falschen Zähne, ihre Totenmasken, Bücher, die sie gelesen oder nicht gelesen haben, ihre Brillen, und wenn es Menschen sind, die etwas geschaffen haben, so bleiben ihre Häuser, die sie bauten, sie bleiben eine Weile, oder Brücken und Kirchen, es bleiben Bilder, die sie malten, Musik bleibt, die sie geschrieben haben, oder Bücher, die sie verfaßt haben, Apparate und Maschinen, die sie erfunden haben, oder Kuren und Medikalien, nach ihren Rezepten. So hören wir die nachgelassene Musik der Toten, die überlieferten Verse der Toten, wir lesen die neuen Auflagen der Bücher der Toten. Wir sehen auf die Sterne oder Kometen, die nach den Toten benannt sind, wir heilen einander nach ihren Kuren und Medikamenten, die man vor unserer Zeit entdeckt hat.

Wenn es also auch die Toten nicht mehr gibt, und auch Gespenster nicht, und weder Himmel noch Hölle noch das Fegefeuer, und keine Totenrichter, weder die drei im Hades noch jenen Christus am Jüngsten Tag, so leben wir doch alle in einer Welt, welche die Toten geschaffen haben, und die sie uns hinterlassen haben, den Erben der Toten.

Wenn wir schon älter sind, ist der Mann tot, der uns gezeugt, und die Frau tot, die uns geboren hat, und der Lehrer, der uns unterrichtet hat. Wir leben nach den Sitten und Bräuchen und mit den Gesetzen und Vorschriften der Toten. Wir träumen die Träume von jenen, die vor tausend oder zehntausend Jahren gelebt haben. Wenn wir Gläubige sind, so wiederholen wir Gebete, die viertausend, zweitausend Jahre alt sind. Mozart und Rossini, Tizian und Cézanne, der Erbauer des Parthenon oder Mies van der Rohe und Gropius, und Homer oder Shakespeare, Heine und

Büchner, Franz Kafka oder Erich Kästner scheinen uns viel mehr lebendig und gegenwärtig als ganze Horden lebender Architekten, Maler, Musiker und Dichter.

De mortuis nil nisi bene. Es ist ein ungerechter Satz, und so falsch, als wollte man von allen Lebenden nur Gutes sagen. Man soll immer die Wahrheit sagen, über Lebende wie über Tote, die Wahrheit über den toten Hitler, die Wahrheit über den lebenden Nixon. Ich sagte von frühauf: Ich will über meine Freunde nach ihrem Verdienst das Gute sagen und schreiben, so lange sie leben, und nicht erst nach ihrem Tode, wenn sie sich nicht mehr freuen können über das gerechte Lob ihrer Freunde.

Ich bin froh, daß ich auch Kästners Bücher und den Autor Kästner und den guten Freund, der Kästner war, und den unerschrockenen Weltfreund und Weltbürger, den witzigen Kritiker seiner Landsleute gerühmt habe, schon als er zu publizieren begann und ich ihn kennengelernt habe, 1927 in Berlin, und daß er es mir leicht gemacht hat, ihn und sein Werk ein Leben lang zu rühmen, denn er ist sich treu geblieben, ein Leben lang, und sein Talent wie sein Werk bewiesen vom Beginn bis zum Ende, daß er einer der großen deutschen Autoren des 20. Jahrhunderts ist, rar durch seinen Witz und seine Anmut, durch seine unbestechliche Strenge eines verschmitzten und heiteren Moralisten, durch die Toleranz eines vorurteilslosen Menschenfreundes, durch seine spielerische und fehllose Meisterschaft der Sprache. Er war ein Satiriker mit Herz, ein Kinderfreund, der nie kindisch wurde, ein verzweifelter Optimist, der nie zu lachen vergaß, ein Spötter mit Sentiment, einer der klügsten Sprecher unseres Jahrhunderts, ein legitimer Sohn des Jahrhunderts und ein Bastard, aber ohne den Närrischkeiten und Fehltritten der Epoche nachzugeben. Kästner wollte wirken und darum wollte er gelesen werden; er hat gesagt, was mancher gedacht und keiner zu sagen gewagt hat. Er hat die bittersten Wahrheiten ausgesprochen, doch mit Charme und Grazie, mit Anmut und Witz. Und noch die bittere

Wahrheit erheiterte ihn und seine Leser.

Er traf seine Zeitgenossen, seine Landsleute; er entlarvte sie, er desavouierte sie, er zog sie aus und häutete sie, wie Apoll den Marsyas. Statt den Schmerz und die Schläge zu fühlen, fühlten seine Leser sich amüsiert. Seine Leser rechneten es ihm hoch an, daß er sie hochnahm. Es stimmte sie lustig, daß er sich über sie

Mit Lilli Palmer, 10. Juni 1974. Eine der letzten Aufnahmen von Erich Kästner

lustig machte. Selbst die Kinder, die ja so gerne über ihre Erzieher lachen, lachten mit ihm, und merkten gar nicht, daß er sie erzog, indem er sie amüsierte, und sie besser und vernünftiger machte. Wie Denis Diderot glaubte er nicht immer an die Macht der Vernunft und verabscheute es doch, in einer absurden Welt zu leben, und wollte sie darum vernünftiger machen, zumindest sie für vernünftig halten.

Da er immer er selber blieb, konnte er so viele Rollen spielen, in so vielen Fächern der Literatur glänzen, in Vers und Prosa, in Gedichten, Epigrammen, Erzählungen, im Drama, im Film, im Roman, in seinen Kinderbüchern und autobiographischen Büchern. Er schrieb Verse, die nach einem halben Jahrhundert so schlagend und aktuell sind, als hätte er sie erst gestern geschrieben. Er hat zu sich gesprochen, und für sich, und Millionen, Erwachsene und Kinder, empfinden, er habe sie belauscht und artikuliert und ihre eigentliche Wahrheit ausgesprochen. Es sieht aus, als hätte er das Selbstverständliche gesagt, nur klang es erst so selbstverständlich, nachdem er es als erster ausgesprochen hatte. Es war die Vernunft, die gesprochen hatte, eine gereimte Vernunft. Sogar das Ungereimte schien bei ihm die Farbe und den Tonfall der Vernunft zu tragen. Der Trick der meisten Zauberer ist ihre Geschicklichkeit und Geschwindigkeit.

Auch Kästner war ein Zauberer in Vers und Prosa, ein Sprachzauberer, aber ohne jeden Trick, es seien denn die Vernunft und der Witz, Charme und Grazie, sein Gelächter und seine Melancholie, seine kunstreiche Simplizität und seine schier naive Offenheit, seine moralische Klarheit und seine spöttische Menschenliebe nur die Tricks eines Moralisten gewesen, eines Volksfreundes und Weltpatrioten, der nichts anderes tat, als cultiver son jardin, aber sein Garten war die humane Welt. Die Bäume in seinem Garten waren von Lessing und Heine gepflanzt. Die Blumen in seinem Garten stammten von Friedrich Schiller und Heinrich Mann, von Wedekind und Carl Sternheim. Aber der ganze Garten glich ihm selber und sah aus wie Erich Kästner. Er war ganz frische Natur, wie ein englischer Garten, epigrammatisch wie ein französischer Garten, und voller Poesie, simpel und üppig, wie deutsche Bauerngärten. Er war ein Menschenfreund, doch entgegen manchen Menschenfreunden, die nur im Großen und im Allgemeinen lieben können, war er auch für Individuen ein ergebner und liebevoller Freund.

Ich spreche aus Erfahrung, denn wir waren Freunde und sind es geblieben fast durch ein halbes Jahrhundert, trotz der sonderbarsten Zwischenfälle einer absurden und tragikomischen Epoche, die uns auseinandergerissen, durch Ozeane getrennt und wie durch Wunder wieder zusammengeführt hat.

Kästners Freundschaft hatte einen kuriosen, diskreten, geradezu keuschen Zug. Wir hatten eine durch Ironie und Witz gefärbte, nie gefährdete Freundschaft, eine Freundschaft, die vertrug, ja verlangte, daß wir einander die Wahrheit sagten und über einander die Wahrheit schrieben.

Kästner, der Mann zwischen den Stühlen, der zu keiner Partei gehört hat und immer Partei ergriff, ein Zuschauer im Parkett des Alltags, ein eigenwilliger Abonnent im Theater der Welt, ein entschlossener Individualist, wurde nicht zufällig 1951, nach dem verlorenen Krieg der Deutschen und dem moralischen Sturz der halben Welt, einer der Sprecher der deutschen Autoren und der Präsident des deutschen PEN-Clubs, dieser Vereinigung deutscher Autoren, die ihre Mitglieder nach gewissen Prinzipien ausgewählt hatten, nach universalen Prinzipien.

Kästners Einfluß auf seine Kollegen und der Gewinn, den seine Kollegen daraus gezogen haben, daß er ihr Sprecher war vor Deutschen und vor aller Welt, ist sehr bedeutend. Wer hätte besser diese Aufgabe erfüllt, von den deutschen Autoren, die in Deutschland geblieben waren, nämlich wieder literarische Achtung und moralisches Ansehen in aller Welt zu schaffen, als Erich Kästner?

Über den Nachruhm

oder
Der gordische Knoten

Den unlösbaren Knoten zu zersäbeln,
gehörte zu dem Pensum Alexanders.
Und wie hieß jener, der den Knoten knüpfte?
Den kennt kein Mensch.

(Doch sicher war es jemand anders.)

Die zwei Gebote

Liebe das Leben, und denk an den Tod!
Tritt, wenn die Stunde da ist, stolz beiseite.
Einmal leben zu müssen,
heißt unser erstes Gebot.
Nur einmal leben zu dürfen,
lautet das zweite.

Zeittafel

1899	23. Februar: Erich Kästner wird in Dresden geboren
1906–1913	Volksschule in Dresden
1913–1917	Freiherrlich von Fletscher'sches Lehrerseminar in Dresden
1917–1918	Militärdienst. Abschlußkurs am Lehrerseminar
1919	Hospitant am König-Georg-Gymnasium. Kriegsabitur. Studienbeginn in Leipzig (Germanistik, Geschichte, Philosophie, Theatergeschichte). Bekanntschaft mit Ilse Beeks
1920	Erste Publikationen
1921	Sommersemester in Rostock. Wintersemester in Berlin
1922	Wieder in Leipzig. Werkstudent. Besuch des Zeitungswissenschaftlichen Instituts. Anstellung bei der *Neuen Leipziger Zeitung*
1923	Beginn der Freundschaft mit Erich Ohser
1925	Promotion mit der Arbeit *Friedrich der Große und die deutsche Literatur. Die Erwiderung auf seine Schrift »De la litterature allemande«*
1926	Erste Auslandsreise mit der Mutter (Italien, Schweiz). Ende der Beziehung zu Ilse Beeks
1927	Übersiedlung nach Berlin, Theaterkritiker und freier Mitarbeiter u. a. bei: *Weltbühne, Tagebuch, Vossische Zeitung, Montag Morgen*. Noch in Leipzig: Bekanntschaft mit Luiselotte Enderle. In Berlin: Bekanntschaft mit Hermann Kesten
1928	Bekanntschaft mit Walter Trier. Elfriede Mechnig wird Kästners Sekretärin. *Herz auf Taille* (Gedichte)
1929	Parisreise mit Erich Ohser. *Emil und die Detektive* (Roman für Kinder), *Lärm im Spiegel* (Gedichte), *Leben in dieser Zeit* (Funkrevue, Musik: Edmund Nick)
1930	April: zehntägige Reise in die Sowjetunion mit Ohser. *Ein Mann gibt Auskunft* (Gedichte), *Emil und die Detektive* (Bühnenfassung), *Arthur mit dem langen Arm* und *Das verhexte Telefon* (Kinderverse)
1931	Erste eigene Wohnung in Berlin-Charlottenburg. Wahl in den PEN-Club. *Fabian* (Roman), *Pünktchen und Anton* (Roman für

Kinder), *Emil und die Detektive* (Drehbuchmitarbeit; Regie: Gerhardt Lamprecht), Kurzfilm *Dann schon lieber Lebertran* (Idee, Drehbuchmitarbeit; Regie: Max Ophüls), *Pünktchen und Anton* (Bühnenfassung)

1932 *Der 35. Mai* (Roman für Kinder), *Gesang zwischen den Stühlen* (Gedichte)

1933 Publikationsverbot in Deutschland. 10. Mai: Bücherverbrennung durch die Nazis. Dezember: erste Verhaftung durch die Gestapo. *Das fliegende Klassenzimmer* (Roman für Kinder), *Die Doppelgänger* (Romanfragment)

1934 *Drei Männer im Schnee* (Roman), Bühnenfassung u. d. T. *Das lebenslängliche Kind* (zus. mit Werner Buhre, unter dem gemeinsamen Pseudonym Robert Neuner)

1935 Bekanntschaft mit der Schauspielerin Herti Kirchner. *Emil und die drei Zwillinge* (Roman für Kinder)

1936 Walter Trier emigriert nach London. *Die verschwundene Miniatur* (Roman), *Doktor Erich Kästners Lyrische Hausapotheke* (Gedichte)

1937 Zweite Verhaftung. Reise nach Bad Reichenhall, tägliches Treffen mit Walter Trier in Salzburg. *Verwandte sind auch Menschen* (Komödie, zus. mit Eberhard Keindorff unter dem gemeinsamen Pseudonym Eberhard Foerster)

1938 Februar: Reise nach Davos. September: Reise nach London, Rückkehr wegen Kriegsgefahr. *Georg und die Zwischenfälle* (Roman, später u. d. T.: *Der kleine Grenzverkehr*), *Till Eulenspiegel* (Nacherzählung), *Die Frau nach Maß* (Komödie, u. d. Pseudonym Eberhard Foerster), *Der Zauberlehrling* (Fragment)

1939 Herti Kirchner stirbt bei einem Autounfall
Das goldene Dach (Komödie, unter dem Pseudonym Eberhard Foerster)

1940 *Chauvelin oder Lang lebe der König* (Lustspielfragment), *Das Haus Erinnerung* (Komödie), *Seine Majestät Gustav Krause* (Komödie, unter dem Pseudonym Eberhard Foerster)

1942 Auf Drehbücher beschränkte Schreiberlaubnis
Münchhausen (Drehbuch unter dem Pseudonym Berthold Bürger; Regie: Josef von Báky), *Der kleine Grenzverkehr* (Drehbuch; Regie: Hans Deppe), *Das doppelte Lottchen* (Treatment unter dem Titel *Das große Geheimnis*). Schreibverbot für Deutschland und das Ausland

1943	3. März: Premiere des *Münchhausen* in Berlin *Zu treuen Händen* (Komödie, unter dem Pseudonym Melchior Kurtz)
1944	Kästner wird ausgebombt; er zieht zu Luiselotte Enderle. Erich Ohser wird verhaftet und begeht Selbstmord
1945	März: zusammen mit Luiselotte Enderle mit einer Filmexpedition von Harald Braun (UFA) nach Mayrhofen im Zillertal. Sommer: kurzer Aufenthalt in Schliersee. Herbst: Gründung des Kabaretts *Die Schaubude* in München, Feuilletonleiter der *Neuen Zeitung;* Mitarbeiterin: Luiselotte Enderle
1946	Januar: Umzug in eine möblierte Wohnung (Schwabing, Fuchsstraße). Kästner wird Herausgeber der Jugendzeitschrift *Pinguin.* September: Reise nach Berlin und Dresden. Erstes Wiedersehen mit den Eltern *Bei Durchsicht meiner Bücher* (Gedichtauswahl)
1947	Reise zum Internationalen PEN-Kongreß in Zürich. Aufgabe der Redaktionsarbeit bei der *Neuen Zeitung*
1948	In Düsseldorf Uraufführung von *Zu treuen Händen* (unter dem Pseudonym Melchior Kurtz; Regie: Gustaf Gründgens) *Der tägliche Kram* (Chansons und Prosa 1945–1948), *Kurz und bündig* (Epigramme)
1949	Kästner lernt Friedel Siebert kennen *Die Konferenz der Tiere* (Bilderbuch), *Das doppelte Lottchen* (Roman für Kinder)
1950	*Das doppelte Lottchen* (Drehbuch; Regie: Josef von Báky), *Der gestiefelte Kater* (Nacherzählung)
1951	Präsident des PEN-Zentrums (Bundesrepublik). Gründung des Münchner Kabaretts *Die kleine Freiheit*. Deutscher Filmpreis für das Drehbuch zum *Doppelten Lottchen*. Juli: Tod der Mutter in Dresden. *Des Freiherrn von Münchhausen wunderbare Reisen und Abenteuer zu Wasser und zu Lande* (Nacherzählung), deutsche Dialoge zu Joseph L. Mankiewiczs Film *All About Eve*
1952	*Die kleine Freiheit* (Chansons und Prosa 1949–1952)
1953	Umzug von Schwabing in den Herzogpark
1954	*Die Schildbürger* (Nacherzählung), *Das fliegende Klassenzimmer* (Drehbuch; Regie: Kurt Hoffmann), *Die verschwundene Miniatur* (Drehbuch; Regie: Carl-Heinz Schroth)
1955	*Die dreizehn Monate* (Gedichte), *Drei Männer im Schnee* (Drehbuch; Regie: Kurt Hoffmann)

1956	Literaturpreis der Stadt München
	Die Schule der Diktatoren (Komödie), *Leben und Taten des scharfsinnigen Ritters Don Quichotte* (Nacherzählung), *Salzburger Geschichten* (Drehbuch nach *Der kleine Grenzverkehr;* Regie: Kurt Hoffmann)
1957	Georg-Büchner-Preis. Geburt von Friedel Sieberts und Erich Kästners Sohn Thomas. Silvester: Tod des Vaters. Uraufführung der *Schule der Diktatoren* an den Münchner Kammerspielen (Regie: Hans Schweikart)
	Als ich ein kleiner Junge war (Kindheitserinnerungen)
1958	Rede zum 25. Geburtstag der Bücherverbrennung (PEN-Kongreß Hamburg). Uraufführung von *Das Haus Erinnerung* an den Münchner Kammerspielen (Regie: Hans Schweikart)
1959	60. Geburtstag. Großes Bundesverdienstkreuz
	Gesammelte Schriften in sieben Bänden
1960	Hans-Christian-Andersen-Medaille des Internationalen Kuratoriums für das Jugendbuch
	Buchausgabe des Drehbuchs zu *Münchhausen*
1961	Vier Lesungen in der Wiener Stadthalle. Bei Kästner wird eine Tbc-Erkrankung festgestellt
	Notabene 45 (Tagebuch), *Gullivers Reisen* (Nacherzählung)
1962	Sanatoriumsaufenthalt in Agra, Tessin (Januar 1962 bis Mai 1963). PEN-Ehrenpräsident
	Das Schwein beim Friseur (Kinderbuch), *Liebe will gelernt sein* (Drehbuch nach *Zu treuen Händen;* Regie: Kurt Hoffmann), *Wieso warum?* (die erste in der DDR publizierte Gedichtauswahl)
1963	*Der kleine Mann* (Roman für Kinder)
1964	Januar bis August wieder in Agra. Herbst: Eröffnung der Kästner-Ausstellung des Goethe-Instituts in der Internationalen Jugendbibliothek München. Die Ausstellung geht in den folgenden Jahren u. a. nach Stockholm, Kopenhagen, London und Den Haag
1965	Lesungen in Frankfurt, Düsseldorf und Stockholm. Oktober: Bücherverbrennung in Düsseldorf (u. a. *Herz auf Taille*)
1966	Lesungen in Kopenhagen, London, Nürnberg, Wien und Darmstadt
	Kästner für Erwachsene (Hrsg. Rudolf Walter Leonhardt)
1967	Lesungen in Dresden (PEN-Autorenaustausch mit Anna Seghers, die in Heidelberg liest), München, Den Haag und Amsterdam. Ehrenstenograph des Österreichischen Stenographenverbands
	Der kleine Mann und die kleine Miss (Roman für Kinder)

1968	Literaturpreis Deutscher Freimaurer (Lessing-Ring)
1969	70. Geburtstag
	Gesammelte Schriften für Erwachsene (8 Bände)
1970	Kultureller Ehrenpreis der Stadt München
1972	Kästners Dissertation *Friedrich der Große und die deutsche Literatur* erscheint in Buchform
1974	23. Februar: 75. Geburtstag. Goldene Ehrenmünze der Stadt München. 29. Juli: Erich Kästner stirbt an Speiseröhrenkrebs
1975	Gründung der Erich Kästner Gesellschaft in München
1977	*Briefe aus dem Tessin* (seit 1995 unter dem Titel *Briefe an die Doppelschätze*)
1979	Peter Rühmkorf ist erster Preisträger der Erich Kästner Gesellschaft
1981	*Mein liebes, gutes Muttchen, Du!* (Briefe und Postkarten aus 30 Jahren. Hrsg. Luiselotte Enderle)
1983	*Kästner für Erwachsene* (4 Bände)
1984	Loriot (Vicco von Bülow) erhält den Preis der Erich Kästner Gesellschaft
1985	*Kästner für Kinder* (2 Bände)
1986	Friedel Siebert stirbt
1991	Luiselotte Enderle stirbt. Zu ihrem Erben bestimmt sie das Erich Kästner Kinderdorf in Oberschwarzach
1998	Die deutsche Schillergesellschaft in Marbach erwirbt den literarischen Nachlaß Erich Kästners
1999	*Die Zeit fährt Auto*. Ausstellung zum 100. Geburtstag Kästners in Berlin, Dresden und München. Zahlreiche Einzelausstellungen
	Werke in 9 Bänden, Hrsg. Franz Josef Götz

Seit 1988 erscheinen die Taschenbuchausgaben der Werke Erich Kästners im dtv

Quellenhinweise

Die Texte von Erich Kästner sind folgenden Werken entnommen:
Als ich ein kleiner Junge war (die Kapitel 9, 11, 15; S. 18)
Arthur mit dem langen Arm: Ursula hängt in der Luft (S. 175)
Bei Durchsicht meiner Bücher: Große Zeiten (S. 313), Der Handstand auf der Loreley (S. 314), Patriotisches Bettgespräch (S. 316), Elegie nach allen Seiten (S. 318)
Doktor Erich Kästners Lyrische Hausapotheke: Gedichte als Medikamente (S. 193), Hotelsolo für eine Männerstimme (S. 196), Zur Fotografie eines Konfirmanden (S. 197), Stehgeigers Leiden (S. 198), Die Wälder schweigen (S. 200), Die Fabel von Schnabels Gabel (S. 201), Lessing (S. 203)
Das doppelte Lottchen: Lottes Traum (aus dem 6. Kapitel; S. 348)
Die dreizehn Monate: Der Juni (S. 401), Der dreizehnte Monat (S. 403)
Emil und die Detektive: Herr Grundeis wird verfolgt (die Kapitel 10, 13, 14; S. 95)
Der 35. Mai oder Konrad reitet in die Südsee; Der kürzeste Weg nach der Südsee (das Kapitel *Es war am 35. Mai*: S. 165)
Gesammelte Schriften: Sebastian ohne Pointe (S. 61), Verkehrt hier ein Herr Stobrawa? (S. 66), Duell bei Dresden (S. 77), Mit Erich Ohser in Paris (S. 86), Der Herr ohne Blinddarm (S. 154), Fabian und die Sittenrichter (S. 158), Sächsische Sonette (S. 163), Ein Herr fällt vom Stuhl (S. 178), Begegnung mit Tucho (S. 180), Die Doppelgänger (S. 204), Brief an mich selber (S. 218), Vom wohltätigen Einfluß des Staates auf das Individuum (S. 358), Von der deutschen Vergeßlichkeit (S. 387), Ein deutscher Kleinmeister aus Prag (S. 392), Glückwünsche für Carl Zuckmayer (S. 405), Kinder lesen anders (S. 407), Schüler und Schuldner Georg Büchners (aus der Rede zur Verleihung des Georg-Büchner-Preises 1957; S. 428), Über das Verbrennen von Büchern (S. 440), Die Kinderkaserne (S. 452), Paula vorm Haus (S. 459), Ostermarsch 1961 (S. 470), Erinnerungen an Mademoiselle Kolb (S. 491)
Gesang zwischen den Stühlen: Das Eisenbahngleichnis (S. 186), Marschliedchen (S. 188)
Herz auf Taille: Jahrgang 1899 (S. 52), Kennst Du das Land, wo die Kanonen blühn? (S. 54), Abschied in der Vorstadt (S. 56), Die Welt ist rund (S. 70), Die

Tretmühle (S. 72), Monolog in der Badewanne (S. 74), Apropos, Einsamkeit! (S. 76), Jardin du Luxembourg (S. 84)

Die Kleine Freiheit: Eine unliterarische Antwort (S. 162), Das Haus Erinnerung (S. 221), Berliner Hetärengespräch 1943 (S. 223), Das Zeitalter der Empfindlichkeit (S. 339), Über den Tiefsinn im Parkett (S. 355), Die literarische Provinz (S. 363), Marktanalyse (S. 369), Die Maulwürfe oder Euer Wille geschehe (S. 371), Kästner über Kästner (S. 376)

Kurz und bündig: Deutsche Gedenktafel 1938 (S. 204), Als die Synagogen brannten (S. 230), Notwendige Antwort auf überflüssige Fragen (S. 229), Zum Neuen Jahr (S. 277), Der Zweck heiligt die Mittel (S. 370), Kopernikanische Charaktere gesucht (S. 383), Begegnung auf einer Parkbank (S. 391), Herbstliche Anekdote (S. 426), Präzision (S. 427), Eine Feststellung (S. 463), Das Verhängnis (S. 486), Aggregatzustände (S. 511), Über den Nachruhm (S. 543), Die zwei Gebote (S. 534)

Lärm im Spiegel: Sachliche Romanze (S. 115), Meyer IX. im Schnee (S. 117), Prosaische Zwischenbemerkung (S. 119), Plädoyer einer Frau (S. 122), Möblierte Melancholie (S. 124)

Ein Mann gibt Auskunft: Kurt Schmidt, statt einer Ballade (S. 131), Ein Mann gibt Auskunft (S. 134), Maskenball im Hochgebirge (S. 136), Goldne Jugendzeit (S. 138), Und wo bleibt das Positive, Herr Kästner? (S. 140), Saldo mortale (S. 184)

Notabene 45 (Ein Auszug; S. 232)

Die Schule der Diktatoren (1. und 2. Bild; S. 410)

Der tägliche Kram: Talent und Charakter (S. 280), Marschlied 1945 (S. 284), Das Leben ohne Zeitverlust (S. 288), Kleines Solo (S. 292), Die einäugige Literatur (S. 299), Zur Entstehungsgeschichte des Lehrers (S. 306), Der tägliche Kram (S. 310), Gleichnisse der Gegenwart (S. 325), Die Verlobung auf dem Seil (S. 330), Wahres Geschichtchen (S. 334), Trostlied im Konjunktiv (S. 337)

Let's Face It. Poems by Erich Kästner, Jonathan Cape, London 1963: A Dog Holds Forth (S. 479), Let's Face It (S. 481), Contemporary FairyTale (S. 480)

T. S. Eliot, *Old Possums Katzenbuch,* Suhrkamp-Verlag, Berlin und Frankfurt/M. o. J.: Englisch auf kästnersch (*Wie heißen die Katzen*, übertragen von Erich Kästner); mit freundlicher Genehmigung des Suhrkamp-Verlags, Frankfurt/M. (S. 487)

Der Abdruck von Kästners Brief vom 14.1.1950 (Auszug; S. 384), des Gedichts *An die Gratulanten* (1969) sowie des P. S. für Hermann Kesten (S.510/511) erfolgt mit Genehmigung der Kästner-Erben.

Über Erich Kästner:
Luiselotte Enderle-Kästner, *Damals in Leipzig...*, in: *Die Zeit* vom 20. Februar 1959 (S. 58)
Hans Fallada, *Auskunft über den Mann Kästner*, in: *Die Literatur XXXIV* (1931/32).– © Aufbau-Verlag GmbH 1994 (S. 142)
Wolfgang Harich, *Erich Kästner wird fünfzig*, in: *Die Weltbühne*, Jg. 4, 1949, Nr. 8 (gekürzt; S. 343)
Joachim Kaiser, *Erich Kästner – herb und reimlos*, in: *Süddeutsche Zeitung* vom 17. Juli 1961 (S. 477)
Hermann Kesten, *Ein Sohn des Volkes*, Vorwort; *Wir, die Erben der Toten*, in: *Süddeutsche Zeitung* vom 2. August 1974 (S. 528); Briefe vom 10.1.1950 (Auszug; S. 384), vom 18.1.1950 (Auszug; S. 385) und vom 20.2.1969 (S. 508)
James Krüss, *Stilist und Menschenfreund*, in: *Christ und Welt* vom 21. Februar 1964 (S. 482)
Rudolf Walter Leonhardt, *Der angriffstraurige Lehrer-Dichter*, in: *Die Zeit* vom 20. Februar 1959 (gekürzt; S. 464)
Hans Mayer, *Beim Wiederlesen des »Fabian« [von Erich Kästner]*, in: H.M., *Deutsche Literatur und Weltliteratur*. Reden und Aufsätze, Rütten & Loening, Berlin 1957. – Rechte beim Autor (S. 320)
Robert Neumann, *Ein Sohn, etwas frühreif, schreibt an Frau Großhennig*, in: R. N., *Die Parodien*, Verlag Kurt Desch, München 1962 (S. 161)
Marcel Reich-Ranicki, *Der Dichter der kleinen Freiheit*, in: *Frankfurter Allgemeine Zeitung* vom 23. Februar 1974 (S. 512)
W. E. Süskind, *»Als ich ein kleiner Junge war«*, in: *Süddeutsche Zeitung* vom 22./23. Februar 1969 (gekürzt). – Rechte bei Annemarie Süskind, Seeheim (S. 504)

Die Abbildungen:
Erich Kästner Archiv (Nachlaß Luiselotte Enderle), RA Peter Beisler, München (S. 19–23, 27, 29, 41, 51, 53ff., 59, 63, 65, 81f., 99, 107f., 116, 132, 141, 144f., 149, 151f., 179, 192, 195, 199, 202, 217, 222, 228f., [Faksimiles], 251, 285, 286, 291, 308, 368f., 383, 394, 447, 463, 487ff., 511); Foto Hilda Angermaier (S. 523); Foto Herta Arbert (S. 511); Foto Axel Arens (S. 377); Foto Brüder Basch (S. 385); Foto Berolina-Film (S. 110f.); Foto Rudolf Betz (S. 411, Rechte bei Annemarie Betz); Foto-Brandts (S. 438); Foto Carlton-Film (S. 350); Jacques Chaval (S. 422, Rechte beim Atrium Verlag AG, Zürich); Foto Klaus Collignon (S. 427); Foto Li Erben (S. 517); Foto Fritz Eschen (S. 277, 323); Evangelische Grundschule Bensheim (S. 524f.); Foto Heinz

Finke (S. 445); Rudolf Grossmann (S. 493); Foto Gerhard Habermann (S. 531); Erich-Kästner-Schule, Darmstadt (S. 526 oben, 527 oben); Erich-Kästner-Schule, Rodheim v. d. H. (S. 526 unten); Horst Lemke (S. 31, 37, 48, Rechte beim Atrium Verlag AG, Zürich); Henri Meyer-Brockmann (S. 468); Foto Stefan Moses (S. 483); Foto Zoltan Nagy (S. 509); Foto Barbara Niggl (S. 435, 476); Erich Ohser (S. 57, 71, 73, 75, 84, 88, 91, 135, 159, 187, 209, Rechte bei Christian H. Ohser); Foto Johann-Kaspar Plaas (S. 506, 519 rechts, 521); Foto Rudolf Pollak (S. 282, 373); Foto Gerhard Ritter (S. 402, 457); Norbert Rohlich, Heidenheim (S. 45); Foto Boris Spahn (S. 451, Rechte bei Josel Spahn); Foto Süddeutscher Verlag, Bilderdienst (S. 183, 241, 245, 271, 297, 303, 349, 353, 364, 409, 474, 519 links); Mirko Szewczuk (S. 406, 466, Rechte bei Ellen Mellinghoff); Foto Felicitas Timpe (S. 360, 391, 426, 446); Walter Trier (S. 25, 95, 101, 104, 167, 170, 173, 175 ff., 196, 315, 397 f., Rechte beim Atrium Verlag AG, Zürich); Foto Ullstein GmbH, Bilderdienst (S. 443); Foto Winkler (S. 501); Mathilde Wölflingseder, Wien (S. 527 unten).

Trotz aller Bemühungen konnten nicht alle Rechteinhaber ermittelt bzw. erreicht werden. Der Verlag verpflichtet sich, rechtmäßige Ansprüche jederzeit in angemessener Form abzugelten.